Computer Algorithm
컴퓨터 알고리즘

김선경, 김진상, 임재걸, 임태수 공저

본 교과서에서는 분할 및 정복, 동적프로그래밍, 탐욕적 방법, 축소(주어진 문제를 이미 풀린 다른 문제로 변환하기) 등 문제를 푸는 방법을 고안하는 다양한 전형적인 전략을 소개한다. 그리고 주어진 문제를 정형화하여 컴퓨터에 문제를 표현하는 방법으로 그래프나 트리를 사용하는 방법도 소개한다. 또한 주어진 문제를 푸는 최선의 방법으로 그 문제를 푸는데 걸리는 시간이 데이터의 양을 지수로 하는 식인 문제들을 접근하는 방법으로 탐색을 소개한다.

HS 도서출판 한산

머리말

컴퓨터과학은 정보를 변형시키는 과정을 설계, 분석, 구현 및 적용하고, 고안된 과정의 효율성 분석과 효율성 제고 방안을 다루는 지식의 총체이다. 컴퓨터 알고리즘은 컴퓨터 과학의 한 분야로서 주어진 문제를 푸는 효율적인 방법을 고안하는 학문이다. 즉 컴퓨터 과학의 가장 중요한 요소가 컴퓨터 알고리즘이다.

본 교과서에서는 분할 및 정복, 동적프로그래밍, 탐욕적 방법, 축소(주어진 문제를 이미 풀린 다른 문제로 변환하기) 등 문제를 푸는 방법을 고안하는 다양한 전형적인 전략을 소개한다. 그리고 주어진 문제를 정형화하여 컴퓨터에 문제를 표현하는 방법으로 그래프나 트리를 사용하는 방법도 소개한다. 또한 주어진 문제를 푸는 최선의 방법으로 그 문제를 푸는데 걸리는 시간이 데이터의 양을 지수로 하는 식인 문제들을 접근하는 방법으로 탐색을 소개한다.

비결정적 알고리즘은 현대의 컴퓨터로 실행 할 수 없는 강력한 알고리즘이다. 즉, 현재의 컴퓨터로는 다항식 시간에 풀 수 있는 방법이 알려지지 않은 문제 가운데 일부는 비결정적 방법으로 다항식 시간에 풀릴 수 있음이 밝혀진 것이 있다. 그러나 또 다른 일부는 비결정적 방법으로도 다항식 시간에 풀리지 않은 문제들이 있음도 보인다.

문제가 주어지면, 그 문제 푸는 방법을 고안하는 노력에 앞서, 주어진 문제가 과연 컴퓨터로 풀 수 있는 문제인지 아닌지를 판별해야 한다. 주어진 문제가 컴퓨터로 풀릴 수 있는 문제라면 이러한 문제를 푸는 가장 효율적인 알고리즘은 이론적으로 얼마나 효율적일 수 있는지를 알아야 고안한 방법이 최선인지 아니면 더 개선할 여지가 있는지 판단할 수 있다.

근사해는 가장 효율적인 알고리즘이라도 처리 시간이 처리할 데이터의 양을 지수로 하는 식으로 표현되는 문제인 경우에, 빠른 시간 내에 구하는 최적에 가까운 해이다. 처리 과정에서 기억장치를 많이 사용하면 처리 시간을 단축시킬 수 있는지, 프로세서가 여럿인 컴퓨터를 사용하면 처리 속도가 얼마나 개선되는지 등도 본 교과서에서 다루는 주제들이다.

이와 같이 본 교과서는 컴퓨터로 문제를 푸는 방법을 소개하기 때문에 컴퓨터과학을 비롯하여 전자상거래, 게임 개발, 멀티미디어, 웹 등 프로그램을 개발하는 모든 컴퓨터관련 학과의 기본 지식을 제공한다. 본 교과서를 통하여 프로그래밍의 숙련가가 될 것을 기원한다.

2012년 3월

저자 일동

차 례

Chaper 5 동적프로그래밍(Dynamic Programming) _ 201

Chaper 6 탐색 _ 255

Chaper 7 병렬 알고리즘 _ 301

Chapter 01

Computer Algorithm

알고리즘 개요

1.1 알고리즘 개념

알고리즘이란?

알고리즘(Algorithm)이란 "주어진 문제를 해결하기 위해 잘 정의된 동작들의 유한 집합"이라고 정의할 수 있다. 알고리즘 정의를 살펴보면 크게 3가지의 키워드로 구성되어 있음을 알 수 있다.

첫 번째로 알고리즘은 해결하고자 하는 "문제"가 있다. 무질서한 자료를 정해준 기준에 의해서 정렬하거나, 원하는 자료를 검색하거나, 혹은 요즘 많이 쓰이듯이 목적지까지의 최단 경로를 제시하는 등의 문제를 해결하는 방법을 제시하는 것이 알고리즘이다. 따라서 알고리즘의 종류는 이 세상에 존재하는 문제의 수와 동일하다. 이 모든 문제에 대한 알고리즘을 다룰 수 없으므로 본고에서는 학부 과정에서 다룰만한 전통적이고 기초적인 문제들을 제시하고 이에 대한 알고리즘을 소개하도록 한다.

두 번째로 알고리즘은 "잘 정의된 동작"들로 표현된다. 알고리즘은 자연어부터 특정 프로그래밍 언어에 가까운 자세한 표현까지 다양하게 표현할 수 있다. 알고리즘이 보다 자세하게 기술될수록 잘 정의된 것이라고는 말할 수는 없다. 지나치게 자세한 표현은 오히려 알고리즘의 이해도를 떨어뜨릴 수 있다. 잘 정의된 동작이라는 것은 의사소통을 위한 수단으로서 알고리즘을 이해할 수 있을 정도로 기술하면 충분하다고 할 수 있다. 따라서 본고에서는 특정 프로그래밍 언어보다는 의사코드(pseudo code)라 불리는 자연어와 프로그래밍 언어의 중간 형태의 서술 방법을 채택하도록 한다.

세 번째로 알고리즘은 "유한 집합"으로 기술된다. 직접적인 의미로 보면 "잘 정의된 동작"들이 "유한"개 존재하는 것이고, 좀 더 확장된 의미로 본다면 알고리즘 수행이 "유한" 시간 안에 끝나야 한다는 의미이다. 알고리즘은 명확한 종료 조건이 존재하여 유한 시간 내에 끝날 수 있음을 보장해야 한다. 이러한 시간 조건은 확장되어 알고리즘 성능을 결정하는 주요 요소가 되고 있다. 즉, 빠른 시간 안에 끝날수록 알고리즘 효율성이 높은 것으로 평가된다.

알고리즘은 체계적인 문제 해결 과정을 제시하는 것으로서 주어진 입력으로부터 출력, 즉 해를 제시하는 과정이다. 다음 예는 학생 100명의 전공 점수의 최대값을 구하는 알고리즘으로서 입력(Input), 출력(Output), 프로시저(Procedure)로 기술하고 있음을 알 수 있다.

알고리즘 1.1 **최대값 구하기(1)**

```
Input: 100명의 전공 점수 score[1...100]
Output: score[1...100] 중 최대값
Procedure:
   maxScore(score[], n) {
      Max = - MaxInt;                  // MaxInt는 컴파일러가 제공하는 최대정수
      for i=1 to n
         if (score[i]>Max)   Max = score[i];
      return Max;
   }
```

알고리즘은 자료를 처리하여 원하는 결과를 내는 것으로서 자료구조(data structure)와 밀접한 관계가 있다. 문제 해결을 위한 프로그램은 처리할 대상(what)에 해당하는 자료구조와 처리하는 방법(how)에 해당하는 알고리즘으로 구성된다. 자료구조와 알고리즘은 달걀의 흰자와 노른자 관계에 해당한다고 볼 수 있다. 동일 크기의 달걀은 노른자가 커지면 흰자가 작아지고, 반대로 노른자가 작다면 흰자가 커지게 된다. 마찬가지로, 동일 품질(처리 시간 등)의 해를 도출하는 두 개의 프로그램이 있을 때, 노른자에 해당하는 자료구조가 정교하다면 알고리즘이 수행할 일이 적고, 자료구조가 엉성하다면 알고리즘이 수행할 작업이 많아지게 된다.

예를 들어, 알고리즘 1.1에서는 자료구조로 순서화되어 있지 않은 기본 배열을 사용하고 있다. 이러한 기본 자료구조에서는 최대값을 찾기 위하여 100개의 데이터를 모두 점검해야 한다. 이와 달리 오름차순으로 정렬된 배열을 자료구조로 사용한다면 알고리즘 1.2와 같은 매우 짧은 최대값 찾기 알고리즘을 적용할 수 있다. 그러나, 새로운 데이터의 삽입이나 기존 데이터의 삭제 등이 발생할 경우에 오름차순 정렬의 자료구조 유지 작업이 추가적인 오버헤드로 발생하게 됨을 간과하지 말아야 한다.

알고리즘 1.2 **최대값 구하기(2)**

```
Input: 오름차순으로 정렬된100명의 전공 점수 score[1...100]
Output: score[1...100] 중 최대값
Procedure:
  maxScore(score[], 100){
    return score[100];
  }
```

알고리즘의 성능 측정

목적을 달성하는 수단은 항상 여러 가지가 존재할 수 있다. 마찬가지로, 하나의 문제를 해결하기 위한 알고리즘은 다양하게 존재할 수 있다. 이러한 다양한 알고리즘 중 어떤 알고리즘을 채택할지를 결정하기 위해서는 알고리즘의 성능을 객관적으로 측정할 수 있어야 한다. 주의할 점은 특정 알고리즘이 모든 상황에서 가장 우수한 알고리즘이라고 단정 지을 수는 없다는 점이다. 고객 요구에 대한 빠른 처리시간이 요구되는 상황이라면 처리 시간이 알고리즘을 선택하는 주요 성능 지표가 되지만, 처리시간보다는 처리용량이 중시되는 상황이라면 문제 해결을 위해 한 번에 처리하는 데이터양이 적은 알고리즘이 채택될 수 있을 것이다.

일반적으로 알고리즘의 성능을 분석하기 위한 지표로는 정확성, 시간복잡도, 공간복잡도, 최적성, 이해도 등이 있다. 정확성은 알고리즘이 문제를 정확히 해결한다는 것을 증명함으로써 해결된다. 보통 이론적인 방법으로 증명하며 이론적인 방법이 어려울 때에 실험을 통해 정확성을 제시할 수 있다.

시간복잡도(time complexity)는 알고리즘이 문제를 해결하는데 걸리는 작업량을 의미한다. 이론적인 방법으로 각 명령문의 실행횟수 등을 입력 데이터의 크기에 관한 함수로 표현한다. 가장 주요하게 쓰이는 성능 분석 방법으로서 자세한 사항은 후술하기로 한다. 실험적으로 실제 수행 시간을 측정하여 처리시간을 대안적으로 제시할 수도 있다. 이러할 경우에는 실험 재현성을 위해 사용된 컴퓨터의 CPU 성능이나 메모리 등의 성능 사양 등을 제시하여야 한다.

공간복잡도(space complexity)는 알고리즘이 문제를 해결하는데 사용하는 메모리의 크기를 의미한다. 문제 해결에 사용되는 변수, 상수, 자료 등의 크기를 이론적으로 산출하여 분석한다. 최적성은 시간복잡도나 공간복잡도 관점에서 해당 알고리즘보다 더 좋은 성능을 나타낼 수는 없다는 것을 증명함으로써 이루어진다. 이해도는 알고리즘 작업에 참여하는 분석가나 개발자들간의 의사소통에 오해가 없을 정도로 정확하게 기술되었다는 것을 의미한다.

상술한 여러 가지 방식의 알고리즘 성능 분석 지표 중 가장 많이 쓰이고 있는 시간복잡도에 대해서 기술하기로 한다. 시간복잡도는 알고리즘의 처리시간 혹은 수행시간을 의미하는 것으로서 입력 데이터의 크기에 관한 함수로 표현된다. 수행시간을 결정하는 기준은 다양하게 잡을 수 있는데, 대표적으로 루프의 반복횟수, 특정한 행이 수행되는 횟수, 함수의 호출횟수 등이 사용된다. 예를 통해 살펴보기로 한다.

알고리즘 1.3 **최대값 구하기(3)**

```
Input: n명의 전공 점수 score[1...n]
Output: score[1...n] 중 최대값
Procedure:
```

```
maxScore(score[], n){
   for i=1 to n
      if (score[i]>Max) Max=score[i];
   return Max;
}
```

for 루프가 n번 반복되고, 각 수행 시 if문이 상수 시간 수행됨으로, 알고리즘 수행 시간은 입력 데이터의 크기 n에 비례한다고 분석할 수 있다.

알고리즘 1.4 **팩토리얼 구하기**

```
Input: 정수값 n(>0)
Output: n!
Procedure:
   factorial(n){
      if (n=1) return 1;
      return n×factorial(n-1);
   }
```

함수 안에 크기가 다른 자신을 호출하는 재귀적(recursion)인 형태를 갖추고 있다. n!를 계산하기 위해서 factorial 함수가 n번 호출되고, 호출될 때마다 상수 시간의 작업을 수행하므로 n에 비례하는 시간 복잡도를 가진다.

알고리즘 1.5 **선택정렬**

```
Input: n개의 데이터 data[1...n]
Output: 오름차순으로 정렬된 data[1...n]
Procedure:
   selectionSort(data[], n){
      for index=n down to 1 {
         data[i]=max(data[1], data[2],..., data[index]);   //(가)
         data[i]와 data[index]를 교환;
      }
```

```
    }
```

for문이 n번 수행되므로 수행시간이 n에 비례하는 것으로 보인다. 그러나, (가)행을 잘 살펴보면, index개의 데이터에서 최대값을 찾아야하므로 index개만큼의 수행 시간이 소요됨을 알 수 있다. 따라서 $n+(n-1)+(n-2)+\cdots 1=\frac{1}{2}n(n-1)$, 즉 n^2에 비례하는 시간이 요구된다.

몇 가지의 간단한 알고리즘을 통해 살펴보았듯이, 알고리즘의 수행 시간은 입력 데이터의 크기 n에 관한 함수로 표현된다. 수행 시간은 상수 시간에 가까울수록 효율적이며 n의 차수가 올라갈수록 비효율적이다. 아래 표는 수행시간 함수별로 입력크기의 변화에 따라 처리해야 될 명령의 규모를 근사치로 보여준다. 입력크기가 작을 때는 수행시간들 간에 유의미한 차이가 없으나 크기가 커질수록 격차가 매우 커짐을 알 수 있다.

입력크기 / 수행시간	10	100	1,000	10,000	100,000	1,000,000
1	1	1	1	1	1	1
$\log^2 n$	3	6	9	13	16	19
n	10	10^2	10^3	10^4	10^5	10^6
$n\log^2 n$	30	664	9,965	10^5	10^6	10^7
n^2	10^2	10^4	10^6	10^8	10^{10}	10^{12}
n^3	10^3	10^6	10^9	10^{12}	10^{15}	10^{18}
2^n	10^3	10^{30}	10^{301}	$10^{3,010}$	$10^{30,103}$	$10^{301,030}$

알고리즘 시간복잡도 분석은 고성능의 컴퓨터가 사용되고 있는 현실에서도 유의미성을 가지고 있다. 예를 들어, 본고를 작업 중인 PC의 CPU 성능은 2.4GHz Dual Core이다. 초당 4.8기가의 전기신호를 발생시킬 수 있으며 이를 근사하여 초당 4.8Giga개의 명령을 처리할 수 있다고 하면 시간당 처리할 수 있는 명령어의 개수는 대략 2×10^{13}이다. n^3의 수행 시간이 걸릴 경우 백만 개의 데이터를 처리한다고 하면 대략 5×10^4시간, 5.7년 가량

이 소요된다. 이보다 더 긴 지수 시간일 경우에는 더 언급할 필요가 없을 것이다.

알고리즘 시간복잡도 분석은 입력의 크기가 매우 큰 경우에 의미가 있다. 이러한 시간복잡도는 입력 형태에 따라 다음과 같이 3가지로 나눌 수 있다.

최악 시간복잡도(worst case time complexity)

- 입력의 크기가 주어져 있을 때, 최악으로 분포된 입력에 대한 최대 시간복잡도

최선 시간복잡도(best case time complexity)

- 입력의 크기가 주어져 있을 때, 최선으로 분포된 입력에 대한 최소 시간복잡도

평균 시간복잡도(average-case time complexity)

- 주어진 입력 크기의 모든 형태의 입력을 고려한 경우에 대한 시간 복잡도의 평균

보통 최악 시간복잡도와 평균 시간복잡도를 분석하여 알고리즘의 성능을 분석하고 평가한다.

한 가지 주의할 점은 입력 크기(input size)가 상술한 예제들과 같이 항상 '입력 자료의 개수'인 것은 아니라는 것이다. 예를 들어, "자연수 N이 소수인가?"를 확인하는 문제가 있다고 하자. 소수 여부를 판별하기 위해서는 1부터 N/2(좀 더 정확하게는 $\sqrt{N}$)까지 차례대로 나누었을 때 나머지가 0이 되는지를 파악해야 한다. 이러한 알고리즘은 자연수 N의 크기 자체가 입력 크기가 된다. 수치는 컴퓨터에서 2진수로 표현되므로($\log_2 N$ 비트) 알고리즘을 수행하는 데에는 2^N에 비례하는 시간이 요구된다. 또한, 입력 크기가 한 가지 종류의 자료로만 주어지는 것도 아니다. 예를 들어, 그래프는 정점과 간선의 두 가지 형태를 모두 가지고 있으므로, 그래프를 처리하는 알고리즘은 대부분 두 변수를 입력 크기로 받아 수행 속도를 표현하게 된다. 따라서, 알고리즘 수행 속도를 결정하기 위해서는 알고리즘의 특성에 따라 입력 척도가 정확히 무엇인지를 파악하는 것이 일차적인 과제라고 할 수 있다.

1.2 알고리즘 분석

알고리즘 수행 시간 분석을 위해 2장에서 다룰 삽입 정렬을 살펴보기로 한다. 삽입 정렬은 정렬 대상이 1개에서 시작하여 한 개씩 정렬 대상을 늘이는 방식으로 정렬한다. 이미 정렬되어 있는 부분집합의 최우측 자료부터 좌측으로 비교해가면서 자신보다 큰 값은 한 자리씩 우측으로 이동(shift)시키고, 작거나 같은 값이 나왔을 경우 직전 이동 자리에 정렬 대상 자료를 삽입하는 방식으로 정렬이 이루어진다. 삽입 정렬의 가상 코드는 다음과 같다.

알고리즘 1.6 삽입 정렬

```
Input: 정렬 전 배열 data[1...n]
Output: 정렬 후 배열 data[1...n]
Procedure:
   insertSorting(data[], n){
1      for (i=2; i<=n; i++){
2          insertionData = data[i];            //정렬 대상 자료 임시 보관
3          j = i-1;                            //정렬된 부분집합 위치
4          while(j>=1 and insertionData<data[j]){
5             data[j+1] = data[j];            //한 칸씩 우측 자리로 이동
6             j--;}
7          data[j+1] = insertionData;         //직전 이동한 위치에 삽입
       }
   }
```

1행부터 7행을 살펴보면, 비교, 산술, 할당 연산 등이 다양하게 적용되어 있으므로, 각 행을 1회 수행하는데 걸리는 시간이 다르다고 보고 이를 각각 c_1, c_2, ... , c_7이라 하자. 각 행별 수행 횟수를 살펴보면 다음과 같다.

1행, 2행, 3행, 7행 등은 입력 형태와 상관없이 모두 (n-1)번 수행된다. 4행, 5행, 6행은 입력 형태와 관련되는데, 역순 배열로 입력된 경우 최악의 수행 시간이 소요된다. 역순 배열인 경우에는 자기 위치를 찾기 위해서 부분 정렬된 집합의 끝까지 비교하여 첫 번째

자리에 삽입해야 하기 때문이다. 반면, 정렬된 배열을 입력으로 받아들이는 경우 최선의 수행 시간이 소요될 수 있으나, 알고리즘 성능 비교에는 수행 시간의 상한을 주로 고려하므로 최악 입력으로 분석해보기로 한다. 4, 5, 6행은 $1+2+\cdots(n-1)=\frac{1}{2}n(n-1)$만큼씩 수행된다. 따라서, 총 수행 시간 T(n)은 다음과 같다.

$$\begin{aligned} T(n) &= (c_1+c_2+c_3+c_7)(n-1)+(c_4+c_5+c_6)\frac{1}{2}n(n-1) \\ &= \frac{1}{2}(c_4+c_5+c_6)n^2+\frac{1}{2}(2c_1+2c_2+2c_3+2c_7-c_4-c_5-c_6)n-(c_1+c_2+c_3+c_7) \end{aligned}$$

n에 관한 2차 다항식으로 표현되며, 각 계수값은 c_i에 의해 결정되는 상수값이다(참고로 정렬된 배열을 입력으로 받는 경우에는 n에 관한 1차 다항식으로 표현된다). 입력 크기가 작은 경우에는 각 계수와 각 항이 중요한 의미를 가질 수 있다. 그러나, 입력 크기가 큰 경우라면 앞서 언급했듯이 가장 차수가 큰 n^2항만이 유의미한 결과를 제시할 수 있고, 또한 가장 차수가 큰 항의 상수 계수 또한 입력 크기의 증가 비율에서 유의미한 영향을 끼치지 않으므로 배제할 수 있다. 이론적인 분석 측면에서 볼 때 각 알고리즘의 수행 시간을 상기 식처럼 엄밀히 표현하여 얻을 수 있는 실익도 크지 않다. 유의미한 차이만을 부각시켜 알고리즘 성능을 그룹핑하는 것이 단순하고 명확한 분석을 가능하게 한다.

이러한 입력 크기가 충분히 큰 경우에 대한 시간복잡도 분석은 점근적 분석(asymptotic analysis) 기법을 사용하게 된다. 점근적 분석은 알고리즘 수행시간에 영향을 미치는 여러 항 중 가장 중요한 항만을 고려하여 간단하게 분석할 수 있는 장점이 있다. 계수와 상수를 고려하지 않고 가장 큰 차수만 고려함으로써 알고리즘 성능을 간단하게 분석한다. 점근적 분석은 완전히 정확하게 알고리즘 수행 시간을 표현하지는 못하지만, 다양한 알고리즘들의 다양한 수행 시간을 그룹화하여 제시할 수 있고, 이는 입력 크기가 충분히 크다는 전제하에서 작동한다. 예를 들어, 어떤 알고리즘의 수행시간 T(n)이 다음과 같다고 하면, 이 알고리즘은 n^2에 비례하는 시간이 소요된다고 점근적으로 분석할 수 있다.

$$T(n)=3n^2-10nlogn+7 \in \text{수행시간 } n^2\text{집합}$$

이러한 점근적 분석 기법을 사용한 대표적인 시간복잡도 표기 방법에는 O(빅오), Ω(오메가), Θ(세타) 등이 있다.

$O(Big\ Oh)$ **표기법**

$O(f(n))$는 알고리즘 수행 시간이 잘해야(at most) f(n)의 비율로 증가하는 함수들의 집합을 의미한다. 다른 말로 표현하면 수행시간의 점근적 상한이 f(n)인 수행시간 함수들의 집합을 의미한다. 집합으로 정의하면 다음과 같다.

$$O(f(n)) = \{\, T(n) | \exists\, c > 0, n_0 \geq 0\ such\ that\ \forall\, n \geq n_0,\ T(n) \leq cf(n) \}$$

간단하게 설명하면 충분히 큰 n에 대해서 수행 시간이 f(n)의 상수배 이하인, 즉 f(n)보다 빠르게 증가하지는 않는 수행 시간 함수들의 집합을 의미한다.

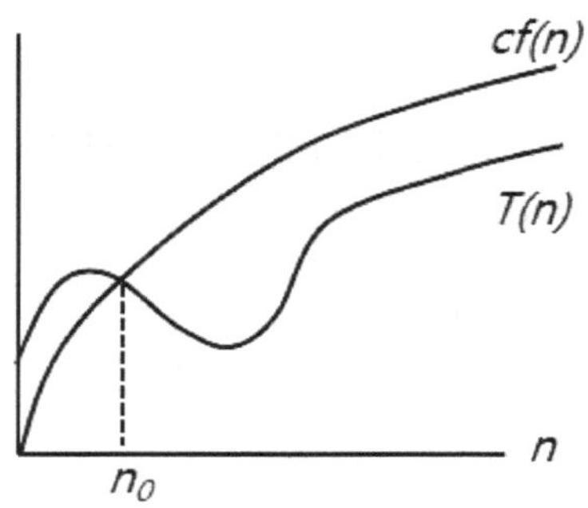

예를 들어 살펴보면 다음과 같다.

$T(n) = 3n^2 - 10n + 1 \leq cn^2, where\ \forall\, n \geq n_0$를 만족하는 c와 n_0가 존재하는가?

$c = 3, n_0 = 1$일 때 성립하므로 $T(n) \in O(n^2)$이다.

$T(n) \in O(n^2)$을 간단히 줄여서 $T(n) = O(n^2)$이라 표현하며, 알고리즘 오더(order)가 n^2이라고 말한다.

마찬가지로 다음 수행 시간들도 모두 $O(n^2)$ 집합에 속한다고 말할 수 있다.

$$2n+1,\ 3nlogn+n^2,\ nlogn+4n,\ n^2+4n+2 \in O(n^2)$$

마찬가지로 하나의 수행 시간은 빅오 정의에 따라 여러 집합에 포함될 수 있다.

$$T(n) = 3n^2 - 10n + 1 \in O(n^2),\ O(n^3),\ O(2^n), \ldots$$

굳이 정보 손실을 가져올 필요가 없으므로 가장 근접한 $O(n^2)$이라고 표현하면 된다.

빅오 표기는 상한을 나타내므로, 앞서 살펴본 삽입정렬의 최악의 경우 수행 시간의 한계인 $O(n^2)$은 모든 입력 형태에 대해서도 적용될 수 있다. 즉, $O(n^2)$은 임의의 n에 대해서 입력 형태와 상관없이 수행 시간의 한계가 $O(n^2)$임을 의미한다.

$\Omega(Omega)$ 표기법

$\Omega(f(n))$는 알고리즘 수행 시간이 적어도(at least) f(n)의 비율로 증가하는 함수들의 집합을 의미한다. 다른 말로 표현하면 수행시간의 점근적 하한이 f(n)인 수행시간 함수들의 집합을 의미한다. 집합으로 정의하면 다음과 같다.

$$\Omega(f(n)) = \{T(n) | \exists c > 0, n_0 \geq 0 \ such \ that \ \forall n \geq n_0, T(n) \geq cf(n)\}$$

간단하게 설명하면 충분히 큰 n에 대해서 수행 시간이 f(n)의 상수배 이상인, 즉 f(n)보다 느리게 증가하지는 않는 수행 시간 함수들의 집합을 의미한다.

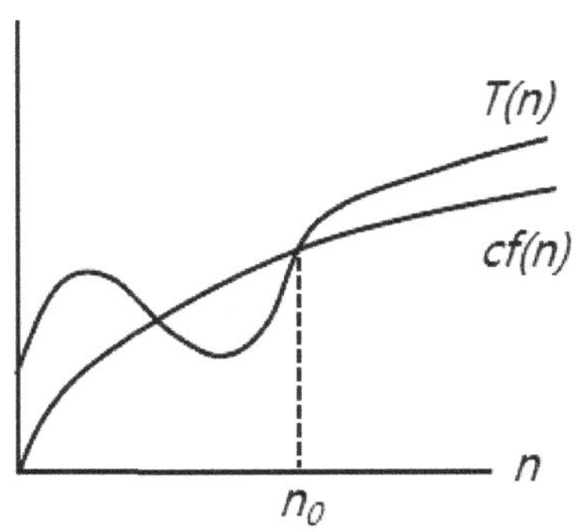

예를 들어 살펴보면 다음과 같다.

$$T(n) = 3n^2 - 10n + 1 \geq cn^2, \ where \ \forall n \geq n_0 \text{를 만족하는 } c \text{와 } n_0 \text{가 존재하는가?}$$

$$c = 2, n_0 = 10 \text{일 때 성립하므로 } T(n) \in \Omega(n^2) \text{이다.}$$

$T(n) \in \Omega(n^2)$을 간단히 줄여서 $T(n) = \Omega(n^2)$이라 표현할 수 있다.
마찬가지로 다음 수행 시간들도 모두 $\Omega(n^2)$ 집합에 속한다고 말할 수 있다.

$$3nlogn + n^2, \ n^2 + 4n + 2, \ n^3 - 2n + 7, \ 2^n + nlogn \in \Omega(n^2)$$

마찬가지로 하나의 수행 시간은 오메가 정의에 따라 여러 집합에 포함될 수 있다.

$$T(n) = 3n^2 - 10n + 1 \in \Omega(n^2), \ \Omega(n), \ \Omega(\log n), \ldots$$

굳이 정보 손실을 가져올 필요가 없으므로 가장 근접한 $\Omega(n^2)$이라고 표현하면 된다.
오메가 표기는 수행 시간의 하한을 나타내므로, 앞서 살펴본 삽입 정렬에서 정렬된 배열을 입력으로 받는 경우의 수행 시간인 $\Omega(n)$은 삽입 정렬의 최선 수행 시간이 된다. 즉, 삽입 정렬은 임의의 n에 대해서 입력 형태와 상관없이 수행 시간이 최소한 $\Omega(n)$임을 의미한다.

$\Theta(Theta)$ 표기법

$\Theta(f(n))$는 알고리즘 수행 시간이 f(n)과 같은 비율로 증가하는 함수들의 집합을 의미한다. 다른 말로 표현하면 수행시간의 점근적 상한과 하한이 모두 f(n)인 수행시간 함수들의 집합을 의미한다. 집합으로 정의하면 다음과 같다.

$$\theta(f(n)) = \{ T(n) | \exists c_1, c_2 > 0, n_0 \geq 0 \ such \ that \ \forall n \geq n_0, c_1 f(n) \leq T(n) \leq c_2 f(n) \}$$

간단히 표현하면, $\theta(f(n)) = O(f(n)) \cap \Omega(f(n))$이 된다.
예를 들어 살펴보면 다음과 같다.

$$T(n) = 3n^2 - 10n + 1 \in O(n^2), \ O(n^3), \ O(2^n), \ldots$$

$$T(n) = 3n^2 - 10n + 1 \in \Omega(n^2),\ \Omega(n), \Omega(\log n), \ldots$$

따라서, $O(n^2) \cap \Omega(n^2) = T(n) \in \Theta(n^2)$

집합 정의에 따라 풀어 보면, $\forall n \geq n_0 = 10$에 대해서 $3n^2 \leq T(n) \leq 4n^2$가 성립하므로 $T(n) \in \Theta(n^2)$이다.

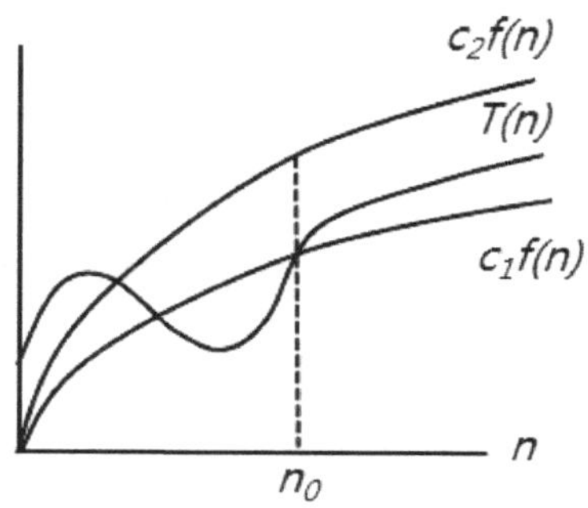

$o(Little\ Oh)$ **표기법**

$o(f(n))$는 알고리즘 수행 시간이 잘해야(at most) f(n)의 비율로 증가하는 함수들의 집합 중 여유 있는 상한으로 f(n)을 가지는 집합을 의미한다. 다른 말로 표현하면 수행시간의 여유 있는 점근적 상한이 f(n)인 수행시간 함수들의 집합을 의미한다. 집합으로 정의하면 다음과 같다.

$$o(f(n)) = \{ T(n) | \exists\, n_0 \geq 0\ such\ that\ \forall n \geq n_0,\ \forall c > 0, T(n) < cf(n) \}$$

리틀오는 빅오와 유사하나, 빅오와 달리 <u>모든</u> 양의 상수 c에 대하여 집합 정의 내의 부등식이 성립한다. 예를 들어 살펴보면 다음과 같다.

$T(n) = 3n^2$은 $\forall n \geq n_0 = 1$에 대해서 $T(n) \leq 4n^2$이므로 $O(n^2)$이다.

그러나, $\forall c > 0, \forall n \geq n_0, T(n) < cn^2$을 만족하는 n_0가 항상 존재하지는 않으므로 $(c=1)$

$T(n)$은 $o(n^2)$이 아니다. 대신, 임의의 c값에 대하여 $n_0 > \frac{3}{c}$인 값으로 n_0를 선택하면

$\forall c > 0, \forall n \geq n_{0,} T(n) < cn^3$을 만족하므로 $T(n)$는 $o(n^3)$이다.

리틀오 표기는 n이 충분히 커질수록 T(n)이 f(n)에 비해 증가 속도가 현저히 작은 것을 의미하는 것으로 $\lim_{n\to\infty}\frac{T(n)}{f(n)} = 0$이 되는 함수 집합을 표현한다.

$\omega(Little\ \Omega)$ **표기법**

$\omega(f(n))$는 알고리즘 수행 시간이 최소한(at least) f(n)의 비율로 증가하는 함수들의 집합 중 여유 있는 하한으로 f(n)을 가지는 집합을 의미한다. 다른 말로 표현하면 수행시간의 여유 있는 점근적 하한이 f(n)인 수행시간 함수들의 집합을 의미한다. 집합으로 정의하면 다음과 같다.

$$\omega(f(n)) = \{T(n) | \exists n_0 \geq 0 \ such\ that\ \forall n \geq n_0,\ \forall c > 0, T(n) > cf(n)\}$$

리틀오메가는 오메가와 유사하나, 오메가와 달리 모든 양의 상수 c에 대하여 집합 정의 내의 부등식이 성립한다. 예를 들어 살펴보면 다음과 같다.

$$T(n) = 3n^2\text{은 } \forall n \geq n_0 = 1\text{에 대해서 } T(n) \geq 2n^2\text{이므로 } \Omega(n^2)\text{이다.}$$

그러나, $\forall c > 0, \forall n \geq n_{0,} T(n) > cn^2$을 만족하는 n_0가 항상 존재하지는 않으므로 $(c = 4)$

$T(n)$은 $\omega(n^2)$이 아니다. 대신, 임의의 c값에 대하여 $n_0 > \frac{c}{3}$인 값으로 n_0를 선택하면

$\forall c > 0, \forall n \geq n_{0,} T(n) > cn$을 만족하므로 $T(n)$는 $\omega(n)$이다.

리틀오메가 표기는 n이 충분히 커질수록 T(n)이 f(n)에 비해 증가 속도가 현저히 커지는 것을 의미하는 것으로 $\lim_{n\to\infty}\frac{T(n)}{f(n)} = \infty$ 이 되는 함수 집합을 표현한다.

재귀적 수행 시간 분석법

알고리즘 수행시간은 보통 루프의 반복횟수, 특정한 행이 수행되는 횟수, 함수의 호출 횟수 등이 사용된다. 이 중 호출되는 함수가 호출한 함수와 같은 구조일 경우, 알고리즘 수행 시간 분석은 재귀적 분석을 필요로 한다. 재귀(Recursion)란 자기 자신을 호출하는 방식으로서, 어떤 함수를 자신보다 더 작은 변수에 대한 함수와의 관계로 표현한 것이다. 점화식 형태로 표현되며, 함수 구조는 동일하나 호출되는 문제 크기가 줄어드는 것이 반복됨으로써 문제를 해결하는 방식이다. 앞서 언급했던 팩토리얼 함수를 다시 살펴보기로 한다.

알고리즘 1.7 **팩토리얼 구하기**

```
Input: 정수값 n(>0)
Output: n!
Procedure:
  factorial(n){
    if (n=1) return 1;
    return n×factorial(n-1);
  }
```

함수 factorial은 함수 내부에 factorial을 호출하고 있으며, 대신 문제 크기는 'n'에서 'n-1'로 작아졌음을 알 수 있다. 이러한 호출구조는 반복적으로 적용되어, 더 이상 재귀 호출이 필요 없는 문제 크기인 '1'이 될 때까지 수행되며, '1'을 만나면서 재귀적 호출 과정의 역의 과정으로 문제가 해결되게 된다.

팩토리얼 알고리즘의 수행 시간 T(n)은 다음과 같이 정의될 수 있다.

$T(n)$: n!을 구하는데 소요되는 시간

$T(n) = T(n-1) + c$

$T(1) = c$

'c'는 if문, return문, 곱하기 등의 기타 오버헤드를 처리하는데 상수 시간(constant time)이 소요된다는 것을 의미하며, 정확하게 분석하면 T(1)은 c보다 적은 상수 시간이 소요되나, 문제 해결에 지장이 없는 범위 내에서 단순화시키고자 c로 처리하였다.

상기 수행시간 T(n)은 경계 조건을 만날 때까지 더 작은 문제에 대한 함수를 반복해서 대치해 나가는 반복 대치를 통해서 구할 수 있다.

$$\begin{aligned} T(n) &= T(n-1)+c \\ &= (T(n-2)+c)+c = T(n-2)+2c \\ &= T(n-3)+3c \\ &\cdots \\ &= T(1)+(n-1)c \\ &= c+(n-1)c = cn \end{aligned}$$

T(n) = cn이므로 $T(n) \in O(n), \Omega(n), \theta(n)$이다.

반복적인 대치의 다른 예는 다음과 같다.

$$\begin{aligned} T(1) &= c \\ T(n) &= T(n-1)+n \\ &= (T(n-2)+(n-1))+n = T(n-2)+(n-1)+n \\ &= T(n-3)+(n-2)+(n-1)+n \\ &\cdots \\ &= T(1)+2+3+\cdots+n \\ &= c+\frac{1}{2}n(n+1)-1 \in O(n^2) \end{aligned}$$

유명한 하노이탑 문제의 풀이 시간을 반복적인 대치로 계산해보자. 하노이탑은 3개의 막대봉 a, b, c가 있을 때 c를 여유봉으로 사용하여 봉 a에 크기순으로 쌓여 있는 n개의 원반을 봉 b로 옮기는 문제이다. 단, 옮기는 과정에서도 작은 원반이 큰 원반 밑으로 들어가서는 탑이 무너지므로 허용되지 않는다. 가상 코드는 다음과 같다.

알고리즘 1.8 하노이탑 쌓기

```
Input: n개의 원반이 봉 a에 크기순으로 쌓여 있음
Output: n개의 원반이 봉 b에 크기순으로 쌓여 있음
```

```
Procedure:
  hanoi_Tower(n, a, b, c){
    if (n>0) {
        hanoi_Tower(n-1, a, c, b);
        봉 a의 마지막 원반을 봉 b로 옮김;
        hanoi_Tower(n-1, c, b, a);
  }
```

수행 시간은 다음과 같이 계산된다.

$$
\begin{aligned}
T(1) &= c \\
T(n) &= 2T(n-1)+1 \\
&= 2(2T(n-2)+1)+1 = 2^2 T(n-2)+2+1 \\
&= 2^3 T(n-3)+2^2+2+1 \\
&\cdots \\
&= 2^{n-1}T(1)+2^{n-2}+2^{n-1}+\cdots+2+1 \\
&= 2^{n-1}c+2^{n-1}-1 \in O(2^n)
\end{aligned}
$$

다른 예는 아래와 같다. 3장에서 학습하게 될 퀵정렬과 병합정렬의 수행 시간이다.

$$
\begin{aligned}
T(1) &= c \\
T(n) &= 2\,T(\frac{n}{2})+n \\
&= 2(2T(\frac{n}{2^2})+\frac{n}{2})+n = 2^2 T(\frac{n}{2^2})+2n \\
&= 2^3 T(\frac{n}{2^3})+3n \\
&\cdots \\
&= 2^k T(\frac{n}{2^k})+kn
\end{aligned}
$$

다항식복잡도인 경우 $n = 2^k$로 대치할 수 있으므로,

$$= cn + (\log_2 n)n \in O(nlogn)$$

함수의 재귀 호출 문제 크기가 호출 문제 크기의 일정 비율로 표현되는 경우에는 마스터 정리를 통해 해결할 수 있다. 마스터 정리는 재귀적 형태의 점화식의 복잡도를 바로 알 수 있는 정리로서 다음과 같이 간략하게 정의할 수 있다. 보다 엄밀한 마스터 정리의 정의와 활용은 점화식 형태로 시간 함수가 표현되는 분할정복 알고리즘에서 다루기로 한다.

$T(n) = aT(\frac{n}{b}) + f(n)$일 때, $h(n) = n^{\log_b a}$라 정의하면,

가) $\lim_{n\to\infty} \frac{f(n)}{h(n)} = 0 \Rightarrow T(n) = \theta(h(n))$

나) $\lim_{n\to\infty} \frac{f(n)}{h(n)} = \infty$, 충분히 큰 모든 n에 대해 $af(\frac{n}{b}) < f(n) \Rightarrow T(n) = \theta(f(n))$

다) $\frac{f(n)}{h(n)} = \theta(1) \Rightarrow T(n) = \theta(h(n)\log n)$

$$T(n) = 2T(\frac{n}{2}) + n$$

$\Rightarrow$

$a = 2,\ b = 2,\ h(n) = n,\ f(n) = n$이므로 $T(n) = \theta(nlogn)$

1.3 자료 구조

자료 구조란 자료를 효율적으로 사용하기 위해서 자료의 특성에 따라서 분류하여 구성하고 저장 및 처리하는 모든 작업이 관계된 말로서, 구조 정의, 새 자료의 삽입, 기존 자료의 삭제 동작 등이 정의되어야 한다. 이러한 자료 구조의 형태는 크게 자료들 간의

앞뒤 관계가 1:1의 선형 관계인 선형자료구조와 자료들 간의 앞뒤 관계가 1:다 혹은 다:다의 관계인 비선형자료구조로 분류할 수 있다. 본 장에서는 선형자료구조로 배열과 연결리스트, 스택, 큐 등을 다루고, 비선형자료구조로 트리와 그래프를 살펴보기로 한다. 선형자료구조 중 배열과 연결리스트는 다른 자료 구조의 기본이 되는 자료 구조로서 자료 구조의 자료 구조라고 할 수 있다. 즉, 배열과 연결리스트는 프로그램 컴파일러와 가장 밀접한 개념으로서 이를 사용하여 다른 자료 구조들이 정의된다고 할 수 있다.

1.3.1 기본 자료 구조

순차 자료 구조

순차 자료 구조는 자료들의 논리적 순서와 동일한 물리적인 순서로 메모리에 저장되는 방식이라고 할 수 있으며, 보통 배열(array)로 표현된다. 각 자료들은 동일한 자료형을 가지고 있으며, 자료형의 크기만큼 공간을 연속적으로 할당받는다.

순차 자료 구조에서의 새 자료 삽입은 삽입 후의 물리적 순서와 논리적 순서를 일치시키기 위하여, 삽입된 위치 이후의 자료들을 모두 한자리씩 뒤로 이동해야 한다. 먼저, 삽입할 자리 이후의 자료들을 한자리씩 뒤로 이동시켜 자료를 삽입할 빈 공간을 만들고, 만들어진 빈 공간에 새로운 자료를 삽입하게 된다. 순차 자료 구조에서의 기존 자료 삭제는 삽입과 유사하게 삭제된 이후의 물리적 순서와 논리적 순서를 일치시키기 위하여 삭제 위치 이후의 자료들을 한자리씩 앞으로 이동시켜야 한다.

순차 자료 구조는 순차 구조의 배열(array)을 사용하여 간단하게 구현할 수 있다. 배열은 <첨자, 원소>의 순서쌍으로 이루어진 집합으로서 배열의 첨자는 배열 원소의 순서를 의미한다. 이러한 배열은 매우 간단하게 자료 구조를 구성할 수 있고, 첨자를 사용하여 특정 자료에 매우 쉽게 접근할 수 있는 장점이 있는 반면에 원소의 삽입, 삭제 연산에 발생하는 오버헤드가 크고, 정적인 메모리 할당 방식을 사용함으로 자료구조가 동적인 상황에서는 낭비가 발생할 가능성이 크다는 단점이 있다.

배열은 '같은 자료형'을 가진 자료들을 메모리에 연속으로 저장하여 만든 자료들의 그룹으로서 첨자를 사용하여 배열의 요소를 구별한다. 모든 자료형에 대해서 배열로 구성이 가능하며 구성 형태에 따라 1차원 배열, 2차원 배열, 3차원 배열 등으로 차원을 얼마든지 확장할 수 있다.

배열을 사용하여 다항식(polynomial)을 저장하는 예를 살펴보기로 한다. 다항식은 cX^e 형식의 항들의 합이나 차로 구성된 식을 말한다. 여기서 'c'는 계수(coefficient), X는 변수(variable), e는 지수(exponent)를 의미한다. 지수 중 가장 큰 값을 다항식의 차수라고 한다. 차수가 n이고, 지수가 n인 항의 계수를 Cn으로 정의할 경우의 다항식을 표현하면 다음과 같다.

$$P(x) = c_n x^n + c_{n-1} x^{n-1} + c_{n-2} x^{n-2} + \cdots + c_1 x^1 + c_0$$

n차 다항식 P(x)는 1차원 배열을 사용하여 간단하게 순차 자료 구조로 표현할 수 있다.

첨자	0	1	2	…	n-1	n
자료	C_0	C_1	C_2	…	C_{n-1}	C_n

차수가 커지는 상황을 고려한다면, 자료 순서를 역으로 배치하는 것이 합리적이다. $P(x) = 2x^3 + 5x + 7$를 상술한 순차 자료 구조로 표현하면 다음과 같다.

첨자	0	1	2	3
자료	7	5	0	2

차수가 높으나, 항 수가 적은 희소 다항식을 1차원 배열로 저장하는 경우를 고려해보자.

$$P(x) = 5x^{100} + 2x + 7$$

첨자	0	1	2	…	99	100
자료	7	2	0	…	0	5

차수가 100이므로 크기가 101인 정수형 배열을 사용하는데, 값을 가진 항이 3개뿐이므로, 98개의 배열 원소에 대한 메모리 공간이 낭비되는 단점이 있다. 이러할 경우에는 2차원 배열을 이용하여 보다 효율적으로 다항식 자료 구조를 관리할 수 있다.

다항식의 1차원 배열 표현에서는 첨자가 지수의 역할을 하나, 2차원 배열에서는 지수도 원소가 가지는 값의 하나로서 저장함으로써 보다 효율적으로 희소 다항식을 관리할 수 있다. 구체적으로 다항식의 각 항에 대한 <지수, 계수>의 쌍을 2차원 배열에 저장한다. 이를 통해 1차원 배열을 사용하는 방법보다 메모리 사용을 줄일 수 있고, 이를 통해 공간 복잡도 감소 및 프로그램 성능 향상을 기대할 수 있다.

$$P(x) = 5x^{100} + 2x + 7$$

첨자	0	1
0	100	5
1	1	2
2	0	7

연결 자료 구조

순차 자료구조는 삽입 연산이나 삭제 연산 후에 연속적인 물리 주소를 유지하기 위해서 자료들을 이동시키는 추가적인 작업으로 인한 오버헤드가 발생한다. 이는 자료의 개수가 많고 삽입·삭제 연산이 많이 발생하는 경우에 성능상의 문제를 발생시킬 수 있다. 이는 순차 자료 구조가 배열을 이용하여 구현하기 때문에 배열이 가지고 있는 메모리 사용의 비효율성 문제를 그대로 가짐으로써 발생하며, 따라서 이러한 연산 시간에 대한 문제와 저장 공간에 대한 문제를 개선한 자료 표현 방법이 필요하게 되었다.

연결 자료 구조(Linked Data Structure)는 자료의 논리적인 순서와 물리적인 순서가 일치하지 않는 자료구조로서, 각 원소에 저장되어 있는 다음 원소의 주소에 의해 순서가 연결되는 방식을 취한다. 물리적인 순서를 맞추기 위한 오버헤드가 발생하지 않으며, 여러 개의 작은 공간을 연결하여 하나의 전체 자료구조를 표현함으로써 크기 변경이 유연하고 더 효율적인 메모리 사용이 가능하나, 삽입·삭제 연산이 순차 자료 구조에 비해 다소 까다롭게 처리된다.

연결리스트(Linked list)는 연결 자료 구조로 표현하는 대표적인 자료 구조로서 연결하는 방식에 따라 단순 연결리스트와 원형 연결리스트, 이중 연결리스트, 이중 원형 연결리스트 등이 있다. 연결리스트는 실제 자료를 담고 있는 노드(node)와 인접 노드의 주소 정보를 가지고 리스트의 순서를 유지하는 연결고리 역할을 수행하는 링크(link)로 구성되어 있다.

연결 리스트는 C언어에서 구조체(struct)로 표현이 가능하다. 구조체도 배열처럼 여러 개의 자료들을 묶을 때 사용하는 자료형이나, 같은 자료형만을 묶을 수 있는 배열과 달리, 구조체는 서로 다른 자료형을 묶을 수 있으므로 복잡한 자료 형태를 정의하는데 유용하게 사용할 수 있다. 다음과 같은 노드 정의를 통해 단순 연결리스트를 구현할 수 있다.

```
typedef struct _node {
    int key;  //정수형 key 필드를 사용하여 자료 관리
    struct _node *next; //포인터 변수 next 필드로 다음 노드의 주소값 관리
} node;

node *SlinkedList;
```

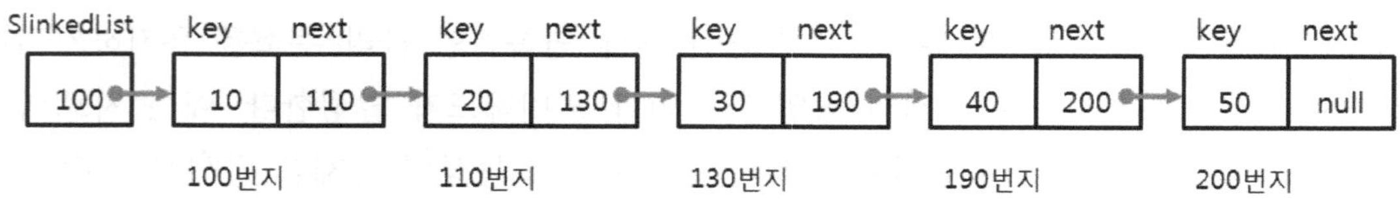

단순 연결 리스트(singly linked list)는 노드가 하나의 링크 필드에 의해서 다음 노드와 연결되는 구조를 가지며, 연결 리스트, 선형 연결 리스트(linear linked list), 단순 연결 선형 리스트(singly linked linear list) 등으로도 불린다. 단순 연결 리스트의 삽입은 1)삽입할 새 노드를 정의하고 2)새 노드의 next 필드값으로 새 노드의 선행 노드가 가지고 있는 주소값을 받고 3)선행 노드의 주소값으로 새 노드의 주소값을 부여함으로 완성된다. 알고리즘 1.9는 포인터 previous가 가리키는 노드의 다음에 새로운 노드를 삽입하는 과정을 보여준다.

알고리즘 1.9 단순 연결리스트에서의 삽입

```
Input: 단순 연결리스트, 삽입값 k, 삽입위치 노드 포인터 previous
Output: 삽입된 단순연결리스트
Procedure:
   insert_after(int k, node *previous){
      node *new; new -> key = k;   //새 노드 생성
      new -> next = previous -> next;    //새 노드의 next값 결정
      previous -> next = new;            //선행 노드의 next값 결정
   }
```

단순 연결 리스트의 삭제는 1)삭제할 노드의 선행 노드를 찾고, 2)선행 노드의 링크 필드에 삭제 대상 노드의 링크 필드 값을 저장함으로써 완료된다.

알고리즘 1.10 단순 연결리스트에서의 삭제

```
Input: 단순 연결리스트, 삭제값 k
Output: 삭제된 단순연결리스트
Procedure:
   delete(int k){
      node *temp = SlinkedList;
      while((temp->next != null) && (temp->next->key != k))
         temp = temp -> next;              // 선행 노드 temp 검색
      target = temp -> next;               // 삭제 노드 target 검색
      if((target->next) != null)
         temp -> next = target -> next;    // 링크 필드 조정
   }
```

원형 연결리스트(circular linked list)는 단순 연결리스트의 마지막 노드가 연결 리스트의 첫 번째 노드를 가리키게 하여 리스트의 구조를 원형으로 만든 것이다. 임의의 위치에서 리스트 검색이 가능하다는 장점이 있으며, 단순 연결리스트의 마지막 노드의 next 필드에 첫 번째 노드의 주소를 저장함으로써 구성된다. 원형 연결 리스트의 삽입과 삭제 연산은 단순 연결리스트의 삽입 및 삭제 연산과 동일한 방식으로 진행하므로 구체적인

설명은 생략하기로 한다.

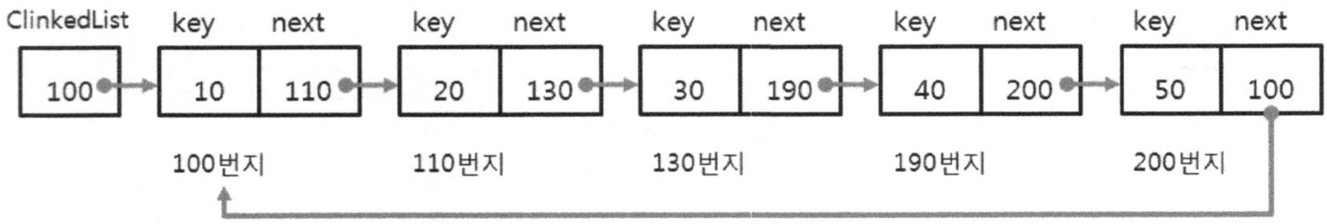

이중 연결리스트(doubly linked list)는 양쪽 방향으로 순회할 수 있도록 노드를 연결한 리스트로서 단순 연결리스트와 달리 노드 두 개를 가리키는 필드가 존재하게 된다. 단순 연결리스트의 next 필드와 함께 prev 필드를 다음과 같이 정의하여 자료구조를 구성할 수 있으며, 트리와 같이 두 개의 노드와 연결되어야 하는 경우 유용하다. 삽입과 삭제 동작을 처리하기가 다소 복잡하나, 순방향뿐만 아니라 역방향으로도 검색이 용이한 장점이 있다.

```
typedef struct _dnode {
    int key;  //정수형 key 필드를 사용하여 자료 관리
    struct _dnode *prev; //포인터 변수 prev 필드로 이전 노드의 주소값 관리
    struct _dnode *next; //포인터 변수 next 필드로 다음 노드의 주소값 관리
} dnode;

dnode *DlinkedList;
```

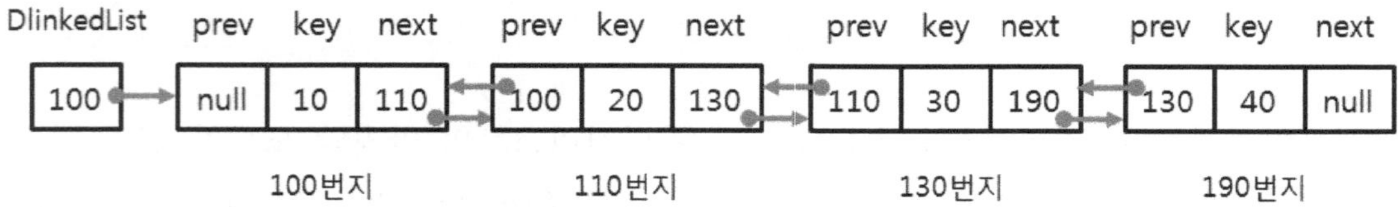

이중 연결 리스트에서의 삽입은 1)삽입할 새 노드를 정의하고, 2)새 노드의 next 필드값을 결정(prev 노드의 next 필드값을 복사)하고, 3)prev 노드의 next 필드값을 갱신(새 노드의 주소값)하고, 4)새 노드의 prev 필드값을 결정(next 노드의 prev 필드값을 복사)하

고, 5)next 노드의 prev 필드값을 갱신(새 노드의 주소값)하는 과정을 통해 이루어진다. 알고리즘 1.11은 포인터 previous가 가리키는 노드의 다음에 새로운 노드를 삽입하는 과정을 보여준다.

알고리즘 1.11 **이중 연결리스트 삽입**

```
Input: 이중 연결리스트, 삽입값 k, 삽입위치 노드 포인터 previous
Output: 삽입된 이중연결리스트
Procedure:
   insert_after(int k, dnode *previous){
      dnode *new; new -> key = k;   //새 노드 생성
      new -> next = previous -> next;  //새 노드의 next값 결정
      previous -> next = new;          //선행 노드의 next값 갱신
      new -> prev = previous;          //새 노드의 prev값 결정
      new -> next -> prev = new;       //후행 노드의 prev값 갱신
   }
```

이중 연결리스트에서의 노드 삭제는 1)prev 노드의 next 필드값을 갱신(삭제 노드의 next필드값)하고, 2)next 노드의 prev 필드값을 갱신(삭제 노드의 prev 필드값)함으로써 이루어진다. 물론, 모든 삭제 연산 후에는 삭제된 노드가 점유한 메모리를 반환하는 과정이 필요하다.

알고리즘 1.12 **이중 연결리스트에서의 삭제**

```
Input: 이중 연결리스트, 삭제값 k
Output: 삭제된 이중연결리스트
Procedure:
   delete(int k){
      dnode *temp = DlinkedList;
      while((temp->next != null) && (temp->next->key != k))
   temp = temp -> next;          // 선행 노드 temp 검색
   target = temp -> next;        // 삭제 노드 target 검색
   if((target->next) != null)
```

```
temp -> next = target -> next;        // 선행 노드 링크 필드 조정
    target -> next -> prev = target -> prev; //후행 노드 링크 필드 조정
}
```

1.3.2 스택과 큐

스택(Stack)

스택(stack)은 한 쪽이 막힌 공간에 자료를 차곡차곡 쌓아 올린 형태의 자료구조로서 입구와 출구가 같은 것이 특징이다. 입출구가 같으므로 먼저 삽입한 원소는 밑에 쌓이고, 나중에 삽입한 원소는 위에 쌓인다. 마지막에 삽입한 원소는 스택의 맨 위에 쌓여 있다가, 삭제 혹은 자료 인출 시 가장 먼저 스택에서 배출되는 후입선출 구조 (LIFO, Last In First Out)를 가지고 있다. 가장 마지막에 삽입한 원소가 저장된 위치는 top 변수값을 통해서 관리하며, 새로운 자료의 입력은 push, 자료의 인출은 pop 동작이라 한다.

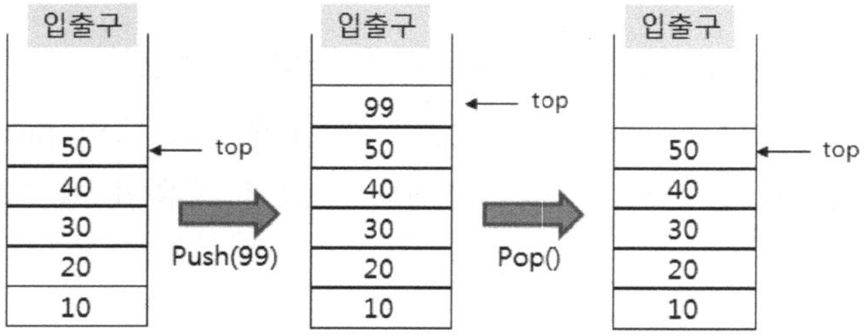

스택의 push 동작은 1)먼저 top의 위치를 하나 증가하고, 2)오버플로우가 아니라면 신규 데이터를 맨 위에 삽입하는 것으로 끝난다. 오버플로우는 1 증가된 top의 위치가 스택의 크기보다 클 경우 발생할 수 있다. 특히, 스택이 배열로 표현된 경우에는 스택의 크기가 사전에 결정되므로 이러한 현상이 발생할 수 있다. 스택의 pop 동작은 아무 데이터도 없는 공백 스택이 아니라면 1)top이 가리키는 원소를 반환하고, 2)top의 위치를 하나 감소시키는 것으로 쉽게 구현 가능하다.

순차 자료구조인 1차원 배열을 이용하여 간단하게 스택을 구현할 수 있다. 스택의 크기는 사전에 정의된 배열의 크기이며, 스택에 저장된 원소의 순서는 배열 원소의 첨자로 관리한다. 첨자가 낮을수록 일찍 삽입된 원소를 가리키며, 따라서 첨자 0번은 스택의 첫

번째 원소를 변수 top은 스택에 저장된 마지막 원소에 대한 첨자를 가리킨다. 공백 스택인 경우 top = -1 (초기값)이 되며, 오버플로우가 되기 직전의 포화 상태에서는 top = n-1이 된다.

알고리즘 1.13 배열을 사용한 스택 동작

```
Input: 스택 int stack[n], 삽입값 k
Output: push, pop 동작 후의 스택
Procedure:
   int top= -1;                                  //top의 초기값
   push(int k){
      if(top >= n -1) OVERFLOW!!;
      else stack[++top]=k;
   }

   int pop(){
      if(top==-1) UNDERFLOW;
      else return stack[top--];
   }
```

스택은 1차원 배열을 사용하여 매우 간단하게 구현할 수 있는 장점이 있는 반면에, 사전에 정해진 고정된 크기를 사용하므로 동적 상황에서의 크기 변경이 어려운 단점이 있다. 이러한 단점은 연결리스트를 사용하여 해결할 수 있다. 다음과 같은 단순 연결리스트를 사용하여 스택에 들어있는 자료는 단순 연결리스트의 노드의 key값으로 표현하고, 자료간의 순서는 노드의 next 포인터로 관리한다.

```
typedef struct _node {
   int key;  //정수형 key 필드를 사용하여 스택 자료 관리
   struct _node *next; //포인터 변수 next 필드로 다음 노드의 주소값 관리
} node;

node *top;
```

top은 노드형 포인터 변수로 초기 상태는 null이다. push 동작은 연결리스트의 앞부분에 자료를 삽입함으로써 완성되고, pop동작은 역시 연결리스트의 제일 앞부분에 있는 노드를 삭제하고 자료를 인출하는 것으로 완성된다. 자료가 없는데 pop을 수행할 경우의 underflow는 발생할 수 있으나, 동적으로 스택 크기가 커질 수 있음으로 인해 push 동작에서의 overflow는 발생하지 않는다.

알고리즘 1.14 연결리스트를 사용한 스택 동작

```
Input: 스택, 삽입값 k
Output: push, pop 동작 후의 스택
Procedure:
    top->next = null;                              //top의 초기값
    push(int k){
        node* new;
        new->key = k;
        new->next = top->next;
        top->next = new;
    }

    int pop(){
        node* temp;
        temp = top->next;
        if(temp == null) UNDERFLOW;
        else{
            top->next = temp->next;
            return temp->key;
        }
    }
```

큐(Queue)

큐(Queue)는 대기열이란 뜻으로 스택과 달리 선입선출 구조 (FIFO, First In First Out)를 가진다. 스택과 같이 삽입과 삭제의 위치가 제한되어있으나, 스택과 달리 입구와 출구

가 분리됨으로 인해서 가장 먼저 삽입(enQueue)된 원소가 가장 먼저 삭제(deQueue)되는 공정한(?) 구조를 가지고 있다.

큐는 1차원 배열을 이용하여 간단하게 구현할 수 있다. 사전에 정의된 배열의 크기가 큐의 크기가 되며, front는 출구를 관리하는 변수로서 큐에 저장된 자료 중 가장 먼저 삽입된 자료의 위치를 가리키며(정확하게는 해당 위치-1), 이와 반대로 변수 rear는 큐에 저장된 자료 중 가장 마지막으로 삽입된 원소의 첨자값을 가지고 있다. 1차원 배열로 구현된 큐는 정상 상태 이외에 초기 상태, 공백 상태, 포화 상태를 관리해야 하며 각 상태에서의 front와 rear값은 다음과 같다.

초기 상태 : front = rear = -1
공백 상태 : front = rear
포화 상태 : rear = n-1 (n : 배열의 크기)

큐의 삽입은 현재 rear가 가리키고 있는 자료의 다음에 삽입해야 하므로, 포화 상태가 아니라면 rear 값을 하나 증가시켜 해당 첨자에 해당하는 공간에 새 자료를 삽입하면 된다. 큐의 삭제는 공백 상태가 아니라면 front의 값을 하나 증가시켜 첫 번째 자료를 삭제하면 된다.

알고리즘 1.15 배열을 사용한 큐 동작

```
Input: 큐 int queue[n], 삽입값 k
Output: enQueue, deQueue 동작 후의 큐
Procedure:
   int front = rear = -1;                              //큐의 초기 상태
   enQueue(int k){
      if(rear == n-1) OVERFLOW!!;
      else queue[++rear]=k;
   }

   int deQueue(){
      if(front == rear) UNDERFLOW;
```

```
        else return queue[++front];
    }
```

1차원 배열을 사용한 선형 큐(Linear Queue)는 자료 조작이 비교적 간단한 장점이 있는 반면에, 삽입과 삭제 동작이 자주 일어날 경우 자료의 위치가 선형적으로 이동하게 되어 실제적으로는 빈 공간이 있음에도 불구하고 포화상태로 인식하는 단점이 있다. 이러한 상태를 해소하기 위해서는 아래 그림과 같이 rear값이 n-1이더라도, front의 값을 보고 주기적으로 자료를 앞쪽으로 이동시켜야 하는 불편함이 있다.

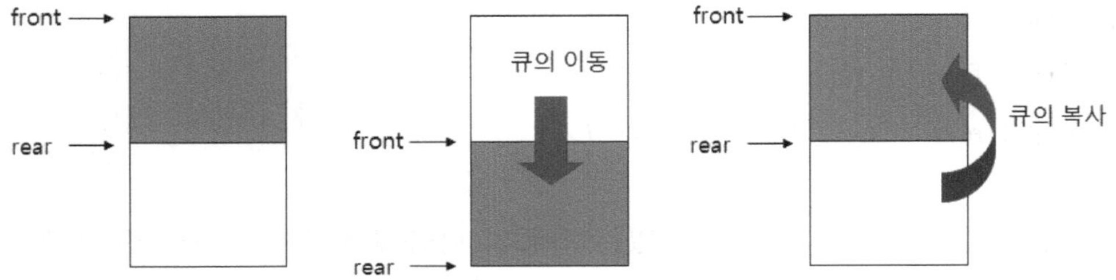

(a)정상 상태 (b)이상 상태 (c)정상 상태

이러한 단점을 해결하기 위한 방법의 하나로 원형 큐(Circular Queue)가 있다. 선형 큐의 처음과 끝을 이어붙인 것으로서 mod 연산을 사용하여 자료를 회전시킴으로 인해서 오버플로우 이상을 방지할 수 있다. 선형 큐와 달리 초기, 공백, 포화 상태의 정의가 다음과 같이 달라진다.

초기 상태 : front = rear = 0
공백 상태 : front = rear
포화 상태 : (rear+1) mod n = front (n : 배열의 크기)

공백 상태와 포화 상태가 유사하므로, 이 구분을 쉽게 하기 위해서 front가 있는 자리는 사용하지 않고 항상 완충지대 개념의 빈자리로 하여 동작 처리를 용이하게 한다. 선형 큐에서도 front값은 가장 먼저 삽입된 자료의 바로 앞 자리를 가리키고 있는 것으로서 동일한 개념이라고 할 수 있다. 아래 그림에서 rear값이 5인 꽉 찬 상태에서 새로운 자료가 삽입될 경우 rear = (rear + 1) mod 6 연산을 통해 첨자 0인 곳에 삽입이 가능하다.

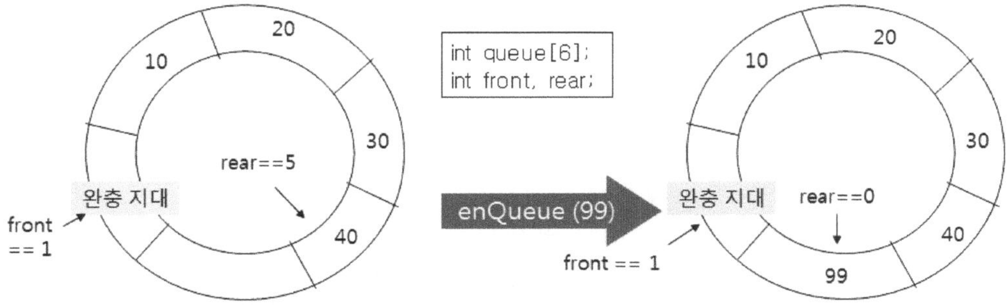

index	값
0	null
1	null
2	10
3	20
4	30
5	40

index	값
0	99
1	null
2	10
3	20
4	30
5	40

알고리즘 1.16 **배열을 사용한 원형 큐 동작**

```
Input: 원형 큐 int queue[n], 삽입값 k
Output: enQueue, deQueue 동작 후의 원형 큐
Procedure:
   int front = rear = 0;                          //원형 큐의 초기 상태
   enQueue(int k){
      if((rear+1) mod n == front) OVERFLOW!!;
      else queue[++rear mod n]=k;
   }

   int deQueue(){
      if(front == rear) UNDERFLOW;
      else return queue[++front mod n];
   }
```

원형 큐를 사용하지 않고 연결 리스트를 사용하여 선형 큐의 단점을 극복할 수도 있다. 단순 연결 리스트의 노드는 key값을 통해 자료를 관리하며, next 필드를 통해 다음 노드에 연결된다. 포인터 변수 front는 가장 먼저 삽입된 첫 번째 노드를 가리키며, 포인터 변수 rear는 가장 늦게 삽입된 노드를 가리킨다. 포화 상태는 없으며, 초기 상태와 공백 상태에서 front = rear = null이 된다.

```
typedef struct _node {
    int key;  //정수형 key 필드를 사용하여 스택 자료 관리
    struct _node *next; //포인터 변수 next 필드로 다음 노드의 주소값 관리
} node;

node* front, rear;
```

배열로 구현한 것과의 차이점은 새 노드를 삽입하기 전에 큐가 공백인지 아닌지를 검사한다는 점이다. 연결 큐가 공백인 경우에는 삽입할 새 노드가 큐의 첫 번째 노드이자 마지막 노드이므로 포인터 front와 rear가 모두 새 노드를 가리키도록 설정한다.

알고리즘 1.17 **연결 리스트를 사용한 큐 동작**

```
Input: 큐, 삽입값 k
Output: enQueue, deQueue 동작 후의 큐
Procedure:
    node* front = rear = null;                              //큐의 초기 상태
    enQueue(int k){
        node* new;
        new->key = k;
            if(front == rear == null){
            rear -> next = new;
            front -> next = new;
        }
        else{
            rear -> next -> next = new;
            rear -> next = new;
        }
```

```
    }

    int deQueue(){
        if(front == rear == null) UNDERFLOW;
        else{
            node* target = front -> next;
            front -> next = target -> next -> next;
            return target -> key;
        }
    }
```

1.3.3 트리와 그래프

트리(Tree)

트리(tree)는 자료들 간에 1 vs. 다(多)의 관계를 가지는 비선형 자료구조인 동시에, 자료들간에 계층관계를 가지는 계층형 자료구조이다. 최상단의 루트에서 하위 계층으로 내려가면서 확장되는 나무 모양의 구조로서 회사의 조직도, 혈연 관계를 표현하는 가계도, 운동 경기 대진표 등이 계층적인 모양을 가지고 있다. 추상적인 상위 주제가 좀 더 구체적인 하위 주제로의 세분화되는 과정을 묘사한다고도 볼 수 있으며, 객체지향 패러다임에서 상속 관계를 표현할 때도 유용하다.

트리는 자료를 표현하는 노드(node)와 노드 간의 관계를 표현하는 링크(link)로 구성된다. 노드와 링크는 각각 정점(vertex)과 간선(edge)으로 불리기도 한다. 최상단 노드는 루트(node)이며, 간선으로 직접 연결된 상·하위 노드간의 관계는 부모·자식 관계로 표현한다. 루트 노드는 부모를 가지지 않는 유일한 노드이며, 자식이 없는 노드는 리프(leaf, terminal) 노드라 칭한다. 리프 노드가 아닌 모든 노드는 최소한 하나의 자식을 가지고 있으며 내부(internal, nonterminal) 노드라 한다. 서브 트리(subtree)는 부모 노드와 연결된 간선을 끊었을 때 생성되는 하위 트리이다. 경로(path)는 시작(origin) 노드에서 종점(destination) 노드로 중복을 배제하고 갈 때 거치는 간선과 노드를 의미한다. 이렇듯이 트리는 임의의 시작 노드에서 임의의 종점 노드로의 경로가 유일한 자료 구조를 지칭한다. 또한, 트리는 루트를 제외한 모든 노드가 부모 노드를 반드시 하나만 가지고 있음으로 인해서 노드 수가 n 개일 때, 간선 수는 정확히 n-1 개이다.

노드 높이(node height, node depth)는 루트 노드에서 해당 노드에 이르는 간선의 수로서 레벨을 의미한다. 트리 높이(tree height, tree depth)는 노드 높이 중 가장 큰 값이다. 노드 차수(node degree)는 노드에 연결된 자식 노드의 수를 말한다. 트리 차수(tree degree)는 트리상의 노드 차수 중 가장 큰 값을 말한다.

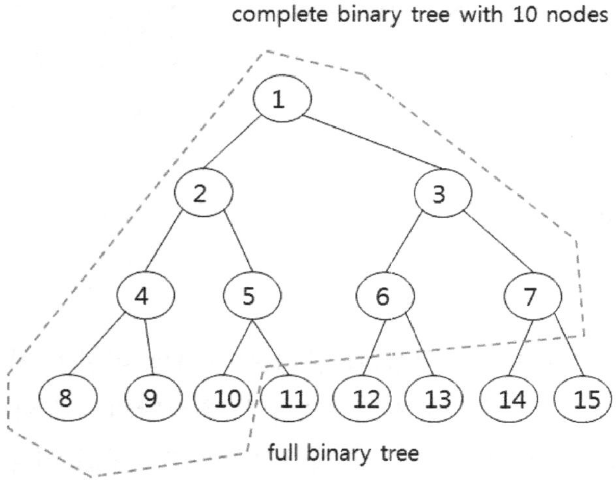

이진 트리(binary tree)는 트리 차수가 2 이하인 트리를 말한다. 각 노드는 많아야 2개의 자식을 가질 수 있으며, 각각 왼쪽 자식(left child), 오른쪽 자식(right child)라 한다. 상기 그림과 같이, 노드 1부터 노드 15까지 꽉 차 있는 경우를 포화 이진 트리(full binary tree)라 하며, 점선으로 표현된 10까지 차 있는 경우를 완전 이진 트리(complete binary tree)라 한다. 완전 이진 트리는 위에서 아래로, 왼쪽에서 오른쪽으로 자료가 채워진 형태로서, 상위 레벨의 노드가 다 채워져야 하위 레벨의 노드가 채워지며, 채워지는 순서는 중간에 누락됨이 없이 왼쪽에서 오른쪽으로 채워지게 된다.

이진 트리는 1차원 배열을 사용하여 간단하게 구현할 수 있다. 부모 노드와 자식 노드가 서로 잘 찾아갈 수 있게 하기 위하여 일관된 첨자 규칙을 사용하여 구현한다. 첨자는 1번부터 루트 노드를 저장하는 것으로 시작하며, 포화 이진 트리에서 위에서 아래로 왼쪽에서 오른쪽 순으로 첨자 번호를 매긴 방식을 그대로 사용하여 자료를 저장한다.

* 높이가 d 일 때, 포화 이진 트리인 경우의 노드 수 n

$n = 1 + 2 + 2^2 + \cdots + 2^{d-1} = 2^d - 1$

* 높이가 d 일 때, 완전 이진 트리인 경우의 노드 수 n

$2^{d-1} \le n \le 2^d - 1$

* 노드 수가 n 일 때, 완전 이진 트리인 경우의 높이 d

$2^{d-1} \le n \le 2^d - 1$

$d - 1 \le \log_2 n \le \log_2(2^d - 1) < \log_2 2^d = d$

$\therefore d = \lfloor \log_2 n \rfloor + 1$

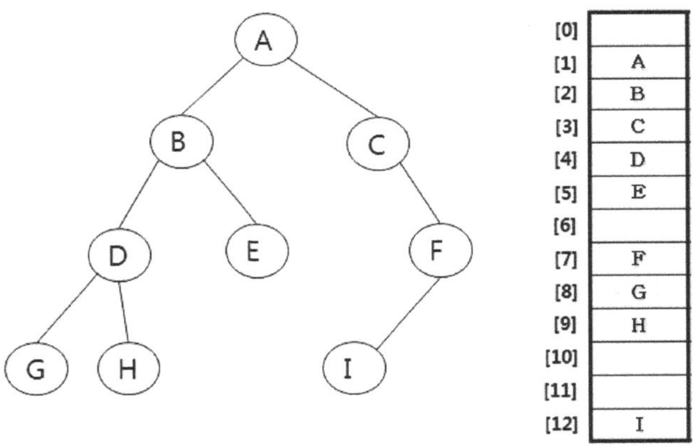

일관된 첨자 규칙을 사용함으로 인해서, 첨자 k 노드의 왼쪽 자식 노드 첨자는 2k, 오른쪽 자식 노드 첨자는 2k+1이 된다. 그리고, 첨자 j 노드의 부모 노드 첨자는 $\lfloor j / 2 \rfloor$가 된다. 순차 자료 구조인 배열을 사용하여 구현할 경우 조작이 간편하나, 사전에 정의된 크기를 사용해야 하고, 또한 완전 상태와 떨어진 불균형(unbalanced)하거나 편향(skewed)된 경우 메모리 낭비가 심할 수 있다. 예를 들어, 아래 그림 같은 경우 13개의 메모리 공간을 할당해야 하나, 실제적으로 자료가 저장된 곳은 4개뿐으로 메모리 낭비가 심하게 된다.

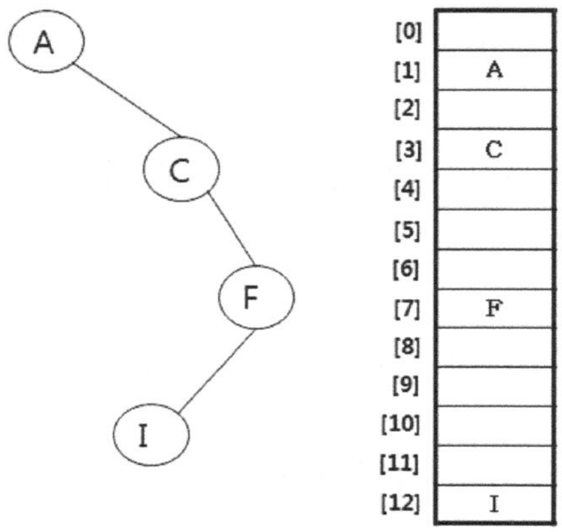

이러한 단점을 해소하기 위해서 연결 자료구조를 이용하여 이진 트리를 구현할 수 있다. 이진 트리에서 각 노드가 두 개의 자식 노드를 가지므로 두 개의 연결 링크를 가진 구조체를 사용하여 정의할 수 있다.

```
typedef struct _node {
    int key;  //정수형 key 필드를 사용하여 자료 관리
    struct _node *left; //포인터 변수 left 필드로 왼쪽 자식 노드의 주소값 관리
    struct _node *right; //포인터 변수 right 필드로 오른쪽 자식 노드의 주소값 관리
} node;

node* binaryTree;
```

배열이나 연결 리스트를 사용한 트리의 활용에 대해서는 해당 내용에서 다루기로 한다.

그래프(Graph)

그래프(graph)는 선형 자료구조나 트리 구조로 표현하기 어려운 다(多) vs. 다(多)의 관계를 가지는 자료들을 표현하기 위한 자료구조이다. 그래프 G는 정점(vertex)과 정점 간을 연결하는 간선(edge)의 집합으로 구성된다.

G = (V, E)
  V : 그래프에 있는 정점들의 집합
  E : 정점을 연결하는 간선들의 집합

정점은 자료를 의미하며, 간선은 두 정점간의 관계를 나타낸다. 아래 그림에서 정점은 갑, 을, 병 등의 사람을 의미하고, 정점간의 간선은 서로가 아는 사람인지를 표현한다고 할 수 있다.

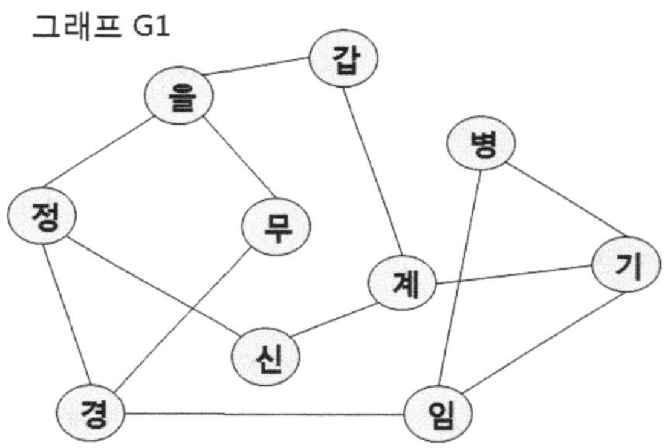

그래프에서 두 정점 i와 j를 연결하는 간선 (i, j)가 있을 때, 두 정점 i와 j를 인접(adjacent)되어 있다고 하고, 간선 (i, j)는 정점 i와 j에 부속(incident)되어 있다고 한다. 상기 그림에서 '갑'과 인접한 정점은 '을'과 '계'이고, 정점 '갑'에 부속되어 있는 간선은 (갑, 을), (갑, 계)이다.

상기 그림과 같이 정점 간에 방향성이 존재하지 않는 그래프를 무방향 그래프(undirected graph)라 한다. 갑, 을, 병 등의 사람이 일방적으로 한 사람만이 아는 경우라면 이를 표현하기 위해서 G2와 같은 그래프를 쓰며, 이를 유방향 그래프(directed graph) 혹은 다이그래프(digraph)라 한다. 무방향 그래프는 모든 간선이 양방향으로 가리키고 있는 유방향 그래프라고 볼 수 있다.

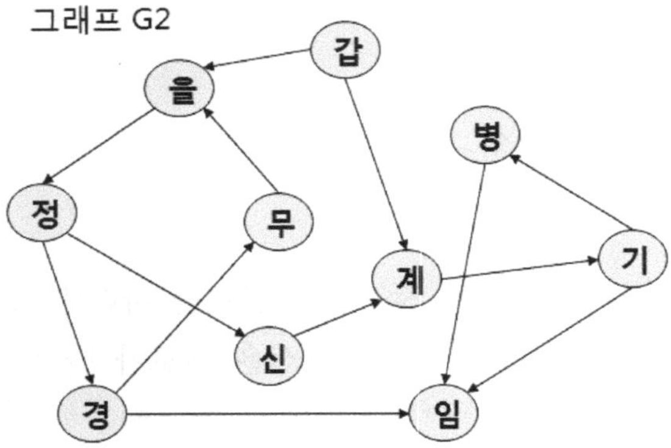

정점의 차수(degree)는 정점에 부속되어 있는 간선의 수를 의미한다. 그래프 G1에서 정점 '갑'의 차수는 2, 정점 '을'의 차수는 3이다. 유방향 그래프에서는 간선에 방향성이 존재하므로 해당 정점으로 향하는 간선의 수를 진입차수(in-degree)라 하고, 해당 정점에서 나가는 간선의 수를 진출차수(out-degree)라 하며 이 둘의 차수를 합하여 해당 정점의 차수로 정의한다. 그래프 G2에서 '계'의 진입차수는 2이고 진출차수는 1이므로 전체 차수는 3이 된다.

경로(path)는 트리에서와 같이 그래프에서 간선을 따라 갈 수 있는 길을 순서대로 나열한 것이다. 예를 들어, 그래프 G2에서 정점 '갑'에서 정점 '계'로 가는 경로는 '갑-을-정-신-계'와 '갑-계'의 두 가지가 존재한다. 경로 길이(path length)는 경로를 구성하는 간선의 수로서 첫 번째 경로는 길이가 4이고, 두 번째 경로는 길이가 1이다. 사이클(cycle)은 중복 방문이 없는 경로 중에서 경로의 시작 정점과 마지막 정점이 같은 경로를 의미하며, 그래프 G2에서 '을-정-경-무--을'가 이에 해당한다. 사이클은 그래프 조작을 매우 힘들게 하는 요소이며, 이러한 사이클이 없는 그래프를 DAG(Directed Acyclic Graph)라 한다.

완전 그래프(complete graph)는 임의의 정점에서 다른 모든 정점을 연결하는 간선이 존재하는 그래프로서 정점이 n개인 무방향 완전 그래프는 간선 수가 n(n-1)/2개이고, 유방향 그래프에서는 간선 수가 n(n-1)개이다. 부분 그래프(subgraph)는 원래의 그래프에서 일부의 정점이나 간선을 제외하여 만든 그래프를 의미한다. 그래프 G3는 그래프 G2에서 일부 정점을 G4는 일부 간선을 제외하여 만든 부분 그래프이다.

그래프는 인접행렬(adjacency matrix)을 사용하여 표현할 수 있다. 정점의 수가 n개일 경우 n×n 행렬을 정의하여, 다음과 같이 간선의 유무를 사용하여 2차원 배열로 표현할 수 있다.

원소 (i, j) = 1 : 정점 i 와 정점 j 사이에 간선이 있음
원소 (i, j) = 0 : 정점 i 와 정점 j 사이에 간선이 없음

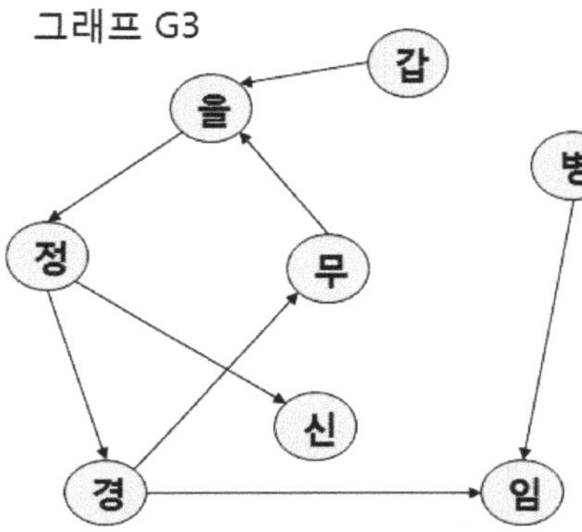

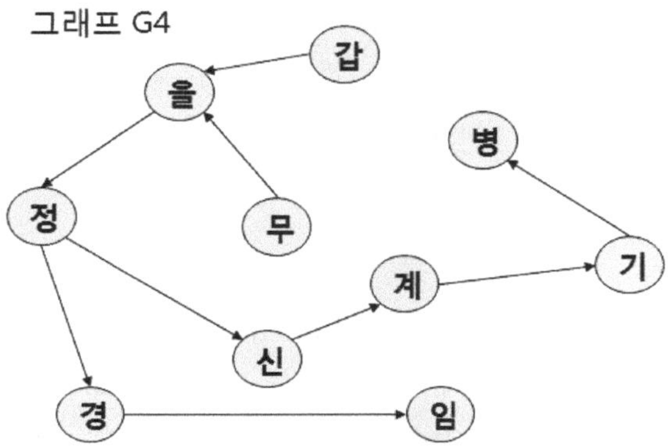

그래프 G3의 정점 번호를 첨자로 부여하여 다음과 같이 인접행렬로 표현할 수 있다. 값이 없는 곳은 0이다.

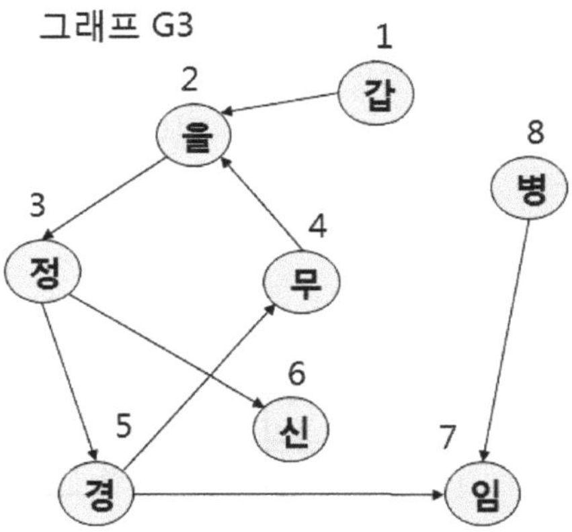

첨자	1	2	3	4	5	6	7	8
1		1						
2			1					
3					1	1		
4		1						
5							1	
6								
7								
8							1	

가중 그래프(weight graph)는 정점을 연결하는 간선에 가중치(weight)를 할당한 그래프이다. 그래프 G5와 같이 친밀도를 가중치로 표현할 수 있다. 가중 그래프를 인접행렬로 표현할 경우에는 연결되지 않은 간선의 경우 0을 연결된 간선의 경우 가중치를 부여하여 표현할 수 있다.

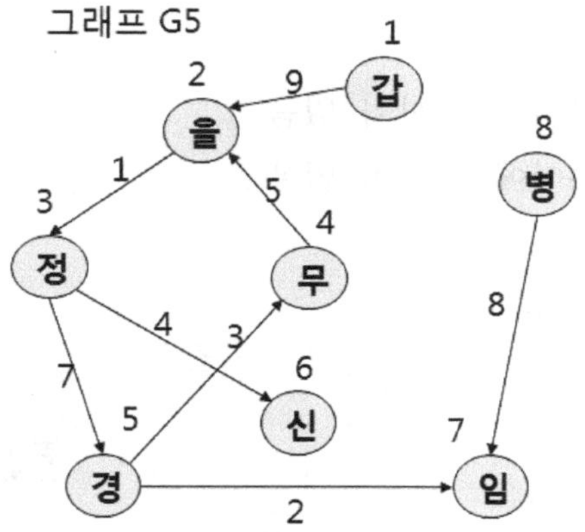

첨자	1	2	3	4	5	6	7	8
1		9						
2			1					
3					7	4		
4		5						
5							2	
6								
7								
8							8	

2차원 배열을 사용한 인접 행렬법은 간단하게 다룰 수 있는 반면에 정점의 개수에 비해서 간선의 개수가 적은 희소 그래프(sparse graph)에 대한 인접 행렬의 경우 메모리 낭비가 심하다는 단점이 있다. 그래프 G5의 경우에도 64개의 공간을 배정하였으나, 실제 자료가 들어간 셀은 7개 뿐으로 낭비가 심하다는 것을 알 수 있다. 이를 해결하기 위해서는 연결 리스트를 사용한 인접 리스트(adjacency list)를 사용할 수 있다. 인접 리스트는 각 정점에 대한 인접 정점들을 연결하여 만든 단순 연결 리스트로서 각 정점의 차수만큼 노드를 연결하여 표현한다. 각 정점의 시작 지점은 배열을 사용하여 정의하며 배열의 각 원소는 해당 정점에 연결된 인접 정점들을 연결한 리스트로 구성된다. 가중치가 있는 경우에는 가중치 값을 저장하기 위한 별도의 필드를 가져가면 된다.

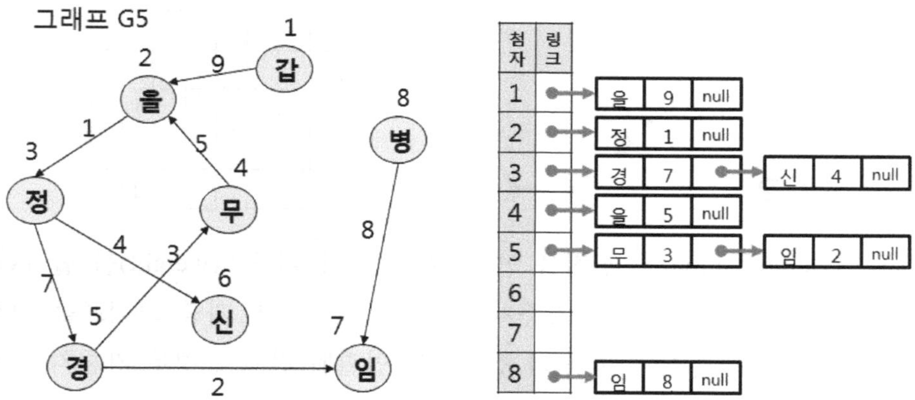

연습·문제

1. 자료 구조와 알고리즘의 관계에 대해서 예를 들어 설명하시오.

2. 알고리즘의 성능을 평가하는 척도에 대해서 기술하고, 컴퓨터 메모리와 CPU 가격의 저렴화에도 불구하고 성능 평가가 유의미한지 논하시오.

3. 시간 복잡도 $2n^2+10n$의 최악시간복잡도가 $O(n^2)$임을 증명하시오.

4. 다음 각 문제의 실행시간을 설명할 수 있는 시간 복잡도 표현을 보기에서 모두 고르시오.

   (보기) $O(1)$, $O(n)$, $O(\log n)$, $O(nlogn)$, $O(n^2)$, $O(n^3)$

   (1) 8n
   (2) $n^2+3nlogn$
   (3) logn

5. 다음의 복잡도 함수들을 크기에 대한 오름차순으로 정렬하라.

   $O(n^2)$, $O(1)$, $O(n!)$, $O(n)$, $O(nlogn)$, $O(logn)$, $O(2^n)$

6. 입력의 크기가 n일 때 다음 알고리즘의 점근적 수행시간은 얼마인가? 먼저 수행시간을 점화식으로 표현한 다음에 답을 구하라.

```
calculate1(Data[], n){
    if (n==1) return 1;
    result ← 0;
    for i ← 1 to n
        result ← result + calculate1(Data, n-1);
    return result;
}
```

7. 입력의 크기가 n일 때, 다음 알고리즘의 수행 시간을 점화식으로 표현한 다음에, 반복 대치법을 사용하여 점근적 복잡도를 구하라.

```
calculate2(Data[], n){
    if (n == 1) return 1;
    result ← 0;
    for i ← 1 to n
        result ← result + Data[i];
    return result+calculate2(Data[], n/3);
}
```

8. 다음 알고리즘의 시간 복잡도를 Big-Oh 표기법으로 표현하고, 그 이유를 간단히 기술하시오.

```
for (i←1 ; i<=n ; i←i+1)  do
    for (j←i ; j<=n ; j←j+1)  do
        A ← A + B ;
```

9. 주변에서 스택의 LIFO, 큐의 FIFO 방식을 사용하는 예를 각각 3개씩 제시하시오.

10. 다음 희소 행렬을 2차원 배열로 표현하시오.

$$A = \begin{vmatrix} 0 & 0 & 0 & 9 \\ 0 & 3 & 0 & 0 \\ 1 & 0 & 0 & 0 \\ 0 & 0 & 0 & 4 \\ 0 & 0 & 0 & 0 \\ 0 & 0 & 7 & 0 \\ 0 & 0 & 0 & 0 \end{vmatrix}$$

11. 40개의 노드로 구성된 이진 트리에서 간선의 개수와 트리의 가능한 최대 높이와 최소 높이를 구하시오. 단, 루트 노드만 있을 경우에 높이를 "1"로 간주한다.

Chapter

02

정렬과 검색

Computer Algorithm

2.1 정렬 알고리즘

정렬(sorting)은 2개 이상의 자료를 키(key)값을 기준으로 오름차순(ascending)이나 내림차순(descending)으로 재배열하는 것을 의미한다. 키값은 자료를 정렬하는데 사용하는 기준이 되는 특정 값으로서 레코드의 primary key 등이 사용된다. 정렬은 키값을 기준으로 이루어지나, 정렬 대상 전체는 실질적으로 레코드 전체라고 할 수 있다.

정렬 알고리즘 선택 시 고려할 중요한 요소 중의 하나로는 안정성(stability)이 있다. 안정성이란 동일 키값을 가지는 자료들인 경우, 정렬 후에도 원래의 상대적 순서를 유지하는 성질로서 정렬이 여러 번 이루어지는 다중키(Multi-key) 정렬에서 매우 유용한 성질이다. 예를 들어, 1차적으로 '거주 지역'으로 정렬하고, 동일 거주 지역인 경우에는 2차적으로

'성명'순으로 정렬한다고 하면, 안정성이 보장되는 정렬법을 택할 경우 먼저 '성명'으로 정렬하고, 그 다음에 '거주 지역'으로 정렬함으로써 원하는 목표를 달성할 수가 있게 된다.

상식적으로 생각할 수 있는 방식을 사용한 기본적인 정렬 알고리즘으로는 선택, 버블, 삽입 정렬이 있으며 평균적으로 $O(n^2)$의 시간이 소요된다. 기본 정렬법보다 우수한 정렬 알고리즘으로는 병합, 퀵, 힙 정렬 등이 있으며 트리 구조의 특성을 사용하여 정렬 시간 복잡도 측면에서 좋은 개선을 보여 주고 있다($O(n\log n)$). 병합, 퀵, 힙 정렬 등은 값간의 '비교'를 통해 얻을 수 있는 정렬 시간의 하한을 보여주고 있으며, 이와 달리 값 자체의 '크기'에 의해 정렬하는 기수, 계수 정렬을 통해 특수한 상황에서 매우 우수한 시간 복잡도를 가져올 수 있다($O(n)$). 퀵 정렬과 병합 정렬은 다른 장의 분할정복법의 예제 알고리즘으로 다루고 있으므로, 이 장에서는 선택, 버블, 삽입, 힙, 기수, 계수 정렬 등을 다루기로 한다.

2.1.1 선택 정렬(selection sorting)

선택 정렬은 정렬되지 않은 자료들 중에서 가장 큰(혹은 가장 작은) 자료를 선택하는 과정을 반복적으로 수행하여 정렬하는 방식이다. 가장 큰 자료를 찾는 경우 다음과 같다.

1) 값이 가장 큰 자료를 선택한다.
2) 선택한 자료와 맨 오른쪽 자료를 교환한다.
3) 자리가 결정된 맨 오른쪽 자료를 제외하고, 상기 과정을 반복적으로 수행한다.

정렬전 배열	40	70	30	90	50	10	60	20	80
최대값 선택	40	70	30	90	50	10	60	20	80
최우측값과 교환	40	70	30	80	50	10	60	20	90
교환값 고정	40	70	30	80	50	10	60	20	90
최대값 선택	40	70	30	80	50	10	60	20	90

최우측값과 교환	40	70	30	20	50	10	60	80	90
교환값 고정	40	70	30	20	50	10	60	80	90

나머지 자료에 대해서 동일한 과정을 반복 수행

정렬후 배열	10	20	30	40	50	60	70	80	90

[그림 2.1] 선택 정렬 과정

선택 정렬 알고리즘의 가상 코드는 다음과 같다.

알고리즘 2.1 **선택 정렬**

```
Input: 정렬 전 배열 data[1...n]
Output: 정렬 후 배열 data[1...n]
Procedure:
   selectionSorting(data[], n){
   for (i=n; i>1; i--) {
      Max = - MaxInt;
      for (j=1; j<=i; j++)
         if (data[j]>Max) {
            Max = data[j] ;
            maxIndex = j;
         }
      data[maxIndex] ↔ data[i]; //최우측값과 교환
      }
   }
```

선택 정렬의 공간복잡도는 n개의 원소에 대하여 별도의 공간을 필요로 하지 않고 주어진 n개의 공간만을 사용하므로 O(n)이 된다. 비교횟수 관점으로 시간 복잡도를 분석해보면, 1단계에서는 (n-1)개의 비교가 필요하고, 2단계에서는 (n-2)번의 비교, 최종적으로는 1번의 비교가 필요하므로 총 비교횟수는 $(n-1)+(n-2)+\cdots+1=\frac{1}{2}n(n-1)\in O(n^2)$

이 된다. 선택 정렬이 가지고 있는 단점 중의 하나는 입력 데이터에 민감하지 못하다는 점이다. 어떤 형태의 입력이 들어오건 알고리즘 수행 시간은 동일하게 $O(n^2)$을 보여준다.

2.1.2 버블 정렬(bubble sorting)

버블 정렬은 선택 정렬과 동일하게 제일 큰 자료를 우측으로 옮기는 방식을 취하나, 옮기는 방법이 다르다. 인접한 두 개의 자료를 차례대로 비교해가며 큰 값을 우측으로 보내는 방식으로 자리를 교환한다. 첫 번째 자료부터 마지막 자료까지 반복하여 한 단계가 끝나면 가장 큰 자료가 마지막 자리로 정렬되어 고정되게 된다. 인접한 자료끼리 계속 자리를 교환하면서 이동하는 모습이 물방울 모양과 같다고 하여 버블(bubble) 정렬이라 한다.

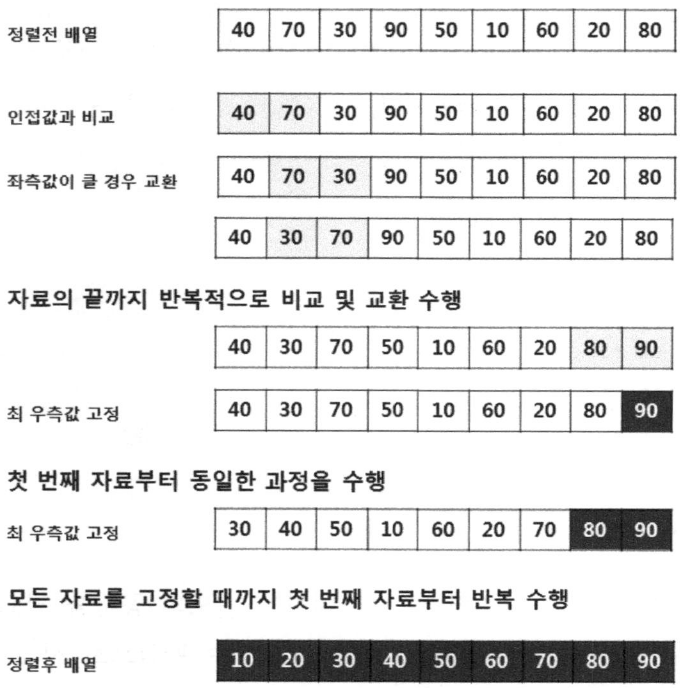

[그림 2.2] 버블 정렬 과정

1) 첫 번째 자료부터 시작하여 인접한 우측 자료와 크기를 비교한다.
2) 현 자료보다 인접한 우측 자료보다 큰 경우 교환한다.
3) 상기 과정을 반복적으로 수행하여 가장 큰 자료를 우측에 고정하고, 다시 첫 번째 자료부터 상기 과정을 반복적으로 수행한다.

버블 정렬 알고리즘의 가상 코드는 다음과 같다.

알고리즘 2.2 버블 정렬

```
Input: 정렬 전 배열 data[1...n]
Output: 정렬 후 배열 data[1...n]
Procedure:
   bubbleSorting(data[], n){
      for (i=n; i>1; i--){
         for (j=1; j<i; j++)
            if(data[j]>data[j+1]) data[j] ↔ data[j+1]; //인접값과 교환
      }
   }
```

버블 정렬의 공간복잡도는 n개의 원소에 대하여 별도의 공간을 필요로 하지 않고 주어진 n개의 공간만을 사용하므로 O(n)이 된다. 비교횟수 관점으로 시간 복잡도를 분석해보면, 1단계에서는 (n-1)개의 비교가 필요하고, 2단계에서는 (n-2)번의 비교, 최종적으로는 1번의 비교가 필요하므로 총 비교횟수는 $(n-1)+(n-2)+\cdots+1=\frac{1}{2}n(n-1)\in O(n^2)$이 된다. 버블 정렬도 선택 정렬과 마찬가지로 입력 데이터에 민감하지 못하다. 어떤 형태의 입력이 들어오건 알고리즘 수행 시간은 동일하게 $O(n^2)$을 보여준다. 교환이 한 번도 일어나지 않은 경우 이미 정렬된 입력이라 판단하고 그 이후의 과정을 처리하지 않음으로써 시간상의 개선을 가져올 수 있으나, 정렬된 배열이 입력으로 주어지기 어렵다는 점에서 실용성 측면에서 커다란 개선이라고 볼 수는 없다. 버블 정렬의 또 하나의 단점은 교환 횟수가 선택 정렬에 비해서 많다는 것이다. 선택 정렬은 매번 최대 1번씩, 최악의 경우 (n-1)번의 교환을 필요로 하나, 버블 정렬은 최악의 경우 $(n-1)+(n-2)+\cdots$

$+1 = \frac{1}{2}n(n-1) \in O(n^2)$의 교환을 필요로 한다.

2.1.3 삽입 정렬(insertion sorting)

선택 정렬과 버블 정렬은 정렬 대상이 n개에서 시작하여 한 개씩 정렬 대상을 줄이는 방식으로 정렬하는 반면, 삽입정렬은 정렬 대상이 1개에서 시작하여 한 개씩 정렬 대상을 늘이는 방식으로 정렬한다. 이미 정렬되어 있는 부분집합에 정렬할 새로운 자료을 적절한 위치에 삽입하여 정렬된 부분집합을 확장하는 방식으로 정렬이 이루어진다.

1) 첫 번째 자료는 이미 정렬되어 있는 집합이다.
2) 새로운 정렬 대상 자료(두 번째 자료, 세 번째 자료,...)를 정렬된 집합에 삽입한다.
3) n개의 자료가 모두 정렬된 집합에 포함될 때까지 2)번 과정을 반복적으로 수행한다.

2)번 과정에서, 정렬 대상 자료는 정렬된 집합의 최우측 자료부터 좌측으로 비교해가면서 자신보다 큰 값은 한 자리씩 우측으로 이동(shift)시키고, 작거나 같은 값이 나왔을 경우 직전 이동 자리에 정렬 대상 자료를 삽입하는 방식으로 적절한 위치에 삽입한다.

삽입 정렬 알고리즘의 가상 코드는 다음과 같다.

알고리즘 2.3 삽입 정렬

```
Input: 정렬 전 배열 data[1...n]
Output: 정렬 후 배열 data[1...n]
Procedure:
   insertSorting(data[], n){
      for (i=2; i<=n; i++){
         insertionData = data[i];            //정렬 대상 자료 임시 보관
         j = i-1;                            //정렬된 부분집합 위치
         while(j>=1 and insertionData<data[j]){
            data[j+1] = data[j]; //우측 자리로 이동
            j--;
         }
         data[j+1] = insertionData;          //직전 이동한 위치에 삽입
```

```
        }
    }
```

삽입 정렬의 공간복잡도는 n개의 원소에 대하여 정렬 대상 자료를 저장하기 위한 상수 개(1개)의 공간 이외에 별도의 공간을 필요로 하지 않고 주어진 n개의 공간만을 사용하므로 O(n)이 된다. 비교횟수 관점으로 시간 복잡도를 분석해보면, 선택이나 버블 정렬과 달리 입력 형태에 따라 다른 결과를 보여 준다. 이미 정렬된 입력이 들어오는 최선의 상황에서는 각 단계에서 정렬 부분 집합의 최우측 자료와 1회의 비교만 수행되므로 총 (n-1)번의 비교만 수행된다. 역순으로 정렬된 최악의 입력이 들어오는 경우에는 각 단계에서 정렬 부분 집합의 첫 번째 자료까지 비교가 수행되야 하므로 $1+2+\cdots(n-1)$ $=\frac{1}{2}n(n-1)\in O(n^2)$ 의 수행 시간이 소요된다. 평균적인 경우에는 자료의 반 정도가 비교된다고 추정할 수 있으므로 $\frac{1}{4}n(n-1)\in O(n^2)$이 소요된다. 삽입 정렬은 선택, 버블 정렬과 마찬가지로 평균 시간 복잡도가 $O(n^2)$으로 동일하나, 자료의 형태에 따라서 실제적인 시간은 적게 소요된다는 측면에서 기초 정렬 알고리즘 중에서는 가장 우수하다고 볼 수 있다.

2.1.4 힙 정렬(heap sorting)

힙 정렬은 힙 구조를 사용하여 정렬 수행 시간을 단축한 알고리즘이다. 힙 구조는 다음 성질을 만족한다.

1) 완전 이진 트리(Complete binary tree)이다.
2) 최소 힙(minimum heap)의 경우 각 노드의 값은 자신의 자식 노드의 값보다 크지 않다.

[그림 2.3]의 (a)는 힙 성질을 만족하며, (b)는 좌측부터 노드가 채워지지 않음으로 인해 완전 이진 트리의 성질을 만족하지 못하며, (c)는 완전 이진 트리이나 부모 노드가 자식 노드보다 큰 곳이 존재함으로 힙 성질을 만족하지 못한다.

최소 힙 구조에서는 루트 노드가 최소값이라는 점에 착안하여 정렬을 수행한다. 힙 정렬은 다음과 같은 순서로 이루어진다.

1) 먼저 입력으로 주어진 배열을 힙으로 만든다.
2) 루트 노드를 힙에서 제거하여 위치를 고정한다(정렬 위치가 결정된 값임).
3) 트리의 마지막 자료(첨자값이 가장 큰 것)를 루트 노드에 삽입하고, 적절한 위치로 내리면서 힙 구조를 유지한다.
4) 상기 2), 3) 과정을 반복하여 모든 자료를 힙에서 삭제하여 고정함으로써 힙 정렬을 완료한다.

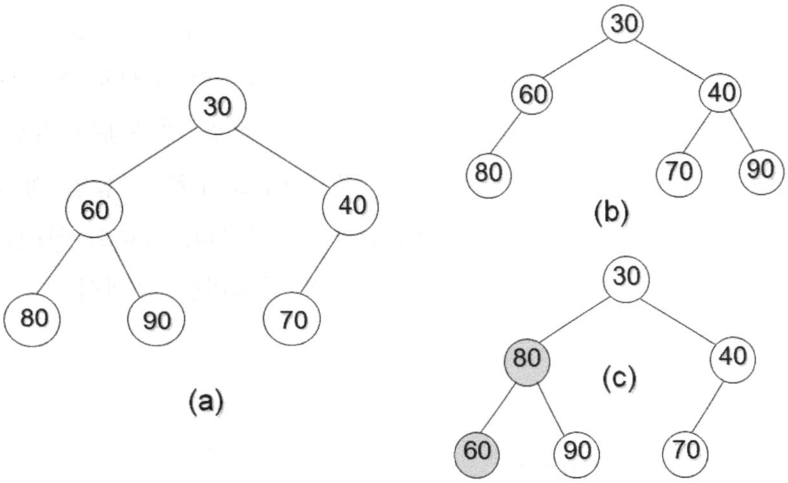

[그림 2.3] 힙 성질

1)의 힙 구조로 만드는 과정과 3)의 힙 구조로 만드는 과정이 동일한 방식을 취한다. 예를 들어 살펴보면 다음과 같다. [그림 2.4]의 노드 위에 있는 숫자는 배열의 첨자값을 의미한다. 그림 (a)에서 루트 노드 '90'은 자식 노드 값보다 크다. 자식 노드의 첨자값은 완전 이진 트리의 특성을 이용하여 왼쪽 자식 노드 첨자는 현 노드 첨자값 '1'에 2를 곱하여 파악한다. 자식 노드 중 작은 값인 '40'과 위치 교환을 하면서 아래로 하강(down)한다. '60'과 위치 교환을 하면 힙 성질이 깨지므로 작은 값과 교환한다. (b)에서 다시 자식 노드와 비교하여 작은 값인 '30'과 교환하면서 한 계층 더 하강한다. 리프 노드에 도달하였으므로 하강(down) 과정을 종료하면서 힙 구조를 유지한다.

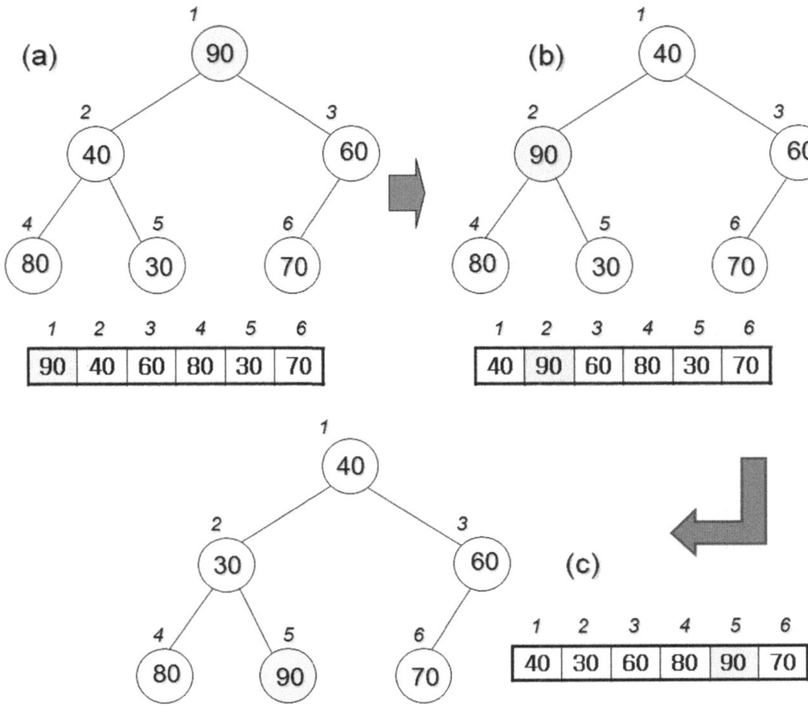

[그림 2.4] 힙 하강

알고리즘 2.4 **힙하강(down heap)**

```
Input: 배열 data[1...n], 서브트리의 루트 노드 첨자 k
Output: 배열 data[1...n]
Procedure:
   downHeap(data[], n, k){
      if (data[2k] == null) return;   //k is leaf node
      elseif (data[2k+1] == null) downIndex = 2k;
      else
         if(data[2k] < data[2k+1]) downIndex = 2k;  //작은 자식 노드 결정
         else downIndex = 2k+1;

      if (data[downIndex] < data[k]){   //자식이 작으면 교환하고 재귀적으로
         data[downIndex] ↔ data[k];   //자식보다 작거나, 리프 노드가 될 때까지
```

```
        downHeap(data[], n, downIndex]; //수행 과정을 반복
    }
}
```

주어진 입력 배열 자료로부터 힙 구조를 만드는 과정은 알고리즘 2.4를 반복적으로 사용하여 이루어진다. 다음은 주어진 자료로부터 힙을 만드는 알고리즘이다.

알고리즘 2.5 **힙 만들기(make heap)**

```
Input: 입력 배열 data[1...n]
Output: 힙 구조 배열 data[1...n]
Procedure:
   makeHeap(data[], n){
      for (i=⌊ n/2 ⌋ ; i>=1 ; i--)
         downHeap(data[], n, i);
   }
```

make heap 알고리즘은 두 가지 성질에 기반을 두어 힙 구조를 만들어낸다.

1) 리프 노드가 아닌 맨 마지막 첨자값을 가진 노드 '⌊ n/2 ⌋ '에서 시작하여 첨자값을 줄이면서 루트 노드까지 하나씩 상향식으로 힙 하강을 수행한다. 이는, 리프 노드를 루트로 하는 노드는 이미 힙 구조를 갖추었다고 볼 수 있기 때문이다.
2) 서브 트리가 힙 구조를 갖추었다면, 그 서브 트리의 바로 위 상위 노드값을 적절한 위치로 하강 시키면 해당 상위 노드까지 포함하는 서브 트리는 힙 구조를 갖추게 된다. 이는 힙하강 알고리즘의 특성에 기인하는 것으로서 하강 시 더 작은 값을 가진 자식 노드와 교환을 반복하게 됨으로써 교환으로 인해 부모 노드가 더 커지는 현상을 방지해가면서 알고리즘을 수행해가기 때문이다.

예제를 통해 힙을 만드는 과정을 살펴보면 [그림 2.5]와 같다. 각 단계별로 하강 대상이 되는 노드를 하강한 결과를 보여준다. 색칠한 노드는 하강 대상 노드를 의미한다. 알고리즘 2.6은 전체적인 힙 정렬 알고리즘을 보여준다.

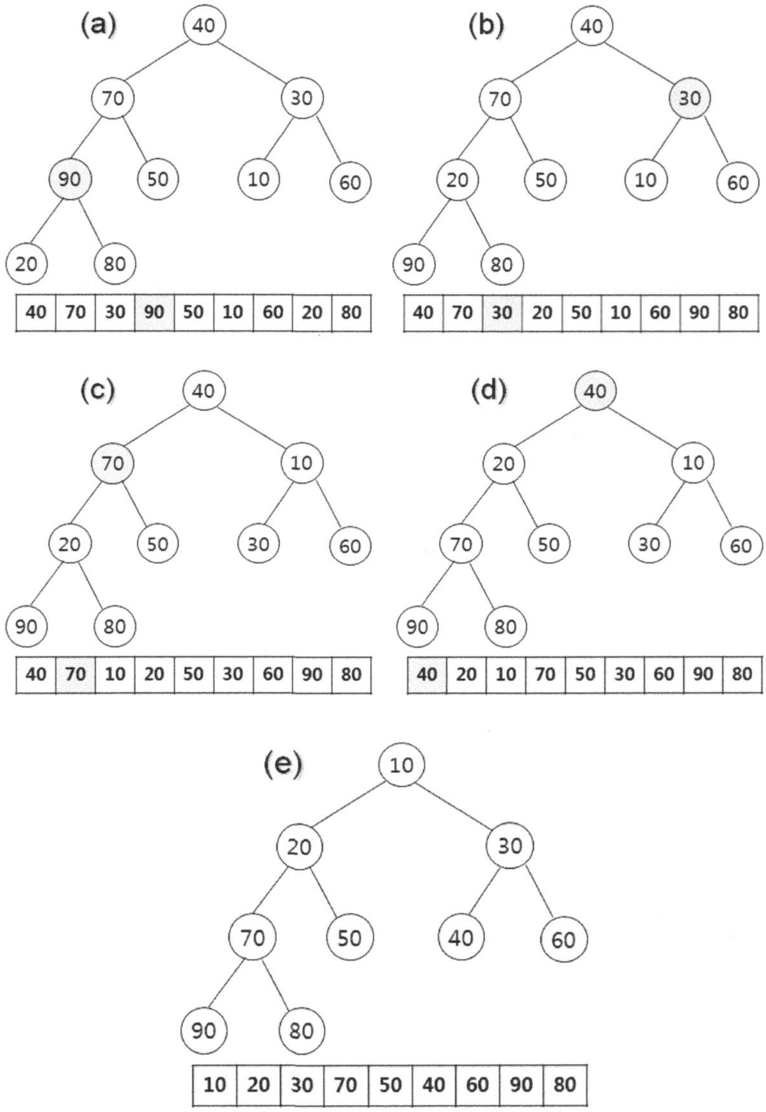

[그림 2.5] 힙 만들기

알고리즘 2.6 **힙 정렬**

```
Input: 정렬 전 배열 data[1...n]
Output: 정렬 후 배열 data[1...n] //내림차순으로 정렬됨
Procedure:
```

```
heapSorting(data[], n){
    makeHeap(data[], n);          //힙 구조를 만든다.
    for (i=n; i>1 ; i--)
        data[1] ↔ data[i];        //루트 노드와 비정렬된 마지막 노드와 교환한다.
        downHeap(data[], i-1, 1);  //루트 노드를 비정렬된 트리에서 하강한다.
}
```

먼저 주어진 배열로부터 힙 구조를 만들고, 루트 노드와 맨 마지막 노드를 교환한다. 루트 노드값은 맨 마지막 노드에 복사되며 고정된다. 이후 루트 노드를 적절한 위치로 하강시키며, 이때 하강 대상 트리는 루트 노드가 복사된 맨 마지막 노드를 제외한 것을 의미한다. 이러한 과정을 (n-1)번 반복하여 내림차순으로 정렬된 값을 얻게 된다. 최소 힙의 경우 내림차순으로 정렬된 값을 얻게 되고, 부모 노드가 자식 노드보다 큰 최대 힙인 경우 오른차순으로 정렬된 값을 얻을 수 있다. [그림 2.6]은 정렬 과정의 일부를 보여준다.

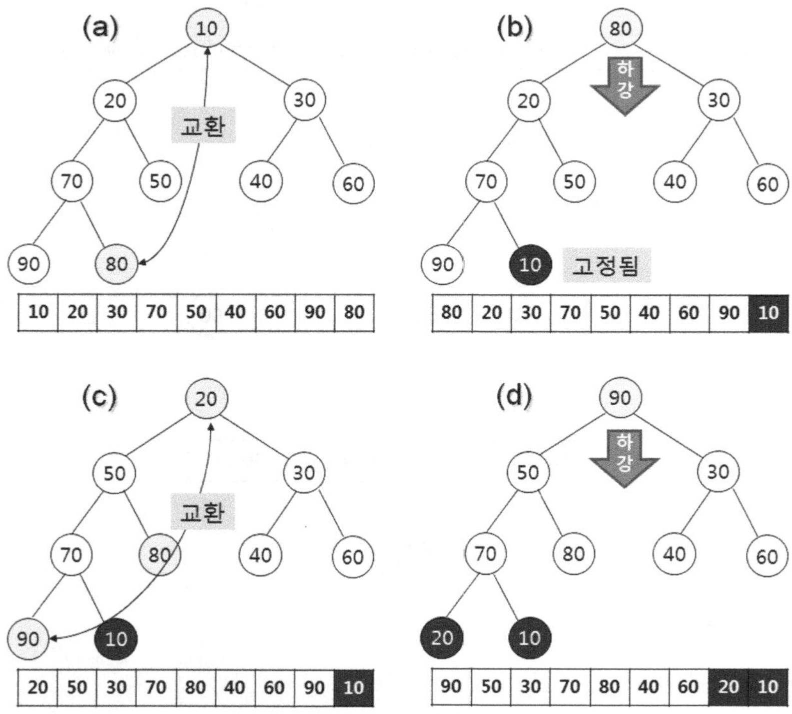

[그림 2.6] 힙 정렬 과정

힙 정렬의 공간 복잡도는 자료 n개에 대해서 별도의 공간을 필요로 하지 않으므로 O(n)이다. 시간 복잡도는 1)힙 구조 생성 시간과 2)교환 후 힙 재구성 시간의 합이 된다. n개의 노드에 대해서 완전 이진 트리는 $\lfloor \log_2 n \rfloor + 1$의 높이를 가지고, n/2개의 노드에 대해서 하강 작업을 수행하므로 O(nlogn)의 힙 구조 생성 시간이 소요된다. 힙 재구성 시간은 (n-1)개의 노드에 대해서 이루어지며, 각 하강시 최대 $\lfloor \log_2 n \rfloor + 1$의 높이만큼 비교하여 하강하므로 역시 O(nlogn)의 시간이 소요된다고 볼 수 있다. 두 시간의 합이므로 힙 정렬은 평균적으로 O(nlogn)의 시간 복잡도를 가진다고 말할 수 있다.

2.1.5 특수 정렬

지금까지 본 정렬 알고리즘은 자료간의 상대적 크기를 '비교'하는 방식으로 정렬하는 것으로 O(nlogn)의 성능을 보여 준다. 본 절에서 다룰 정렬 알고리즘은 자료의 비교가 아닌 '값' 자체를 사용하여 정렬함으로써 특수한 조건 하에서 O(n)의 성능을 보여 준다. 기수 정렬(radix sorting)은 정렬하고자 하는 자료들의 '자릿수'가 일정 상수 이하일 때 효과를 발휘하며, 계수정렬(counting sorting)은 정렬하고자 하는 자료들의 값 '크기'가 일정 상수 이하일 때 유용한 정렬법이다. 기수와 계수 정렬은 시간 성능이 매우 좋은 반면, 특수한 조건을 만족해야하고, 또한 기존 정렬법에 비해 메모리 소요량이 많다는 단점을 가지고 있다. 따라서, 주어진 문제 상황에 맞는 정렬 알고리즘을 선택하는 것이 바람직하다고 볼 수 있다.

기수 정렬(radix sorting)

기수 정렬은 자료의 각 자리값을 이용한 정렬법으로서 다음과 같이 수행한다.

1) 가장 낮은 자리수의 값을 기준으로 안정성을 유지하면서 정렬한다.
2) 자리수를 높여가면서 상기 과정을 가장 높은 자리수로 이동할 때까지 반복하여 정렬한다.

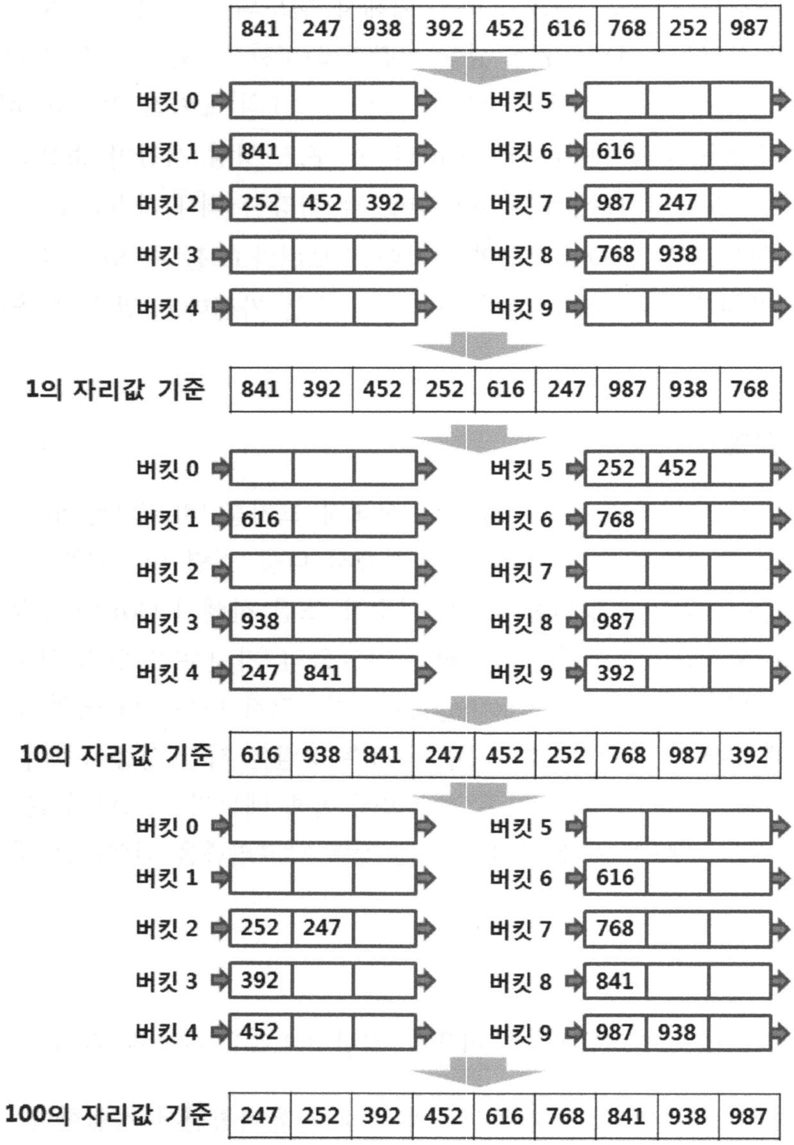

[그림 2.7] 기수 정렬 과정

'안정성'이란 같은 값을 가진 자료는 정렬 후에도 정렬 전의 순서를 유지하는 성질을 말한다. 기수 정렬의 원리는 '낮은 자리수부터' 이루어지고, '안정성'이 있기 때문이다. 또한, 1)번 과정의 정렬은 상술했던 다른 정렬 알고리즘을 사용해서는 시간상의 이득을 볼 수 없다. 메모리를 사용하여 버킷(bucket)이라 불리는 별도의 공간에 자료의 크기에 따라 바로 분배하였다가 다시 원래 자리로 꺼내는 과정을 통해 O(n)의 시간을 확보한다. 예를 들어 10진수로 표현된 자료들을 정렬할 때에는 0부터 9까지 10개의 버킷을 사용하며, 각 버킷은 값의 중복을 고려하여 여러 개의 공간을 사용해야 한다. [그림 2.7]에서 보는 바와 같이 먼저 일의 자리에 대해서 기수 정렬을 수행하고, 다음 단계에서는 십의 자리에 대해서, 그리고 그 다음 단계에서는 백의 자리에 대해서 차례차례 정렬을 수행함으로써 최종적인 정렬이 이루어진다. 또한, '안정성'을 유지하기 위하여 FIFO 규칙을 사용해야 하므로 버킷은 큐 자료구조를 활용한다.

최종적으로 100의 자리값을 기준으로 정렬하므로 100의 자리 기준으로 정렬은 보장하며, 같은 100의 자리를 가진 경우 10의 자리값 기준으로 기정렬된 순서가 유지되면서 배치되고, 10의 자리값까지 같은 경우 1의 자리값 기준으로 기정렬된 순서가 유지되면서 배치되게 되어 정렬이 이루어지게 된다. 안정성을 유지하지 못할 경우나 높은 자리값부터 정렬하는 경우 정렬이 깨지게 되는 것은 직접 예제를 만들어서 확인해보기 바란다.

예제 그림과 같이 십진수를 정렬하는 경우의 기수 정렬 알고리즘을 기술하면 다음과 같다.

알고리즘 2.7 기수 정렬

```
Input: 정렬 전 배열 data[1...n]
Output: 정렬 후 배열 data[1...n]
Procedure:
   radixSorting(data[], n, k){  //n개의 자료, k개의 자릿수
      for(i=1; i<=k; i++){      //가장 낮은 자리부터 k번째 자리까지 이동함
         for(j=1; j<=n; j++){
            if(data[j]==0) enQueue(bucketQueue[0], data[j]);
            elseif(data[j]==1) enQueue(bucketQueue[1], data[j]);
            //이하 생략. 값에 따라 해당 bucketQueue에 따라 삽입
         }
         for(j=0; j<10; j++){
            while(bucketQueue[j] != null)
```

```
            data[q++] = deQueue(bucketQueue[j];
        }
    }
```

자료가 n개, 자릿수가 k개라 하고, 버킷의 수가 r이라면 기수 정렬은 최소한 (k*r)개의 공간을 별도로 필요하게 된다. k와 r이 모두 상수이므로 'k*r' 또한 상수이나, 자릿수가 'n'개를 넘어선다면 즉, 자료의 수에 비해 지나치게 자리수가 높다면 공간 복잡도는 O(n)을 넘어서게 된다. 시간 복잡도 측면으로 분석해보면, 정렬할 자료 n개를 r개의 버킷에 분배하는 작업에 (n+r)의 시간이 소요되고 이를 자릿수 k만큼 반복하므로 수행할 전체 작업은 O(k*(n+r))의 시간이 소요된다. k와 r이 모두 상수이므로 O(n)의 성능을 보여준다고 할 수 있으나, 자릿수가 'n'개를 넘어선다면 즉, 자료의 수에 비해 지나치게 자리수가 높다면 시간 복잡도는 $O(n^2)$을 넘어서게 되어 오히려 비효율적이라고 할 수 있다.

계수 정렬(Counting Sort)

계수 정렬은 오른쪽에서 왼쪽으로 키값을 검사하면서 각 키값의 출현 빈도수를 산출하고, 이를 활용하여 직접 정렬하는 방식으로서 대소 비교가 아닌 분포 수세기 (distribution counting) 전략을 취한다.

1) 입력 배열의 각 키값의 빈도를 계산하여 별도의 세기 배열에 저장한다.
2) 세기 배열을 누적분포로 변환한다.
3) 입력 배열을 뒤에서부터 읽으면서 키값에 해당하는 위치정보를 세기 배열에서 받아 출력 배열의 적절한 위치에 저장한다.

계수 정렬은 안정성 있는 정렬이며 분포 수세기 전략을 취하니만큼 키값이 많이 중복될 때 장점이 드러나는 정렬법이다. 구체적인 알고리즘은 다음과 같다.

알고리즘 2.8 **계수 정렬**

```
Input: 정렬 전의 입력 배열 Input[1...n]
Output: 정렬 후의 출력 배열 Output[1...n]
Procedure:
    countingSorting(Input[], Output[], n, k){ //n개의 자료, k개의 키값 종류
```

```
    for(i=1; i<=n; i++)
        count[Input[i]]++; //키값이 count 배열의 첨자로, 빈도 수가 배열값이 됨
    for(i=1; i<=k; i++)
        count[i] = count[i]+count[i-1]; //count 배열을 누적 분포로 변환
    for(i=n; i>=1; i--){          //안정성 유지를 위해 오른쪽에서 왼쪽방향
        Output[count[Input[i]]] = Input[i]; //적절한 위치에 복사
        count[Input[i]]--;        //동일 키값 출현을 위해 위치 조정
    }
}
```

예를 들어, 다음과 같은 자료를 계수 정렬을 사용하여 정렬해보도록 하자. 자료의 개수는 6개이나, 키값의 종류는 20, 40, 60의 3가지로서 중복성이 높은 자료이다. 이러한 자료 형태에 계수 정렬은 높은 성능을 보여 준다.

	1	2	3	4	5	6
입력 배열 Input[]	60	40	20	40	20	20

구체적인 정렬 순서는 [그림 2.8]과 같다.

키값의 빈도수 조사	count[60] = 1, count[40] = 2, count[20] = 3
누적 분포로 변환	count[20] = 3, count[40] = 5, count[60] = 7
입력 배열을 뒤에서부터 읽으면서 출력 배열의 적절한 위치에 복사	Output[3] = 20, count[20] = 2 Output[2] = 20, count[20] = 1 Output[5] = 40, count[40] = 4 Output[1] = 20, count[20] = 0 Output[4] = 40, count[40] = 3 Output[7] = 60, count[60] = 6

[그림 2.8] 계수 정렬 과정

입력 자료의 갯수 = n, 자료의 종류 = k (<= n)라고 하면, count 배열을 생성하기 위해 한 번씩 읽어 들임으로 O(n), 누적 변환을 위해서 k번 계산하므로 O(k), 출력 배열의 적절한 위치에 복사하기 위해 다시 한 번 읽어 들임으로 O(n)의 시간이 소요되므로 총 소요시간은 O(n)이라고 할 수 있다. 단점이라면 계산을 위한 별도의 count 배열과 Output 배열이 필요하므로 메모리 요구량이 높다고 할 수 있다. 더욱이, 예제에서 본 것처럼 키 값들이 촘촘하지 않고 희박하게 존재하는 경우, 6개의 자료 처리를 위해서 60개의 배열 공간을 확보해야 하는 단점이 있다.

이상에서 살펴본 정렬 알고리즘의 시간 복잡도를 요약하면 다음 표와 같다.

정렬 알고리즘	최악시간복잡도 (Worst Case)	평균시간복잡도 (Average Case)
선택정렬(selection sorting)	n^2	n^2
버블정렬(bubble sorting)	n^2	n^2
삽입정렬(insertion sorting)	n^2	n^2
병합정렬(merge sorting)	nlogn	nlogn
퀵정렬(quick sorting)	n^2	nlogn
기수정렬(radix sorting)	n	n
계수정렬(counting sorting)	n	n
힙정렬(heap sorting)	nlogn	nlogn

2.2 검색 알고리즘

검색(searching)은 조직화 혹은 비조직화된 자료를 대상으로 키(key)값 혹은 특정 필드(field)값을 가지는 자료를 찾는 것을 의미한다. 레코드(record)는 일반적으로 특정 개체에 대해 수집된 의미 있는 정보를 포함하는 저장 단위이다. “의미 있는 정보”라는 것은 구축하고자 하는 정보시스템이 달성하고자 하는 목표나 기능을 실현하는데 필요한 정보라는 것을 의미한다. 예를 들어, 학사 관리 시스템을 구축하고자 한다면, 학생 레코드에 눈동자 색깔이나 키 정보는 의미 없을 것이다. 성명, 주민번호, 학번, 집주소, 소속학과, 입학년도 등이 의미 있는 정보로서 관리될 것이다. 이러한 의미 있는 정보를 관리하는 단위를 필드라고 하며 검색의 대상이 되는 필드를 검색키(search key)라 한다.

검색 알고리즘은 트리 구조같이 잘 구조화된 자료를 대상으로 수행될 때 좋은 성능을 발휘할 수 있다. 검색 트리(search tree)는 최대 자식수(node degree)에 따라 이진 검색 트리, 삼진 검색 트리 등의 k진 검색 트리로 분류되며, 검색 트리의 저장 장소에 따라 내부 검색 트리, 외부 검색 트리로 분류된다. 또한, 검색키에 포함된 필드수에 따라 일차원 검색 트리와 다차원 검색 트리로 분류할 수 있다. 일차원 검색 트리에는 이진 검색 트리, 다진 검색 트리, AVL 트리, 레드블랙트리, B-트리 등이 있으며, 다차원 검색트리에는 KD-트리, KDB-트리, R-트리 등이 있다.

본 장에서는 가장 기본적인 순차 검색부터 시작하여, 이진 검색 트리, 다진 검색 트리, 외부 검색 트리의 순으로 검색 알고리즘을 소개하고 설명하기로 한다. 검색 알고리즘은 특정 자료구조를 전제하여 만들어진 것이므로, 알고리즘 성능은 검색 시간뿐만 아니라 자료 구조를 유지하기 위한 새 자료 삽입 시간, 기존 자료 삭제 시간 등을 모두 고려해야 한다.

2.2.1 순차 검색

순차 검색은 자료의 처음부터 검색키 값과 일치하는 값을 찾을 때까지 차례대로 검색하는 것으로서 선형 검색(Linear search)이라고도 한다. 예를 들어, 배열로 저장된 다음과 같은 9개의 자료를 고려해 보자.

40	70	30	90	50	10	60	20	80

자료 '40'을 찾는 경우에는 1번의 검색으로 원하는 자료를 찾고 끝낸다. 자료 '80'을 찾는 경우에는 배열의 끝까지 가야 하므로 9번의 검색이 필요하다. 자료 '100'을 찾고자

하는 경우에는 원하는 자료가 없다는 것을 알기 위해서 배열의 끝까지 가야 하므로 역시 9번의 검색이 필요하다. 따라서, 검색 시간은 O(n)이 소요된다고 할 수 있다. 참고로 검색 알고리즘은 다음과 같다.

알고리즘 2.9 **순차 검색**

```
Input: 검색 대상 자료 Data[1...n], 검색키 값 k
Output: 검색 결과 첨자 값 혹은 에러
Procedure:
   sequentialSearch(Data[], n, k){
      for(i=1; i<=n; i++)
         if(Data[i] == k) return i;
      return "No such data!";
   }
```

기본적인 자료 구조를 사용하였으므로, 새 자료의 삽입은 배열의 맨 끝에 O(1)의 시간으로 수행될 수 있다. 반면, 기존 자료의 삭제는 삭제해야할 자료를 검색하여 삭제해야 하므로 검색과 동일하게 O(n)의 시간이 소요된다. 고정된 공간을 쓰는 배열 구조의 특성상 삽입과 삭제가 반복될 경우 중간 중간 낭비되는 공간이 많게 된다. 따라서, 삭제 동작 시 삭제된 공간을 채우기 위해 삭제 이후의 자료들을 한 칸씩 앞으로 이동시키는 작업이 추가적으로 O(n)의 시간으로 필요하게 된다.

기본적인 순차 검색의 단점을 해소하기 위해서 정렬된 자료 구조를 사용하여 이분 검색(binary search)를 사용할 수 있다. 정렬된 배열에서의 자료 검색은 다음과 같은 순서로 이루어진다.

1) 자료의 중간에 위치한 값을 구한다.
2) 구한 값이 검색키 값과 같으면 알고리즘은 종료된다.
3) 구한 값이 검색키 값보다 작으면 왼쪽 구간을 선택하여 1)을 반복한다.
4) 구한 값이 검색키 값보다 크면 오른쪽 구간을 선택하여 1)을 반복한다.
5) 구간의 크기가 1이 될 때까지 못 찾으면 해당 검색키 값은 없다.

예를 들어 다음 [그림 2.9]와과 같이 정렬된 배열에서 '30'을 검색하는 경우를 생각해

보자.

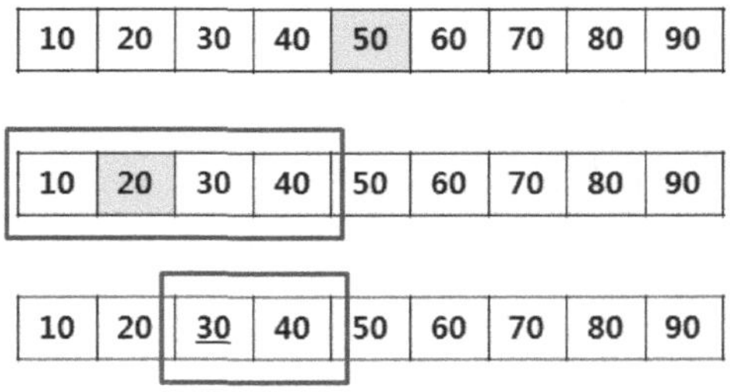

[그림 2.9] 정렬된 배열에서의 순차 검색

'30'은 전체 구간의 중간값인 '50'보다 작으므로 왼쪽 구간을 선택한다. '30'은 왼쪽 구간의 중간값인 '20'보다 크므로 오른쪽 구간을 선택한다. 오른쪽 구간의 중간값인 '30'과 같으므로 알고리즘을 종료한다. 이분 검색 알고리즘은 다음과 같다.

알고리즘 2.10 **이분 검색**

```
Input: 검색 대상 자료 Data[1...n], 검색키 값 k
Output: 검색 결과 첨자 값 혹은 에러
Procedure:
   binarySearch(Data[], n, k){
      while (right >= left){
         center = (right+left)/2;
         if (Data[center] > k) right = center-1;
         else if (Data[center] < k) left = center+1;
         else return center;
      }
      return "No such data!";
   }
```

이분 검색은 1회의 비교에서 구간의 크기가 반씩 줄어들게 되므로, 구간의 크기가 1이 될 때까지의 비교 횟수를 k라고 하면 다음 식과 같이, $\log_2 n$의 검색 시간이 소요됨을 알 수 있다.

$$\frac{n}{2^k} \leq 1, so\ k \geq \log_2 n$$

이분 검색은 매우 빠르고 간단한 검색 알고리즘이나 정렬된 구조를 유지해야하기 때문에 자료의 삽입과 삭제의 어려움이 존재한다.

배열 구조를 사용하는 경우 새로운 자료를 삽입할 경우에 소요되는 시간은 다음과 같다.

1) 삽입할 위치 검색 ➔ $O(\log_2 n)$
2) 배열 내 공간 할당 ➔ O(n)
3) 삽입 ➔ O(1)

기존 자료를 삭제할 경우에 소요되는 시간은 다음과 같다.

1) 검색키 값 검색 ➔ $O(\log_2 n)$
2) 삭제 후 자리 이동 ➔ O(n)

연결리스트를 사용하는 경우에는 자리 이동 시간이 필요하지 않으므로 이분 검색 알고리즘은 검색, 삽입, 삭제에 모두 O(*logn*)의 시간이 소요된다고 할 수 있다.

2.2.2 이진 검색 트리

이진검색트리는 검색에 용이한 이진나무를 자료구조로 하여 검색 효율성을 높이는 방법이다. 앞서 언급했던 이분 검색을 좀 더 구조적이고 체계화하여 구성한 것이라 할 수 있다. 이진검색트리는 다음 성질을 만족해야 한다.

1) 이진트리이므로 각 노드는 최대 두 개의 자식을 갖는다.
2) 이진검색트리의 각 노드는 고유한 키값을 하나씩 갖는다.
3) 각 노드의 키값은 왼쪽 자손들의 키값보다 크고, 오른쪽 자손들의 키값보다 작다.

다음 [그림 2.10]은 이진검색트리의 예이다.

둘 다 모두 이진검색트리의 성질을 만족하는데, 좌측 트리는 균형 잡힌(balanced) 상태이고, 우측 트리는 치우친(skewed, unbalanced) 형태의 트리이다.

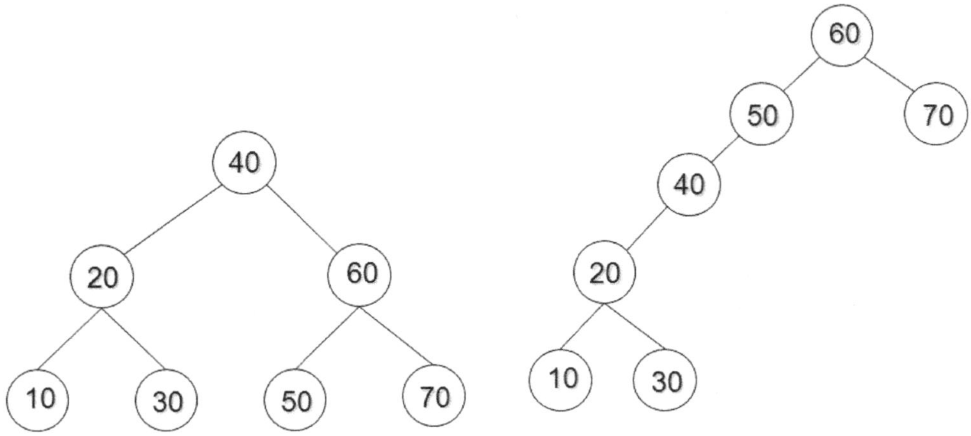

[그림 2.10] 균형잡힌 트리 치우친 트리

이진검색트리를 사용한 검색 방식은 다음과 같이 간단하게 수행할 수 있다.

1) 검색키 값이 현재 방문한 노드값과 같으면 검색 성공을 알리고 종료한다.
2) 검색키 값이 현재 방문한 노드값보다 크면 오른쪽 자식노드를 찾아서 1)부터 반복한다.
3) 검색키 값이 현재 방문한 노드값보다 작으면 왼쪽 자식노드를 찾아서 1)부터 반복한다.
4) 현재 방문한 노드가 리프노드(노드값이 null)이면 검색 실패를 알리고 종료한다.

예를 들어, 아래 그림처럼 자료 '50'을 찾는 것은 루트 노드에서부터 시작하여 3번의 노드 방문을 통해 달성된다.

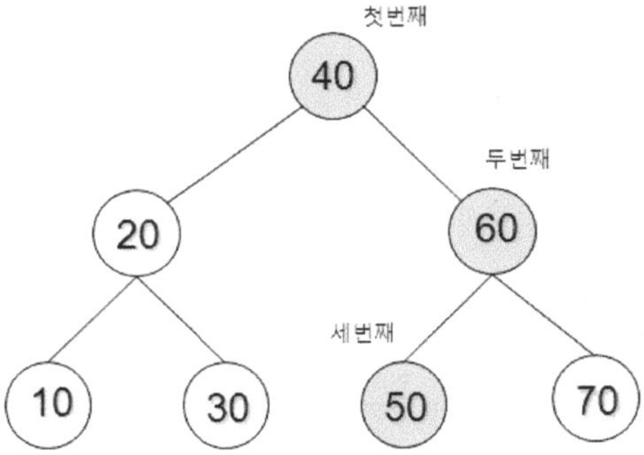

[그림 2.11] 이진검색트리에서의 검색 과정

알고리즘 2.11 이진검색트리에서의 검색

```
Input: 검색 대상 자료 Data[1...n], 검색키 값 k
Output: 검색 결과 첨자 값 혹은 에러
Procedure:
   searchBinaryTree(Data[], n, k, currentIndex){
      Index = 1;                                    //루트노드에서 시작
      while(Data[Index] != Null){
         if(Data[Index] == k) return Index;         // 검색 성공
         else if(Data[Index] > k) Index = 2*Index;// 왼쪽 자식 노드로 분기
         else Index = 2*Index+1;                    // 오른쪽 자식 노드로 분기
      }
         return "No such data!";                    // 검색 실패
   }
```

이진검색트리에서 새로운 자료의 삽입은 자료의 크기에 맞는 적절한 위치를 검색하여 리프노드로 삽입한다. 검색과 동일하게 삽입하는 킷값이 방문한 노드값보다 작으면 왼쪽 자식 노드로 크면 오른쪽 자식 노드로 분기하는 과정을 반복하면서 만나게 되는 리프 노드의 왼쪽 혹은 오른쪽 자식 노드로 삽입되게 된다.

아래 그림은 새로운 자료 '45'가 삽입되는 과정을 보여 준다.

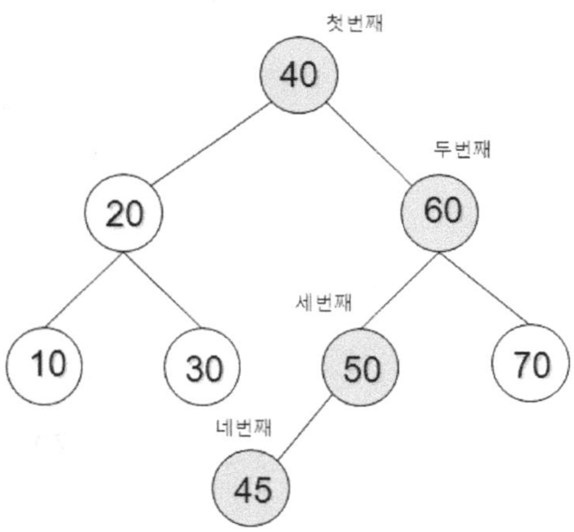

[그림 2.12] 이진검색트리에서의 삽입 과정

이진검색트리에서의 삽입 알고리즘은 다음과 같다.

알고리즘 2.12 이진검색트리에서의 삽입

```
Input: 삽입 전 자료 Data[1...n], 삽입키 값 k
Output: 삽입 후 자료 Data[1...n]
Procedure:
    insertBinaryTree(Data[], n, k){
        Index = 1;                                  //루트노드에서 시작
        while(Data[Index] != Null){
            if(Data[Index] > k) Index = 2*Index;    // 왼쪽 자식 노드로 분기
            else Index = 2*Index+1;                 // 오른쪽 자식 노드로 분기
        }
        if(Data[Index] > k) Data[2*Index] = k;      // 왼쪽 자식 노드로 삽입
        else Data[2*Index+1] = k;                   // 오른쪽 자식 노드로 삽입
    }
```

이진검색트리에서의 삭제 알고리즘은 검색과 삽입에 비해 복잡하다. 삭제 대상 노드 차수(자식 노드의 개수)에 따라 3가지 경우가 존재한다.

1) 자식이 없는 리프노드인 경우 : 해당 노드를 삭제한다.
2) 자식이 하나 있는 경우 : 자식 노드를 부모 노드의 자식 노드로 배정한다.
3) 자식이 두 개 있는 경우 : 오른쪽 자손 중 최소값을 가진 노드를 삭제 대상 자리로 복사한다.

자식이 없는 노드는 리프 노드를 의미하며 해당 노드를 검색하여 삭제만 하면 된다. 상기 그림과 같이 자식이 하나 있는 '20'값을 삭제하고자 할 경우, 값 '30'을 가지고 있는 오른쪽 자식 노드를 부모 노드인 '20'값 자리에 올림으로써 완료된다. '20'의 우측 자손들은 삭제 전 모두 '40'보다 작고, '20'보다 큰 값들을 가진 노드들로서, 삭제 후 가져야 할 '40'보다 작은 성질을 당연히 가지고 있으므로 삭제가 완료된다.

자식이 두 개인 루트노드 '40'을 삭제하는 [그림 2.13]을 고려해보자.

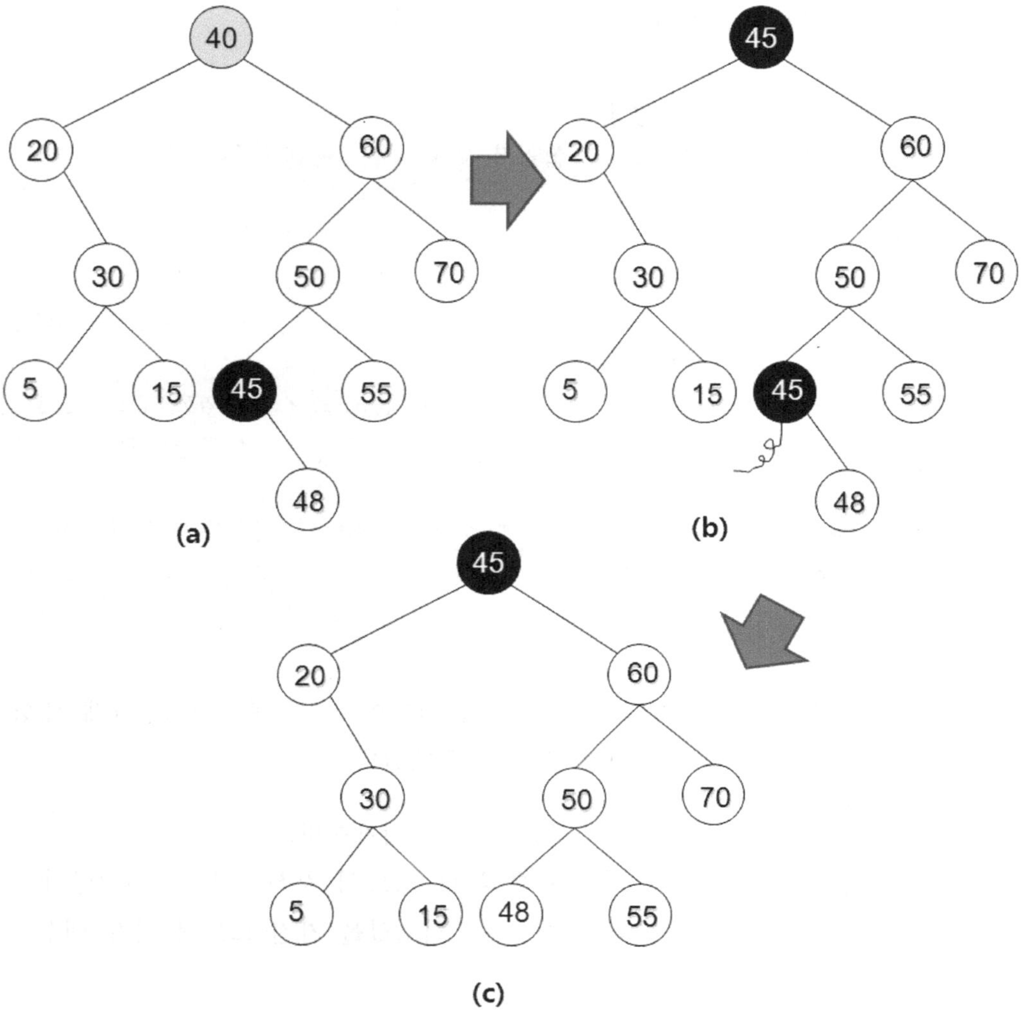

[그림 2.13] 이진검색트리에서의 삭제 과정

값 '40'을 대체할 수 있는 것은, 오른쪽 자손 중 가장 작은 값 '45'이다. 반대로 왼쪽 자손의 가장 큰 값 '15'를 선택할 수도 있다. 루트 노드 자리에는 루트 노드의 왼쪽 자손들보다 크고 오른쪽 자손들보다 작은 값이 와야하므로, '45'는 적절한 값이다. 선택된 '45'는 루트 노드에 복사되면서 중복이 발생하므로 원래 자리는 삭제 대상이다. 오른쪽 자손의 가장 작은 값은 루트 노드의 오른쪽 자식에서 null을 만날 때까지 왼쪽 자식으로만 분기하여 만나는 노드로서 자식이 많아야 하나이므로 무자식 혹은 자식 한 개인 경우의 처리를 하면 된다. 상기 그림에서는 자식이 하나이므로 그 자식 노드를 부모 노드에 연결하였다. 이진검색트리의 삭제 알고리즘은 다음과 같다.

알고리즘 2.13 이진검색트리에서의 삭제

```
Input: 삭제 전 자료 연결리스트, 삭제키 값 k
Output: 삭제 후 자료 연결리스트
Procedure:
  deleteBinaryTree(r, k){          //r: 루트노드 포인터
    d = r;                         //루트노드에서 시작, d는 삭제 노드 포인터
    while(d->key != Null){
      if(d->key == k) continue;   // 삭제 대상 검색 완료
      else if(d->key > k) parent = d, d = d->left, direction = left;
      else parent = d, d = d->right, direction = right;
    }
    if(d->left == Null and d->right == Null) remove d;  //무자식
    else if(d->left == Null and d->right != Null)
      parent->direction = d->right;      //오른쪽 자식만 있는 경우
    else if(d->left != Null and d->right == Null)
      parent->direction = d->left;       //왼쪽 자식만 있는 경우
    else {
      d = d->right, target = d;
      while (d->left != Null) d = d->left, parent = d;  //맨 왼쪽 자식 검색
      target->direction = d;             //삭제 노드로 복사
      if(d->right == Null) remove d;     //자식이 없는 경우
      else parent->direction = d->right; //오른쪽 자식만 있는 경우
    }
  }
```

이진탐색트리에서의 검색, 삽입, 삭제 동작에서 소요되는 시간이 가장 많이 걸릴 때는 루트에서 리프 노드까지 내려가야 할 때로서 $O(\log_2 n)$ 시간이 필요하므로 매우 효율적인 알고리즘이라 할 수 있다. 그러나, 로그 시간은 균형 잡힌 트리가 구성되는 경우를 전제로 한다. 실제로 이진검색트리는 자료를 삽입하는 순서에 따라 그 모양이 달라져서 [그

림 2.14]의 (b)와 같은 경우는 트리의 장점을 전혀 못 가지게 되어 O(n)의 시간이 소요된다.

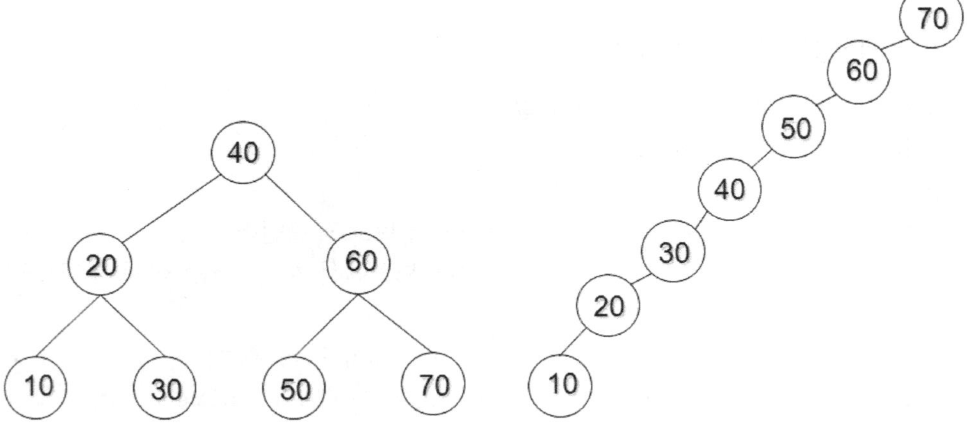

(a) 40-20-10-30-60-50-70 순으로 삽입　(b) 70-60-50-40-30-20-10 순으로 삽입

[그림 2.14] 트리 형태에 따른 삽입 과정

2.2.3 다진 검색 트리

2-3 트리

불균형 가능성이 높은 이진검색트리의 단점을 극복하고자, 다진검색트리는 트리의 각 노드의 키값이 2개 이상이 되는 것을 인정한다. 키값이 한 개이고 노드 차수가 2인 노드를 2-노드라고 한다면, 2-3 트리는 노드 차수가 3인 3-노드도 수용한다. 2-3 트리는 분할을 통해 외부 노드(리프 노드)로 가는 경로의 길이가 모두 같은 균형 잡힌 트리 구조를 갖출 수 있게 한다. 균형은 3-노드가 버퍼 역할을 수행함으로써 이루어진다. [그림 2.15]는 2-3트리의 예로서 색칠한 부분이 3-노드에 해당한다.

2-노드의 왼쪽 자손은 키값보다 작고, 오른쪽 자손은 키값보다 큰 성질을 가지고 있듯이, 3-노드의 키값은 크기 순으로 정렬되어 있고, 왼쪽 자손은 왼쪽 키값보다 작고, 오른쪽 자손은 오른쪽 키값보다 크며, 중간 자손은 왼쪽 키값보다 크고 오른쪽 키값보다 작은 성질을 가진다.

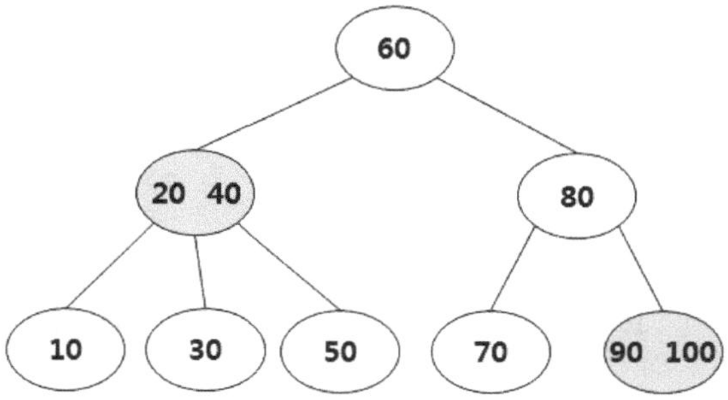

[그림 2.15] 2-3 트리

2-3 트리에서의 검색은 루트 노드에서 시작하여 해당 키값을 찾을 때까지 아래 방향으로 진행하게 된다. 검색 알고리즘을 간단한 의사 코드로 작성해 보면 다음과 같다.

알고리즘 2.14 **2-3트리에서의 검색**

```
Input: 검색 대상 자료, 검색키값
Output: 검색 결과 첨자 값 혹은 에러
Procedure:
    search2-3Tree(검색자료, 검색키값){
        visitingNode = root node;        //루트 노드부터 검색을 시작한다.
        while(visitingNode != Null){
            if(검색키값 < visitingNode의 왼쪽 키값)  visitingNode = 왼쪽 자식 노드;
            else if(검색키값 = visitingNode의 왼쪽 키값)  return result;
            else if(검색키값 < visitingNode의 오른쪽 키값)  visitingNode = 중간 자식 노드;
            else if(검색키값 = visitingNode의 오른쪽 키값)  return result;
            else visitingNode = 오른쪽 자식 노드;
        }
        return "No such data!";      //검색 실패
    }
```

[그림 2.16]은 자료 '30'을 찾는 과정을 보여 준다. 루트 노드 '60'보다 작으므로 왼쪽으로 분기하고, '20'과 '40'의 중간값이므로 중간으로 분기하여 외부 노드 '30'을 찾아내고 있다.

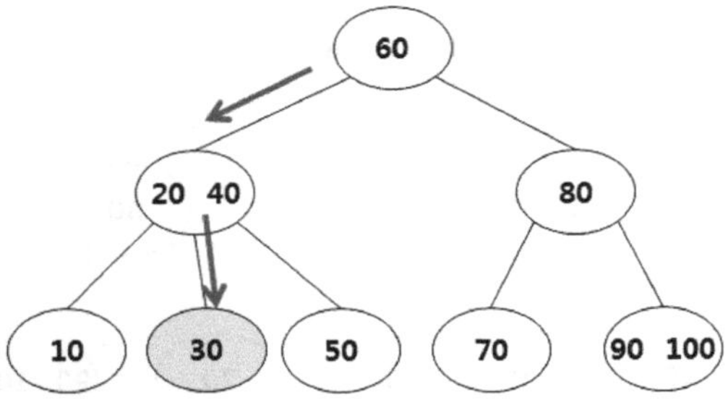

[그림 2.16] 2-3 트리에서의 검색 과정

2-3트리는 이진트리와 달리 완벽한 균형을 달성하므로 검색 시간이 향상되는 장점이 있다. 균형을 달성하는 방법을 살펴보기 위하여 자료를 '10-20-30-40-50-60-70-80'의 순으로 삽입하여 보자.

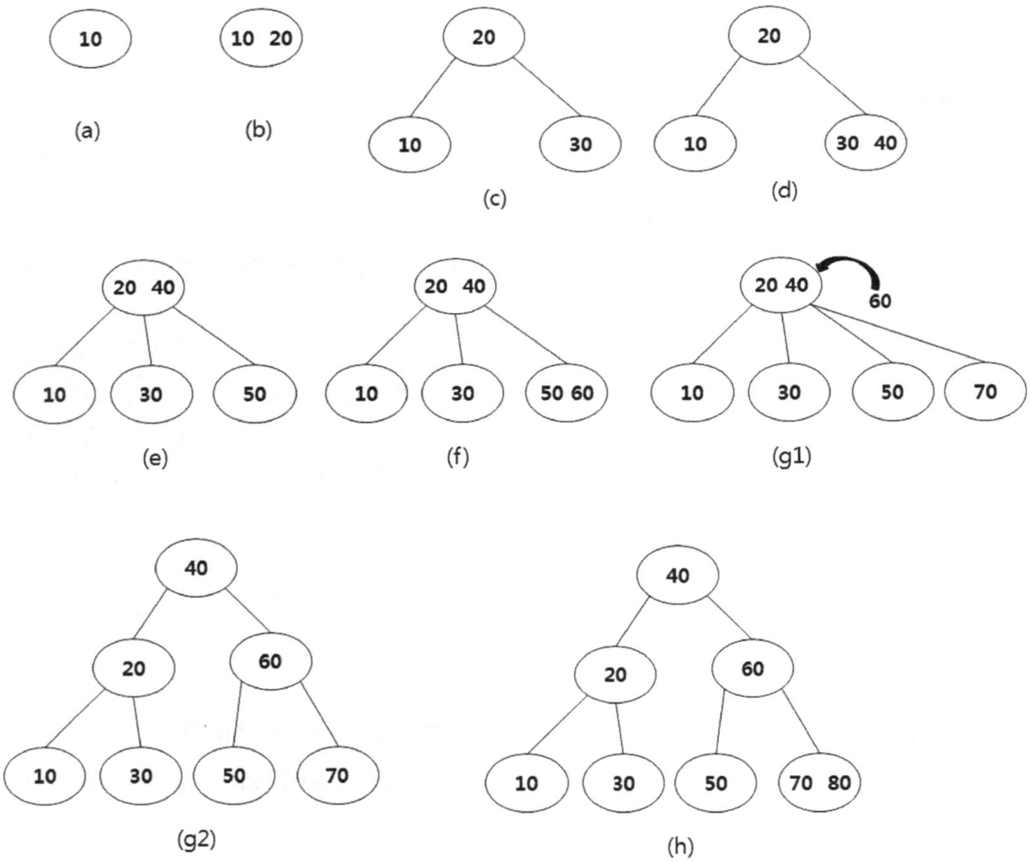

[그림 2.17] 2-3 트리에서의 삽입 과정

참고로, 이진트리에서는 우측 방향으로 일렬로 나열된 매우 편향된 트리가 생성되었다. [그림 2.17]의 (a)에 자료 '20'을 삽입할 때, 이진트리와 달리 2-3트리는 3-노드를 허용하므로 균형이 깨지지 않게 (b)처럼 삽입된다. (b)에 '30'을 삽입할 때, 루트 노드는 더 이상 자료를 받을 수 없으므로, 분할하게 된다. 분할은 중간키값이 '20'이 상향하여 하나의 노드를 생성하고, '10'과 '30'의 두 자식 노드로 분할하는 방식으로 이루어진다. 'c'에 '40'을 삽입하는 것은 외부 노드를 3-노드로 만들면서 수행된다. 'd'에 '50'을 삽입할 때, '50'이 들어갈 자리가 이미 3-노드이므로 역시 분할이 필요하게 된다. 중간키값인 '40'이 상향하여 '20'과 함께 루트 노드를 3-노드로 만들고, '30'과 '50'은 각각 별도의 노드로 루트 노드의 자식 노드가 된다. 'f'에 '70'을 삽입할 때는 다소 복잡한 작업이 일어난다. '70'이 들어갈 자리가 이미 '50'과 '60'을 가지고 있는 3-노드이므로 중간값이 '60'이 상향하고 '50'과 '70'은 분할하게 된다(g1). 그러나, 상향하는 '60'을 받아들여야 하는 루트 노드가 이미 꽉찬 3-노드이므로, 루트 노드도 연쇄적으로 분할이 필요하게 된다. 분할 결과로서 중간값인 '40'이 상향하고, '20'과 '60'이 자식 노드가 된다(g2). 이를 통해 트리의 높이가 '1' 상승한다.

이러한 2-3 트리의 삽입 알고리즘을 의사 코드로 간단히 표현하면 다음과 같다.

알고리즘 2.15 **2-3트리에서의 삽입**

```
Input: 삽입 이전 자료, 삽입키값
Output: 삽입 이후 자료
Procedure:
    insert2-3Tree(자료, 삽입키값){
        삽입키값을 삽입할 외부 노드 r을 찾는다.
        if(r == 2-노드) 삽입키값을 r에 삽입하고 정렬한다.
        else{                                   // r이 3-노드인 경우
            삽입 후 r의 중간 키값을 부모 노드로 올려서 분할한다.
            부모 노드가 3-노드인 경우 삽입 경로를 역으로 추적하여 계속적으로 분할을 반복
            한다.
            루트 노드까지 올라간 경우, 루트 노드를 분할하고 중간 키값을 상향하면서 트리
            높이가 '1' 올라간다.
        }
    }
```

2-3 트리는 이진트리에 비해 트리를 균형잡히게 하는 장점이 있으나, 자료 삽입 시 균형성을 유지하기 위해 반복적인 상향식 분할을 수행해야 하는 단점이 존재한다. 삽입 경로를 유지해야 하며, 트리의 높이가 '1'이 올라가는 경우에는 루트 노드까지 분할을 수행해야 한다. 2-3-4 트리는 이러한 상향식 재귀적 분할의 단점을 극복하기 위하여 제시되었다.

2-3-4 트리

2-3-4 트리는 2-노드, 3-노드뿐만 아니라 4-노드도 허용하는 트리이다. 4-노드는 키값이 4개인 노드 차수 4인 노드로서 네 개의 자식 노드를 가진다. 2-3-4 트리는 다음과 같은 성질을 가지고 있다.

1) 분할을 통해 외부 노드로 가는 경로의 길이가 모두 같다
2) 삽입키가 없어도 4-노드는 분할이 가능하다.
3) 외부노드를 찾아가는 경로 중에 4-노드가 있으면 분할을 하면서 진행한다.
4) 프로그래밍이 보다 단순하고 간결하다

새로운 자료 삽입에 적절한 외부 노드를 삽입하러 가는 도중에 4-노드를 만나면 미리 분할하면서 진행하므로, 상향식 재귀적 분할이 불필요해지게 된다. 4-노드의 검색 방식은 3-노드의 검색 메커니즘과 동일하므로 생략하기로 한다. 삽입 방식을 살펴보면 [그림 2.18]과 같다. '10-20-30-40-50-60-70-80-90'의 순으로 2-3 트리에 삽입한 것이다.

2-3-4 트리는 외부노드에 분할이 필요할 때까지 삽입하는 방식이므로, '10', '20', '30'이 연속적으로 삽입된다(a). (a)에 '40'을 삽입하려고 할 때, 루트 노드가 4-노드이므로 분할을 먼저 하고(b1), 외부 노드에 삽입이 된다(b2). (c)에 '60'이 삽입될 때, 삽입 자리를 찾는 과정에 만난 노드가 '30', '40', '50'으로 꽉 찬 4-노드이므로 분할이 먼저 일어나고(d1), 적절한 외부 노드에 삽입된다(d2). 마찬가지 방식으로 '80'까지 순차적으로 삽입된 그림이 (f)이다. (f)에 '90'을 삽입하려고 할 때, 삽입 자리를 찾는 과정에 만난 루트 노드가 4-노드이므로 먼저 분할이 일어나고(g1), 그 다음에 적절한 외부 노드 자리에 삽입된다(g2).

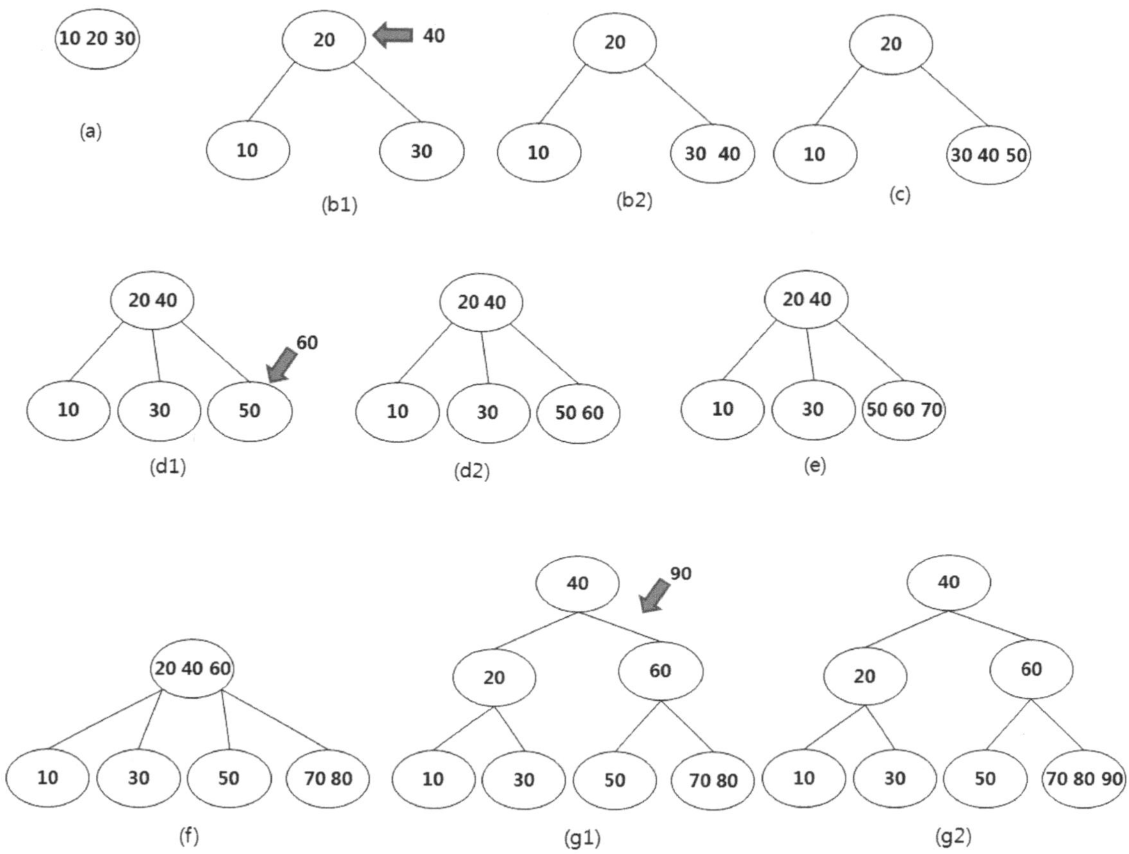

[그림 2.18] 2-3-4 트리에서의 삽입 과정

그림에서 알 수 있는 바와 같이, 4-노드가 있으면 미리 분할하고 진행하므로, 자식 노드의 분할로 인한 값 상향이 부모 노드의 분할을 필요로 하지 않는다. 2-3-4 트리의 삽입 알고리즘을 의사 코드로 간단히 표현하면 다음과 같다.

알고리즘 2.16 **2-3-4트리에서의 삽입**

```
Input: 삽입 이전 자료, 삽입키값
Output: 삽입 이후 자료
Procedure:
   insert2-3-4Tree(자료, 삽입키값){
      루트 노드를 방문 노드 v로 하여 검색을 시작한다.
```

```
    while(방문노드 v가 외부 노드가 아니다.){
        if(v == 4-노드) v를 분할한다.
        if(삽입키값 < v의 첫 번째 키값) 첫째 자식 노드를 v로 한다.
        else if(삽입키값 < v의 두 번째 키값) 두 번째 자식 노드를 v로 한다.
        else if(삽입키값 < v의 세 번째 키값) 세 번째 자식 노드를 v로 한다.
        else 세 번째 자식 노드를 v로 한다.
    }
    if(v == 4-노드) v를 분할하고 삽입키값을 크기에 맞는 외부 노드에 삽입하고 정렬한다.
    else 삽입키값을 바로 v에 삽입하고 정렬한다.
}
```

2-3-4 트리의 삭제 알고리즘은 조금 더 복잡하다. 다음과 같이 경우별로 처리해주어야 한다.

1) 삭제대상이 외부노드에 있는 경우
   1-1) 3-노드 이상인 경우 ➔ 해당 노드에서 키값을 삭제한다.
   1-2) 2-노드인 경우
      1-2-1) 형제 노드가 3-노드 이상 ➔ 형제 노드에서 키값을 하나 빌려서 3-노드로 변환 후 (삭제대상)키값을 삭제한다.
      1-2-2) 형제 노드가 2-노드 ➔ 부모노드를 포함한 결합으로 4-노드로 변환 후 삭제한다.
2) 삭제대상이 내부노드에 있는 경우 ➔ 외부 노드에서 대체키(최근접값. 오른쪽 자손의 최소값 혹은 왼쪽 자손의 최대값)를 찾아 복사하고, 해당 대체키를 상기 1)의 방식으로 외부노드에서 삭제한다.
3) 삭제대상을 찾아가는 도중에 2-노드를 만난 경우
   3-1) 형제 노드가 3-노드 이상 ➔ 형제 노드에서 키값을 하나 빌려서 결합하고 진행한다.
   3-2) 형제 노드가 2-노드 ➔ 부모 노드를 포함하여 결합하고 진행한다.

먼저 외부 노드에서 키값을 삭제하는 경우를 생각해보자. 키값이 위치한 외부 노드가 3-노드, 4-노드인 경우에는 해당 키값을 삭제하는 것이 문제가 되지 않는다. 그러나, 외부 노드가 2-노드인 경우에는 해당 키값을 그대로 삭제할 경우 외부 노드 1개가 사라지게 되어 (삭제된 노드가 루트 노드가 아닌 이상) 트리의 균형이 깨지게 된다. 따라서, 노드를 살리면서 삭제할 필요성이 있으며, 형제 노드가 여유 있는 경우에는 형제 노드에게서, 형제 노드가 여유가 없는 경우에는 부모 노드까지 포함하여 노드 차수를 늘린 후 해당 키값을 삭제해야 한다.

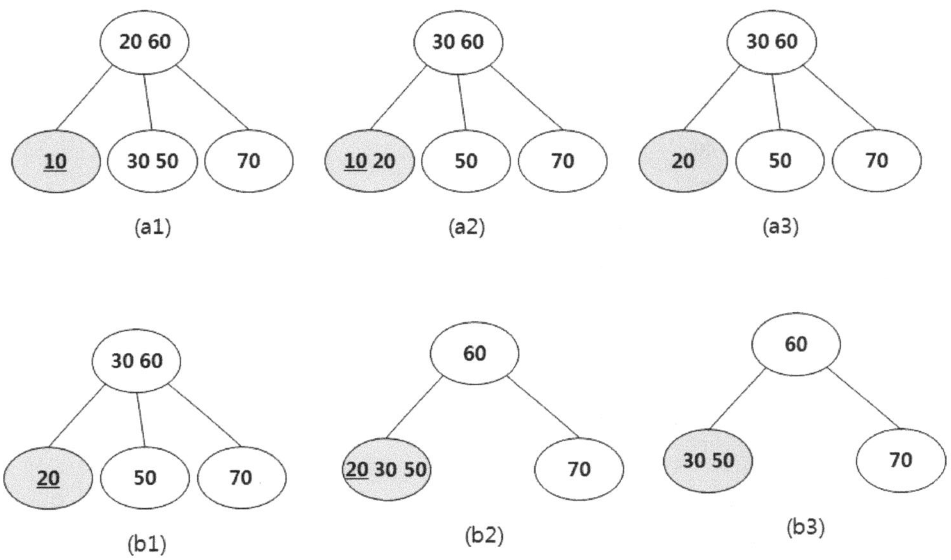

[그림 2.19] 2-3-4 트리에서의 삭제 과정(1)

[그림 2.19]의 (a1)에서 외부 노드에 위치한 키값 '10'을 삭제하는 경우를 생각해보자. 2-노드이므로 그대로 삭제할 수 없고 노드 차수를 증가시킨 후 '10'을 삭제해야 한다. 형제 노드에 여유가 있으므로 근접값 '30'을 빌릴 수 있다. '30'은 바로 외부 노드로 복사되지 않고, 노드 칙을 따르기 위해 (a2)형태로 변형되어 외부 노드 차수를 증가시킨다. 이제 3-노드가 되었으므로 키값 '10을 삭제할 수 있다(a3).

이제 (b1)에서 키값 '20'을 삭제하는 경우를 생각해보자. 2-노드이므로 바로 삭제할 수 없어서 키값을 빌려 차수를 증가시켜야 하는데, 형제 노드도 키값이 '50'으로 하나인 2-노드이므로 키값을 빌려줄 수 없다. 따라서, 부모 노드와 포함한 결합으로 4-노드로 차수를 먼저 증가시킨 후(b2), 키값 '20'을 삭제하면 된다.

이러한 과정을 거쳐서 삭제한다고 하더라도 한 가지 문제가 더 있다. 형제 노드에게서 빌리는 것은 문제가 없으나, 부모 노드를 포함한 결합을 진행하는 경우 부모 노드가 2-노드인 경우 빌려줄 수 없는 상황이 발생한다. 예를 들어, [그림 2.20]처럼 외부 노드에 위치한 키값 '10'을 삭제하는 경우를 생각해보자. '10'이 위치한 외부 노드가 2-노드이고, 형제 노드도 2-노드이므로 부모 노드와 결합해야 하는데 부모 노드도 2-노드인 경우이다. 그대로 결합하여 우측 그림과 같이 만들어 키값 '10'을 삭제하고자 한다면, 트리의 균형이 깨지게 된다.

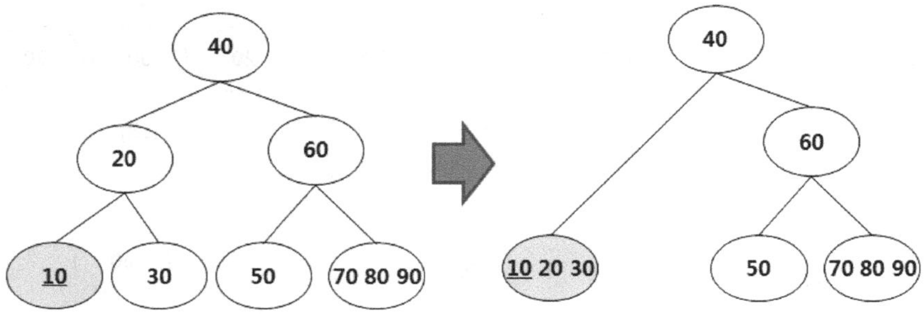

[그림 2.20] 2-3-4 트리에서의 삭제 과정(2)

이러한 문제점을 방지하기 위해서는 삭제키값을 찾아가는 중에 2-노드를 만나면 차수를 먼저 증가시켜 주는 것이 바람직하다. 2-3-4 트리의 삽입 동작에서는 불필요한 분할을 막기 위해 4-노드를 만나게 되면 먼저 분할하고 진행하였듯이, 삭제 동작에서는 트리의 균형을 깨트리지 않기 위해 2-노드를 만나게 되면 3-노드나 4-노드로 늘려주고 진행해야 한다. 2-노드를 늘리는 방식은 2-노드인 외부 노드 삭제 방식과 동일하다. 형제 노드가 여유가 있으면 키값을 하나 빌려 3-노드로 만들고, 형제 노드가 여유가 없으면 부모 노드를 포함한 결합으로 4-노드로 만들면 된다. 단, 루트 노드는 형제 노드나 부모 노드가 없으므로 2-노드라 하더라도 별도의 처리 없이 그냥 진행한다. [그림 2.20]에서 키값 '10'을 삭제하는 올바른 경우를 살펴보면 [그림 2.21]과 같다.

키값 '10'을 찾아가는 도중에 '20'을 가지고 있는 2-노드를 만나게 되어 부모 노드를 포함한 결합으로 4-노드로 차수를 늘린 후(b) 진행하였다. 키값 '10'이 위치한 노드가 2-노드이고, 형제 노드가 역시 여유가 없으므로 부모 노드를 포함하여 결합하였고(c), 그 다음 키값 '10'을 삭제하였다. 루트 노드를 포함한 결합이 진행될 때 트리의 높이가 '1'

낮아짐을 알 수 있다. 참고로, 삽입 동작에서는 루트 노드가 분할될 때 트리의 높이가 '1' 높아졌다.

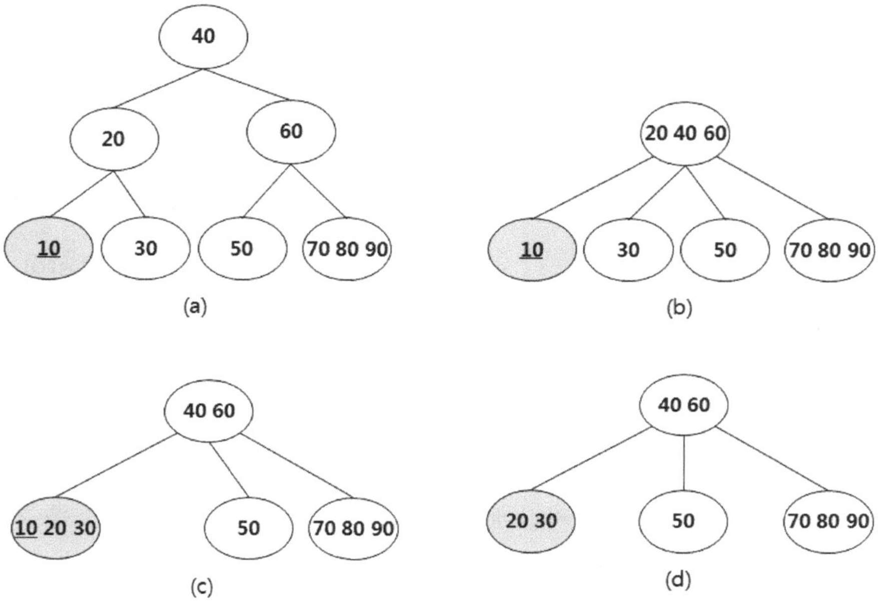

[그림 2.21] 2-3-4 트리에서의 삭제 과정(3)

2.2.4 외부 검색 트리

검색 대상 자료가 메모리같이 접근 속도가 빠른 곳에 위치한 경우를 내부 검색이라고 하면, 외부 검색은 메모리에 상주할 수가 없어서 하드 디스크같은 외부 기억장치에 검색 대상 자료들이 위치한 경우를 말한다.

디스크의 접근 단위는 보통 블록(block) 혹은 페이지(page)라 불리며, 보통 4킬로바이트 혹은 8킬로바이트의 크기를 가진다. 디스크같은 물리적인 저장 장치에 한 번 접근하는 시간은 수십만 명령어의 처리 시간과 동일할 정도로 시간이 많이 소요되는 특징이 있다. 따라서, 검색트리가 디스크에 저장되어 있다면 트리의 높이를 최소화하는 것이 유리하다. 즉, 한 번 접근 시 한 노드를 가져온다고 하면, 노드에 많은 키값을 저장함으로써 접근 횟수를 줄일 수 있게 된다.

B-트리는 앞절에서 언급한 2-3-4 트리의 확장 형태로써 수많은 키값을 가진 노드들로 구성된 균형 잡힌 다진검색트리를 만들어 디스크 접근 횟수를 줄이도록 구성한 것이다. 트리 차수(노드 차수 중 가장 큰 값)를 k라 하면, k차 B-트리는 다음과 같은 성질을 가진다.

1) 루트를 제외한 모든 노드는 ⌊ k/2 ⌋ 개 이상 k 개 이하의 키값을 갖는다.
   - 홀수 차 B-트리인 경우 k(=2t-1)이라고 하면 최소 (t-1)개의 키값을 가져야 한다.
2) B-트리는 항상 균형잡힌 상태이며 모든 리프 노드는 같은 깊이를 가진다.

상기 1)의 성질은 최소한 반 정도는 채워야한다는 의미로서 디스크 낭비와 검색 시간의 효율성을 위하여 필요한 성질이다. B-트리의 차수는 다음과 같은 방식으로 계산할 수 있다. k차 B-트리의 한 노드를 4킬로바이트(4,096바이트) 크기의 페이지에 꽉 채워보고자 한다. 노드에 위치한 검색 키값이 16바이트이고, 특정 페이지의 위치 정보를 가지고 있는 포인터값이 4바이트를 차지한다고 하자. 필요한 포인터 개수는 자식 노드가 위치한 주소를 가리키는 포인터 (k+1)개, 키값에 해당하는 레코드가 위치한 주소를 가리키는 포인터 (k)개, 추가적으로 조작 용이성을 위해 부모 노드가 위치한 주소를 가리키는 포인터 1개가 필요하게 된다. 다음과 같이 계산할 수 있다.

$$2\times(k+1)+8\times k+2 \le 4{,}096$$

$$\therefore k=409$$

409차 B-트리로서 각 노드는 최소 204개의 키값을 가져야 한다.

B-트리의 검색은 검색키값이 위치한 자식 노드를 찾아가는 방식으로서 지금까지 보아왔던 이진트리, 2-3 트리, 2-3-4 트리의 검색 방식과 동일하다. 간단하게 의사 코드로 표현하면 다음과 같다.

알고리즘 2.17 B-트리에서의 검색

```
Input: 검색 대상 자료, 검색키 값
Output: 검색 결과 첨자 값 혹은 에러
Procedure:
   searchB-Tree(자료, 검색키값){
```

```
    루트 노드를 방문 노드로 v로 하여 검색을 시작한다.
    while(방문노드 v가 외부 노드가 아니다.){
      if(검색키값 < v의 첫 번째 키값) 첫째 자식 노드를 v로 한다.
      else if(검색키값 = v의 첫 번째 키값) return result;
      else if(검색키값 < v의 두 번째 키값) 두 번째 자식 노드를 v로 한다.
      else if(검색키값 = v의 두 번째 키값) return result;
      ...
      else if(검색키값 < v의 k 번째 키값) k 번째 자식 노드를 v로 한다.
      else if(검색키값 = v의 k 번째 키값) return result;
      else k+1 번째 자식 노드를 v로 한다.
    }
    return "No such data!";                       // 검색 실패
}
```

B-트리의 삽입 동작은 2-3-4 트리의 삽입 동작과 유사하다. '10, 20, 30, ... , 210'의 순으로 자료를 5차 B-트리에 삽입하는 [그림 2.22]과 같은 경우를 생각해보자. 5차 B-트리이므로 최소 키값은 2개, 최대 키값은 5개이다. '10, 20, 30, 40, 50'은 차례대로 삽입되어 하나의 루트 노드에 저장된다(a). 자료 '60'이 삽입될 때, 먼저 만나게 되는 루트 노드가 꽉 찬 상태이므로 분할을 먼저 수행한 후 진행하여 외부 노드에 삽입된다(b). 이 때 트리의 높이가 '1' 증가한다. '70, 80'은 외부 노드에 여유가 있으므로 차례대로 삽입된다(c). (c)에 자료 '90'을 삽입할 때, 외부 노드가 꽉 찬 상태이므로 분할하고 삽입한다(d). 마찬가지 방식으로 '100'부터 '140'까지 삽입한 B-트리는 (e)와 같다. 역시 마찬가지 방식으로 '150'부터 '200'까지 삽입한 B-트리는 (f)와 같다. 이제, (f)에 자료 '210'을 삽입하는 경우를 생각해보자. 자료 '210'의 위치를 찾아가는 중에 처음으로 만나게 되는 루트 노드가 꽉 찬 상태이므로 분할을 먼저 하고(g1) 경로를 진행한다. 이 때 B-트리의 높이가 '1' 증가하였다. 삽입 위치인 외부 노드가 역시 꽉 찬 상태이므로 분할을 한 번 더 하고 삽입 키값의 크기에 맞는 외부 노드에 '210'을 삽입한다(g2).

종합하면 k차 B-트리인 경우, 삽입 도중에 k(=2t-1)개의 키값을 가진 노드를 만나게 되면 키값의 중간값을 상향하고, 나머지 키값을 (t-1)개씩 크기에 맞춰 분배하여 분할한 후 경로를 진행한다.

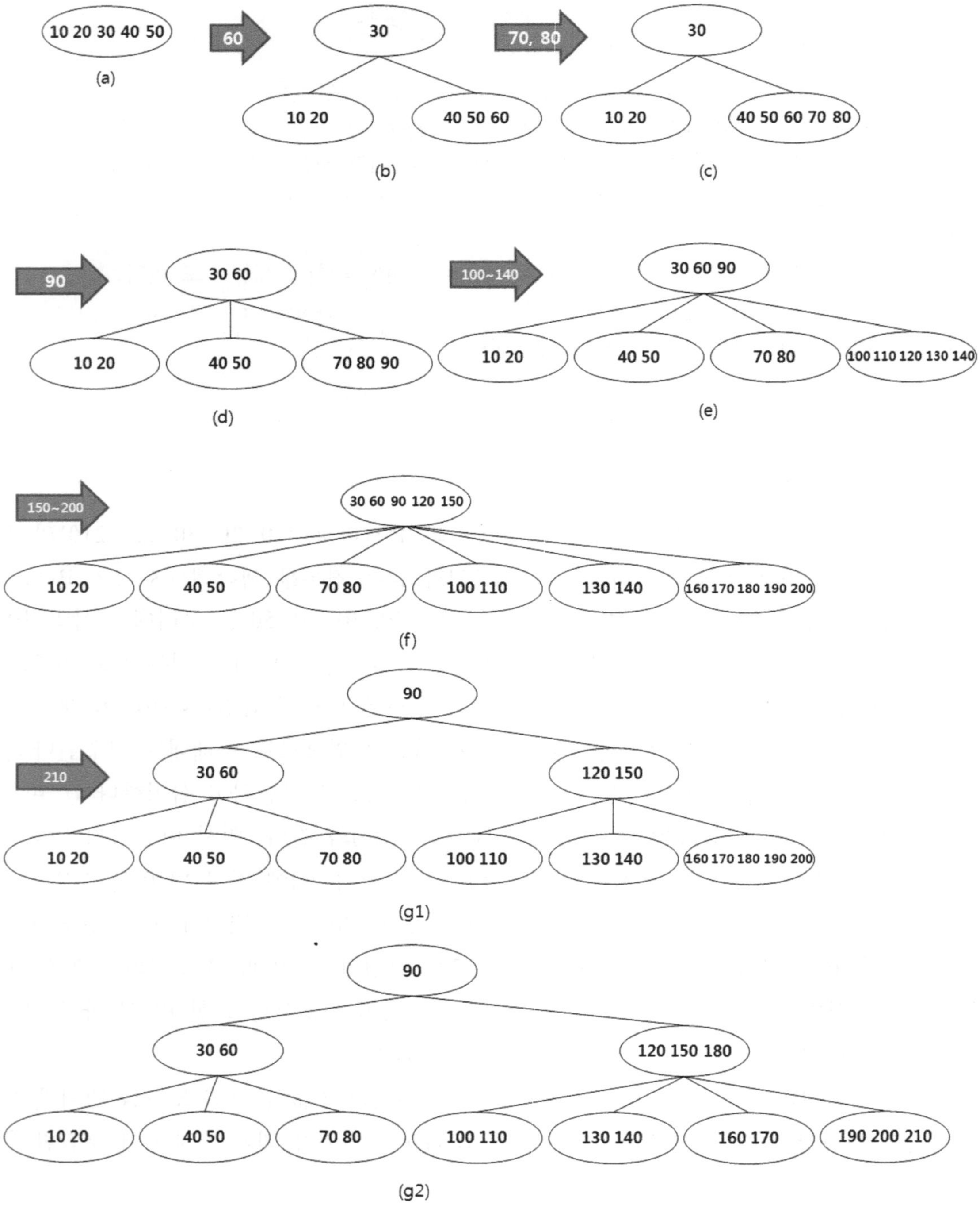

[그림 2.22] B-트리에서의 삽입 과정

최종적으로 만난 외부 노드가 꽉 찬 경우에도 동일한 방식으로 분할한 후 크기에 맞는 적절한 외부 노드에 키값을 삽입한다. B-트리의 삽입 알고리즘을 의사 코드로 간단히 표현하면 다음과 같다.

알고리즘 2.18 B-트리에서의 삽입

```
Input: 삽입 이전 자료, 삽입키값
Output: 삽입 이후 자료
Procedure:
  insertB-Tree(자료, 삽입키값, 트리차수 k){
    루트 노드를 방문 노드 v로 하여 검색을 시작한다.
    while(방문노드 v가 외부 노드가 아니다.){
      if(v의 차수 == k) v를 분할한다.
      if(검색키값 < v의 첫 번째 키값) 첫째 자식 노드를 v로 한다.
      else if(검색키값 < v의 두 번째 키값) 두 번째 자식 노드를 v로 한다.
      ...
      else if(검색키값 < v의 k 번째 키값) k 번째 자식 노드를 v로 한다.
      else k+1 번째 자식 노드를 v로 한다.
    }
    if(v의 차수 == k) v를 분할하고 삽입키값을 크기에 맞는 외부 노드에 삽입하고 정
                      렬한다.
    else 삽입키값을 바로 v에 삽입하고 정렬한다.
  }
```

B-트리의 삭제 알고리즘은 2-3-4 트리와 마찬가지로 다음과 같이 각 경우에 대해서 다르게 처리해주어야 한다.

1) 삭제대상이 외부노드에 있는 경우
   - 1-1) 노드 차수가 최소 차수(=⌊ k/2 ⌋)보다 큰 경우 ➔ 키값을 바로 삭제한다.
   - 1-2) 노드 차수가 최소 차수(=⌊ k/2 ⌋)인 경우
     - 1-2-1) 형제 노드가 최소 차수보다 큰 경우 ➔ 형제 노드에서 키값을 하나 빌려서 차수를 '1' 증가시킨 후 키값을 삭제한다.
     - 1-2-2) 형제 노드가 최소 차수인 경우 ➔ 부모노드의 키값 하나를 포함한 결

합으로 차수를 증가시킨 후 키값을 삭제한다.

2) 삭제대상이 내부노드에 있는 경우 ➔ 외부 노드에서 대체키(최근접값. 오른쪽 자손의 최소값 혹은 왼쪽 자손의 최대값)를 찾아 복사하고, 해당 대체키를 상기 1)의 방식으로 외부노드에서 삭제한다.

3) 삭제대상을 찾아가는 도중에 최소 차수를 가진 노드를 만난 경우

   3-1) 형제 노드가 최소 차수보다 큰 경우 ➔ 형제 노드에서 키값을 하나 빌려서 차수를 '1' 증가시킨 후 진행한다.

   3-2) 형제 노드가 최소 차수인 경우 ➔ 부모노드의 키값 하나를 포함한 결합으로 차수를 증가시킨 후 진행한다.

먼저 외부 노드에서 키값을 삭제하는 경우를 생각해보자. 키값이 위치한 외부 노드가 최소 차수인 경우에는 해당 키값을 그대로 삭제할 경우 B-트리의 조건에 맞지 않게 된다. 따라서, 노드를 살리면서 삭제할 필요성이 있으며, 형제 노드가 여유 있는 경우에는 형제 노드에게서, 형제 노드가 여유가 없는 경우에는 부모 노드까지 포함하여 노드 차수를 늘린 후 해당 키값을 삭제해야 한다.

[그림 2.23]의 5차 B-트리에서 자료 '10'을 삭제하는 경우를 생각해보자. (a1)에서 자료 '10'은 최소 차수를 가진 외부 노드에 위치하여 바로 삭제가 불가능하다. 인접한 형제 노드가 여유가 있으므로 형제 노드의 근접 키값인 '40'을 부모 노드를 경유하여 빌리는 방식으로 차수를 '1' 증가시킨 후 삭제하면 된다(a2).

(b1)은 형제 노드가 여유가 없는 경우이다. 이 경우 부모 노드에서 근접 키값 '30'을 빌린 결합으로 차수를 증가시킨 후 삭제하였다(b2). 이 때 부모 노드도 여유가 없는 2차 노드인 경우에는 결합이 불가능하므로, 삭제키값을 찾아가는 중에 최소 차수 노드를 만나면 차수를 먼저 증가시켜 주는 것이 바람직하다. B-트리의 삽입 동작에서는 불필요한 분할을 막기 위해 최대 차수를 가진 노드를 만나게 되면 먼저 분할하고 진행하였듯이, 삭제 동작에서는 트리의 균형을 깨트리지 않기 위해 최소 차수를 가진 노드를 만나게 되면 형제 노드나 부모 노드를 활용하여 차수를 증가시킨 후 진행해야 한다. 단, 루트 노드는 최소 차수의 조건을 받지 않으므로 별도의 처리 없이 그냥 진행한다.

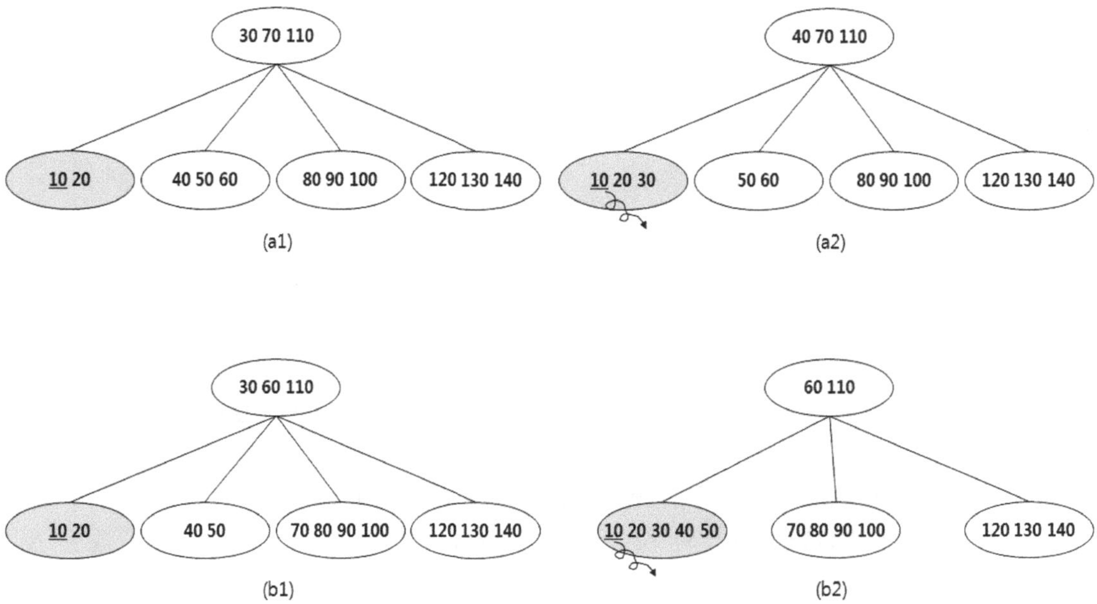

[그림 2.23] B-트리에서의 삭제 과정(1)

5차 B-트리에서 자료 '10'을 삭제하는 경우를 고려해보자[그림 2.24]. 자료 '10'을 찾아가는 도중에 최소 차수를 가진 노드(키값 30, 60)를 만났으므로 차수를 증가시키고 진행해야 한다(a). 형제 노드가 여유가 없으므로 부모 노드의 키값을 포함한 결합을 수행하였다(b). 부모 노드의 키값이 하나밖에 없었던 관계로 트리의 높이가 '1' 감소하였다. 이후 외부 노드로 진행하였는데, 역시 최소 차수 노드이므로 차수를 증가시켜야 한다. 역시 형제 노드가 여유가 없으므로 부모 노드의 키값을 하나 빌려서 형제 노드와 결합하여 차수를 증가시킨 후 삭제하였다(c).

이상과 같은 B-트리의 삭제 알고리즘을 의사 코드로 간단히 표현하면 다음과 같다.

알고리즘 2.19 **B–트리에서의 삭제**

```
Input: 삭제 이전 자료, 삭제키값
Output: 삭제 이후 자료
Procedure:
  deleteB-Tree(자료, 삭제키값, 트리차수 k){
    루트 노드를 방문 노드 v로 하여 검색을 시작한다.
    while(방문노드 v가 외부 노드가 아니다.){
      if(v가 삭제키값을 포함)     //내부 노드인 경우
        삭제키값의 최근접값(오른쪽 자손의 최소값)을 찾아 복사한다.
      if(v의 차수 == ⌊ k/2 ⌋ ){     //검색 도중에 최소 차수 노드를 확장
        if(형제 노드의 차수 > ⌊ k/2 ⌋ )
          형제 노드의 근접키값을 부모 노드를 경유하여 빌린다.
        else if(형제 노드의 차수 == ⌊ k/2 ⌋ )
          부모 노드의 근접키값을 빌려 형제 노드와 결합한다.
      }
      if(검색키값 < v의 첫 번째 키값) 첫째 자식 노드를 v로 한다.
      else if(검색키값 < v의 두 번째 키값) 두 번째 자식 노드를 v로 한다.
      ...
      else if(검색키값 < v의 k 번째 키값) k 번째 자식 노드를 v로 한다.
      else k+1 번째 자식 노드를 v로 한다.
    }
    if(v의 차수 == ⌊ k/2 ⌋ ){
      if(형제 노드의 차수 > ⌊ k/2 ⌋ )
        형제 노드의 근접키값을 부모 노드를 경유하여 빌린다.
      else if(형제 노드의 차수 == ⌊ k/2 ⌋ )
        부모 노드의 근접키값을 빌려 형제 노드와 결합한다.
    }
    삭제키값에 맞는 외부 노드를 찾아 해당 키값을 삭제한다.
  }
```

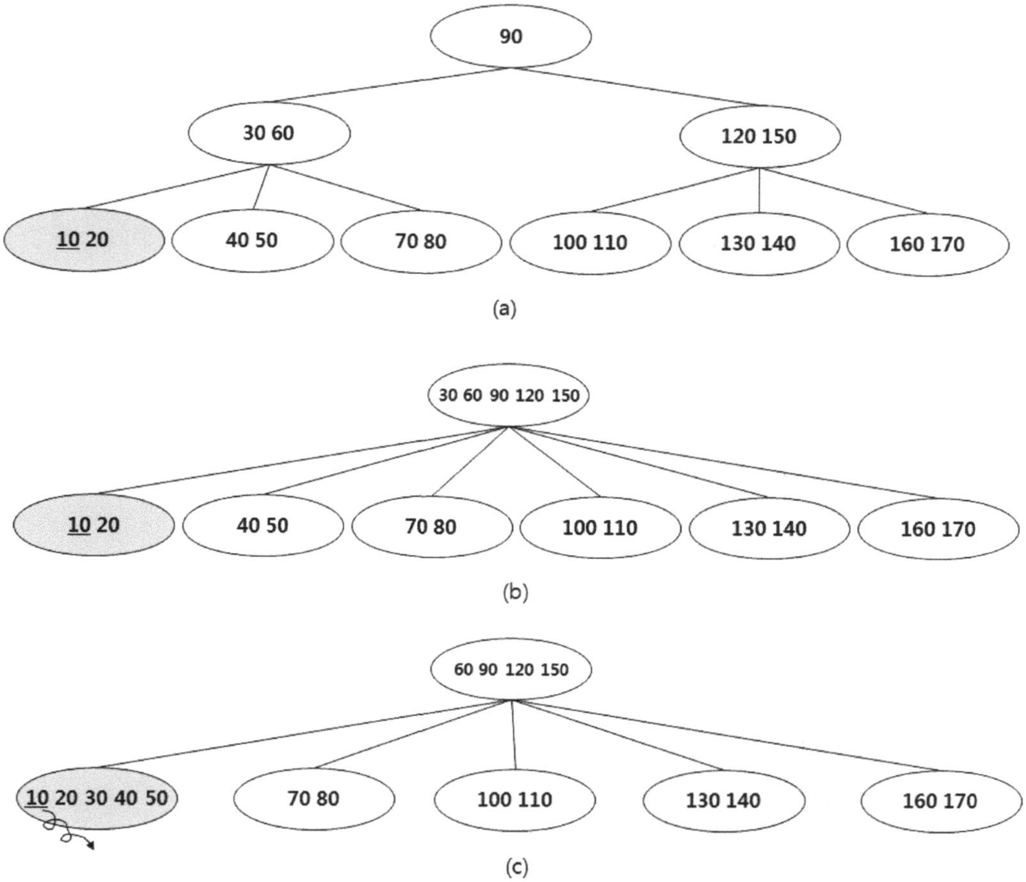

[그림 2.24] B-트리에서의 삭제 과정(2)

연습·문제

1. 다음 입력 데이터에 대해 각 질문에 답하시오.

   21, 14, 48, 53, 15, 67, 25, 31, 19, 20

   (1) 선택 정렬을 사용하여 정렬하시오.

   (2) 버블 정렬을 사용하여 정렬하시오.

   (3) 삽입 정렬을 사용하여 정렬하시오.

   (4) 힙 정렬을 사용하여 정렬하시오.

2. "1, 2, 3, 2, 1, 1, 2, 2, 3, 3, 1"의 데이터가 저장된 배열을 계수 정렬 알고리즘으로 정렬하는 과정을 기술하시오.

3. "1, 2, 3, 2, 1, 1, 2, 2, 3, 3, 1"의 데이터를 이진수로 표현하고 각 비트별로 기수 정렬하는 과정을 보이시오.

4. 디스크의 한 블록이 8,192바이트이고, 키의 크기가 32바이트, 페이지 번호가 4바이트를 차지한다면, 한 노드는 최대 몇 개의 킷값을 가지는 B-트리가 가능한가?

5. "42, 55, 19, 6, 38, 28, 35, 88, 62, 20"의 데이터를 사용하여 검색 트리를 구성하고자 한다.

(1) 상기 데이터를 연속적으로 삽입하여 이진검색트리를 구성하라.

(2) (1)에서 만든 이진검색트리에서 19를 삭제한 결과를 도시하라.

(3) 상기 데이터를 3차 B-트리에 연속적으로 삽입하는 과정을 제시하라.

(4) (3)에서 만든 B-트리에서 19를 삭제한 결과를 도시하라.

6. "1, 2, 3, ... , n"의 데이터를 차례로 B-트리에 삽입할 경우의 노드 수를 표현하라. 단, B-트리의 최소 차수는 2이다.

Chapter

03

분할정복법 (Divide-and-Conquer)

Computer Algorithm

미리 알아야 할 내용

알고리즘 분석 방법과 시간복잡도 및 공간복잡도를 점근적 함수로 나타낼 수 있어야 한다. 효율적인 구현을 위해서 순환 알고리즘을 반복 알고리즘으로 변경하는 방법도 알고 있으면 많은 도움이 된다.

이 장에서 다루는 분할정복법은 주어진 문제를 여러 개의 부분문제들로 나누어 해결한 뒤 각 부분문제의 답을 결합하여 최종적인 답을 완성하는 알고리즘 설계의 한 방법이다. 이 방법으로 설계된 알고리즘은 주로 순환 알고리즘 형식을 취하며, 이진탐색, 합병정렬, 퀵정렬 등 이미 자료구조 등의 과목을 통해 익숙한 알고리즘들이 예제로 소개된다. 분할정복법으로 설계된 알고리즘의 시간복잡도는 마스터 정리라고 하는 공식으로 대부분 계산할 수 있다.

3.1 분할정복의 기본 개념

알고리즘 설계 방법 중 **분할정복법**(divide-and-conquer)의 기본 개념은 주어진 문제 (또는 사례)를 두 개 또는 그 이상의 부분문제들로 나누고(**분할**), 나누어진 부분문제 각각을 순환적으로 해결(**정복**)한 후, 부분문제들의 답을 다시 결합하여 마지막으로 하나의 답을 완성(**결합**)하는 것이다. 다시 말해, 분할정복법에서는 입력의 크기가 n 인 문제가 주어질 때, 주어진 입력을 $k(1 < k \le n)$ 개의 서로소인 부분집합들로 나눈 다음 각 부분집합을 입력으로 하는 k 개의 문제들을 해결해 내는 기법이다. 이 때 나누어진 k 개의 문제를 원래 문제의 **부분문제**(subproblem)라고 한다.

실제의 경우 나누어진 부분문제들은 원래 문제와 같은 종류의 문제가 되기 때문에, 부분문제의 입력 크기가 여전히 크다면 나누어진 각 부분문제들에 대해 다시 분할정복법을 적용하게 된다. 부분문제들을 풀기위한 분할정복법의 재적용은 더 작은 크기의 입력을 가지는 부분문제의 부분문제들을 계속해서 만들어 내기 때문에, 부분문제들의 입력 크기는 점점 작아지게 되고 결국은 더 이상 나눌 필요 없이 직접 답을 구할 수 있는 부분문제들로 수렴하게 된다. 이와 같이 분할정복법의 적용 방법은 순환 프로그래밍의 원리와 같기 때문에, 분할정복법으로 설계된 알고리즘들은 순환 알고리즘(recursive algorithm) 형태로 나타나게 된다.

예를 들어, 분할정복법을 적용하여 입력을 (반드시 크기가 같을 필요가 없는) 두 부분으로 분할하는 경우를 생각해 보자. 입력의 크기가 커서 문제를 바로 해결할 수 없는 경우, 분할을 한 번 적용하면 원래 문제와 같은 두 개의 부분문제가 생기게 되며, 각 부분문제를 정복하기 위해 분할정복법이 다시 적용 된다. 그 결과 정복된 두 부분문제의 답은 결합되어 원래 문제의 답이 만들어 진다. 이러한 과정은 알고리즘 3.1과 같이 제어 추상화(control abstraction)로 나타낼 수 있는데, 제어 추상화란 함수의 제어 흐름만 명확하게 표시하며 함수 내의 주요 연산들은 다른 함수에 의해 수행되는 것으로 가정한 표현 방식이다. 크기 n 의 입력이 배열 $A[1:n]$ 에 저장되어 있고, 알고리즘 3.1에 대한 전역(global) 배열이라고 가정한다. 함수 DivideAndConquer는 초기에 DivideAndConquer(1, n)으로 호출되고, DivideAndConquer(p, q)는 입력 $A[p:q]$ 를 가지는 문제 사례를 풀게 된다.

알고리즘 3.1 분할정복법의 제어 추상화

```
int DivideAndConquer(p, q)
if Small(p, q) then return Solution(p, q)
    else m = Divide(p, q)
    return Combine(DivideAndConquer(p, m), DivideAndConquer(m+1, q))
```

연산 $Small(p, q)$는 입력 크기 $(q-p+1)$이 더 이상 분할하지 않고서도 답을 구할 수 있는지를 결정하는 부울 함수로서, 결과가 참이면 답을 구하는 $Solution(p, q)$를 통해 문제를 풀게 된다. 입력 크기가 커서 분할이 필요하면 $Divide(p, q)$를 호출하여 입력이 분할될 위치를 결정한다. 만약 m이 분할되는 위치라면, 입력이 $A[p:m]$과 $A[m+1:q]$와 같이 두 개의 부분배열로 분할되고 분할된 각 입력에 대한 두 개의 부분문제를 순환적으로 풀게 된다. 두 개의 값 x와 y가 DivideAndConquer를 통해 얻은 각 부분문제의 답이라면, $Combine(x,y)$는 두 답을 결합하여 $A[p:q]$에 대한 답을 결정하는 함수이다. 두 부분문제의 입력의 크기가 같다면, 즉 $Divide(p, q) = (q-p+1)/2$이면 DivideAndConquer의 수행 시간 $T(n)$은 다음 점화관계(recurrence relation)로 표시된다.

$$T(n) = \begin{cases} \Theta(1), & n\text{이 작을 때} \\ t_D(n) + 2T(\frac{n}{2}) + t_C(n), & n\text{이 큰 경우} \end{cases}$$

이 식에서 $t_D(n)$은 $Divide()$의 수행 시간이고, $t_C(n)$은 $Combine()$의 수행 시간이다. 또한 n이 작을 때 $Goal()$의 수행 시간은 상수 $\Theta(1)$이다.

만약 입력을 두 개의 부분배열로 나누지 않고, $b > 1$에 대해 n/b개의 부분배열로 나눈다면 DivideAndConquer의 수행 시간 $T(n)$은 다음 점화관계로 다시 표시될 수 있다.

$$T(n) = aT\left(\frac{n}{b}\right) + f(n),\ n\text{이 클 경우 (보통 } n > 1)$$

여기서 $f(n) = t_D(n) + t_C(n)$이다.

이와 같은 점화관계는 분할정복법으로 설계된 알고리즘들의 시간복잡도 분석에 많이 사용되며, 이의 풀이 방법을 다음에서 살펴본다.

3.2 점화관계(Recurrence Relations)

점화관계란 함수가 작은 입력을 가지는 자기 자신에 의해 정의되는 등식 또는 부등식을 가리킨다. 제어 추상화에서 보듯이 분할정복법으로 설계된 알고리즘들은 수행 시간이 점화관계로 나타나는 일반적 특징을 가지고 있다. 즉, 크기 n인 문제가 주어지면 n/b의 크기를 가지는 a개의 부분문제로 분할하여 이들을 순환적으로 해결한 다음 각각의 답을 $f(n)$ 시간에 결합하는 것이다 (단, 이 때 a와 b는 모두 0보다 큰 상수). 이와 같은 형태를 가지는 분할정복 알고리즘의 수행 시간은 점화관계 $T(n) = aT\left(\left\lceil \frac{n}{b} \right\rceil\right) + f(n)$으로 나타낼 수 있는데, 두 개의 상수 a,b의 값에 따라 주어진 각 점화관계를 쉽게 풀 수 있는 방법이 있다. 다음에서 설명하는 **마스터 정리**(Master Theorem)를 이용하면 바로 답을 구할 수 있는 경우가 많기 때문이다.

정리 마스터

두 상수 $a \ge 1, b > 1$에 대해 점화관계 $T(n) = aT\left(\left\lceil \frac{n}{b} \right\rceil\right) + f(n)$의 해는

$$T(n) = \begin{cases} \Theta(f(n)), & \text{상수 } \epsilon > 0\text{에 대해 } f(n) = \Omega(n^{\log_b^{a+\epsilon}})\text{이고,} \\ & \text{상수 } c < 1\text{에 대해 } af(n/b) \le cf(n)\text{일 때} \\ \Theta(n^{\log_b^a} \lg n), & f(n) = \Theta(n^{\log_b^a})\text{일 때} \\ \Theta(n^{\log_b^a}), & \text{상수 } \epsilon > 0\text{에 대해 } f(n) = O(n^{\log_b^{a-\epsilon}})\text{일 때} \end{cases}$$

으로 주어진다.

증명

증명의 편의를 위해 먼저 n이 b의 지수승이라고 가정한다. (즉, 적당한 양의 상수 k에 대해, $n = b^k$이다). 이렇게 가정하면 함수 $\left\lceil \frac{n}{b} \right\rceil$는 $\frac{n}{b}$과 같은 값을 가지게 된

다. 한편 부분문제들의 크기는 매번 순환할 때마다 b 만큼씩 감소하여 순환의 깊이 $\log_b^n$ 에서 크기 1의 부분문제에 도달하게 된다. 따라서 순환 과정을 트리로 표현한 순환트리의 깊이는 $\log_b^n$ 이 된다.

순환트리의 각 노드가 가지는 자식노드의 수를 나타내는 분기 계수(branching factor)가 a 이므로, 그림 3.1처럼 트리의 레벨 i 에서는 a^i 개의 부분문제들이 만들어지며 각 부분문제의 크기는 n/b^i 이다. 따라서 레벨 i 에서 이루어지는 계산량은

$$a^i \times f\left(\frac{n}{b^i}\right)$$

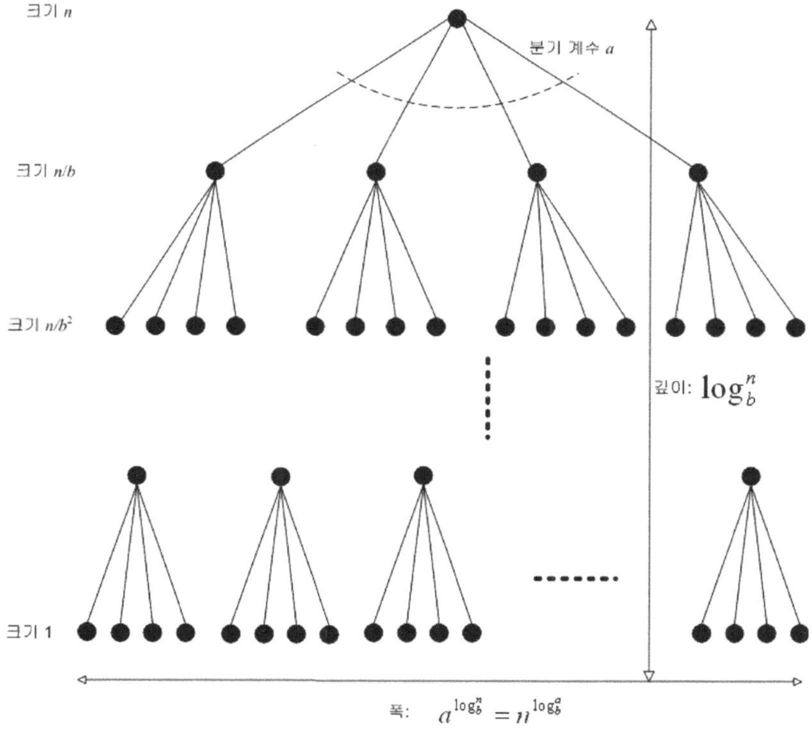

[그림 3.1] 입력 크기 n 인 문제를 n/b 인 a 개의 부분문제로 분할하는 순환 트리

와 같다. 한편 레벨 i 는 루트 노드가 있는 0에서 단말 노드들이 있는 $\log_b^n$ 으로 향한다. 그런데 단말 노드는 입력의 크기가 1인 부분문제이므로 단말 노드 하나의 해결 시

간은 상수 시간 $\Theta(1)$ 이 걸리고, 레벨 $\log_b^n$ 에서 부분문제의 개수가 $a^{\log_b^n} = n^{\log_b^a}$ 이므로 순환 트리의 단말 노드들의 계산 시간은 모두 $\Theta(n^{\log_b^a})$ 이 걸린다. 따라서 순환 트리에서 루트 노트부터 단말 노드들까지의 전체 계산 시간은

$$T(n) = \Theta(n^{\log_b^a}) + \sum_{i=0}^{\log_b^{n-1}} a^i f\left(\frac{n}{b^i}\right)$$

으로 나타낼 수 있다.

상수 $c < 1$와 충분히 큰 모든 n에 대해 $af(n/b) \le cf(n)$ 이면

$\sum_{i=0}^{\log_b^{n-1}} a^i f\left(\frac{n}{b^i}\right) = \Theta(f(n))$이고, 상수 $\epsilon > 0$에 대해 $f(n) = \Omega(n^{lob_b^{a+\epsilon}})$이므로

$T(n) = \Theta(n^{\log_b^a}) + \sum_{i=0}^{\log_b^{n-1}} a^i f\left(\frac{n}{b^i}\right) = \Theta(n^{\log_b^a}) + \Theta(f(n)) = \Theta(f(n))$ 이다.

$f(n) = \Theta(n^{\log_b^a})$ 이면 $\sum_{i=0}^{\log_b^{n-1}} a^i f\left(\frac{n}{b^i}\right) = \Theta(n^{\log_b^a} \lg n)$이므로

$T(n) = \Theta(n^{\log_b^a}) + \sum_{i=0}^{\log_b^{n-1}} a^i f\left(\frac{n}{b^i}\right) = \Theta(n^{\log_b^a}) + \Theta(n^{\log_b^a} \lg n) = \Theta(n^{\log_b^a} \lg n)$ 이다.

상수 $\epsilon > 0$에 대해 $f(n) = O(n^{lob_b^{a-\epsilon}})$이면 $\sum_{i=0}^{\log_b^{n-1}} a^i f\left(\frac{n}{b^i}\right) = O(n^{\log_b^a})$이므로

$T(n) = \Theta(n^{\log_b^a}) + \sum_{i=0}^{\log_b^{n-1}} a^i f\left(\frac{n}{b^i}\right) = \Theta(n^{\log_b^a}) + O(n^{\log_b^a}) = \Theta(n^{\log_b^a})$ 이다.

단, 증명 과정에서 사용된 $\sum_{i=0}^{\log_b^{n-1}} a^i f\left(\frac{n}{b^i}\right)$의 계산은 연습문제로 돌린다.

마스터 정리의 적용을 위해서는 먼저 $f(n)$과 $n^{\log_b^a}$을 비교해야 한다. 두 함수 중에서 $f(n)$이 더 큰 첫 번째 경우는 $T(n) = \Theta(f(n))$이며, $n^{\log_b^a}$이 더 큰 세 번째 경우는 $T(n) = \Theta(n^{\log_b^a})$이다. 두 함수가 같은 두 번째 경우는 로그 값 만큼 곱한 $T(n) = \Theta(n^{\log_b^a} \lg n)$이다. 다음 몇 가지 예를 통해 마스터 정리의 편리함을 알아본다.

예제 3.1

점화관계 $T(n) = 2T(n/4) + n^2$은 마스터 정리의 식에서 $a = 2, b = 4$이고 $f(n) = n^2$이다. 그런데 $\log_b^a = \log_4^2 = \frac{1}{2}$이므로 $n^{\log_b^a} = n^{1/2}$은 $f(n)$보다 작다. 또한 $af(n/b) = 2 \times (n/4)^2 = n^2/2^3$이므로 $c < 1$에 대해 $cf(n)$보다 작다. 따라서 첫 번째 경우에 해당하며, $T(n) = \Theta(n^2)$이다.

예제 3.2

점화관계 $T(n) = T(n/2) + 1$은 마스터 정리의 식에서 $a = 1, b = 2$이고, $f(n) = 1 = \Theta(1)$인 경우다. 그런데 $\log_b^a = \log_2^1 = 0$이므로 $n^{\log_b^a} = 1$이며, 두 함수가 같은 두 번째 경우에 해당한다. 따라서 $T(n) = \Theta(\lg n)$이다.

예제 3.3

점화관계 $T(n) = 7T(n/2) + 18n^2$은 마스터 정리의 식에서 $a = 7, b = 2$이고 $f(n) = 18n^2$에 해당한다. 그런데 $\log_b^a = \log_2^7 \approx 2.81$이므로 $n^{\log_b^a} \approx n^{2.81}$은 $f(n)$보다 크다. 따라서 세 번째 경우에 해당하며, $T(n) = \Theta(n^{\log_2^7}) \approx \Theta(n^{2.81})$이다.

예제 3.4

점화관계 $T(n) = 2T(n/2) + n\lg n$은 마스터 정리의 식에서, $a = 2, b = 2$이고 $f(n) = n\lg n$인 경우다. 그런데 $\log_b^a = \log_2^2 = 1$이므로 $n^{\log_b^a} = n$은 $f(n)$보다 작다. 하지만 $af(n/b) = 2 \times (n/2)\lg(n/2) = n\lg n - n$이므로 $c < 1$에 대해 $cf(n)$보다 작다고 할 수 없다. 따라서 첫 번째 경우에 해당하지 않으며, 현재의 마스터 정리로는 답을 구할 수 없다.

3.3 이진탐색(Binary Search)

비내림차순으로 정렬된 원소들의 리스트 $a_i(1 \le i \le n)$가 있다고 가정할 때, 주어진 원소 x가 이 리스트 내에 존재하는지를 결정하는 문제를 고려한다. 만약 x와 같은 값을 가지는 원소가 리스트 내에 있다면 $x = a_k$인 k를 출력하고, 그렇지 않다면 0을 출력해야 한다. 분할정복법에서는 이 문제를 해결하기 위해 임의의 문제 사례 $I = (n, a_1, a_2, \ldots, a_n, x)$를 $I_1 = (k-1, a_1, \ldots, a_{k-1}, x)$, $I_2 = (1, a_k, x)$, $I_3 = (n-k, a_{k+1}, \ldots, a_n, x)$와 같이 세 개의 부분문제 사례로 분할한다. 이 중 두 번째 부분문제 사례 I_2에 대한 탐색 문제는 x와 a_k를 비교만 하면 되므로 쉽게 해결된다. 즉, $x = a_k$이면 원하는 답을 찾았으므로 k를 출력하고, 나머지 두 개의 부분문제 사례 I_1과 I_3에 대한 탐색 문제를 해결할 필요 없이 끝내면 된다. 만약 $x < a_k$라면 I_1에 대한 탐색 문제를 해결하면 되고, $x > a_k$다면 I_3에 대한 탐색 문제를 해결하면 된다. 따라서 a_k와 한 번 비교한 후에 종료하지 않으면 (즉, I_1이나 I_3에 대한 탐색 문제를 해결해야 한다면), 분할정복법을 다시 적용하면 된다. 이 때 k를 항상 가운데 원소인 $k = \left\lfloor \frac{n+1}{2} \right\rfloor$와 같이 선택하는 탐색 방법을 이진탐색 알고리즘이라 한다.

이진탐색 알고리즘은 분할정복법으로 설계된 알고리즘 중 가장 간단하고 널리 사용되는 알고리즘이다. 이진탐색은 분할정복법의 세 단계인 "분할-정복-결합" 중 결합 단계가 필요 없는 알고리즘이다. 왜냐하면 주어진 입력 사례가 탐색을 진행하는 동안 (거의) 절반의 크기로 계속 분할되면서, 분할된 사례의 답이 원래 사례의 답을 포함하기 때문이다. 다음은 이진탐색 과정을 보여주는 예제이다.

예제 3.5

$x = 15$ 이고 다음과 같이 13개의 숫자로 구성된 정렬된 배열이 있다고 가정한다.

10	12	15	18	21	23	25	30	35	37	40	42	45

(1) 분할: $n = 13$ 이므로 $k = \lfloor (1+13)/2 \rfloor = 7$ 이며, 따라서 세 개의 부분사례 [10, 12, 15, 18, 21, 23], [25], [30, 35, 37, 40, 42, 45]로 분할한다.

(2) 정복: $x < 25(= a_k)$ 이므로, 첫 번째 부분사례 [10, 12, 15, 18, 21, 23]을 순환적으로 정복한다.

(2-1) 분할: $n = 6$ 이므로 $k = \lfloor 7/2 \rfloor = 3$ 이 되고, [10, 12], [15], [18, 21, 23]으로 분할된다.

(2-2) 정복: 두 번째 부분사례 [15]에 의해 탐색문제가 정복되므로 "3"을 출력한다.

(2-3) 결합: 이 답이 부분사례 [10, 12, 15, 18, 21, 23]의 답이므로 결합은 필요 없다.

(3) 단계 (2)에서 얻은 답이 초기 입력 사례의 답이므로 결합은 필요 없다.

예 3.5에서는 탐색의 대상이 되는 원소가 입력 데이터에 존재하는 경우, 이진탐색이 진행되는 과정을 설명하였다. 일반적으로 탐색 대상이 되는 원소는 입력 데이터에 존재하지 않을 수도 있다. 알고리즘 3.2는 이진탐색 과정을 순환적으로 진행하는 알고리즘이다.

알고리즘 3.2 **이진탐색(순환형)**

문제: n 개의 키를 가진 정렬된 배열 A 에 x 가 있는지 결정하시오.
입력: 자연수 n, 비내림차순으로 정렬된 키의 배열 $A[1:n]$, 탐색 대상 키 x
출력: A 에서 x 가 있는 위치 $position$ (없으면 0)

```
int BinSearch(int low, int high){
    int mid;
    if (low > high)
        return 0;                         // 답을 못 찾음
    else {
        mid = (low + high) / 2            // 정수나눗셈 (소수점 이하 버림)
        if (x == A[mid])
            return mid;                   //  답을 찾음
        else if (x < A[mid])
            return BinSearch(low, mid-1); // 왼쪽 절반을 선택
        else
            return BinSearch(mid+1, high); // 오른쪽 절반을 선택
        }
}
...
position = BinSearch(1, n);
...
```

알고리즘 3.2에서 n, A, x 는 BinSearch를 호출하는 동안 값이 변하지 않기 때문에 함수의 매개변수(parameter)로 지정할 필요가 없으며, 순환 호출 동안 값이 변하는 변수들만 매개변수로 지정하였다. 따라서 BinSearch를 수행하기 위해서는

```
void calling_function(int n, keyType A[], keyType x)
{ ...
    result=BinSearch(1, n);
}
```

와 같이 호출하면 된다.

한편 이진탐색 알고리즘 3.2는 분할정복법으로 설계된 꼬리순환(tail-recursion) 알고리즘이다. 꼬리순환이란 함수 BinSearch 내부의 맨 마지막(꼬리) 부분에서 다시 BinSearch를 호출하며, 자기 자신을 호출한 다음 아무런 추가 연산이 일어나지 않는 경우이다. 비록 순환 알고리즘이 분할정복법의 아이디어를 정확하게 나타낼 수 있는 장점이 있지만,

C++나 JAVA와 같은 언어로 구현한 프로그램을 실행할 때는 스택(stack) 사용에 따른 추가 기억공간의 필요성과 스택의 관리에 따른 처리속도의 지연 등의 단점이 있다. 실제 이진탐색에서 스택의 깊이는 최악의 경우 약 $\lg n+1$ 정도가 된다.

알고리즘 3.2의 분석

이 알고리즘의 시간복잡도 분석에서 가장 비용이 많이 드는 기본연산은 검색 대상이 되는 키인 x 와 배열의 원소를 비교하는 연산이 된다. 실제 알고리즘에서는 x 와 $A[mid]$ 와의 비교가 두 번 이루어지지만 어셈블리 언어로 효율적으로 구현한다면 한 번의 비교만으로도 해결할 수 있으므로 비교가 1회 수행된다고 가정한다. 그리고 입력의 크기는 배열의 크기 n이이며, 여기서는 최악의 시간복잡도 분석 과정을 설명한다.

(1) 먼저 n 이 $2(=2^1), 4(=2^2), 8(=2^3), \ldots$ 와 같이 2의 지수승인 경우를 분석한다. 최악의 상황이 발생하는 경우는 x 가 배열의 모든 원소보다 클(또는 작을) 때이다. n 이 2의 지수승이고 x 가 배열의 모든 원소보다 클 때, 순환 호출을 1회 실행할 때 마다 입력의 크기는 절반으로 줄어든다. 예를 들어, $n=32(=2^5)$ 이면 $mid=\lfloor(1+32)/2\rfloor=16=2^4$ 가 되므로 두 번째 실행할 때 입력은 $A[17:32]$ 에 있는 16개의 원소가 된다. 이와 같은 방법으로 이진탐색이 진행된다면 다음과 같은 점화관계를 얻게 된다.

$$W(n)=W(n/2)+1$$

만약 $n=1$ 이고, x 가 배열에 존재하지 않는다면, 1번 비교 후 알고리즘은 종료하게 된다. 즉, 위의 점화관계를 풀 수 있는 초기 값을 얻을 수 있다. 이진탐색의 최악의 시간복잡도 $W(n)$ 을 나타내는 점화관계는 다음과 같다.

$$W(n)=\begin{cases} W(n/2)+1, & n>1\text{이고 2의 지수승인 경우} \\ 1, & n=1\text{인 경우} \end{cases}$$

이 점화관계는 마스터 정리의 예 3.2와 동일한 형태로서 $a=1, b=2$이고 $f(n)=1=\Theta(1)$에 해당한다. 따라서 $n^{\log_b^a}=1$ 이므로 $f(n)$과 같은 두 번째 경우에 해당한다. 즉 $W(n)=\Theta(\lg n)$이다.

마스터 정리를 이용하지 않고 치환법으로 점화관계를 풀 수 도 있다. 먼저 2의 지수승인 n 을 2^k 라 두고, 몇 개의 항을 전개해 본다.

$$
\begin{aligned}
&W(n) = W(n/2) + 1 = W(n/2^1) + 1 \\
&W(n/2^1) = W(n/4) + 1 = W(n/2^2) + 1 \\
&W(n/2^2) = W(n/8) + 1 = W(n/2^3) + 1 \\
&\cdots \\
&W(n/2^{k-1}) = W(n/2^k) + 1 = W(1) + 1
\end{aligned}
$$

같은 항을 등호 양변에서 삭제하면

$$W(n) = W(1) + k = k + 1$$

이 된다. $n = 2^k$ 이므로 $k = \lg n$ 이고, 따라서 이진탐색의 최악의 시간복잡도 다음과 같다.

$$W(n) = \lg n + 1 = \Theta(\lg n)$$

(2) 만약 n 이 2의 지수승이 아닌 경우라면, 이진탐색의 최악의 시간복잡도를 나타내는 점화관계는 다음과 같다.

$$W(n) = \begin{cases} W(\lfloor n/2 \rfloor) + 1, & n > 1\text{인 경우} \\ 1, & n = 1\text{인 경우} \end{cases}$$

이 점화관계에서 얻을 수 있는 이진탐색의 최악의 시간복잡도 다음과 같다.

$$W(n) = \lfloor \lg n \rfloor + 1 = \Theta(\lg n)$$

이진탐색의 최악의 시간복잡도를 계산하는 이상과 같은 풀이 과정은 마스터 정리를 이용하면 간단히 구할 수 있다. 이진탐색의 점화관계는 예 3.2에서 설명한 점화관계와 동일하며, 따라서 $W(n) = \Theta(\lg n)$ 이다.

알고리즘 3.2의 다른 특징을 살펴보자. 이 알고리즘은 앞에서 설명한 것처럼 꼬리순환 형식으로 구성하였다. 다행히 꼬리순환 알고리즘은 반복형(iterative) 알고리즘으로 변환하기가 용이하며, 반복형 알고리즘이 가지는 장점은 꼬리순환 알고리즘에서 단점으로 지적했던 메모리의 낭비와 처리속도의 지연이 없어진다는 점이다. 실제 반복형 알고리즘으로 구성된 이진탐색은 순환 알고리즘으로 구성된 것보다 상수배 정도 더 빨리 처리되는 장점이 있다. 알고리즘 3.3은 이진탐색의 반복형 알고리즘이다.

알고리즘 3.3 **이진탐색(반복형)**

문제: n 개의 키를 가진 정렬된 배열 A 에 x 가 있는지 결정하시오.
입력: 자연수 n, 비내림차순으로 정렬된 키의 배열 A (인덱스는 1부터 n), 탐색 대상 키 x
출력: A 에서 x 가 있는 위치 *position* (없으면 0)

```
void BinSearch1(int n, keyType A[], keyType x, index &position){
   index low, mid, high;
   low = 1; high = n; position = 0;
   while (low ≤ high && position == 0) {
      mid = (low + high) / 2            // 정수 나눗셈
      if (x == A[mid])
         position = mid;                //  답을 찾음
      else if (x < A[mid])
         high = mid-1;                  // 왼쪽 절반을 선택
      else
         low = mid+1;                   // 오른쪽 절반을 선택
      }
}
```

반복형으로 구성한 이진탐색 알고리즘 3.3의 시간복잡도 역시 순환 알고리즘과 같은 함수로 표시되므로 여기서는 풀이 과정을 생략한다.

3.4 스트라센(Strassen)의 행렬 곱셈

크기가 $n \times n$ 인 두 개의 정방행렬 $A = (a_{ij})_{n \times n}$ 와 $B = (b_{ij})_{n \times n}$ 의 곱 C는 다음 식으로 표시된다.

$$C = (c_{ij})_{n \times n},\ c_{ij} = \sum_{k=1}^{n} a_{ik} b_{kj}$$

즉, 결과 행렬 C의 원소 c_{ij} 하나를 구하는데 덧셈과 곱셈을 각각 n 번 실행해야 한다. 행렬 C의 원소의 수가 n^2 개 이므로, 모든 원소를 다 계산하는데 n^3 번의 덧셈과 곱셈을 실행해야 함은 쉽게 알 수 있다. 실제 알고리즘에서는 덧셈의 횟수를 $n^3 - n^2$ 으로 줄일 수 있는 방법이 있으므로 곱셈을 기본연산으로 정하는 것이 타당하다. 따라서 행렬 곱셈의 일반적인 알고리즘은 $\Theta(n^3)$ 의 시간복잡도를 가지며, 행렬의 크기가 클 때 일반적인 행렬 곱셈 알고리즘은 상당한 부담을 가지게 된다.

1969년 스트라쎈은 정방행렬 곱셈에서 시간복잡도가 n^3 보다 적은 새로운 알고리즘을 제시하였다. 스트라쎈이 제안한 새로운 행렬 곱셈 알고리즘의 아이디어를 이해하기 위해 2행 2열로 구성된 두 행렬의 곱셈 과정을 예제 3.5에서 살펴본다.

예제 3.5

두 개의 정방행렬 A와 B를 다음과 같이 나타낸다.

$$A = \begin{bmatrix} a_{11} & a_{12} \\ a_{21} & a22 \end{bmatrix}, \; B = \begin{bmatrix} b_{11} & b_{12} \\ b_{21} & b_{22} \end{bmatrix}$$

이 때, A와 B의 곱인 행렬 C는 다음과 같다.

$$C = \begin{bmatrix} c_{11} & c_{12} \\ c_{21} & c_{22} \end{bmatrix} = \begin{bmatrix} (a_{11}b_{11} + a_{12}b_{21}) & (a_{11}b_{12} + a_{12}b_{22}) \\ (a_{21}b_{11} + a_{22}b_{21}) & (a_{21}b_{12} + a_{22}b_{22}) \end{bmatrix}$$

이와 같은 결과를 얻을 수 있도록 스트라쎈은 다음과 같은 식을 구성하였다.

$$\begin{aligned}
e_1 &= (a_{11} + a_{22})(b_{11} + b_{22}) \\
e_2 &= (a_{21} + a_{22})b_{11} \\
e_3 &= a_{11}(b_{12} - b_{22}) \\
e_4 &= a_{22}(b_{21} - b_{11}) \\
e_5 &= (a_{11} + a_{12})b_{22} \\
e_6 &= (a_{21} - a_{11})(b_{11} + b_{12}) \\
e_7 &= (a_{12} - a_{22})(b_{21} + b_{22})
\end{aligned}$$

이를 이용하여 하나의 행렬 C^* 를 다음과 같이 구성한다.

$$C^* = \begin{bmatrix} e_1 + e_4 - e_5 + e_7 & e_3 + e_5 \\ e_2 + e_4 & e_1 + e_3 - e_2 + e_6 \end{bmatrix}$$

그렇다면, 두 행렬 $C = C^*$ 가 되어 새로운 행렬 곱셈 방법을 얻게 된다.

스트라쎈의 방법으로 구한 행렬 곱셈은 어떤 특징이 있는가? 예제 3.5에서 보인 곱셈의 결과 행렬은 곱셈이 7번이고 덧셈과 뺄셈이 18번이다. 이에 반해 일반적인 행렬 곱셈은 곱셈이 8번, 덧셈이 4번이다. 결과적으로 덧셈이 14번 늘어나지만 곱셈은 1번 줄어든다. 이와 같은 차이가 당장은 별 이득이 없는 것처럼 보인다. 실제로 2×2의 행렬 곱셈에서는 아무런 이득이 없다. 하지만 행렬의 크기가 큰 두 행렬의 곱셈에서는 상당한 효과가 있고, 또 이러한 이득을 시간복잡도 분석을 통해 설명할 것이다.

우선 정방행렬의 행과 열의 수를 나타낼 n이 2의 지수승이라고 가정한다. 그렇다면, 행렬 곱셈은 다음과 같은 부분행렬로 표시할 수 있다.

$$C = \begin{bmatrix} C_{11} & \vdots & C_{12} \\ \cdots & \vdots & \cdots \\ C_{21} & \vdots & C_{22} \end{bmatrix} = \begin{bmatrix} A_{11} & \vdots & A_{12} \\ \cdots & \vdots & \cdots \\ A_{21} & \vdots & A_{22} \end{bmatrix} \times \begin{bmatrix} B_{11} & \vdots & B_{12} \\ \cdots & \vdots & \cdots \\ B_{21} & \vdots & B_{22} \end{bmatrix}$$

즉, A와 B를 네 개의 부분행렬로 나누어 곱셈을 수행하고, 그 결과 얻어진 부분행렬로 C를 나타내었다. 예를 들어, $\frac{n}{2} \times \frac{n}{2}$ 크기의 부분행렬 A_{11}은 다음과 같다.

$$A_{11} = \begin{bmatrix} a_{11} & a_{12} & \cdots & a_{1\,n/2} \\ a_{21} & a_{22} & \cdots & a_{2\,n/2} \\ \cdots & \cdots & \cdots & \cdots \\ a_{n/2\,1} & a_{n/2\,2} & \cdots & a_{n/2\,n/2} \end{bmatrix}$$

나머지 부분행렬들 $A_{12}, \dots, B_{22}$도 이와 유사하게 표시된다. 이를 이용하여 예제 3.5에서 사용했던 식과 비슷한 방법으로 $\frac{n}{2} \times \frac{n}{2}$ 크기의 부분행렬 $E_1, \dots, E_7$을 구한다. 예를 들어,

$$E_1 = (A_{11} + A_{22})(B_{11} + B_{22})$$

와 같은 방법이다. 한 가지 차이점은 e_1 이 숫자들의 연산인데 반해, E_1 은 행렬의 덧셈과 곱셈인 행렬 연산으로 구성된다는 점이다. 그리고 곱셈의 결과 행렬 C의 부분행렬들 $C_{11}, \ldots, C_{22}$ 도 예제 3.5처럼 구한다. 예를 들어 C_{11} 은 다음과 같다.

$$C_{11} = E_1 + E_4 - E_5 + E_7$$

이와 같은 계산 과정을 정리한 스트라쎈의 행렬 곱셈 알고리즘은 3.4와 같다.

알고리즘 3.4 스트라쎈의 행렬 곱셈

문제: n이 2의 지수승인 두 개의 $n \times n$ 크기의 행렬을 곱하시오.
입력: 2의 지수승인 자연수 n, 두 개의 $n \times n$ 크기의 행렬 A와 B
출력: A와 B의 곱 C

```
void Strassen(int n, n*n_matrix A, n*n_matrix B, n*n_matrix C) {
    if (n ≤ 임계값)
        일반 알고리즘을 사용하여 C = A * B를 계산;
    else {
            A를 4개의 부분행렬 A11, A12, A21, A22로 분할;
            B를 4개의 부분행렬 B11, B12, B21, B22로 분할;
            스트라쎈의 방법을 사용하여 C = A * B를 계산;
            // 순환 호출의 예: strassen(n/2, A11+A12, B11+B22, E1)
        }
    }
```

알고리즘 3.4에서 임계값은 스트라쎈의 알고리즘을 순환 호출하는 것보다 일반적인 행렬 곱셈을 이용하는 것이 더 효율적인 경우 (예를 들어 $n=2$)를 결정하는 변수이다. 다음으로 이 알고리즘의 시간복잡도를 분석한다. 한 가지 참고할 사실은 알고리즘 3.4가 행렬의 크기를 결정하는 변수 n에만 영향을 받으므로 모든 경우 분석으로 충분하다는 점이다.

알고리즘 3.4의 분석

분석을 간단히 하기 위해 임계값을 1이라고 정한다. 즉, 곱하는 두 개의 행렬의 크기가 1이면 행렬이 아닌 숫자 이므로, 단순히 두 수의 곱으로 결과를 얻을 수 있다.

따라서 기본연산은 숫자 곱셈이 된다. 그리고 입력의 크기는 정방행렬의 행과 열의 크기 n이 2의 지수승인 경우로 가정한다.

스트라쎈의 알고리즘 3.4는 n=1이 될 때까지 순환적으로 호출을 계속하는데, 매 번 수행 때마다 자기 자신을 7번 호출하고 입력의 크기는 절반으로 줄어든다. 입력의 크기 n이 1이 되면 한 번의 곱셈이 이루어진다. 따라서 이러한 관계를 점화관계로 나타내면 다음과 같다.

$$T(n) = \begin{cases} 7\,T(\frac{n}{2}), & n > 1\text{이고 2의 지수승일 때} \\ 1, & n = 1 \end{cases}$$

이 점화관계는 마스터 정리의 예 3.3과 유사한데 (예 3.3에서 n^2 항이 없음) 풀이 결과는 $T(n) = \Theta(n^{\log_2^7}) \approx \Theta(n^{2.81})$ 이 된다.

실제 구현에서 만약 n이 2의 지수승이 아니라면 약간의 수정을 가해야 한다. 간단한 방법 중 하나는 입력 행렬의 행과 열에 모두 0인 행과 열을 추가하여 크기가 2의 지수승이 되도록 하는 것이다. 조금 더 정교한 방법은 순환 호출을 할 때마다 행과 열의 수가 홀수면, 행과 열에 모두 0인 행과 열을 하나 추가하여 짝수 크기의 행렬로 만드는 방법이다. 표 3.1은 n이 2의 지수승인 두 개의 $n \times n$ 크기의 정방행렬을 곱할 때 일반 알고리즘과 스트라쎈의 알고리즘의 시간 복잡도를 비교한 것이다.

[표 3.1] 행렬 곱셈의 두 알고리즘 시간복잡도 비교

기본연산 \ 알고리즘	스트라쎈 알고리즘	일반 알고리즘
곱셈	$n^{2.81}$	n^3
덧셈/뺄셈	$6n^{2.81} - 6n^2$	$n^3 - n^2$

순환 호출에 따른 부담(스택으로 인한 추가 메모리의 필요성과 스택 관리에 필요한 수행시간 지연)을 무시한다면 충분히 큰 n에 대해 스트라쎈의 알고리즘은 일반적 행렬 곱셈 알고리즘보다 항상 더 효율적이다. 이러한 효율성의 차이는 표 3.1에서처럼 기본연산이 곱셈이 아니고 덧셈/뺄셈일 때도 성립한다.

한편 Brassard과 Bratelу의 저서(1988)에서 소개된 바로는 Winograd에 의해 덧셈/뺄셈을 15회만 수행하면 되는 스트라쎈 알고리즘의 수정본을 개발하였다. 이 알고리즘에서 덧셈/뺄셈을 기본연산으로 할 때 시간복잡도는

$$T(n) \approx 5n^{2.81} - 5n^2$$

으로 개선되었다. 또한 Coppersmith와 Winograd(1987)는 곱셈을 기본연산으로 한 행렬 곱셈 알고리즘을 개발하였는데, 이들이 개발한 알고리즘의 시간복잡도는

$$T(n) = O(n^{2.38})$$

로 분석되었다.

행렬 곱셈을 수행하기 위해서는 시간복잡도가 $\Omega(n^2)$이어야 한다는 사실은 입증되어 있다. 즉, 크기 $n \times n$인 두 정방행렬을 곱하기 위해서는 적어도 n^2의 기본연산을 수행해야 한다는 의미이다. 하지만 아직까지 $\Theta(n^2)$의 시간복잡도를 가지는 행렬 곱셈 알고리즘은 개발되지 못하고 있다. 더욱이 $\Theta(n^2)$의 시간복잡도를 가지는 행렬 곱셈 알고리즘의 개발이 불가능하다고 증명되지도 않았다. 이 문제는 여전히 미해결문제로 남아있다.

3.5 정수 곱셈

유명한 수학자 가우스(Gauss, 1777-1855)는 두 개의 복소수의 곱셈에서 아래와 같은 사실을 발견했다. 즉, 두 개의 복소수의 곱

$$(a+bi)(c+di) = ac - bd + (bc + ad)i$$

에서 4번의 실수 곱셈이 수행되지만, 달리 표현하면 3번의 곱셈만 수행해도 된다는 사실이다. 왜냐하면

$$(bc + ad) = (a+b)(c+d) - ac - bd$$

이므로, 복소수의 곱에 필요한 실수 곱셈은 $ac, bd, (a+b)(c+d)$ 와 같이 3번이면 족하기 때문이다. 시간복잡도 함수 표기법인 O의 관점에서 보면 곱셈의 횟수를 한 번 줄이는 것은 스트라쎈의 알고리즘에서도 보았듯이 매우 중요한 발전이다. 특히 분할정복법을 이용하여 순환 알고리즘을 설계할 때는 더욱 그렇다.

크기가 n 비트인 두 개의 정수 x와 y를 곱한다고 생각하자. 여기서도 편의상 n이 2의 지수승이라고 가정한다. x와 y를 곱하는 첫 번째 단계에서 우선 각 수를 $n/2$ 비트 길이로 절반씩 나눈다면 다음과 같이 표시할 수 있다.

$$x = \boxed{x_L \mid x_R} = 2^{n/2}x_L + x_R$$
$$y = \boxed{y_L \mid y_R} = 2^{n/2}y_L + y_R$$

예를 들어, 이진수 $x = 10110110_2$ 이라면 $x_L = 1011_2$, $x_R = 0110_2$ 이며 이는 다시 $x = 1011_2 \times 2^4 + 0110_2$ 와 같이 표현할 수 있다. 따라서 두 정수 x와 y의 곱은 다음과 같이 나타낼 수 있다.

$$\begin{aligned} xy &= (2^{n/2}x_L + x_R)(2^{n/2}y_L + y_R) \\ &= 2^n x_L y_L + 2^{n/2}(x_L y_R + x_R y_L) + x_R y_R \end{aligned}$$

이 식에서 알 수 있는 사실은 n 비트 정수 x와 y의 곱은 $n/2$ 비트 정수 $x_L y_L, x_L y_R, x_R y_L, x_R y_R$ 네 번의 곱으로부터 구할 수 있다는 점이다. 물론 이 밖에도 2^n과 $2^{n/2}$이 곱해지지만 이진수 연산에서 이들은 각각 왼쪽으로 n 및 $n/2$ 번 시프트 연산을 수행하면 되고, 세 번의 덧셈 역시 선형 시간 내에 수행될 수 있음을 알 수 있다. 따라서 분할정복법의 원리를 적용하여 n 비트 정수 두 개의 곱을 수행하는 시간 $T(n)$은 다음과 같은 점화관계로 표현할 수 있다.

$$T(n) = 4T(\frac{n}{2}) + \Theta(n)$$

위 점화관계를 마스터정리로 풀면 $a=4, b=2, c=1$ 이므로 세 번째 경우에 해당하며, 따라서 시간복잡도는 $\Theta(n^{\log_2^4}) = \Theta(n^2)$ 이다.

이와 같은 방법을 개선하기 위해, 가우스가 발견했던 사실을 적용하기로 한다. 왜냐하면, n 비트 정수 곱셈을 위해 $n/2$ 비트 정수 곱셈 네 번이 아닌, 세 번의 정수 곱셈으로 줄일 수 있기 때문이다. $(x_Ly_R + x_Ry_L) = (x_L + x_R)(y_L + y_R) - x_Ly_L - x_Ry_R$ 이므로, 네 번의 $n/2$ 비트 정수 곱 $x_Ly_L, x_Ly_R, x_Ry_L, x_Ry_R$을 x_Ly_L, x_Ry_R, $(x_L + x_R)(y_L + y_R)$ 와 같은 세 번의 정수 곱으로 대신해도 같은 결과를 얻을 수 있다. 이러한 방법으로 n 비트 정수 두 개의 곱을 수행하는 시간 $T(n)$ 은 다음과 같은 점화관계로 표현된다.

$$T(n) = 3\,T(\frac{n}{2}) + \Theta(n)$$

위 점화관계는 마스터정리의 $a = 3, b = 2, c = 1$ 과 같으며 세 번째 경우에 해당하므로, 시간복잡도는 $\Theta(n^{\log_2^3}) = \Theta(n^{1.59})$ 이다. 시간복잡도가 $\Theta(n^2)$ 에서 $\Theta(n^{1.59})$ 으로 개선된 이유는 네 번의 곱셈을 세 번의 곱셈으로 줄이면서 순환 호출의 모든 단계에 적용되었기 때문이다. 시간복잡도가 개선된 n 비트 정수 곱셈 알고리즘은 알고리즘 3.5에 주어져 있다.

알고리즘 3.5 **정수 곱셈**

문제: n 이 2의 지수승인 두 개의 n 비트 정수를 곱하시오.
입력: 두 개의 n 비트 정수 x 와 y
출력: x 와 y의 곱

```
int Product(int x, int y) {
   n = Maximum(Size(x), Size(y));
   if (n == 1) return x*y;
   else {
         xL, yL = x와 y의 왼쪽 ⌈n/2⌉ 비트;
         xR, yR = x와 y의 오른쪽 ⌊n/2⌋ 비트;
         P1 = Product(xL, yL);
         P2 = Product(xR, yR);
         P3 = Product(xL+xR, yL+yR);
         return P1*2n + (P3-P1-P2)*2n/2 + P2;
      }
   }
```

알고리즘 3.5의 $Maximum(a, b)$ 는 a 와 b 중 더 큰 값을 결정하는 함수이고, $Size(x)$ 는 숫자 x 의 비트 수를 돌려주는 함수이다.

예제 3.6

8비트 이진수 $x = 10110110_2$와 $y = 01100011_2$의 곱을 알고리즘 3.5에 따라 계산한다. $x \times y$를 계산하기 위해 먼저 $x_L = 1011_2$, $x_R = 0110_2$ 및 $y_L = 0110_2$, $y_R = 0011_2$와 같이 4비트 수 네 개로 분할한다. 이러한 분할을 이용하여 다시 $x_L \times y_L$, $x_R \times y_R$, $(x_L + x_R) \times (y_L + y_R)$을 각각 정복한다. 이 정복 과정은 4비트 수 x_L, x_R, y_L, y_R을 포함하는 세 번의 곱셈을 순환 호출하게 되며, 그 결과 값인 P_1, P_2, P_3는 $P_1 \times 2^n + (P_3 - P_1 - P_2) \times 2^{n/2} + P_2$에 의해 결합된다. 그림 3.2(a)에 순환 호출에 따른 순환 트리의 일부를 표시하였다.

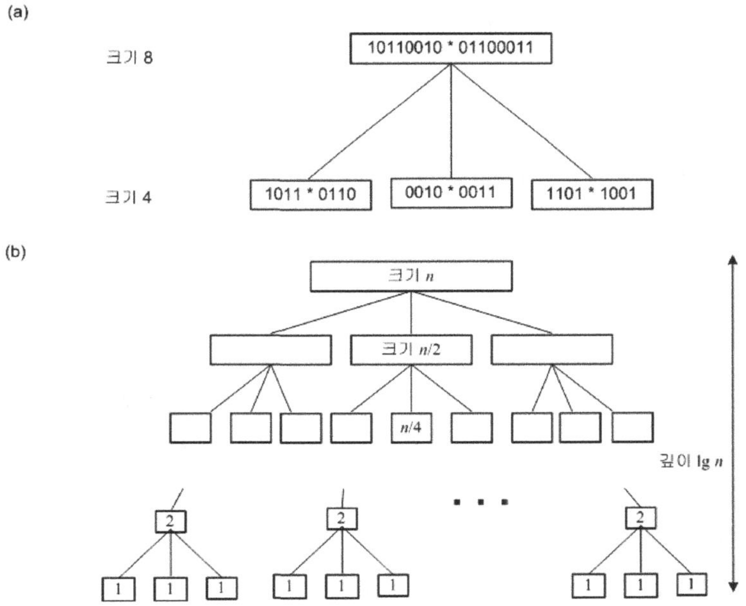

[그림 3.2] 분할정복 방식의 이진수 곱셈과 순환 트리

알고리즘 3.5의 분석

알고리즘 3.5의 기본연산은 두 비트의 곱이며, n 이 2의 지수승일 때, 시간복잡도는 이미 설명한 것처럼 $O(n^{1.59})$ 이다. 하지만, 다음과 같은 분석도 가능하다. 그림 3.2(b)의 순환 트리는 일반적인 n 비트 수 두 개의 곱셈 과정을 나타낸 것이다. 순환 트리의 각 레벨에서 입력의 크기는 절반으로 줄어든다. 레벨 $\lg n$ 에서 부분문제의 입력 크기는 1이 되므로 여기서 순환 호출은 종료된다. 따라서 순환 트리는 깊이가 $\lg n$ 이며, 분기 계수가 3인 완전 트리가 된다. 그러므로 레벨 k 에는 3^k 개의 부분문제들이 존재하며, 각 부분문제의 입력 크기는 $\dfrac{n}{2^k}$ 이다.

각 부분문제에서는 세 번의 순환 호출 외에도, 다음 단계의 순환 호출을 위해 입력을 절반씩으로 분할하는 작업과 하위 단계에서 정복된 답을 결합하는 작업을 위해 선형 시간 n 이 필요하다. 따라서 순환 트리의 레벨 k 에서 소요되는 계산 시간의 합은 상수 $(c > 0)$ 에 대해

$$3^k \times c\left(\frac{n}{2^k}\right) = \left(\frac{3}{2}\right)^k \times cn$$

이다. 루트 레벨인 $k = 0$ 에서 계산 시간은 $cn = \Theta(n)$ 이고, 단말 레벨인 $k = \lg n$ 에서는

$$\left(\frac{3}{2}\right)^{\lg n} \times cn = 3^{\lg n} \times 2^{-\lg n} \times cn = 3^{\lg n} \times c'n = \Theta(3^{\lg n}) = \Theta(n^{\lg 3})$$

이다. 계산 시간이 $\Theta(n)$ 에서 $\Theta(n^{\lg 3})$ 까지 증가하므로 총 계산 시간은 단말 레벨에서의 계산 시간인 $\Theta(n^{\lg 3})$ 와 같고, 따라서 $\Theta(n^{1.59}) = O(n^{1.59})$ 와 같다.

가우스의 아이디어를 적용하지 않았다면, 순환 트리의 깊이는 변하지 않지만 분기 계수가 4가 되어 단말 노드는 $4^{\lg n} = 2^n$ 개가 되므로 계산 시간도 $\Theta(n^2)$ 이 되었을 것이다. 여기서 얻을 수 있는 한 가지 힌트는 순환 트리의 분기 계수는 분할정복법 알고리즘 설계에서 매우 중요한 의미를 가진다. 즉, 순환 트리의 분기 계수는 부분문제의 수와 같으며, 분기 계수를 줄이는 것이 시간복잡도를 감소시키는데 결정적인 역할을 한다는 점이다.

3.6 최대값과 최소값 찾기

분할정복법으로 해결할 수 있는 또 다른 문제로, *n*개의 원소로 구성된 배열의 최대 원소와 최소 원소를 찾는 문제를 살펴본다. 간단하게 답을 구할 수 있는 방법이 알고리즘 3.6에 주어져 있다.

알고리즘 3.6 **최대 및 최소 원소 구하기**

문제: 크기가 n 인 배열 A 의 최대 원소와 최소 원소를 구하시오.
입력: 정수 n , 배열 A
출력: A 의 최대 원소와 최소 원소

```
void SimpleMaxMin(keyType A[], int n, keyType& Max, keyType& Min) {
Max = Min = A[1];
for(i=2; i≤n; i++) {
    If (A[i] > Max) Max = A[i]; // 새로운 최대 원소로 변경
    If (A[i] < Min) Min = A[i];  // 새로운 최소 원소로 변경
    }
}
```

알고리즘 3.6의 분석

단순한 알고리즘이지만, 알고리즘 3.6의 시간복잡도를 분석하기 전에 먼저 기본연산이 어느 것이어야 하는지 생각해 보기로 한다. 사실상 이 알고리즘에 포함된 연산의 종류는 비교 연산과 지정 연산뿐이고, 그 횟수도 서로 같은 차수이기 때문에 수행되는 연산의 횟수만을 기준으로 기본연산을 설정하기는 힘들다. 이처럼 수행되는 연산의 횟수는 같지만, $A[1:n]$ 에 포함된 원소들이 다항식, 벡터, 매우 큰 수, 또는 문자열일 경우, 비교 연산의 비용이 다른 연산의 비용보다 훨씬 더 커지는 경우가 많다. 따라서 이 알고리즘의 수행 시간은 비교 연산에 의해 결정된다고 볼 수 있으며, 이것을 기본 연산으로 정해야 한다.

알고리즘 3.6은 항상 일정한 $T(n) = 2(n-1)$ 의 시간복잡도를 갖는다. 그렇지만 $A[i] < Min$ 의 비교는 $A[i] > Max$ 가 거짓인 경우에만 수행되기 때문에, for 루프를 다음과 같이 고칠 수 있다.

```
If (A[i] > Max) Max = A[i];
    else If (A[i] < Min) Min = A[i];
```

이와 같이 두 개의 "If" 문을 "If - else If" 문으로 수정하면, 최선의 경우는 원소들이 증가하는 순서로 주어지는 경우이며, 따라서 최선의 경우 시간복잡도는 $B(n) = (n-1)$ 이다. 최악의 경우는 원소들이 감소하는 순서로 되어 있는 경우이므로, 최악의 경우 시간복잡도는 $W(n) = 2(n-1)$ 이다. 평균적으로 $A[i]$ 가 Max 보다 커지는 경우가 전체의 절반인 $n/2$ 이라고 가정하면, 평균 시간복잡도는 $A(n) = \left(\frac{n-1}{2}\right) + 2\left(\frac{n-1}{2}\right) = \frac{3(n-1)}{2}$ 이다.

최대 및 최소 원소 찾기 문제에 대한 알고리즘 3.6의 단순한 방법 대신, 분할정복 방식의 설계는 다음과 같이 진행한다. 먼저 사례 $I = (n, A[p], A[p+1], ..., A[q])$가 최대 및 최소 원소를 찾을 입력이고, 여기서 n 은 $A[p], ..., A[q]$ 에 포함된 원소의 수라고 가정한다. 만약 $n = 1$ 이라면 $A[p]$ 자신이 최대이면서 동시에 최소 원소가 된다. 또한 $n = 2$ 인 경우에는 $A[p]$ 와 $A[q]$ 를 한 번 비교하여 큰 원소가 Max 가 되며, 나머지 원소는 Min 이 된다. 따라서 알고리즘 3.1의 제어 추상화의 관점에서 이 문제를 살펴보면, $n \leq 2$ (즉, $q - p \leq 1$)일 때 Small(p, q)가 참이 되므로 이 경우, Goal(p, q)는 앞에서 설명한 것처럼 구할 수 있다.

만약 원소의 수 $n \geq 3$ (즉, $q - p \geq 2$)인 경우라면, I는 더 작은 입력으로 분할한다. 즉, $I_1 = (\lfloor n/2 \rfloor, A[p], ..., A[p + \lfloor n/2 \rfloor - 1])$과 $I_2 = (n - \lfloor n/2 \rfloor, A[p + \lfloor n/2 \rfloor], ..., A[q])$ 와 같이 입력을 분할하여 두 개의 부분문제를 생성한다. 나누어진 두 개의 부분문제 각각은 분할정복 방식을 순환적으로 호출하여 정복할 수 있다. 두 개의 입력 I_1 과 I_2 에 의해 생성된 부분문제의 최대 및 최소 원소 각각을 $\max(I_1), \min(I_1), \max(I_2), \min(I_2)$ 라고 하면, 최초의 입력 I의 최대 원소 $\max(I)$는 $\max(I_1)$과 $\max(I_2)$ 중 더 큰 원소, 최소 원소 $\min(I)$는 $\min(I_1)$과 $\min(I_2)$ 중 더 작은 원소가 된다.

알고리즘 3.7은 이상과 같은 방법을 적용해서 구성한 것이다. 입력 데이터가 크기 n 인 배열 $A[1:n]$ 에 주어져 있다고 가정하고, 앞에서 설명한 것처럼 입력의 크기 n 이 1일 때는 최대 원소와 최소 원소가 일치하고, n 이 2일 때는 한 번 비교 후에 최대 원소와 최소 원소를 결정한다. 입력 크기 n이 3보다 크거나 같을 때는, 이진탐색과 같이 중간 원소를 기준으로 입력을 절반씩 나누어 두 개의 부분문제를 생성하고 이를 다시 순환호출 방법으로 정복한다. 정복된 두 부분문제의 답인 각각의 최대 원소와 최소 원소를 최대 원소 끼리, 또한 최소 원소끼리 비교하여 최종 답을 결합한다. 알고리즘 3.7은 MaxMin(1, n, Max, Min)과 같은 초기 호출에 의해 진행된다.

알고리즘 3.7 **분할정복식 최대 및 최소 원소 구하기**

문제: 크기가 n인 배열 A의 p번째 원소부터 q번째 원소 사이의 최대 원소와 최소 원소를 구하시오.

입력: 정수 p, q, 배열 A

출력: A의 p번째 원소부터 q번째 원소 사이의 최대 원소와 최소 원소

```
void MaxMin(index p, index q, keyType& Max, keyType& Min) {
// 배열 A[1:n]은 전역 값으로 주어진다고 가정.
// A[p]와 A[q] 사이의 최대 및 최소 원소를 구함. 단, 1≤p≤q≤n이라고 가정.

index mid;
keyType Max1, Min1;

If (p == q) Max = Min = A[p]; // 원소 개수가 1개일 때
else If (p == q-1) {              // 원소 개수가 2개일 때
        If (A[p] < A[q]) {Max = A[q]; Min = A[p]; }
        else {Max =  A[p]; Min = A[q]; }
        }
else { // 원소 개수가 3개 이상일 때
    mid = (p + q) /2;
    MaxMin(p, mid, Max, Min);    // 분할한 첫 번째 부분문제 정복
    MaxMin(mid+1, q, Max1, Min1); // 분할한 두 번째 부분문제 정복
    If (Max < Max1) Max = Max1; // 부분문제의 답을 결합
    If (Min > Min1) Min = Min1;
    }
}
```

예제 3.7

크기가 7인 배열 A에 다음과 같은 원소들이 저장되어 있다고 가정한다.

A[1]	A[2]	A[3]	A[4]	A[5]	A[6]	A[7]
15	-3	9	12	-1	17	11

알고리즘 3.7로 수행하면, 초기 호출에서 p와 q는 각각 1과 7이 된다. 이 때 mid값은 4가되어 또 다른 두 개의 순환 호출이 $(p=1, q=4)$와 $(p=5, q=7)$에 대해 이루어진다. 첫 번째 순환 호출 $(p=1, q=4)$은 다시 $(p=1, q=2)$와 $(p=3, q=4)$에 대한 두 개의 순환 호출을 하게 되고, 여기서 각 호출의 입력 크기가 모두 2이므로 한 번씩의 비교를 통해 최대 원소와 최소 원소가 결정된다. 이와 같은 순환 호출의 과정을 트리로 표시하면 그림 3.3과 같다. 그림에서 각 노드에는 (p, q, Max, Min)의 순으로 값을 나타내었고, 노드 위에 원으로 표시한 숫자는 최대 및 최소 원소가 결정된 순서를 의미한다. 예를 들어, 처음으로 결정된 최대 및 최소 원소는 A[1]과 A[2]를 한 번 비교해서 찾은 15와 -3이다.

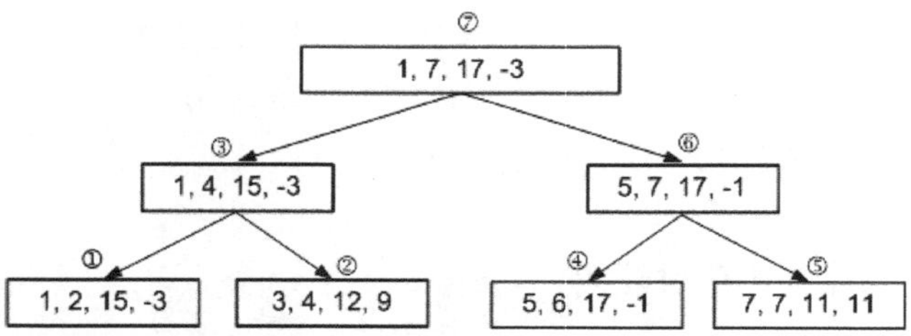

[그림 3.3] 최대 원소 및 최소 원소 구하는 순환 트리

알고리즘 3.7의 분석

이 알고리즘의 기본연산은 원소의 비교 연산이며, 입력 크기 n은 계산의 편의를 위해 2의 지수승인 $n=2^k$ 라고 가정한다. $n=1$ 일 때 (즉, $k=0$) 기본연산의 실행 횟수는 0이며, $n=2$ 일 때 (즉, $k=1$) 기본연산의 실행 횟수는 1이다. 그 외의 경우는 입력 크기 $n/2$의 부분문제 두 개와 2번의 기본연산이 수행된다. 이러한 사실을 점화

관계로 나타내면 다음과 같다.

$$T(n) = \begin{cases} 2T\left(\frac{n}{2}\right) + 2, & n > 2 \\ 1, & n = 2 \\ 0, & n = 1 \end{cases}$$

이 점화관계를 해결하기 위해 마스터 정리를 이용하거나 또는 치환 방법을 사용할 수 있다. 먼저 치환 방법을 이용하여 풀어보기로 한다.

$$\begin{aligned} T(n) &= 2T(n/2) + 2 \\ &= 2(2T(n/4) + 2) + 2 \\ &= 2^2 T(n/2^2) + 2^2 + 2^1 \\ &\cdots \\ &= 2^{k-1} T(n/2^{k-1}) + 2^{k-1} + 2^{k-2} + \ldots + 2^1 \\ &= 2^{k-1} T(2) + \sum_{i=1}^{k-1} 2^i \\ &= 2^{k-1} + 2^k - 2 = \frac{3n}{2} - 2 \end{aligned}$$

즉, n이 2의 지수승일 때 알고리즘 3.7의 모든 경우 시간복잡도는 $3n/2 - 2$ 이며, 이것은 $\Theta(n)$으로 표현할 수 있다. 한편 마스터 정리를 이용해도, $a = 2, b = 2$인 경우이므로 $\Theta(n)$의 결과를 얻을 수 있다.

알고리즘 3.6과 알고리즘 3.7의 시간복잡도를 비교하면, 알고리즘 3.6의 단순 비교 방식이 $2(n-1)$의 시간이 걸리는데 반해 알고리즘 3.7이 $3n/2 - 2$ 의 시간이 걸리므로 분할정복 방식의 설계가 25% 더 빠르다는 사실을 알 수 있다. 또한 알고리즘 3.6의 개선된 형태와 비교해도, 이 알고리즘의 평균 시간복잡도와 거의 비슷하다는 결론을 얻을 수 있다. 이론적으로 볼 때 비교에 의한 최대 및 최소 원소 찾기 알고리즘은 $3n/2 - 2$ 보다 더 빨리 해결할 수 없다는 사실이 증명되어 있으므로, 알고리즘 3.7이 최적의 알고리즘이라고 볼 수 있다.

하지만 이러한 이론적 분석 결과가 실제 상황에서도 알고리즘 3.7이 가장 빠른 방법이라는 것을 의미한다고 보기는 힘들다. 왜냐하면 공간복잡도의 관점에서 볼 때, 알고리즘 3.7은 순환 호출의 매 단계에서 일곱 개의 변수 $p, q, Max, Min, mid, Max1, Min1$을 사용하며, 순환 호출의 레벨도 $\lfloor \lg n \rfloor + 1$까지 증가하므로 스택을 이용하여 이러한 변수들을 저장 및 삭제해야 하는 부담을 가지고 있기 때문이다. 이와 달리 알고리즘 3.6은 추가 기억공간을 필요로 하지 없으므로 공간복잡도가 더 우수하다.

3.7 합병정렬(Merge Sort)

합병정렬(Merge sort)은 정렬 문제를 분할정복 방법으로 해결하는 뛰어난 알고리즘으로서 최악의 경우에도 시간복잡도가 $O(n\lg n)$ 이다. 합병정렬 알고리즘은 알고리즘 3.1처럼 분할정복 방법의 전형적인 제어 구조를 따르는 대표적인 정렬 알고리즘이다.

1. 분할 과정: 주어진 n개의 사례들 $A[1], A[2], ..., A[n]$을 $A[1], ..., A[\lfloor n/2 \rfloor]$과 $A[\lfloor n/2 \rfloor + 1], ..., A[n]$의 두 부분으로 나눈다.
2. 정복 과정: 나누어진 두 부분의 사례들을 각각 순환적으로 정렬한다.
3. 결합 과정: 정렬된 두 부분의 사례들을 선형 시간 내에 하나의 정렬된 사례들로 합병한다. (여기서는 원소들을 비내림차순으로 정렬한다고 가정한다.)

합병정렬 알고리즘 3.8은 크기 n인 배열 A의 원소들을 정렬하기 위해 크기가 각각 $\lfloor n/2 \rfloor$, $n - \lfloor n/2 \rfloor$인 두 개의 배열 X와 Y에 원소들을 복사한 후, X와 Y를 순환적으로 정렬한 후 정렬된 두 개의 배열을 합병하여 원소들을 비내림차순으로 A에 재배치시킨다.

알고리즘 3.8 **합병정렬**

문제: 크기가 n인 배열 A의 원소를 비내림차순으로 정렬하시오.
입력: 배열 크기 n, 배열 $A[1:n]$
출력: 원소가 비내림차순으로 정렬된 배열 A

```
void MergeSort (int n, keyType A[]) {
    index u = n / 2, v = n - u;
    keyType X[1..u], Y[1..v];
    If (n > 1) {  // 배열의 원소 수가 2개 혹은 그 이상일 때
```

```
        Copy A[1:u] to X[1:u];    // 분할: A의 절반을 X에 복사
        Copy A[u+1:n] to Y[1:v]; // 분할: A의 나머지 절반을 Y에 복사
        MergeSort(u,X);          // 정복: X를 정렬
        MergeSort(v,Y);          // 정복: Y를 정렬
        Merge(u,v,X,Y,A);        // 결합: 정렬된 X와 Y를 합병하여 A에 저장
        }
    }
```

이 알고리즘은 분할정복법의 분할-정복-결합 과정 중 특별히 결합 과정인 $Merge()$ 에서 대부분의 연산을 수행하므로, 먼저 분할 과정을 설명한 후 정복과 결합 과정을 살펴본다. 따라서 알고리즘 3.8의 분석도 다음에서 설명할 것이다.

예제 3.8

크기가 8인 배열 A 에 다음과 같은 원소들이 저장되어 있다고 가정한다.

A[1]	A[2]	A[3]	A[4]	A[5]	A[6]	A[7]	A[8]
15	-3	9	12	-1	17	11	6

알고리즘 3.8에 따라 수행하면, 초기 호출 $MergeSort(8, A[])$ 에서 u 와 v 는 모두 4가 된다. 따라서 배열 A 의 8개 원소를 X 와 Y 에 각각 4개씩 분할하여 복사하면

X[1]	X[2]	X[3]	X[4]	Y[1]	Y[2]	Y[3]	Y[4]
15	-3	9	12	-1	17	11	6

와 같다.

다음으로 X 와 Y 각각에 대해 $MergeSort(4, X[])$ 와 $MergeSort(4, Y[])$ 를 순환 호출하면, 각 배열의 4개의 원소들은 다시 2개의 원소를 가진 배열들로 분할된다.

$X_X[1]$	$X_X[2]$	$X_Y[1]$	$X_Y[2]$	$Y_X[1]$	$Y_X[2]$	$Y_Y[1]$	$Y_Y[2]$
15	-3	9	12	-1	17	11	6

이 표에서 X_X와 X_Y는 각각 순환 호출의 이전 단계의 배열 X가 현 단계에서 X와 Y로 불리고 있음을 나타낸다.

네 개의 배열은 모두 크기가 2이므로 다시 한 번 순환 호출이 적용되어 크기가 1인 여덟 개의 배열로 분할되어 생성된다. 즉, 알고리즘 3.8에서 분할 과정은 크기가 1인 배열이 될 때까지 반복된다. 이상의 분할 과정을 그림으로 나타내면 그림 3.4와 같다.

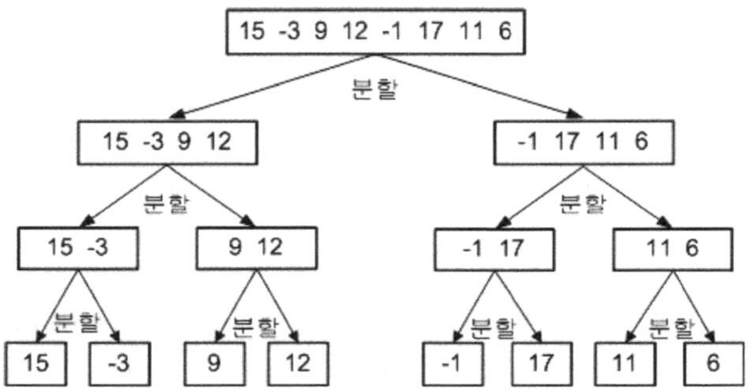

[그림 3.4] 합병정렬의 데이터 분할 순환 트리

합병정렬에서 가장 중요한 역할을 하는 부분은 알고리즘 3.8의 마지막에서 호출하는 $Merge$ 함수이다. 즉, $Merge(u,v,X,Y,A)$는 크기가 각각 u와 v인 두 개의 정렬된 배열 X와 Y를 하나로 합병하여 결과를 배열 A에 저장하는 기능을 수행한다. 두 개의 정렬된 배열을 하나로 합병하는 과정을 예 3.9에서 보기로 한다.

예제 3.9

다음과 같이 정렬되어 있고 크기가 3인 배열 A와 5인 배열 B가 있을 때, 이를 합병하여 크기 8인 배열 C에 저장하는 과정을 살펴본다. 배열 A, B, C의 현재 원소의 위치를 가리키는 변수로 i,j,k를 사용하고 초기 값으로 모두 1로 설정한다.

A[1]	A[2]	A[3]
2	5	7

↑i=1

B[1]	B[2]	B[3]	B[4]	B[5]
1	3	4	8	9

↑j=1

C[1]	C[2]	C[3]	C[4]	C[5]	C[6]	C[7]	C[8]

↑k=1

A의 현재 원소$A[i]$와 B의 현재 원소 $B[j]$를 비교하여 값이 작은 원소를 $C[k]$로 복사하고, 복사한 배열의 변수와 C의 변수를 1씩 증가시킨다. 따라서 $B[1] \Rightarrow C[1]$으로 복사되고, j와 k는 2가 된다.

A[1]	A[2]	A[3]
2	5	7

↑i=1

B[1]	B[2]	B[3]	B[4]	B[5]
1	3	4	8	9

↑j=2

C[1]	C[2]	C[3]	C[4]	C[5]	C[6]	C[7]	C[8]
1							

↑k=2

같은 방법으로 $A[i]$와 $B[j]$를 비교하여 값이 작은 원소를 $C[k]$에 계속 복사하면, $A[1] \Rightarrow C[2], B[2] \Rightarrow C[3], B[3] \Rightarrow C[4], A[2] \Rightarrow C[5], A[3] \Rightarrow C[6]$와 같은 순서로 진행된다.

A[1]	A[2]	A[3]
2	5	7

↑i=4

B[1]	B[2]	B[3]	B[4]	B[5]
1	3	4	8	9

↑j=4

C[1]	C[2]	C[3]	C[4]	C[5]	C[6]	C[7]	C[8]
1	2	3	4	5	7		

↑k=7

이와 같이 배열 A의 원소들이 모두 다 복사되고 나면 i가 A의 크기보다 더 큰 값을 가지게 되어, 더 이상 원소의 비교가 불가능해 진다. 하지만 아직 B의 원소들이 남아 있기 때문에, B에 남아있는 원소 $B[4], B[5]$를 $C[7], C[8]$에 차례대로 복사하면 정렬이 완료된다. 이와 같은 경우는 A와 B가 바뀌어도 마찬가지다. 즉, B의 원소가 모두 복사되고 A의 원소들이 아직 나왔을 때는, A에 남아있는 원소들을 차례대로 C에 복사한다. 정렬을 완료한 최종 상태는 다음과 같다.

A[1]	A[2]	A[3]
2	5	7

↑i=4

B[1]	B[2]	B[3]	B[4]	B[5]
1	3	4	8	9

↑j=5

C[1]	C[2]	C[3]	C[4]	C[5]	C[6]	C[7]	C[8]
1	2	3	4	5	7	8	9

↑k=8

이상과 같은 합병 과정을 간략하게 나타내면 그림 3.5와 같다.

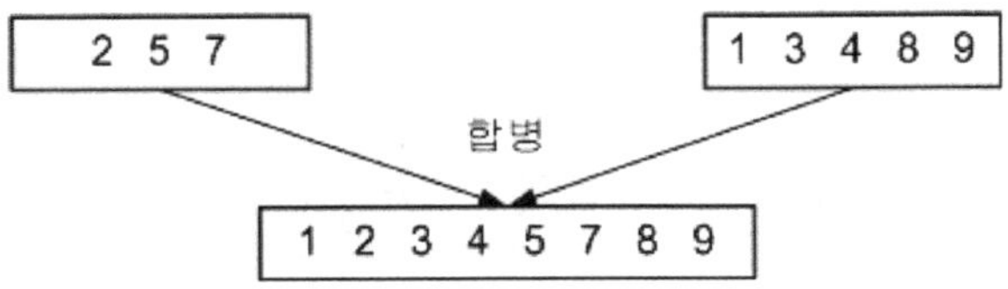

[그림 3.5] 정렬된 배열의 합병

예 3.9에서 보인 합병 과정을 알고리즘으로 나타내면, 알고리즘 3.9와 같다.

알고리즘 3.9 **정렬된 배열의 합병**

문제: 비내림차순으로 정렬된 크기가 u와 v인 배열 X와 Y를 합병하시오.
입력: 배열 크기 u, v, 비내림차순으로 정렬된 배열 $X[1:u]$, $Y[1:v]$
출력: 원소가 비내림차순으로 정렬된 합병된 배열 $A[1:u+v]$

```
void Merge(index u, index v, keyType X[], keyType Y[], keyType A[]) {
   index i, j, k;
   i = 1; j = 1; k = 1;
   while(i ≤ u && j ≤ v) {  // X와 Y에 모두 원소가 남아 있을 때 까지
         If (X[i] < Y[j]) {     // X의 원소가 Y의 원소보다 크기가 작으면
            A[k] = X[i]; i++;  // X의 원소를 A에 복사
            }
         else {
            A[k] = Y[j]; j++;    // 아니면 Y의 원소를 A에 복사
            }
         k++;
     }
   If (i > u)  // X의 원소가 끝났다면 Y의 나머지 원소들을 A에 복사
      Copy Y[j:v] to A[k:u+v];
   else       // Y의 원소가 끝났다면 X의 나머지 원소들을 A에 복사
      Copy X[i:u] to A[k:u+v];
   }
```

알고리즘 3.9의 분석

알고리즘 3.9에서 배열 원소 사이의 비교가 기본연산이며, 편의상 두 배열 X와 Y의 크기를 $n/2$이라 가정한다. 그렇다면 최악의 경우는 두 배열의 원소의 수보다 한 번 적게 비교 연산이 수행되므로 최악의 경우 시간복잡도가 $W(n) = (n-1)$ 이다. 물론 비교 연산이 수행되는 횟수가 가장 적을 때는 $n/2$이므로 최선의 경우 시간복잡도는 $B(n) = n/2$ 이 된다. 따라서, 이 알고리즘의 시간복잡도가 선형으로 나타나므로 간략히 계산할 때는 모든 경우 시간복잡도로 표시해도 무방하고 $T(n) = \Theta(n)$, 또는 적당한 상수 c에 대해 $T(n) = cn$이라 표시한다.

알고리즘 3.8의 합병정렬이 알고리즘 3.9에 의존하고 있으므로, 이제 알고리즘 3.8의

완전한 수행 과정을 이해할 수 있다. 그림 3.4에서는 예 3.8의 데이터를 사용하여 합병정렬의 분할 과정까지만 나타내었고, 그 이후의 정복 및 결합과정은 설명하지 않았다. 예 3.10을 통해 분할정복의 완전한 과정을 설명한다.

예제 3.10

크기가 8인 배열 A 에 다음과 같은 원소들이 저장되어 있을 때 분할정복 과정을 살펴본다.

A[1]	A[2]	A[3]	A[4]	A[5]	A[6]	A[7]	A[8]
15	-3	9	12	-1	17	11	6

알고리즘 3.8에 따라 수행하면, 그림 3.4와 같은 분할 과정을 수행하게 된다. 배열의 크기 $n=1$ 일 때, (데이터가 하나일 때는 그 자체가 이미 정렬되어 있으므로) 정복이 되며 그 다음에 결합을 위한 과정이 수행된다. 결합은 알고리즘 3.9에 의해, 크기 1의 정렬된 배열 두 개를 하나의 배열로, 다음에는 크기 2의 정렬된 배열 두 개를 하나의 배열로 합병하는 과정을 순환적으로 수행하여, 최종적으로 하나의 정렬된 배열을 생성한다. 이러한 과정은 그림 3.6에 나타내었다.

이제 알고리즘 3.8의 시간복잡도를 분석한다.

알고리즘 3.8의 시간복잡도 분석

알고리즘 3.8의 분석에서 계산의 편의를 위해 먼저 배열 A 의 크기 n 을 2의 지수승 (즉, $n=2^k$)이라 가정한다. 만약 $n=1$ (즉, $k=0$)이면 원소의 비교 없이 정렬이 종료되므로 상수 시간 a 만큼 걸린다고 둔다. 그렇지 않고 $n \geq 2$ 이면 크기 $n/2$ 인 두 개의 부분문제를 정복한 후 두 부분문제의 답을 결합하게 된다. 이 때 결합은 합병 알고리즘을 사용하므로 알고리즘 3.9의 분석 결과를 이용하여 다음과 같은 점화관계를 완성할 수 있다.

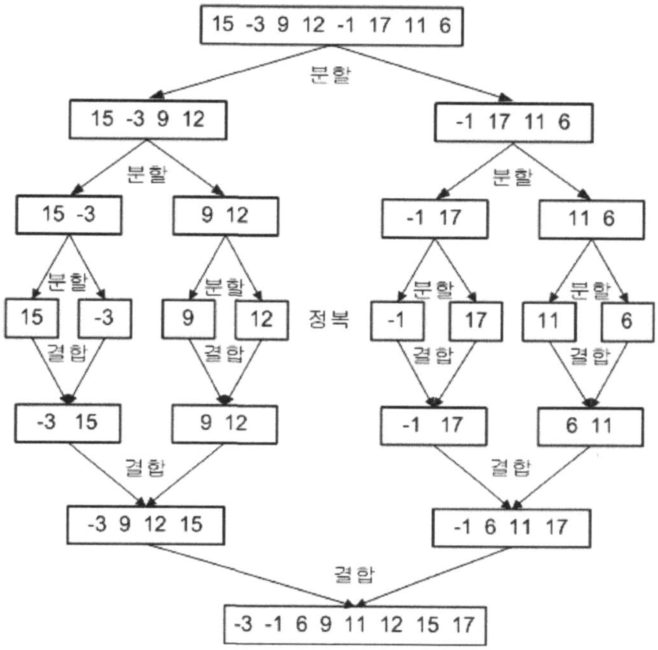

[그림 3.6] 합병정렬의 분할-정복-결합 과정

$$T(n) = \begin{cases} 2T(n/2) + cn, & n \geq 2 \\ a, & n = 1 \end{cases}$$

이 점화관계 역시 마스터 정리를 이용하여 풀 수 있다. 즉, $a=2, b=2$이어서 $f(n)=cn$과 $n^{\log_a^b}$이 같은 차수의 함수인 두 번째 경우이므로 $T(n)=\Theta(n^1 \lg n)=\Theta(n \lg n)$이다.

합병정렬은 알고리즘 3.8의 분석에서 보듯이 $\Theta(n\lg n)$의 뛰어난 시간복잡도를 가지고 분할정복법의 전형적인 분할-정복-결합의 단계로 구성되지만, 몇 가지 수정해야할 부분이 남아있다. 하지만 수정한 결과가 시간복잡도 $\Theta(n\lg n)$을 더 빠르게 개선시킨다는 의미는 아니다.

정렬 문제를 해결하는 알고리즘이 입력을 저장하는데 필요한 공간 이외의 추가 공간을 요구하지 않을 경우 **제자리 정렬(in-place sort)** 알고리즘이라 한다. 알고리즘 3.8은 입력을 저장할 배열 $A[\,]$ 외에도 추가로 배열 $X[\,]$와 $Y[\,]$를 사용하기 때문에 제자리 정렬 알고리즘이 아니다. 그렇다면 알고리즘 3.8의 공간복잡도는 얼마나 될까?

알고리즘 3.8의 공간복잡도 분석

정렬을 위한 초기 입력인 크기 n의 배열에 대해 $n/2$ 크기의 배열 두 개가 추가로 사용되고, $n/2$ 크기의 배열에 대해 다시 $n/4$ 크기의 배열 두 개가 사용되므로, $n=2^k$ 이라면 정렬이 완성될 때까지 추가로 사용되는 총 메모리의 양을 계산하면

$$n+n/2+n/4+\ldots+n/2^k = n\prod_{i=0}^{k}\frac{1}{2^i} \approx 2n$$

이 된다. 따라서 공간복잡도는 $2n$ 이다.

그러나 공간복잡도를 $2n$ 에서 n 으로 줄이는 방법이 있다. 알고리즘 3.10과 3.11이 이에 대한 방법을 보여준다.

알고리즘 3.10 개선된 합병정렬

```
문제: 크기가 n인 배열 A의 원소를 비내림차순으로 정렬하시오.
입력: 배열 크기 n, 배열 A[1:n]
출력: 원소가 비내림차순으로 정렬된 배열 A
void MergeSort_Improve(index low, index high) {
   index mid;
   If (low < high) {        // 배열의 원소 수가 2개 혹은 그 이상일 때
      mid = ⌊(low+high)/2⌋;
      MergeSort_Improve(low, mid);          // 처음 절반의 원소를 정렬
      MergeSort_Improve(mid+1, high);       // 나머지 절반의 원소를 정렬
      Merge_Improve(low, mid, high);        // 결합: 정렬된 부분배열을 합병
      }
   }
```

알고리즘 3.10에서 변경된 사항은 우선 입력 데이터를 저장하는 배열 $A[]$가 순환호출의 파라미터가 아니고 전역 변수(global variable)로 바뀌었다는 점이다. 따라서 입력 크기가 n인 경우 개선된 합병정렬을 수행하기 위해 최상위 레벨에서의 호출은

```
MergeSort_Improve(1, n);
```

이면 된다.

알고리즘 3.11 **정렬된 배열의 개선된 합병**

문제: 알고리즘 3.10에서 두 부분으로 나뉘어 정렬된 배열 A의 부분배열 2개를 합병하여 정렬된 하나의 배열을 만드시오.

입력: 배열 A의 인덱스 $low, mid, high$. (단, 이 때 배열 A의 두 부분배열 $A[low: mid]$와 $A[mid+1: high]$는 비내림차순으로 정렬되어 있어야 한다.)

출력: 원소가 비내림차순으로 정렬된 배열 $A[low: high]$.

```
void Merge_Improve(int low, int mid, int high) {
   index i, j, k;
   i = low; j = mid+1; k = low;
   keyType S[low..high]; // 합병을 위한 지역 공간
   while(i ≤ mid && j ≤ high) { // 부분배열에 모두 원소가 남아 있을 때 까지
         If (A[i] < A[j]) { // 왼쪽 부분배열의 원소가 오른쪽 부분배열의 원소보
                              다 크기가 작으면
            S[k] = A[i]; i++;  // 왼쪽 부분배열의 원소를 S에 복사
            }
         else {
            S[k] = A[j]; j++;   // 아니면 오른쪽 부분배열의 원소를 S에 복사
            }
         k++;
     }
   If (i > mid)  // 오른쪽 부분배열의 원소가 끝났다면
      Move A[j:high] to S[k:high];
   else      // 왼쪽 부분배열의 원소가 끝났다면
      Move A[i:mid] to S[k:high];
   Move S[low:high] to A[low:high];
   }
```

개선된 합병정렬 알고리즘의 공간복잡도가 n 임을 밝히는 문제는 연습문제로 남겨둔다.

3.8 퀵정렬(Quick Sort)

퀵정렬(Quick sort)은 1960년 C.A.R. Hoare에 의해 개발되었으며 합병정렬과는 다른 방법으로 설계된 분할정복 방식의 정렬 알고리즘이다. 합병정렬에서 배열 $A[1:n]$ 은 중간 위치를 기준으로 독립적으로 정렬될 두 부분배열로 분할한 후 나중에 합병된다. 퀵정렬에서도 입력으로 주어지는 배열이 두 부분배열로의 분할되지만 정렬된 부분배열을 나중에 다시 합병할 필요가 없도록 이루어진다. 이것은 $A[1:n]$ 에 포함된 원소들을 특정 인덱스 $p(1 \le p \le n)$ 에 대하여, 1에서 p 사이의 모든 i 와 $(p+1)$ 에서 n 사이의 모든 j 들이 $A[i] \le A[j]$ 를 만족하도록 재배치함으로써 이루어진다. 따라서, $A[1:p]$ 과 $A[p+1:n]$ 에 포함된 원소들은 독립적으로 정렬될 수 있고, 각 부분배열은 정렬 후에 더 이상 합병할 필요가 없게 된다. 배열 $A[]$ 의 특정 원소, $pivot = A[p]$ 을 기준원소로 선택한 다음 $A[1:n]$ 에서 $pivot$ 앞에 나타나는 모든 원소들은 $pivot$ 보다 작기나 같도록 하고, $pivot$ 뒤에 나타나는 모든 원소들은 $pivot$ 보다 크거나 같도록 다른 원소들을 정돈함으로써 원소들의 재배치를 이룰 수 있다. 이러한 재배치를 분할(Partition)이라 한다. 알고리즘 3.12에서 먼저 분할 과정을 설명한다.

알고리즘 3.12 **분할(Partition)**

문제: 배열 A의 한 원소인 기준 원소(pivot element)를 중심으로 기준 원소보다 값이 작거나 같은 원소들과 기준 원소보다 값이 큰 원소로 구성되도록 배열을 둘로 분할하시오.
입력: (1) 인덱스 low, high; (2) 인덱스 low에서 high까지의 A의 부분배열.
출력: 인덱스 low에서 high 사이의 A의 기준 원소의 위치를 나타내는 인덱스 pivot_point

```
int Partition(index low, index high, index& pivot_point){
    index i, j;
    keyType pivot_item;
    pivot_item = A[low]; // 기준 원소로 첫 번째 항목을 선택
```

```
    j=low;
    for(i = low + 1; i ≤ high; i++)
        If (A[i]<pivot_item){
            j++;
            Interchange(A, i, j);
            }
    pivot_point = j;
    Interchange(A, low, pivot_point);    // 기준 원소 값을 제 위치에 넣음
    }
```

알고리즘 3.12에서 Interchange(A, i, j)는 배열 $A[]$의 i번째 원소 $A[i]$와 j번째 원소 $A[j]$를 교환하는 함수이고, 함수 Partition은 $A[1:n]$의 원소들에 대하여 제자리 분할(in-place partitioning)을 하게 된다. 이 알고리즘에서는 $A[low]$를 기준 원소로 선정하였지만, 이것은 단지 설명의 편의성을 위한 것이고, 입력의 첫 원소가 아닌 다른 기준 원소에 대한 선택이 실제로 더 우수한 성능을 보인다는 사실이 실험을 통해 알려져 있다.

예제 3.11

Partition이 어떻게 동작하는가에 대한 한 가지 예로서, 표 3.2처럼 9개 원소를 갖는 배열을 생각하여 보자. 함수는 처음에 Partition(A, 1, 9)로 호출된다. 배열의 각 원소를 하나씩 조사함으로써 수행된다. 원소 A[1]=65가 기준 원소이고, 배열의 원소가 기준 원소보다 작으면 인덱스 j가 가리키는 배열의 왼쪽으로 옮겨진다. 모든 원소들을 조사한 후 기준 원소와 $j=5$인 A[5]와 교환한 후 종료한다. 결과적으로 나머지 원소들은 A[5]=65에 대해 분할되어 있을 뿐, 정렬이 되어 있지 않다는 점을 염두에 두자.

[표 3.2] 분할 알고리즘 동작 과정

i	j	A[1]	A[2]	A[3]	A[4]	A[5]	A[6]	A[7]	A[8]	A[9]
입력 값		65	70	45	80	55	60	85	50	75
2	1	**65**	**70**	45	80	55	60	85	50	75
3	2	**65**	70	**45**	80	55	60	85	50	75
4	2	**65**	[45]	[70]	**80**	55	60	85	50	75
5	3	**65**	45	70	80	**55**	60	85	50	75
6	4	**65**	45	[55]	80	[70]	**60**	85	50	75
7	4	**65**	45	55	[60]	70	[80]	**85**	50	75
8	5	65	45	55	60	70	80	85	**50**	75
9	5	**65**	45	55	60	[50]	80	85	[70]	**75**
	5	[50]	45	55	60	[65]	80	85	70	75
분할 결과		50	45	55	60	65	80	85	70	75

알고리즘 3.12의 시간복잡도 분석

알고리즘 3.12의 기본연산은 $A[i]$ 와 기준 원소의 비교이고, 입력 크기 $n = (high - low + 1)$ 이다.

반복문 내에서 첫 번째 원소를 제외한 모든 원소들과 비교하므로 일정한 시간이 소요되므로 시간복잡도는

$$T(n) = n - 1$$

이 된다. 한 가지 주의할 것은 입력 크기 n 이 입력 배열 $A[]$ 의 크기가 아니란 사실이다. 즉, 여기서 n 은 배열 $A[]$ 의 부분배열의 크기란 점이다.

기준 원소를 중심으로 입력 데이터를 분할하는 알고리즘 3.12를 사용하면, n 개 원소를 정렬하는 분할정복 알고리즘을 바로 고안할 수 있다. 함수 Partition을 호출하면, 배열 $A[]$ 는 두 부분배열 $A_1[]$ 과 $A_2[]$ 로 분할된다. $A_1[]$ 에 포함된 모든 원소들은 $A_2[]$ 에 포

함된 원소들 보다 작거나 같다. 따라서, $A_1[]$ 과 $A_2[]$ 는 독립적으로 정렬될 수 있으며, 각 부분배열 $A_1[]$ 과 $A_2[]$ 는 함수 Partition을 순환 호출함으로써 정렬된다. 알고리즘 3.13은 이 과정을 보여준다.

알고리즘 3.13 **퀵정렬**

문제: 크기가 n 인 배열 A 의 원소를 비내림차순으로 정렬하시오.
입력: 배열 크기 n, 배열 $A[1:n]$
출력: 원소가 비내림차순으로 정렬된 배열 A

```
void QuickSort (index low, index high) {
   index pivot_point;
   If (high > low) {
      Partition(low, high, pivot_point); // 분할
      QuickSort(low, pivot_point-1);    // 정복
      QuickSort(pivot_point+1, high);  //   ″
      }
   }
```

예제 3.12

예 3.11에서 사용하였던 입력 데이터를 이용하여 알고리즘 3.13의 퀵정렬이 동작하는 과정을 살펴본다. 초기에 QuickSort(1, 9)를 시행하면 먼저 Partition(1, 9, 5)가 수행되고 그 결과 입력 배열 $A[]$는 다음과 같이 두 개의 부분배열 $A_1[]$과 $A_2[]$로 분할된다.

A_1 : 작은 값들	기준원소	A_2 : 큰 값들
↓	↓	↓
[50 45 55 60]	[65]	[80 85 70 75]

다음에 각 부분배열에 대한 퀵정렬 QuickSort(1, 4)와 QuickSort(6, 9)가 호출되어 정렬이 진행되며 그 과정은 그림 3.7과 같다.

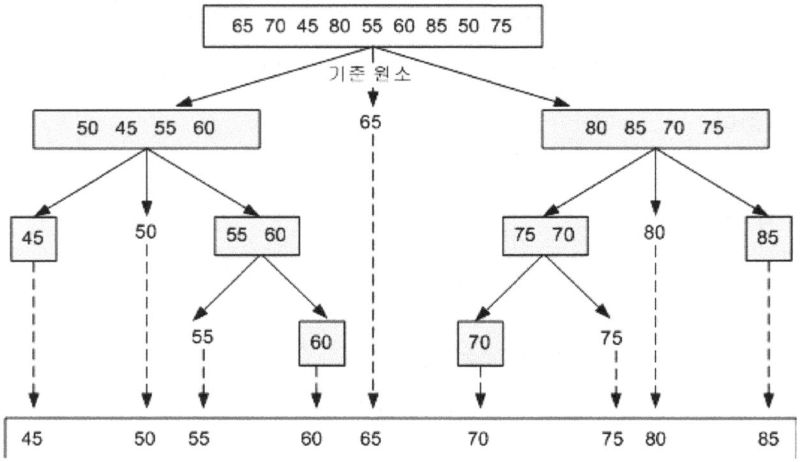

[그림 3.7] 퀵정렬 진행 과정

퀵정렬 알고리즘의 수행시간은 주어지는 입력 데이터에 따라 달라진다. 만약 비내림차순으로 정렬된 입력 데이터가 주어진다면, 입력의 첫 번째 원소가 기준 원소가 되어 Partition 알고리즘 수행마다 기준 원소 외에는 정렬 결과에서 달라지는 원소가 없으므로 가장 많은 시간이 소요된다. 따라서 퀵정렬은 최악의 시간복잡도와 평균 시간복잡도를 구분하여 분석해야 한다.

퀵정렬의 최악의 시간복잡도 분석

알고리즘 3.12의 기본연산은 $A[i]$ 와 기준 원소의 비교이고, 입력크기는 배열 A 의 크기인 n 과 같다. 비내림차순으로 정렬이 되어 있는 입력 데이터를 정렬하는 경우가 최악이다. 비내림차순으로 정렬되어 있으면 기준 원소인 첫 번째 원소보다 작은 원소가 없으므로, 크기가 n 인 배열은 크기가 0인 왼쪽 부분배열과 크기가 $(n-1)$ 인 오른쪽 부분배열로 계속 분할된다. 따라서, 최악의 시간복

잡도를 나타내는 함수 $W(n)$은 다음과 같은 점화관계를 가지게 된다:

$$W(n) = W(0) + W(n-1) + (n-1)$$

이 점화관계의 마지막 항 $(n-1)$ 은 분할에 소요되는 시간이다. 그런데 입력크기가 0 인 경우 수행시간 $W(0) = 0$ 이므로 점화관계는 다음과 같다:

$$W(n) = \begin{cases} W(n-1)+(n-1), & n>0\text{인 경우} \\ 0, & n=0\text{인 경우} \end{cases}$$

이 점화관계를 치환법으로 풀면,

$$\begin{aligned} W(n) &= W(n-1)+(n-1) \\ W(n-1) &= W(n-2)+(n-2) \\ W(n-2) &= W(n-3)+(n-3) \\ &\vdots \\ W(2) &= W(1)+1 \\ W(1) &= W(0)+0 \end{aligned}$$

와 같으므로, 퀵정렬 알고리즘의 최악의 경우 시간복잡도는

$$W(n) = \sum_{i=1}^{n-1} i = \frac{n(n-1)}{2}$$

이 된다.

이상에서 본 것처럼 퀵정렬 알고리즘의 최악의 경우 시간복잡도는 $n(n-1)/2 = \Theta(n^2)$ 이어서 삽입정렬이나 교환정렬 등의 일반적인 알고리즘과 같은 수준이며 제자리정렬 알고리즘도 아니다. 그렇다면 왜 퀵(quick)이란 이름을 이 정렬 알고리즘의 이름에 붙였을까? 한 가지 가능한 대답은 다음에 볼 평균 시간복잡도의 우수성 때문이라고 이해하는 것이 나을 것이다.

퀵정렬의 평균 시간복잡도 분석

퀵정렬 알고리즘의 평균 시간복잡도 분석을 위한 기본연산과 입력크기는 최악의 경우와 같다. 즉, 기본연산은 분할 알고리즘의 $A[i]$ 와 기준 원소의 비교 연산이고, 입력크기는 배열 A 의 크기인 n 이다.

입력 데이터의 배열에 있는 원소들이 최악의 경우처럼 (비내림차순) 정렬이 되어 있는 경우는 별로 없다. 그러므로 분할 알고리즘이 주는 기준 원소의 인덱스는 1부터 n 사이의 어떤 값도 될 수가 있고, 그 확률은 모두 같다고 볼 수 있다고 가정한다. 따라서, 평균 시간복잡도 분석은 이러한 가정을 바탕으로 한다.

기준 원소의 위치가 k 가 될 확률은 $1/n$ 이고, 기준 원소가의 인덱스가 k 일 때 두

부분배열을 정렬하는데 걸리는 평균시간은 $A(k-1)+A(n-k)$ 이고, 이와 같이 분할하는데 걸리는 시간이 $(n-1)$ 이므로, 평균 시간복잡도 $A(n)$ 은 다음과 같은 점화관계로 구성된다.

$$A(n)=\sum_{k=1}^{n}\frac{1}{n}(A(k-1)+A(n-k))+(n-1)$$

그런데,

$$\begin{aligned}&\sum_{k=1}^{n}[A(k-1)]+[A(n-k)]\\&=[A(0)+\ldots+A(n-1)]+[A(n-1)+\ldots+A(0)]\\&=2[A(0)+\ldots+A(n-1)]\\&=2\sum_{k=1}^{n}A(k-1)\end{aligned}$$

이므로 점화관계는 다음과 같이 정리할 수 있다.

$$A(n)=\frac{2}{n}\sum_{k=1}^{n}A(k-1)+(n-1)$$

이 식의 양변에 n 을 곱하면,

$$nA(n)=2\sum_{k=1}^{n}A(k-1)+n(n-1) \tag{1}$$

이 되고, 여기에 다시 n 대신 $(n-1)$ 을 대입하면,

$$(n-1)A(n-1)=2\sum_{k=1}^{n-1}A(k-1)+(n-1)(n-2) \tag{2}$$

와 같은 식을 얻는다. 식 (1)에서 식 (2)를 빼면,

$$nA(n-1)-(n-1)A(n-2)=2A(n-1)+2(n-1)$$

이 되는데, 이것을 간단히 정리하면 다음과 같다.

$$\frac{A(n)}{n+1}=\frac{A(n-1)}{n}+\frac{2(n-1)}{n(n+1)} \tag{3}$$

여기서

$$c_n = \frac{A(n)}{n+1}$$

로 두고 식 (3)을 다시 정리하면

$$c_n = c_{n-1} + \frac{2(n-1)}{n(n+1)},\ n > 0\text{인 경우} \quad (4)$$
$$c_0 = 0$$

와 같은 점화관계를 얻을 수 있다.

그러면

$$c_n = c_{n-1} + \frac{2(n-1)}{n(n+1)},\ c_{n-1} = c_{n-2} + \frac{2(n-2)}{n(n-1)},\ \ldots,\ c_2 = c_1 + \frac{1}{3},\ c_1 = 0$$

이므로

$$c_n = \sum_{i=1}^{n} \frac{2(i-1)}{i(i+1)} = 2\left(\sum_{i=1}^{n} \frac{1}{i+1} - \sum_{i=1}^{n} \frac{1}{i(i+1)}\right)$$

와 같다. 이 식의 오른쪽 항 $\sum_{i=1}^{n} 1/i(i+1)$은 무시해도 될 만큼 작으므로 이 항을 없앤 결과는

$$c_n \approx 2\sum_{i=1}^{n} \frac{1}{i+1}$$

로 근사화시킬 수 있다. 한편 n이 클 때 $\sum_{i=1}^{n} 1/i \approx \ln n$이므로, 점화관계의 근사해는

$$c_n \approx 2\ln n$$

이므로, 따라서 평균 시간복잡도 $A(n)$은

$$A(n) \approx (n+1)2\ln n = 2(n+1)(\ln 2)(\lg n) \approx 1.38(n+1)\lg n$$

와 같다.

이상의 분석에서 보듯이 퀵정렬의 평균 시간복잡도는 $A(n) \approx 1.38(n+1)\lg n = \Theta(n \lg n)$ 이 되어 합병정렬의 평균 시간복잡도와 차수가 같다.

이 장에서는 분할정복법이라는 알고리즘 설계방식을 살펴보았다. 분할정복법은 해결하기 어려운 문제들을 풀 수 있는 강력한 도구 중 하나이다. 분할정복 설계법을 따르는 알고리즘들은 일반적으로 시간복잡도를 개선시켜 프로그램의 효율성도 증가시킬 수 있다. 또한 입력을 여러 개의 부분으로 나누어 부분문제들을 생성하기 때문에 부분문제들 상호간의 독립성만 보장된다면 병렬처리를 통해 효율성을 더욱 증가시킬 수 있다. 하지만 분할정복 알고리즘들이 가지고 있는 공통적인 단점 중 하나는 순환 알고리즘 형식에 따른 수행 속도의 느림 현상이다. 더불어 순환 알고리즘은 수행시 스택의 사용으로 공간복잡도를 증가시킬 우려가 있다.

연습·문제

Computer Algorithm

1. 다음 점화관계를 마스터 정리 또는 치환법으로 풀어 그 결과를 Θ 함수로 나타내시오.

   (1) $T(n) = 8\,T(n/2) + n$

   (2) $T(n) = 8\,T(n/2) + n^3$

   (3) $T(n) = 3\,T(n/2) + n$

   (4) $T(n) = T(n/4) + 1$

   (5) $T(n) = 3\,T(n/3) + n^2$

2. 마스터 정리에서 상수 $c < 1$와 충분히 큰 모든 n에 대해 $af(n/b) \le cf(n)$ 이면 $\sum_{i=0}^{\log_b^n - 1} a^i f\left(\frac{n}{b^i}\right) = \Theta(f(n))$ 임을 밝히시오.

3. 마스터 정리에서 $f(n) = \Theta(n^{\log_b^a})$ 이면 $\sum_{i=0}^{\log_b^n - 1} a^i f\left(\frac{n}{b^i}\right) = \Theta(n^{\log_b^a} \lg n)$ 임을 밝히시오.

4. 마스터 정리에서 상수 $\epsilon > 0$에 대해 $f(n) = O(n^{lob_b^{a-\epsilon}})$ 이면 $\sum_{i=0}^{\log_b^n - 1} a^i f\left(\frac{n}{b^i}\right) = O(n^{\log_b^a})$ 임을 밝히시오.

5. 이진탐색의 순환 알고리즘 3.2에서 입력 크기 n이 2의 지수승이 아닌 경우 최악의 시간복잡도 $W(n) = \Theta(\lg n)$ 임을 증명하시오.

6. 이진탐색의 반복 알고리즘 3.3의 최악의 시간복잡도를 구하여 결과를 Θ 함수로 표시하시오.

7. 이진탐색의 순환 알고리즘과 반복 알고리즘을 각각 C++로 구현하여 5,000개 이상의 정수 값으로 구성된 정렬된 배열과 랜덤으로 생성한 키 값을 시험 데이터로 사용하여 각 알고리즘의 수행 시간을 비교하시오.

8. 입력을 거의 같은 크기의 두 부분배열로 분할하지 않고 1/3과 2/3의 크기로 3등분한다면 이진탐색이 삼진(ternary) 탐색으로 변경될 수 있다. 이진탐색 알고리즘을 응용하여 삼진탐색 알고리즘을 설계하시오.

9. 문제 8에서 설계한 삼진탐색 알고리즘을 구현하여 5,000개 이상의 정수 값으로 구성된 정렬된 배열과 랜덤으로 생성한 키 값을 시험 데이터로 사용하여 알고리즘의 수행 시간을 측정하시오. 또 이 수행시간과 이진탐색의 수행시간을 비교하시오.

10. 스트라쎈의 알고리즘 3.4를 이용하여 다음 행렬 곱셈을 손으로 계산해 보시오.

$$\begin{bmatrix} 1 & -3 & 0 & 5 \\ 2 & 0 & 1 & 2 \\ 3 & 1 & -2 & 0 \\ 0 & 2 & 1 & 4 \end{bmatrix} \times \begin{bmatrix} 2 & 0 & 1 & -2 \\ 1 & 1 & 0 & 2 \\ -1 & 0 & 3 & 0 \\ 2 & -1 & 1 & 0 \end{bmatrix}$$

11. 스트라쎈의 알고리즘 3.4에서 "임계값"을 1, 2, 또는 4로 할 때 각각 수행 속도를 실험을 통해 비교해보시오.

12. 행렬 M의 제곱 M^2은 행렬의 곱 $M \times M$이다.
크기가 2×2인 행렬의 제곱을 계산하는데 곱셈이 5번 필요함을 보이시오.
크기가 $n \times n$인 행렬의 제곱을 계산하는데 $\Theta(n^c)$의 시간이 걸린다면, 크기가 $n \times n$인 임의의 두 행렬의 곱셈도 역시 $\Theta(n^c)$의 시간이 걸린다는 사실을 증명하시오.

13. 알고리즘 3.5의 이진수 곱셈에 대해 다음 물음에 답하시오.

① 십진수 10^n을 다음 알고리즘을 이용하여 이진수로 변환하려고 한다. (단, 여기서 n은 2의 지수승)

```
int decpwr2bin(n)
    if n=1 return 1010;
    else
            { z = ???;
    return Product(z, z)
}
```

위에서 ???로 표시된 부분을 올바르게 채우시오. 또한 이 알고리즘의 시간복잡도를 나타내는 점화관계를 구하고 그것을 풀어 답을 구하시오.

② 자리수가 n인 임의의 10진수 x를 다음 알고리즘으로 이진수로 변환하려고 한다.

```
int dec2bin(x)
    if n=1 return binary(x);
    else
    { x를 n/2 자리수의 두 십진수 xL과 xR로 분할;
    return ???
}
```

위에서 ???로 표시된 부분을 올바르게 채우시오. 또한 이 알고리즘의 시간복잡도를 나타내는 점화관계를 구하고 그것을 풀어 답을 구하시오. (단, 여기서 binary(x)는 한 자릿수 십진수 x를 이진수로 변환하는 함수임)

14. 최대 및 최솟값을 구하는 분할정복 알고리즘 3.7을 비순환 알고리즘으로 변환하시오. 또한 변환된 비순환 알고리즘과 알고리즘 3.6의 StraightMaxMin과 비교하여 수행해 보시오.

15. 분할정복식이 아니지만 최대 및 최솟값을 구하는 더 효율적인 반복 알고리즘을 설계할 수 있다. 원소들의 연속적인 쌍을 조사하여 큰 원소와 현재의 최댓값, 작은 원소와 현재의 최솟값을 각각 비교한 후 최댓값과 최솟값을 갱신한다. 이 방법을 C++ 유사 코드로 완성하고 시간복잡도를 구하시오. 또한 구한 시간복잡도와 분할정복 방식의 알고리즘의 시간복잡도를 비교하시오.

16. 합병정렬에서 입력 데이터 $A[\,]$가 이미 비내림차순으로 정렬되어 있다면, 기본연산은 몇 번 수행되는가? 또한 입력 데이터가 이미 비오름차순으로 정렬되어 있다면, 기본연산은 몇 번 수행되는가? 두 가지 경우를 각각 비교하시오.

17. 합병정렬 알고리즘 3.8의 평균 시간복잡도와 최선의 시간복잡도를 각각 구하고 그 결과를 Θ 함수로 표시하시오.

18. 개선된 합병정렬 알고리즘 3.10의 공간복잡도가 $2n$이 아닌 n임을 밝히시오.

19. 퀵정렬의 분할 알고리즘 3.12에서 기본연산 "A[i] < pivot_item"을 "A[i] ≤ pivot_item"으로 변경한다면 어떤 변화가 생기는가? 장단점을 설명하시오.

20. 퀵정렬에서 입력 데이터 $A[\,]$가 이미 비오름차순으로 정렬되어 있다면, 기본연산은 몇 번 수행되는가?

21. 정렬 알고리즘에서 같은 키 값을 가진 원소가 입력 데이터에 나타난 순서와 정렬 후의 순서가 달라지지 않는다면 그 정렬 알고리즘을 안정적(stable)이라고 한다. 합병정렬은 안정적 정렬알고리즘인가? 또한 퀵정렬은 안정적 정렬알고리즘인가?

22. 입력 데이터 중에서 임의로 원소 하나를 선택하여 기준 원소로 결정할 수 있도록 분할 알고리즘을 수정하시오. 또한 수정된 분할 알고리즘을 이용하여 수행 속도의 개선 유무를 확인하시오.

23. 배열 $A[1:n]$에 정렬된 정수 값이 저장되어 있다. 이 때 $A[i]=i$인 인덱스가 있는지를 알 수 있는 시간복잡도가 $\Theta(\lg n)$인 분할정복식 알고리즘을 설계하시오.

Chapter

04

탐욕적 방법

Computer Algorithm

문제를 해결하기 위한 일반적 접근 방법 중에는 분할정복, 동적프로그래밍, 탐색을 비롯하여 탐욕적 방법이 포함되며, 일반적으로 탐욕적 방법이 다른 방법에 비하여 단순한 경향이 있다. 탐욕적 방법이 적용되는 문제는 일반적으로 최적화 문제이다. 최적화 문제의 구성 요소에는 일반적으로 n개의 입력, 목적함수, 그리고 제약조건이 포함된다. 목적함수의 예로 이득을 최대화하는 것 혹은 비용을 최소화하는 것 등을 들 수 있다. 제약조건은 문제의 해가 반드시 충족해야할 조건으로 예를 들어, 이득을 최대화하는 문제라면 투입되는 시간이 얼마를 넘으면 안 된다는 것이 제약조건의 예가 될 수 있다. n개의 입력으로 구성되는 집합의 부분집합 중, 제약조건을 만족하는 집합을 가능해라고 한다. 가능해 중 목적함수를 최대화하는 것이 최적해이며 바로 주어진 문제의 해가 된다.

탐욕적 방법은 입력 중 가장 적합한 입력 한 개를 선택하여 답을 구성하는 부분집합에 포함시키는 과정을 최대 n번 반복하여 문제의 해를 구한다. 답을 구성하는 부분집합에 포함시킬 때 제약조건을 만족하는지 반드시 검사한다. 이러한 탐욕적 방법의 일반적인 형식을 요약하면 [그림 4.1]과 같다.

```
탐욕프로시저(A, n)  {      /* A는 n개의 입력으로 구성된 배열

    해 := ∅   /* 초기에는 해가 공집합임
    for (i = 0; i < n; i++)  { /* 해의 원소는 최대 n임
        x := 선택(A) ;       /* A에서 가장 적합한 하나의 원소를 선택함. 선택이라
                                는 함수를 작성하는 것이 탐욕적 방법의 관건임
        If  (가능해(해, x))  /*  해에 x를 삽입하여도 가능해(제약조건을 만족하는
                                 지)인지 판별함
                then 해 := UNION(해, x);      /* 가능해이면 x를 포함시킴
        endif
    }
    return(해);
}
```

[그림 4.1] 탐욕적 방법을 적용한 알고리즘의 골격

[그림 4.1]의 "선택"은 입력 A에서 가장 적합한 하나의 원소를 찾아 A로부터 제거하고 그 원소를 반환하는 함수로서, 탐욕적 방법을 구현하기 위하여 반드시 고안해야 할 함수이다. 그러나 이 함수를 고안하기가 쉬운 일이 아니며, 이 함수를 고안하면 탐욕적 방법의 적용이 가능한 것이고 아니면 불가능한 것으로 탐욕적 방법 적용 여부의 관건이 되는 함수이다. [그림 4.1]의 "가능해"는 해에 x를 첨가하여도 가능해인지 판별하는 함수로 가능해이면 참, 아니면 거짓을 반환한다. 함수 UNION은 x를 해라는 집합에 첨가한다.

본 장에서는 탐욕적 방법의 다양한 적용 예를 소개한다.

4.1 테이프에 프로그램을 저장하는 최적의 방법

테이프는 대표적인 순차접근 보조기억장치이다. 자료를 읽거나 쓰는 것을 접근한다고 하고, 순차접근이라 함은 처음부터 차례로 접근한다는 뜻이다. 즉, 테이프의 중간부분에 저장된 자료를 필요로 하든, 끝에 저장된 자료를 필요로 하든, 테이프의 처음부터 차례로 접근해야 비로소 원하는 자료를 접근할 수 있기 때문에 테이프는 순차접근 장치다.

테이프에 여러 개의 프로그램을 저장하려면 테이프의 길이가 모든 프로그램의 길이들을 합한 것보다 짧지 않아야 한다. 길이가 충분한 테이프에 여러 개의 프로그램을 저장할 때 저장 순서에 따라 평균 접근 시간이 달라진다. 예를 들어, 길이가 각각 2, 8, 4인 프로그램 p1, p2, p3를 저장하는 경우의 수는 3!=6 가지이며 각각의 평균 접근시간은 예 4.1과 같다. 저장순서가 p1, p2, p3인 경우에 p1을 접근하는데 걸리는 시간은 2이다. p2를 접근하려면 순차접근장치의 성질상 p1을 거쳐야하기 때문에 2+8이고, p3를 접근하는데 걸리는 시간은 2+8+4가 된다. 따라서 저장된 프로그램의 평균접근시간은 2 + (2+8) + (2+8+4) = 26이다.

예제 4.1

프로그램 p1, p2, p3의 길이가 각각 2, 8, 4인 경우, 이들을 테이프에 저장하는 순서의 모든 가능한 경우와 각 경우의 평균접근시간은 다음과 같다.

저장순서	평균접근시간
p1 p2 p3	2 + (2+8) + (2+8+4) = 26
p1 p3 p2	2 + (2+4) + (2+4+8) = 22
p2 p1 p3	8 + (8+2) + (8+2+4) = 32
p2 p3 p1	8 + (8+4) + (8+4+2) = 34
p3 p1 p2	4 + (4+2) + (4+2+8) = 24
p3 p2 p1	4 + (4+8) + (4+8+2) = 30

예 4.1의 경우 가장 적당한 저장순서는 p1, p3, p2의 순서이다. 일반적으로 길이가 짧은 것부터 차례로 저장하는 것이 가장 적당한 저장순서가 된다. 길이가 가장 짧은 것부터 차례로 선택하는 전략은 탐욕적 방법이다. 왜냐하면 n 개의 프로그램이 주어질 때, [그림 4.1]에 소개된 프로시저처럼 선택과 가능해 검토를 n번 실행하여 해를 구하기 때문이다. 이 경우에는 "선택" 함수가 가장 짧은 것을 반환한다.

정리 4.1

여러 프로그램을 테이프에 저장할 때, 가장 짧은 것부터 차례로 저장하는 방법이 평균 접근시간을 최소화한다.

증명

프로그램의 길이가 짧은 순서로 프로그램을 나열하여, 각 프로그램을 p1, p2, ..., pn 이라하고, 각 프로그램의 길이를 l1, l2, ...la, ..., lk, ... ln이라 하자. 가장 짧은 것부터 차례로 저장할 경우의 평균접근시간은 다음과 같다.

l1 + (l1+l2) + (l1+l2+l3) ... (l1+l2+...+ln) = n*l1 + (n-1)*l2 + (n-a+1)* la +... +(n-k+1)*lk + ... + ln.

가장 짧은 것부터 차례로 선택하지 않고 la와 lk의 위치가 바뀌어서 저장순서가 l1, l2, ..., lk, ..., la, ..., ln으로 되었다면, 평균접근시간은 다음과 같아진다: n*l1 + (n-1)*l2 + (n-a+1)*lk +... +(n-k+1)*la + ... + ln.

k>a이고 lk>la임으로 (n-a+1)*lk + (n-k+1)*la > (n-a+1)*la + (n-k+1)*lk이다. 따라서 짧은 것부터 차례로 저장하는 것이 평균접근시간을 최소화한다. (n-a+1)* lk + (n-k+1)*la > (n-a+1)*la + (n-k+1)*lk임을 증명하기 위하여 좌변에서 우변을 빼면 k(lk - la) + a(la - lk)가 된다. lk-la와 la-lk의 절대값이 같은데, k>a임으로 k(lk - la) + a(la - lk)>0이다.

예 4.1의 문제에 정리 4.1을 적용하면, 길이가 가장 짧은 p1, 그 다음으로 짧은 p3, 그리고 p2 순으로 선택하게 되며, 예 4.1의 표를 보면 이 경우의 평균접근 시간이 22로 가장 작은 것을 알 수 있다.

4.2 부분배낭문제

용량이 한정된 배낭에 가치가 최대가 되도록 물건을 담는 방법을 찾는 문제가 배낭문제이다. 쌀이나 콩처럼 물건의 일부분을 선택하면 가치도 비례하여 일부분이 될 경우에는 부분배낭문제라 하고, 도자기나 그릇처럼 물건의 일부분을 선택하면 가치가 없어지기 때문에 반드시 전체를 선택하거나 아니면 선택하지 말아야 하는 경우에는 0-1 배낭문제라고 한다. 0-1 배낭문제는 부분배낭문제보다 풀기가 매우 어려운 문제이다. 본 절에서는 부분배낭문제를 푸는 탐욕적 방법을 소개한다.

부분배낭문제는 용량이 C인 배낭과 가치 p와 무게 w가 주어진 물건들로 구성되며, 문제의 목적은 가치가 최대가 되도록 배낭에 담을 물건을 선택하는 것이다. 물건 i의 가치가 pi이고 무게가 wi일 때, wk 만큼만 선택하면 이때 선택된 물건의 가치는 pi*(wk/wi)가 된다. 부분배낭문제의 예가 예 4.2에 보인다.

예제 4.2

부분배낭문제. 물건의 가지 수가 3 가지이고, 배낭의 용량은 20, 물건의 가치는 (p1, p2, p3) = (20, 30, 10), 물건의 무게는 (w1, w2, w3) = (18, 20, 5)일 때, 다음과 같은 가능해가 있을 수 있다.

	(물건1, 물건2, 물건3)	중량	가치
1)	(1/3, 1/2, 1/2)	18.5	26.66
2)	(0, 1, 0)	20	30
3)	(5/6, 0, 1)	20	26.66
4)	(0, 0.75, 1)	20	32.5

1)의 경우에는 배낭의 용량이 남아 있기 때문에 분명히 최적해가 될 수 없다. 2)의 경우는 가치가 가장 큰 물건부터 차례로 선택하는 전략을 적용하여 물건 2를 선택하여 배낭을 채운 경우를 나타낸다. 3)의 경우에는 무게가 가벼운 물건부터 차례로 선택하는 전

략을 적용하여 물건3을 모두 선택하고 나머지를 물건2로 채운 경우이다. 4)의 경우는 단위 무게당 가치의 비율이 큰 것부터 차례로 선택하는 전략을 적용한 경우이다. 즉, 각 물건의 단위무게당 가치를 구하면 물건1은 20/18, 물건2는 30/20, 물건3은 10/5임으로 물건3이 가장 크고, 다음은 물건2, 그 다음은 물건1의 순이다.

이와 같이 단위무게당 가치의 비율이 가장 큰 물건부터 차례로 배낭에 담는 전략을 적용한 알고리즘이 [그림 4.2]에 보인다. procedure 탐욕적_부분배낭으로 들어오는 매개변수는 가치, 무게, 용량, 그리고 n으로, 가치와 무게는 각각 물건의 가치와 무게를 나타내는 크기가 n인 배열, 용량은 배낭의 크기를 나타내는 매개변수, n은 물건의 가지 수를 나타내는 매개변수이다. X는 탐욕적_부분배낭이 작성하여 호출함수에게 반환하는 크기 n인 배열로 X[i]는 물건 i가 배낭에 얼마나 담길지를 나타내는 실수로 채워지게 된다. 탐욕적_부분배낭 프로시저를 호출하는 함수는 물건들을 단위무게당 가치의 비율이 큰 것부터 차례로 정렬한 다음 본 프로시저를 호출한다. 즉, i<j이면 (가치[i]/무게[i]) > (가치[j]/무게[j])이다.

```
procedure 탐욕적_부분배낭(가치, 무게, 용량, X, n)  {
/* 물건들은 단위무게당 가치의 비율이 큰 것부터 정렬되어 있음. 가치는 물건들의 가치가
수록된 배열, 무게는 물건들의 무게가 수록된 배열임. 용량은 배낭의 용량임. X는 각 물건
에 대하여 선택된 양의 비율을 기록하기 위한 배열. 즉 이 배열이 문제의 해가 됨. n은 물
건의 가지 수임. */

float 가치[1..n], 무게[1..n], 용량, X[1..n], 남은용량;
int   i, n;

X := 0;  /* 초기에는 아무것도 선택된 바가 없음으로 모두 0으로 함.
남은용량 := 용량;    /* 초기 남은용량은 배낭의 용량과 같음
for (i:=1; i<=n; i++) {
   if (무게[i] > 남은용량) then break endif
   X[i] := 1
   남은용량 := 남은용량 - W[i];
}

if i<=n then X[i] := 남은용량/W[i] endif
}
```

[그림 4.2] 탐욕적 전략을 적용하여 부분배낭문제를 푸는 알고리즘

정리 4.2

가치[1]/무게[1] ≥ 가치[2]/무게[2] ≥ ... ≥ 가치[n]/무게[n] 이면 procedure 탐욕적_부분배낭은 최적해를 구한다.

증명

$X=(x_1, x_2, ..., x_n)$이 탐욕적_부분배낭에 의하여 구한 해라하자. j는 x_j가 1이 아닌 최초의 X 원소의 첨자라 하자. $Y=(y_1, y_2, ..., y_n)$이 최적해이고, k를 $x_k \neq y_k$ 이고 i<k에 대하여 $x_i = y_i$를 만족하는 첨자라 하자. 그러면 $y_k < x_k$이다. 왜냐하면:

1) k<j 인 경우에는 당연하고(1 보다 클 수 없으므로)
2) k=j인 경우에는 $y_k < x_k$가 아니면 Σ무게[i]*y_i > M이 되므로,
3) k>j인 경우는 Σ무게[i]*$_i y_i$ > M이므로 불가능한 경우임.

이제 y_k를 x_k로 증가시키고 필요한 만큼 $(y_{k+1}, ..., y_n)$을 감소시켜 무게합이 용량을 유지하도록 하여 새로운 해 $Z = (z_1, ..., z_n)$을 만들면 $1 \leq i \leq k$인 i에 대하여 $z_i = x_i$이고, $\Sigma_{k<i\leq n}$무게[i]$(y_i - z_i)$ = 무게[k]$(z_k - y_k)$가 된다. 그러면 Z에 대하여 다음 식이 성립된다.

$\Sigma_{1\leq i\leq n}$가치[i]*z_i = $\Sigma_{1\leq i\leq n}$가치[i]*y_i + (z_k-y_k)*무게[k]*가치[k]/무게[k] - $\Sigma_{k<i\leq n}$ $(y_i - z_i)$*무게[i]* 가치[i]/무게[i]

≥ $\Sigma_{1\leq i\leq n}$가치[i]*yi+{(zk-yk)*무게[k] - Σk<i≤n(yi - zi)무게[i]}*가치[k]/ 무게[k]

= $\Sigma_{1\leq i\leq n}$가치[i]y_i

$\Sigma_{1\leq i\leq n}$가치[i]*z_i > $\Sigma_{1\leq i\leq n}$가치[i]y_i 라면, Y는 최적해가 아니었다. $\Sigma_{1\leq i\leq n}$가치[i]*z_i = $\Sigma_{1\leq i\leq n}$가치[i]*y_i 라면, Z=X이든지 Z≠X인데, Z=X이면 X는 최적해이다. Z≠X인 경우에는 이상의 작업을 반복하여 Y가 최적해가 아니든지 아니면 결국 Y를 X로 변형시킴으로써 X도 역시 최적해임을 보인다.

4.3 작업 순서 결정하기

작업 순서 결정 문제는 작업 집합이 주어질 때 이득이 최대가 되도록 작업이 수행되는 순서를 찾는 것이다. 단, 각 작업의 실행 시간은 1 단위 시간이라 한다. 또한 각 작업 i마다 그 작업이 수행되면 얻게 되는 이득 pi와 그 작업의 실행이 반드시 종료해야 할 마감시간 di가 연합되어 있다. 즉, 작업 i는 마감시간 di 이전에 실행이 끝나면 pi의 이득을 산출하지만 마감시간 di 이후에 실행이 종료되면 이득이 전혀 없게 된다. 따라서 작업으로 구성된 집합 J가 가능해가 될 필요충분조건은 J의 모든 작업들이 각각의 마감시간이내에 모두 종료될 수 있는 것이다. J가 가능해일 때, J의 가치는 J를 구성하는 모든 작업들 각각의 이득의 합이다. 문제의 목적은 모든 가능해 중 가치가 최대인 가능해, 즉 최적해를 찾는 것이다. 작업 순서 정하기 문제의 예가 예 4.3에 보인다.

예제 4.3

작업이 모두 4가지이고, 각 작업의 이득은 (p1, p2, p3, p4) = (90, 10, 20, 30), 각 작업의 마감시간은 (d1, d2, d3, d4) = (2, 1, 2, 1)이라 하자. 가능해와 각 가능해에 대한 가치를 다음과 같이 구할 수 있다. 주어진 문제는 9 가지의 가능해를 가지고 있으며, 최대가치는 120이고, 작업순서는 4, 1임을 알 수 있다. 즉, 작업 4는 0 시각에 시작하여 시각 1에 종료하며, 작업 1은 시각 1에 시작하여 시각 2에 종료하면 최대이득 120을 얻게 된다.

	가능해	작업순서	가치
1)	(1)	1	90
2)	(2)	2	10
3)	(3)	3	20
4)	(4)	4	30
5)	(1, 2)	2, 1	100

	가능해	작업순서	가치
6)	(1, 3)	1, 3 혹은 3, 1	110
7)	(1, 4)	4, 1	120
8)	(2, 3)	2, 3	30
9)	(3, 4)	4, 3	50

탐욕적 방법을 적용하려면 선택 전략과 가능해임을 판단하는 전략을 수립해야 한다. 선택 전략은 이득이 가장 큰 것을 선택하는 것으로 결정한다. 가능해임을 판단하는 전략은 마감시간이 빠른 것부터 나열하여 모두 마감시간이내에 종료하면 가능해로 판정하는 전략을 채택한다. 예를 들어, 예 4.3의 경우에는 작업들을 작업 1 4 3 2의 순서로 나열하여, 작업 1을 선택하여 J={작업1}이 가능해인가 판단한다. J={작업1}이 가능해임으로 문제의 답에는 작업1이 반드시 포함된다. 다음에는 작업4를 선택하여 J={작업1, 작업4}가 가능해인지 판단한다. 판단 방법은 작업1의 마감시간과 작업4의 마감시간을 오름차순으로 정렬하여 작업순서를 (작업4, 작업1)로 정한 다음, 이들이 모두 마감시간 이내에 종료될 수 있는지 검사한다. 이 경우에는 모두 마감시간 이내에 종료함으로 J={작업1, 작업4}는 가능해가 된다. 다음에는 작업3을 선택하여 첨가한 J={작업1, 작업4, 작업3}이 가능해인지 판단한다. 마감시간이 작은 것부터 차례로 (작업4, 작업1, 작업3)으로 나열하면 작업 3이 시각 2에 시작하여 시각 3에 종료함으로 마감시간을 지키지 못하여 가능해가 아님을 알 수 있다. 마찬가지 방법으로 {작업1, 작업4, 작업2}도 가능해가 아니고, 더 이상 고려할 작업도 없음으로 (작업4, 작업1)이 문제의 답이며, 최대이득은 120이 된다.

이러한 전략을 [그림 4.3]과 같이 요약할 수 있다. 작업정렬순서 프로시저의 매개변수 마감시간은 크기 n인 배열로 마감시간[i]에는 작업 i의 마감시간이 들어 있다. 단 i<j이면 작업i의 이득이 작업j의 이득보다 크도록 작업들을 미리 정렬한다.

```
procedure 작업순서결정(마감시간, 작업집합, n) {
/* 마감시간[i]는 작업 i의 마감시간. 단, i<j이면 pi > pj.
/* 작업집합은 본 프로시저가 구할 최적해임

    작업집합 := { };
    for(i:=1; i<=n; i++) {
        if 작업집합 ∪ {i}가 가능해이면
            작업집합 := 작업집합 ∪ {i}
        endif
    }
}
```

[그림 4.3] 이득이 최대가 되도록 작업순서를 결정하는 탐욕적 알고리즘

이득이 큰 것부터 선택하는 탐욕적 전략을 적용하는 알고리즘이 문제의 최적해를 구한다는 사실을 증명하기에 앞서, 주어진 작업들의 집합이 가능해인지 판단하는 우리의 방법이 옳다는 것을 먼저 정리 4.3에서 증명한다. 가능해인지 판단하는 우리의 방법은 주어진 작업들을 마감시간 순서대로 정렬한 다음, 모든 작업 i에 대하여, 작업 i의 마감시간이 i보다 작지 않으면 가능해라고 판단한다.

정리 4.3

작업의 집합 J가 주어질 때, J의 모든 원소들을 마감시간이 빠른 것부터 오름차순으로 정렬한 결과를 S = (j1, j2, ..., jk)라 하자. 그러면 J가 가능해일 필요충분조건은 J의 모든 원소가 S의 순서대로 모두 마감시간이내에 종료될 수 있는 것이다.

증명

J의 모든 원소들이 S의 순서대로 모두 마감시간이내에 종료될 수 있다면 J는 당연히 가능해이다. 따라서 충분조건 즉 J가 가능해이면 S가 가능한 작업 수행 순서가 된다는 것만 증명하면 된다. J가 가능해이면 모든 작업을 각각의 마감시간이내에 종료하는 작업 순서가 반드시 존재함으로 이 작업순서를 S' = (r1, r2, ..., rk)라 하자. 마감시

간이내에 종료한다는 의미는 1<=j<=k인 모든 j에 대하여 rj의 마감시간이 j보다 크다는 것을 의미한다. S와 S'이 동일하지 않다는 것은 어떤 첨자 a에 대하여 ja ≠ ra인 첨자 a가 존재한다는 것을 의미한다. a를 그러한 첨자 중 가장 작은 첨자라고 하자. S'을 구성하는 작업들의 집합이나 S를 구성하는 작업들의 집합이나 동일한 J임으로 ja ≠ ra이면 ja = rb인 rb가 반드시 존재한다. a가 ja ≠ ra인 첨자 중 가장 작은 첨자라고 하였음으로 b>a임은 자명하다. 마찬가지로 jc=ra인 jc도 존재하기 마련이다. 그리고 c>a임도 자명하다. 즉, ra의 작업마감시간이 j2의 작업마감시간 즉 rb의 작업마감시간보다 길다는 것을 의미한다. b>a임으로 rb를 ra의 위치로 옮겨도 rb는 마감시간이내에 작업이 종료하고, ra의 작업마감시간이 rb의 작업마감시간보다 길기 때문에 ra를 rb의 위치로 옮겨도 ra는 마감시간이내에 작업을 종료한다. 즉 S'이 모든 작업을 마감시간이내에 실행하는 작업순서라면 ra와 rb의 위치를 교환하여 얻은 순서도 역시 모든 작업을 마감시간 내에 수행하는 작업순서다. 이와 같은 위치교환 작업을 계속하면 S'은 S가 된다.

정리 4.4

이득이 가장 높은 작업부터 n개의 작업을 차례로 선택하여 작업집합에 추가한 결과가 가능해이면 작업집합에 추가하는 [그림 4.3]에 소개된 탐욕적 알고리즘은 최적해를 찾는다.

증명

작업순서결정 문제를 구성하는 작업i는 (이득i, 마감시간i)의 순서쌍과 연합되어 있다. 이득i는 작업i가 수행 완료될 때 얻어지는 이득이고, 마감시간i는 그 작업의 수행이 마감시간i 이전에 완료되어야 이득i가 실현될 수 있음을 나타낸다. 따라서 작업순서결정문제는 1<=i<=n의 모든 i에 대한 (이득i, 마감시간i)의 n 개의 순서쌍으로 정의된다. [그림 4.3]에 소개된 탐욕적 알고리즘으로 찾은 해를 구성하는 작업의 집합을 I라 하고, 최적해를 구성하는 작업들의 집합을 J라고 하자. 그러면 우리가 보여야 할 것은 I로 얻는 이득이나 J로 얻는 이득이 동일함으로 I도 역시 최적해임을 보이면 된다. I = J라면 I도 최적해임이 자명함으로 I ≠ J라고 한다. J⊂I이면 J가 최적해일 수가 없고, 우리의 알고리즘이 n개의 작업을 모두 고려함으로 I⊂J인 경우도 발생하지 않는다. 따라서 I의 원소이면서 J의 원소가 아닌 작업 a와 I의 원소가 아니면서 J의 원소인 작업 b가 반드시 존재한다. I의 원소이면서 J의 원소가 아닌 작업 중 이득이 가

장 큰 작업을 작업 a라고 하자. 그러면 [그림 4.3] 탐욕적 방법에서 이득이 큰 것부터 I에 포함시켰음으로 I의 원소가 아니면서 J의 원소인 모든 작업 b에 대하여 이득a >= 이득b 이다.

I와 J에 대한 수행 가능한 작업순서 SI와 SJ를 고려해 보자. I의 원소이기도하고 J의 원소이기도한 어떤 작업i가 SI에서는 t 시각에 시작되고 SJ에서는 t'에 시작된다고 하자. t<t'인 경우에는 SI의 t' 위치에 있는 작업과 작업i의 위치를 서로 교환하여도 수행 가능한 작업순서가 된다. 이때 SI의 t'에 위치한 작업이 없을 경우에는 작업i만 t' 위치로 옮긴다. 반대로 t'<t인 경우에는 SJ에 이와 같은 위치 교환을 수행한다. 이와 같은 위치교환을 반복하면 SI와 SJ는 각각 SI'과 SJ'으로 순서가 변형되며, I와 J에 공통으로 들어 있는 작업들의 SI'에서 위치와 SJ'에서 위치가 동일하게 된다.

SI'에서 작업 a의 위치가 ta라 하고, SJ'에서 위치 ta에 나타나는 작업이 (있다면) b라 하자. [그림 4.3] 탐욕적 방법의 선택 전략에 의하면 이득a는 이득b보다 반드시 크거나 같다. 따라서 SJ'의 ta 위치에 있는 작업 b를 버리고 대신 작업 a를 그 자리에 대치하여 얻은 작업순서도 역시 수행가능하고 가치도 더 크거나 같아진다. 이와 같이 작업을 대체하는 과정을 반복하면 J는 결국 I와 동일하게 되며, 가치도 작아지지 않는다. 따라서 I도 최적해이다.

4.4 최적 병합 방법

n개의 정렬된 원소들과 m개의 정렬된 원소들을 병합하는 알고리즘의 시간복잡도는 O(n+m)이다. 키 값을 기준으로 정렬된 레코드들이 기록된 파일이 여러 개일 경우에 이들을 모두 병합하여 하나의 파일에 레코드들을 저장하기 위하여 두 개의 파일을 선택하여 병합하는 과정을 반복할 경우, 선택하는 순서에 따라 병합 시간이 달라진다. 예를 들어, F1, F2, F3가 각각 50, 20, 10 개의 레코드로 구성된 정렬된 파일일 때, F1과 F2를 합병한 다음 그 결과를 F3과 합병하여 하나의 파일을 만드는데 걸리는 시간은 F1과 F2를 합병하는 시간 70과 그 결과를 F3과 병합하는 데 걸리는 시간 80의 합인 150이 된다. 반면에 F2와 F3를 합병하고 그 결과를 F1에 합병하면 30+30+50 = 110이 된다. F1과 F3을

먼저 합병한 다음 그 결과를 F2에 합병하는 경우에는 60+60 +20 = 140이다. 따라서 이 경우에는 F2와 F3을 합병한 다음, 그 결과에 F1을 합병하는 방법이 최적의 병합 방법임을 알 수 있다.

기록된 레코드의 수가 각각 n과 m인 두 개의 정렬된 파일을 합병하는 알고리즘의 시간복잡도가 n+m이기 때문에, 최적 병합 방법을 찾는 탐욕적 접근 방법은 매 단계마다 합병될 파일들 중 레코드의 수가 가장 적은 두 개의 파일부터 합병하는 것이다. 따라서 레코드의 수가 각각 (10, 30, 40, 15, 20)인 파일 (F1, F2, F3, F4, F5)가 있다면 첫 단계에서는 F1과 F4를 합병하여 레코드 수가 25인 파일을 생성한다. 다음 2 단계에서 합병할 파일들은 (F5(20), (F1+F4)(25), F2(30), F3(40))이다. 여기에서 F5(20)은 F5의 레코드 수가 20임을 나타내고, (F1+F4)(25)는 이전 단계에서 F1과 F4를 합병하여 레코드 수가 25인 파일이 이미 생성되었다는 것을 의미한다. 따라서 레코드 수가 20인 파일과 레코드 수가 25인 파일을 합병하여 레코드 수가 45인 (F1+F4+F5) 파일을 생성한다. 3 단계에서 합병할 파일들은 (F2(30), F3(40), (F1+F4+F5)(45))이다. 따라서 3 단계에서는 F2와 F3을 합병하여 레코드 수가 40인 파일을 생성한다. 4단계에서 합병할 파일들은 ((F1+F4+F5)(45), (F2+F3)(70))의 두 개이다. 4 단계에서 이 둘을 합병하여 주어진 모든 파일들의 합병 결과를 얻는다. 이 방법으로 병합할 경우 옮겨지는 레코드의 수는 1단계에서 25, 2단계에서 45, 3단계에서 70, 4단계에서 115, 도합 25+45+70+115 = 255이다.

상기와 같은 합병 유형을 2원 합병(2-way merge)이라고 한다. 2원 합병 과정을 이진합병트리로 표현할 수 있다. 예를 들어, [그림 4.4]는 위에서 다룬 레코드의 수가 각각 (10, 30, 40, 15, 20)인 파일 (F1, F2, F3, F4, F5)들을 합병하는 과정을 보인다. 그림에서 +는 합병을 의미하고, 파일 이름 옆의 숫자는 해당 파일을 구성하는 레코드의 수를 의미한다. 예를 들어, F1+F4 : 25는 파일 F1과 F4를 합병한 결과, 레코드의 수가 25인 파일을 얻었다는 것을 나타낸다.

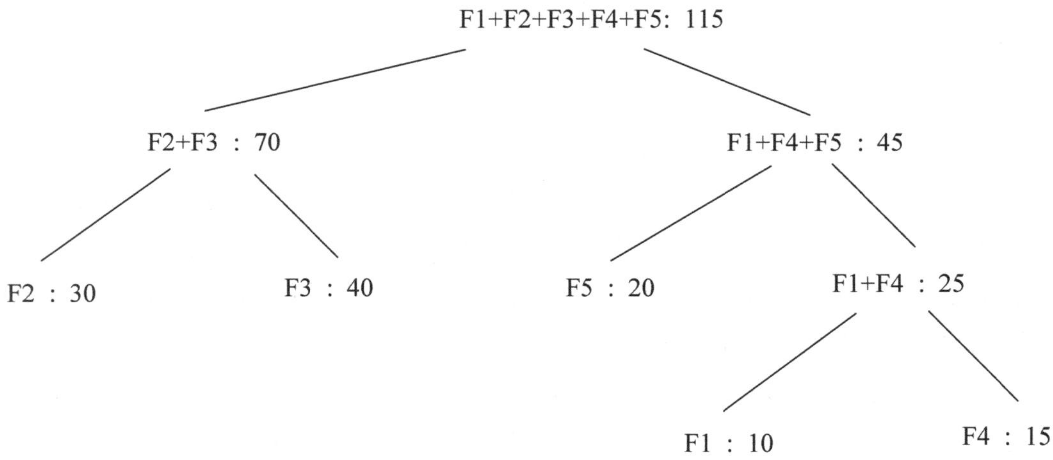

[그림 4.4] 2원 합병 과정을 나타내는 이진합병트리

[그림 4.4]와 같은 합병 과정에서 레코드가 옮겨지는 총 횟수를 위에서는 25+45+70+115 = 255라고 계산하였다. 이것을 F1은 F1+F4에 참여되고, F1+F4+F5에도 참여되고, F1+F2+F3+F4+F5에도 참여되어, 총 3번 합병에 참여되고, 비슷한 방법으로 F4도 3번, F5는 2번, F3도 2번, F2도 2번 참여되는 사실을 바탕으로 레코드가 옮겨지는 총 횟수를 구할 수도 있다. 즉, F1은 레코드 수가 10개인데 [그림 4.4]와 같은 방법으로 합병 과정이 진행될 때 모든 파일들의 합병 결과를 얻을 때까지 모두 3회 2원 합병에 참여함으로 F1의 레코드가 옮겨지는 횟수는 총 10*3=30번이다. 마찬가지로 F4의 레코드 수는 모두 15인데 3회 옮겨짐으로 모든 파일들이 합병될 때까지 F4의 레코드가 옮겨지는 총 횟수는 15*3=45이다. 비슷한 방법으로 F5의 레코드가 옮겨지는 총 회수는 20*2=20, F3의 레코드가 옮겨지는 총 회수는 40*2 = 80, F2의 레코드가 옮겨지는 총 회수는 30*2 = 60이다. 따라서 모든 레코드에 대하여 옮겨지는 회수를 총합한 결과는 식 4.1로 위에서와 같은 결과를 얻는다.

$$10\times3 + 15\times3 + 20\times2 + 40\times2 + 30\times2 = 255 \qquad (4.1)$$

여기에서 첫 번째 곱셈 항 10×3의 10은 F1의 레코드의 수이고, 3은 2원 합병 트리에서 F1 위치의 깊이 즉, 뿌리 노드에서 F1 노드까지의 거리임을 알 수 있다. 마찬가지로 두 번째 곱셈 항 15×3의 15는 파일 F4의 레코드의 수이고 3은 2원 합병 트리에서 F4의 깊이이다. 이로부터 합병되는 파일의 수가 n 개이고, 파일 i의 레코드 수를 N_i로 표기하고 파일 i의 이진합병트리에서의 깊이를 D_i로 표기하면 합병에 필요한 레코드 옮김의 총 회수는 (식 4.2)가 된다. [그림 4.4]와 같은 트리에서 자식이 없는 노드를 잎사귀 노드 혹은 외부노드라고 하고, 자식 노드를 갖는 나머지 노드들은 내부노드라고 한다. 그리고 외부노드 N_i에 대하여 식 4.2의 $N_i \times D_i$를 외부노드 N_i로 가는 "외부 경로 가중치"라 하고, 식 4.2로 얻는 합을 "외부경로들의 가중치 합"이라고 한다.

$$\sum_{i=1}^{n} N_i \times D_i \tag{4.2}$$

최적의 2원 합병 방법은 식 4.2를 최소화하는 이진합병트리다. [그림 4.5]에 보이는 Procedure 이진합병트리는 매 단계에서 레코드 수가 가장 적은 두 파일을 선택하여 합병하는 탐욕적 전략을 n-1번 적용하여 n개 파일을 합병정렬하는 최적의 방법을 찾는, 위에서 소개한 방법을 나타내는 알고리즘이다. 매개변수 이진트리집합의 초기 값은 하나의 파일을 나타내는 하나의 노드로만 구성된 이진트리가 n개인 이진트리들의 집합이다. 예를 들어, 예 4.4와 같이 주어진 6 개 파일들의 레코드 수가 각각 2, 4, 5, 8, 10, 12라면 이진트리집합의 초기 값은 (2, 4, 5, 8, 10, 12)이다. 알고리즘이 구축하는 트리의 각 노드는 왼쪽 자식 노드의 주소를 보관하는 LeftChild, 오른쪽 자식 노드의 주소를 보관하는 RightChild, 그리고 노드가 나타내는 파일의 레코드 수를 나타내는 레코드수라는 세 필드로 구성된다. [그림 4.5]의 알고리즘에 사용되는 함수 노드할당은 하나의 노드를 작성하는데 필요한 메모리를 할당하고 그 시작 주소를 반환하는 함수이다. 함수 최소(이진트리집합)은 이진트리집합에서 레코드수가 가장 작은 노드를 반환하고 그 노드를 이진트리집합에서 삭제한다. 따라서, 알고리즘의 줄 2는 새로운 노드 T를 생성하고, 줄 3은 현재의 이진트리집합에서 가장 레코드수가 작은 노드를 찾아 T의 왼쪽 자식으로 연결시키고 이진트리집합에서 삭제하며, 줄 4는 나머지 중 가장 레코드수가 작은 노드를 찾아 T의 오른쪽 자식으로 연결시키고 이진트리집합에서 삭제한다. 줄 5는 생성된 노드 T의 레코드수를 자식노드들의 레코드수의 합으로 결정하여 준다. 그리고 줄 6은 이렇게 생성된 노드 T를 이진트리집합에 적당한 위치를 찾아 삽입한다.

```
procedure 이진합병트리(이진트리집합, n) {

    for (i:=1; i<n; i++) {
        T := 노드할당( );
        T->LeftChild := 최소(이진트리집합);
        T->RightChild := 최소(이진트리집합);
        T.레코드수 := T->LeftChild.레코드수 + T->RightChild.레코드수;
        삽입(이진트리집합, T);
    }
return(최소(이진트리집합));
}
```

[그림 4.5] 이진합병트리를 구축하는 탐욕적 알고리즘

예제 4.4

레코드 수가 각각 2, 4, 5, 8, 10, 12인 6개의 파일을 합병 정렬하는 과정을 보이는 이진합병트리를 [그림 4.5]의 알고리즘으로 구축하는 과정이 [그림 4.6]에 보인다. [그림 4.6]에는 이진트리집합의 초기 값부터 5회 반복 작업까지 각 단계의 이진트리집합의 값이 보인다. 반복 회수가 5회인 이유는 파일의 수, 즉 n이 6임으로 알고리즘의 for 문이 i=1부터 i<6보다 작은 동안, 매번 1씩 증가하면서 반복 작업을 하기 때문이다. 이진트리집합의 초기 값은 주어진 6개 파일들의 레코드 수를 나타내는 (2, 4, 5, 8, 10, 12)이다. i=1일 때 반복문의 결과는 초기 값에서 레코드수가 가장 작은 두 개의 노드를 합병하고, 그 결과를 적당한 위치에 삽입하였음을 보인다.

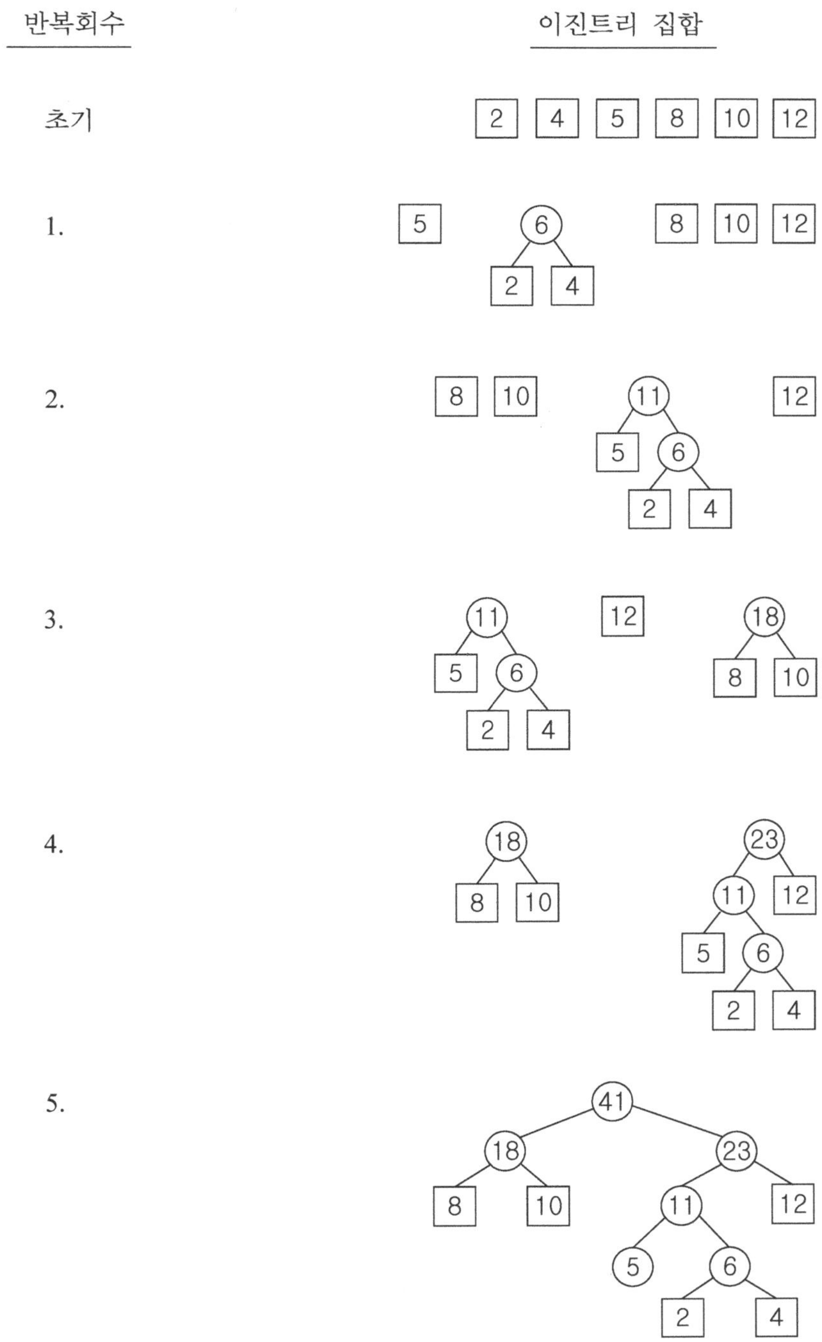

[그림 4.6] 이진합병트리가 반복문을 실행함에 따라 "이진트리집합"이 변화하는 과정

[그림 4.5]에 보이는 알고리즘의 시간복잡도를 생각해 보면, 주어진 파일의 수가 n일 때 반복문은 O(n)번 수행되고, 함수 최소가 실행되는 시간이 O(n), 함수 삽입이 실행되는 시간이 O(n)임으로 시간복잡도는 얼핏 $O(n^2)$임을 알 수 있다. 그러나 이진트리집합이 각 뿌리 노드의 레코드수를 기준으로 오름차순으로 정렬되어 있기 때문에 함수 최소의 실행 시간은 O(1)이다. 또한 이진트리집합을 힙트리(Heap tree) 구조로 관리하면 함수 삽입의 실행시간은 O(log n)이 된다. 따라서 [그림 4.5]의 알고리즘의 시간복잡도는 O(n log n) 임을 알 수 있다.

다음으로 알고리즘이 최적해를 찾는다는 것을 증명해 보자.

정리 4.5

레코드의 수가 q1, q2, ..., qn 인 n개의 파일이 주어질 때, 이진트리집합이 n개의 단일 노드트리들로 구성되며, 각 노드의 레코드수 필드의 값이 (q1, q2, ..., qn)이면 [그림 4.5]의 이진합병트리 알고리즘은 최적의 2원 합병 트리를 생성한다.

증명

파일의 수 n에 대한 수학적 귀납법으로 증명한다. n=1일 때, L의 초기 값은 단 하나의 주어진 파일 F1의 레코드 수를 나타내는 노드만으로 구성된다. 그리고 1<n이 거짓임으로 for 문의 몸체 부는 한 번도 실행되지 않는다. 따라서 줄 8의 return(최소(이진트리집합))은 최적의 2원 합병 트리를 반환한다. 귀납 가정으로 1<= m < n일 때 주어진 (q1, q2, ..., qm)에 대하여 [그림 4.5]의 이진합병트리 알고리즘이 최적의 2원 합병 트리를 생성한다고 가정한다. 귀납 증명 단계에서 어떠한 (q1, q2, ..., qn)이 주어지더라도 [그림 4.5]의 이진합병트리 알고리즘은 최적 트리를 생성한다는 것을 보여야 한다. 파일들의 집합이 주어지면, 크기에 따라 정렬을 한 다음, 각 파일에 임의의 이름을 명명할 수 있음으로, 일반성을 잃지 않고 q1 <= q2 <= ... <= qn 이라고 할 수 있다. 그러면 [그림 4.5]의 이진합병트리 알고리즘은 for문의 첫 번째 반복에서 q1과 q2를 합병하여 [그림 4.7]에 보이는 부트리 T를 생성한다. T'이 (q1, q2, ..., qn)에 대한 최적 이진합병트리라 하자. P가 T'의 뿌리에서 가장 먼 내부노드라 하자. 만일 P의 자식노드가 q1과 q2가 아니라면 P의 자식들을 q1과 q2의 위치와 교환하여 얻는 트리의 "외부경로들의 가중치 합"이 T'의 "외부경로들의 가중치 합"보다 커지는 일은 결코 없을

것이다. 따라서, T는 최적 합병 트리의 부트리가 됨에 틀림없다. 이제 T'에서 T를 가중치가 q1+q2인 외부 노드로 대체하면 결과적인 트리 T"은 (q1+q2, q3, ..., qn)의 최적합병 트리이다. 귀납 가정에 의하여 T를 값이 q1+q2인 외부노드로 대체한 다음에는 [그림 4.5]의 이진합병트리 알고리즘은 귀납가정에 의하여 (q1+q2, q3, ..., qn)의 최적 합병 트리를 발견한다. 따라서 [그림 4.5]의 이진합병트리 알고리즘은 (q1, q2, ..., qn)의 최적합병 트리를 생성한다.

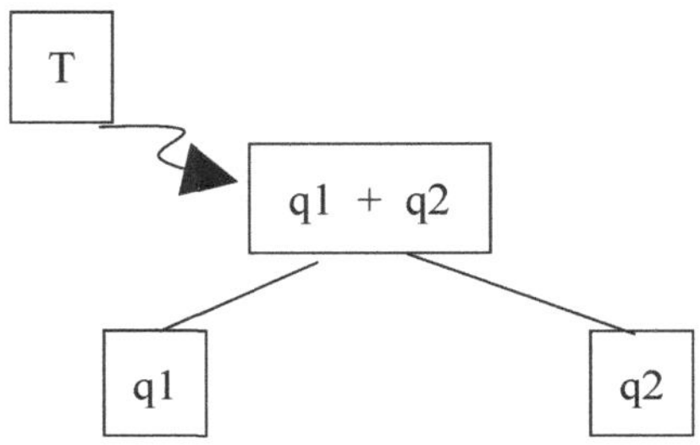

[그림 4.7] 가장 간단한 이진합병트리

합병 트리를 생성하는 탐욕적 방법은 k-원 합병의 경우에도 최적의 합병 방법을 찾아준다. 이 경우에는 k진 합병트리가 생성된다.

허프만 코드

최소 "외부경로들의 가중치 합"을 갖는 2진 트리가 적용되는 또 다른 예로 메시지 M1, M2, ..., Mn+1에 대한 최적 코드 체계를 찾는 것을 들 수 있다. 이 경우에는 최소 "외부경로들의 가중치 합"을 갖는 2진 트리의 외부노드는 메시지의 출현 빈도를 나타내는 비율이다. 2진 트리로부터 메시지를 나타내는 2진수열을 만드는 방법은 뿌리노드에서 해당 메시지로 가는 경로를 찾고, 뿌리노드로부터 시작하여 모든 노드에서 왼쪽 자식 노드로 연결되는 선은 2진수 0, 오른쪽 자식노드로 연결되는 선은 1을 메시지를 나타내는 2진수열에 삽입하는 것이다. 예를 들어, 주어진 메시지가 M1, M2, M3, M4, M5이고 각 메시지의 출현 빈도가 각각 0.5, 0.08, 0.15, 0.02, 0.25이라면 [그림 4.8]과 같은 최적의 이진합병트리가 생성될 것이다.

[그림 4.8]로부터 메시지들의 코드는 각각 다음과 같음을 알 수 있다:

M1 --- 0,

M2 --- 1001,

M3 --- 101,

M4 --- 1000,

M5 --- 11.

통신의 송신자는 [그림 4.8]을 이용하여 메시지의 코드를 만들어 송신하고, 수신자는 수신한 코드로부터 수신 메시지가 무엇인지 알아낸다. 즉, 예를 들어, M2를 송신하려면 뿌리노드에서 시작하여 오른쪽, 왼쪽, 왼쪽, 오른쪽 가지를 따라감으로 2진 코드 1001을 송신한다. 수신자 측에서는 1001을 수신하였다면, 뿌리로부터 오른쪽(1번 비트가 1), 왼쪽(2번 비트가 0), 왼쪽(3번 비트가 0), 오른쪽(4번 비트가 1) 가지를 따라 내려가서 M2에 도착함으로 수신 메시지가 M2임을 알게 된다. 이와 같이 이진합병트리를 이용하여 생성한 코드를 허프만코드라고 한다.

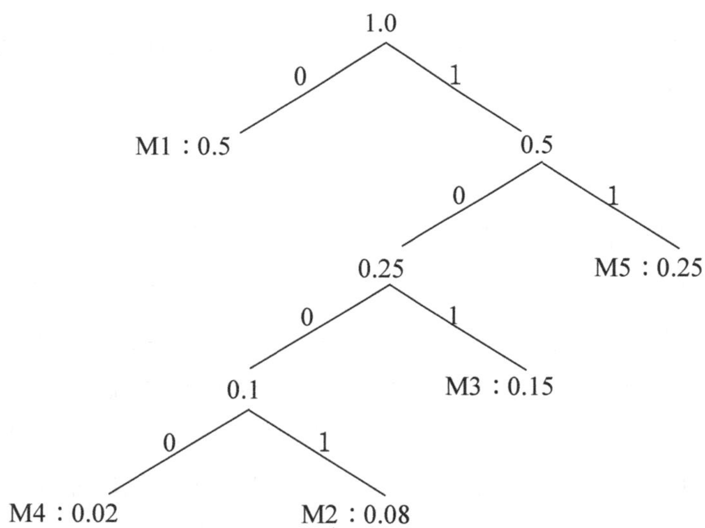

[그림 4.8] 최적 코드를 생성하는 2진트리

4.5 최소 신장(spanning) 트리

그래프는 공집합이 아닌 정점(*vertex*)들의 유한 집합 *V*와 두 개의 정점들을 연결하는 간선(edge) E로 구성되어 있다. 그래서 그래프(*graph*) G는 *G*=(*V*, *E*)로 정의된다. 간선 E를 구성하는 간선들이 방향성을 가질 때 방향 그래프(directed graph, digraph)라 한다. 그리고 각 간선에 하나의 실수가 연합되어 있는 그래프를 가중치 그래프라고 하며, 간선에 연합된 실수를 가중치라고 한다. 간선에 가중치를 연합하는 함수를 W라 하면, 가중치 그래프 G는 G=(V, E, W)로 결정된다. 주어진 그래프 *G*=(*V*, *E*)의 부그래프(*subgraph*)는 $V' \subseteq V$와 $E' \subseteq E$으로 구성된 그래프 $G'=(V', E')$이다. 주어진 그래프 *G*=(*V*, *E*)에 대한 신장(spanning) 트리는 *G*의 모든 정점을 포함하는 트리인 *G*의 부그래프이다. 가중 그래프에서 부그래프의 가중치는 부그래프상의 간선의 가중치의 합이다. 가중 그래프에 대한 최소 신장 트리는 신장 트리 중 가중치가 최소인 신장 트리이다.

정리

G=(V, E)가 그래프라 하자. G의 부그래프 T=(V, E')이 신장트리일 필요충분조건은 T가 트리인 것이다. (주의: T의 정점의 집합이 G의 정점의 집합과 동일함.)

예제 4.5

[그림 4.9]는 노드가 4 개인 완전그래프와 이 그래프의 신장트리 3개를 보인다.

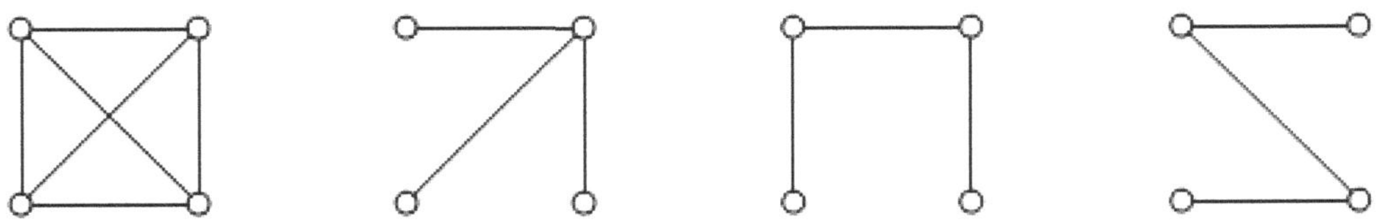

[그림 4.9] 정점이 4 개인 완전그래프와 그 그래프의 신장트리들의 예

최소 신장 트리가 여러 가지 문제 풀이에 요긴하게 쓰인다. 예를 들어, 여러 동의 건물에 산재해 있는 일군의 컴퓨터들을 최소의 연결선으로 모두 연결하고자 한다면 컴퓨터의 위치를 정점으로 하는 그래프의 최소 신장 트리를 찾아 그 모양으로 연결하면 된다. 최소신장 트리는 모든 정점을 순회하는 최단 경로를 찾는 문제의 해를 구하는 데에도 보조적인 수단으로 쓰인다.

또한 신장 트리는 주어진 전기 네트워크에 대한 독립적인 회로방정식(circuit equation)들의 집합을 구하는 데에도 다음과 같이 사용된다. 우선 주어진 전기 네트워크의 신장 트리를 구한다. 이 신장 트리에 속하지 않은 간선들의 집합을 B라고 하자. B에 속한 간선 하나를 택하여 신장 트리에 추가하면 하나의 순회(cycle)가 생긴다. B에서 선택한 간선이 다르면 생기는 순회도 서로 다르게 된다. 회로방정식을 구하기 위하여 각 순회에 커르쵸프의 제 2 법칙을 사용한다. 이렇게 얻은 순회들은 서로 독립적이다. 즉, 이 순회 중 어떠한 순회도 다른 순회들의 조합으로 만들어 낼 수가 없다. 왜냐하면 순회마다 B에서 선택한 간선이 서로 다르기 때문이다. 그래서 이렇게 얻은 회로방정식도 역시 서로 독립적이다. 사실은 신장 트리에 이 신장 트리에 속하지 않은 간선을 하나씩 선택하여 신장 트리에 추가함으로써 얻는 순회들은 주어진 그래프의 모든 순회에 대한 기저를 이룬다. 즉, 이들 순회의 선형결합(linear combination)으로 그래프 내의 모든 순회를 생성해 낼 수 있다.

일반적으로, 신장트리가 응용되는 문제의 그래프는 간선에 가중치가 연합되어 있다. 그리고 문제의 해는 가중치의 합이 최소인 신장트리를 사용한다. 임의의 그래프와 그 그래프의 최소 신장트리의 예가 [그림 4.10]에 보인다.

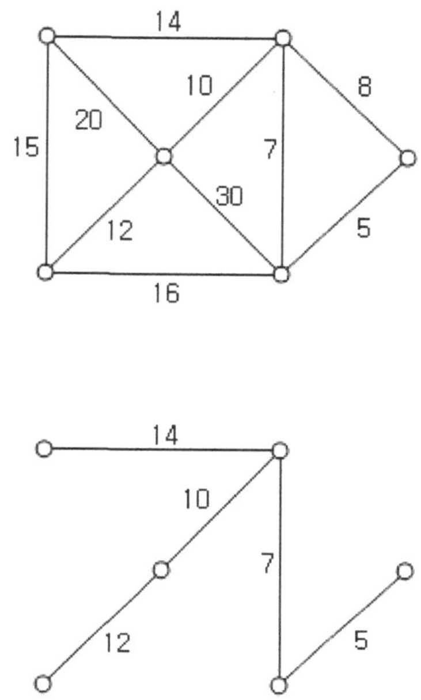

[그림 4.10] 임의의 그래프와 이 그래프의 최소신장트리

가중치 그래프에서 최소 신장트리를 찾는 탐욕적 방법으로 Prim의 방법이 있다. Prim의 방법은 임의의 시작 정점을 선택하고 새로운 정점과 간선을 선택하여 추가하는 작업을 반복함으로써 최소 신장 트리를 구축한다. 알고리즘 수행 과정 동안 정점들은 다음과 같은 세 개의 부류로 분류된다.

- **트리 정점** : 지금까지 발견된 스패닝 트리안에 있는 정점들
- **가장자리(Fringe) 정점** : 트리 정점이 아니고, 트리 정점에 인접한 정점
- **보이지 않는 정점** : 그 외의 모든 정점들.

트리 정점의 초기값은 임의의 하나의 정점으로 구성된다. 알고리즘에서 중요한 단계는 트리 정점에서 가장자리 정점을 연결하는 간선 중에서 가장 적당한 것을 선택하는 전략이다. Prim 알고리즘은 가장자리 정점을 연결하는 간선들 중에서 가중치가 가장 작은 것을 선택한다. Prim 알고리즘의 전략을 요약하면 다음과 같다.

1) 임의의 정점을 선택하여 트리 정점의 유일한 원소로 삼는다.
2) while (가장자리 정점이 존재하는 동안) do
3) 트리 정점과 가장자리 정점을 잇는 간선 중 가중치 값이 가장 작은 간선과 그 간선의 끝점인 가장자리 정점을 선택한다.
4) 선택된 간선과 가장자리 정점을 트리에 추가한다.
end

[그림 4.11]은 while 반복문의 첫 회 실행 상황을 나타낸 것이다. 1)번 문장에서 임의로 정점 A를 선택하였다면 트리정점={A}, 가장자리정점={B, C, D}가 된다. 3)번 문장에서 가장자리 정점을 잇는 간선 중 가중치가 가장 작은 것을 선택하여 이 간선에 연결된 정점 B가 선택된다. 문장 4)에서 정점 B를 트리정점에 추가함으로 트리정점={A, B}가 된다.

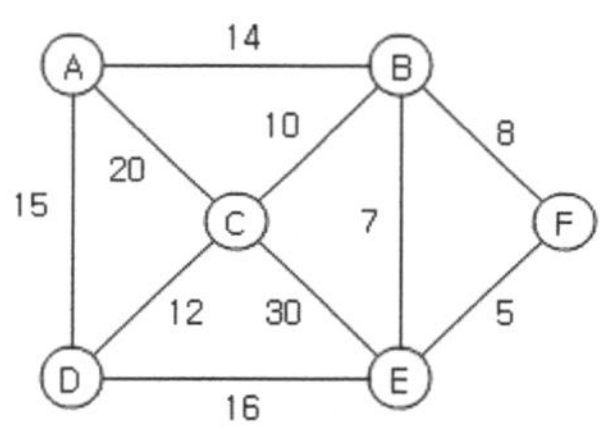

(a)임의의 그래프

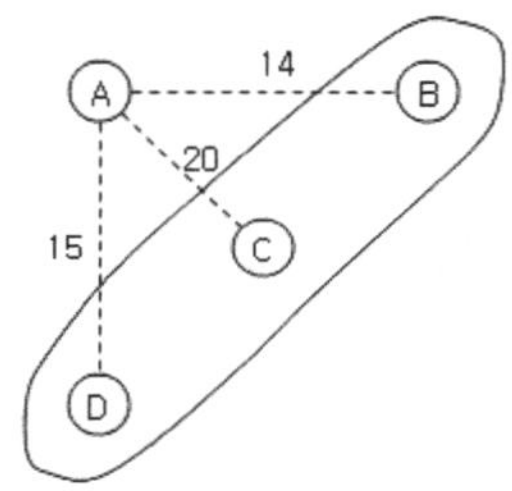

(b)임의의 정점 A를 선택하여 트리정점의 초기값으로 삼았다면 가장자리 정점은 {B, C, D}가 됨

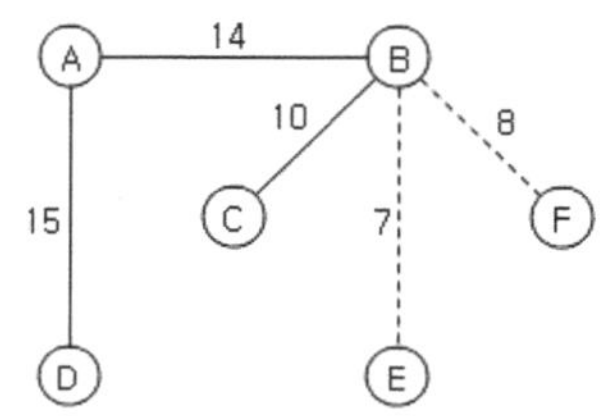

(c)가장자리 정점 중 연결간선의 가중치가 최소인 B를 선택하여 트리정점으로 추가함
트리정점={A, B}
가장자리정점={C, D, E, F}
(B, C)의 가중치 10보다
(A, C)의 가중치 20이 큼으로
간선 (AC)는 고려하지 않음

[그림 4.11] While 반복문의 첫 회 실행 상황

이 방법이 최소 신장 트리를 생성함을 증명하여 보자.

정리 4.6

G=(V, E, W)는 연결된 가중치 그래프, T=(V, E_T)는 G의 최소 신장 트리, E'⊆E_T라 하자. 그리고 V'는 E'의 간선들의 발이 되는 정점들이라 하자. 만일 간선 (xy)가 x∈V' 이고 y∉V'인 간선들 중 최소 가중치의 간선이라면, E'∪{(xy)}는 최소 신장 트리를 구성하는 간선들의 부분 집합이다.

증명

xy가 E_T안에 있다면 결론과 같음으로 더 증명이 필요없다. xy가 E_T안에 있지 않다고 가정하자. 트리는 연결 그래프이기 때문에, T내에는 x로부터 y로의 경로가 존재한다. 이 경로 상에서 V'의 원소가 아닌 정점이 처음 출현할 때 그 정점을 w라 하고 w와 연결되는 V'에 속하는 정점을 v라 하자 (그림 4.12 참조). E_T'=E_T-{vw}∪{xy}이라 하자. 그러면 (V, E_T')도 신장트리이며, (xy)의 가중치가 (vw)의 가중치보다 크지 않음으로 (V, E_T')도 최소 신장 트리이다.

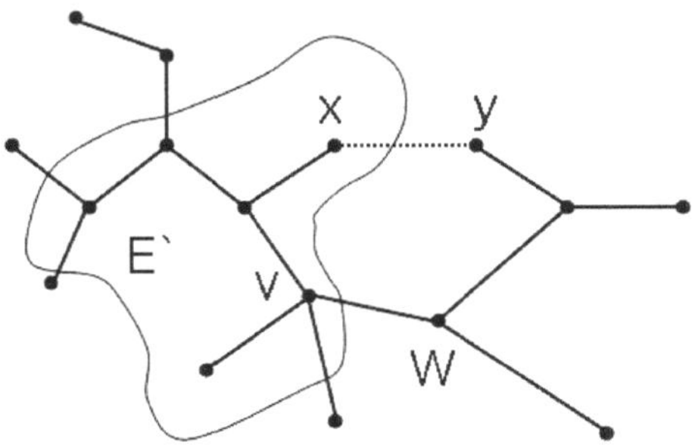

[그림 4.12] 정리 4.6의 증명에 사용된 그래프

[그림 4.11]에서 트리정점={A, B}일 때, 트리정점에서 정점 C를 연결하는 간선으로 AC와 BC가 있는데 간선 AC의 가중치가 간선 BC의 가중치보다 큼으로 간선 AC는 고려할 필요가 없었다. 이와 같이 어떤 가장자리정점이 여러 개의 트리정점과 연결되어 있을 때, 가중치가 가장 작은 연결 간선을 후보간선이라 한다. 위에 소개한 Prim의 전략을

나타낸 알고리즘이 다음에 보인다.

알고리즘 4.1 최소 신장 트리(Dijksta/Prim)

```
• 입력 : G=(V, E, W) 가중 그래프
• 출력 : 최소 신장 트리상의 간선
1. /* 초기화 작업  */
   x가 임의의 정점이라 하자.
   V_T := {x}; E_T :=∅;
   stuck:=false;
2. /* 주요 루프 : x가 방금 트리정점으로 추가되었다. 따라서, 가장자리정점과
  /* 후보간선을 갱신한다. 그리고 다음 정점과 간선을 추가한다.
   while V_T≠V and not stuck do
3. /* 몇몇 후보 간선을 대체한다.
  /* W는 가중치를 반환하는 함수임
   for (x에 인접한 각 가장자리 정점 y에 대하여 ) do
      if W(xy)<W(y를 연결하는 후보 간선 e) then
         y를 연결하는 후보 간선으로 e 대신 xy로 대체한다.
      end {if}
   end {for}
4. /*  새로운 가장자리 정점과 후보 간선들을 발견한다.
   for (x에 인접한 모든 보이지 않는 정점 y에 대하여) do
      y를 가장자리 정점에 추가하고 xy는 후보간선으로 함.
   end {for};
5. /* 다음 간선을 선택할 준비
   if (후보 간선이 없다면) then stuck;=true ; /*  no spanning tree
   else
6. /* 다음 간선을 선택
      최소 가중치를 갖는 후보 간선 e를 발견 ;
      x:=e에 연결된 가장자리 정점 ;
      트리에 x와 e를 추가한다 ;
      /*  x와 e는 더 이상 가장자리정점도 후보 간선도 아니다.
   end /*  if
   end /*  while
```

4.6 최단 경로 알고리즘

지도상의 도시를 정점으로, 도시를 잇는 길을 간선으로, 길의 길이를 해당 간선의 가중치로 나타낸 그래프에서, 우리는 주어진 두 도시간의 길이가 가장 짧은 경로를 찾을 수 있다. 이러한 경로는 여행 경비를 최소화하는 여행 경로를 제공한다. 이와 같이 그래프 상에서 찾는 최단경로는 실생활에 쓰임새가 많다. 가중치 그래프 혹은 방향 그래프 $G=(V, E, W)$에서 경로 $V_0, V_1, \ldots, V_k$의 가중치 길이는 $\sum_{i=0}^{k-1} W(v_i, v_{i+1})$으로 계산된다. 다시 말하면 경로를 구성하는 간선들의 가중치들의 합이다. 만일 경로가 P라면 P의 가중치를 $W(P)$로 표기한다. 정점 v에서 w까지의 경로 중 가중치가 더 낮은 경로가 없는 경로를 v에서 w까지의 최단 경로라고 한다. (가중치와 길이, 혹은 비용을 혼용하는 것이 일반적이다.) 최단 경로가 항상 유일하지는 않다.

주어진 가중치 그래프에서 최단 경로를 어떻게 결정할 수 있을까? 정점의 수가 많지 않을 경우에는 모든 경로들의 가중치를 비교하여 최단 경로를 찾을 수 있지만, 정점의 수가 수 백 개인 경우에는 가능한 모든 경로를 비교하는 방법은 비록 고속의 컴퓨터를 사용하더라도 실용적이지 못 할 만큼 매우 긴 시간이 걸린다. 본 절에서는 하나의 정점이 주어질 때, 다른 모든 정점 각각에 대하여 주어진 정점으로부터 각 정점으로 가는 최단 경로를 찾아 주는 탐욕적 전략을 소개한다. 이 방법은 딕크스라가 소개한 방법으로 앞에서 다루었던 최소 신장 트리 알고리즘과 접근 방법이 매우 유사하다.

가중치 그래프 $G=(V, E, W)$와 어떤 정점 v가 주어질 때 딕스트라 알고리즘은 v에서 가장 가까운 정점부터 차례로 모든 정점에 대한 최단 경로를 찾는다. 두 정점 x, y의 경로 중 가중치가 최소인 경로의 가중치를 x, y의 거리, 혹은 $d(x, y)$로 표기한다. 앞 절에서 다루었던 최소 신장 트리 알고리즘처럼 딕스트라 알고리즘도 한 정점 v에서 시작하여 연결된 간선들의 가중치를 고려해서 하나의 간선을 선택하고, 이 간선에 연결된 정점을 추가하는 과정을 반복한다. 이 방법도 최소신장트리를 찾는 Prim의 방법처럼 탐욕적 전략을 적용한다. 즉, 가중치가 가장 가까운 정점을 선택한다. 딕스트라 알고리즘에서도 정점들은 다음과 같이 세 가지 범주로 분류된다.

- 트리 정점들 : 지금까지 발견된 신장 트리 안에 있는 정점들
- 가장 자리 정점들(*Fringe vertices*) : 신장 트리에 속하지 않지만, 신장트리에 속한 어떤 정점과 하나의 간선으로 연결된 정점들
- 보이지 않는 정점들 : 그 외의 정점들

또한 최소 신장 트리 알고리즘의 경우와 마찬가지로, 각각의 가장자리 정점에 대해서 단 하나의 후보 간선만 남기고 나머지 간선들은 버린다. 모든 가장자리 정점 z에 대하여 정점 z만을 제외한 모든 다른 정점들은 트리정점에 속하는 경로 $v(=v_0)$, v_1, ..., v_k, z가 최소한 한 개는 존재한다. 이러한 경로 중 가중치가 가장 작은 경로의 (v_k, z)가 z의 후보간선이다.

주어진 그래프 G가 유향그래프이든 아니든 딕스트라 알고리즘이 주어진 출발 정점으로부터 트리 모양으로 확장하여 나아감으로 모든 후보간선은 출발정점 v와 가까운 정점을 기점으로 하고 먼 정점을 종점으로 하는 방향성 간선이라고 생각하는 게 편리하다. 따라서 각 후보간선의 기점은 트리정점이며 종점은 가장자리정점이 된다. 앞으로 후보간선을 표기할 때 이러한 방향성을 항상 고려할 것이다. 다시 말하면, 앞으로 간선 xy라고 표기하면 x가 v에 가까운 정점이고 y가 먼 정점을 묵시적으로 암시한다. 그래서 방향성이 없는 그래프라 하더라도, 간선 xy의 x를 꼬리라 하고 꼬리(xy)로 표기하며, y를 머리라 하고 머리(xy)로 표기한다.

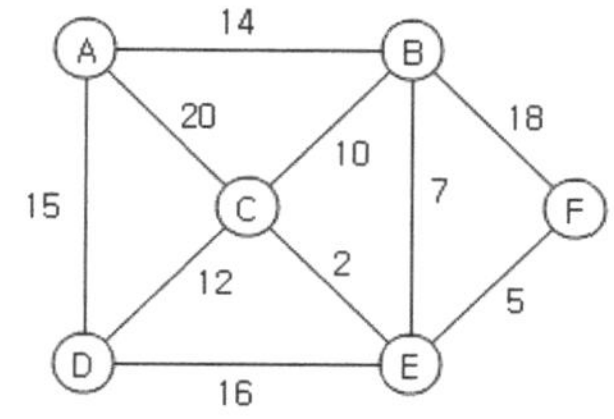

(a) 임의의 그래프

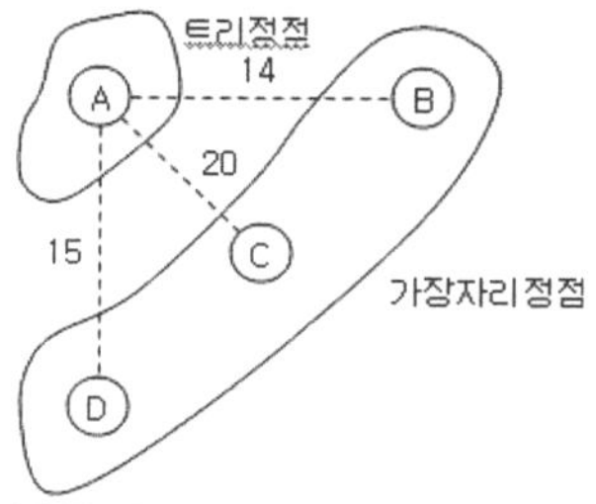

(b) 주어진 출발점이 트리정점의 초기값이다.

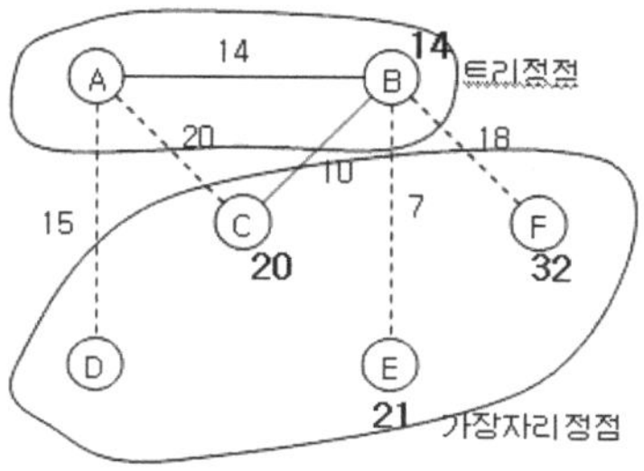

d(A, B) + w(B, C) = 24 > 20
d(A, B) + w(B, E) = 21
d(A, B) + w(B, F) = 32
d(A, A) + w(A, D) = 15
AD를 선택한다

(c) 중간단계

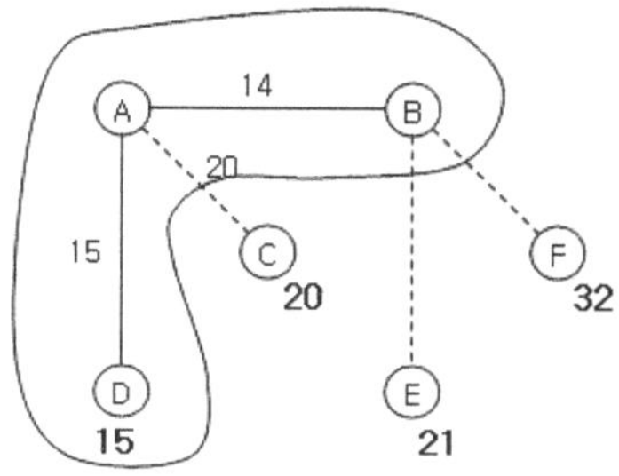

d(A, D) + w(D, C) = 27 > 20
d(A, D) + w(D, E) = 31 > 21

(d) 선택 C

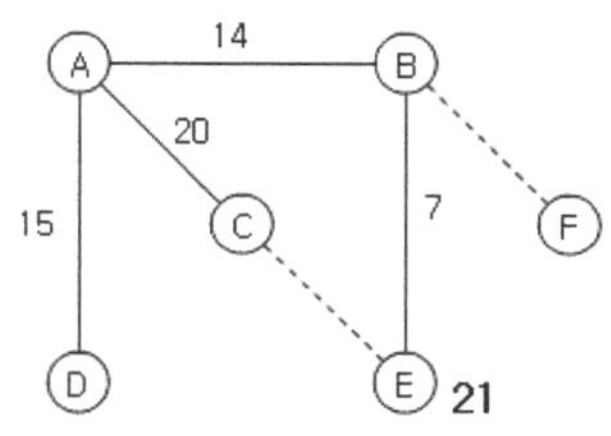

d(A, C) + w(C, E) = 22 > 21

(e) 선택 C

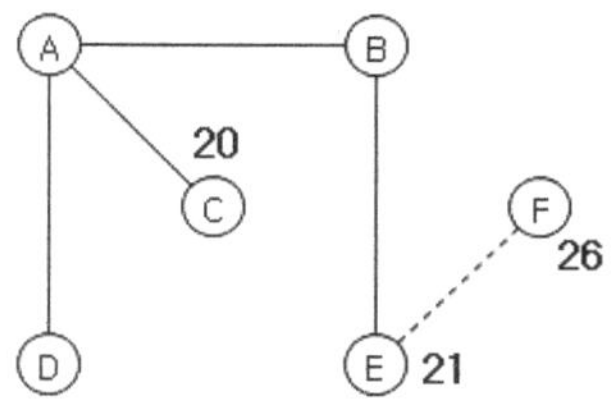

d(A, C) + w(C, F) = ∞

(f) 선택 F

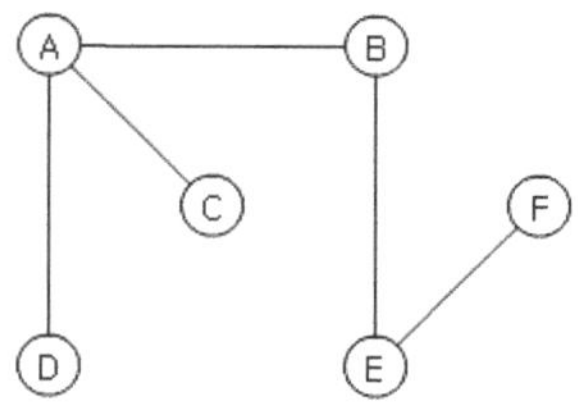

(g)

[그림 4.13] 딕스트라 알고리즘의 진행 과정

[그림 4.13]은 딕스트라 알고리즘의 진행 과정을 보이는 예이다. 출발정점이 A로 주어지면 트리정점의 초기값은 A를 유일한 원소로 하는 집합이 된다. 정점 A와 하나의 간선으로 연결된 가장자리 정점은 {B, C, D} 이며, 이들을 잇는 후보간선들의 가중치는 각각 14, 20, 15이다. 그림 (b)는 이러한 초기 상태를 반영한다. 탐욕적 전략의 선택 단계에서 딕스트라 알고리즘은 가장자리정점 중 가장 가까운 것을 선택한다. 즉, 그림 (b)의 경우에는 정점 B를 선택한다. 그리고 정점 A에서 정점 B까지의 최단 경로의 길이는 14라고 결정한다. 이 결정은 옳은 결정이다. 왜냐하면 정점 A에서 정점 B로 가는 경로들은 모두 어떤 후보간선을 거치지 않으면 안 되는 데, 후보간선들의 가중치 14, 20, 15 중 14가 가장 작기 때문이다. 예를 들어, A에서 B로 가는 다른 경로 중에는 A에서 C를 거쳐 B로 가는 경로가 있는데 이 경로의 가중치는 간선 AC의 가중치가 20임으로 CB의 가중치(W(CB)로 표기함)는 계산에 넣지 않아도 이미 A에서 B로 직접 가는 경로의 가중치보다 크다는 것을 알 수 있다. 그림 (b)에서는 가장자리 정점 중 가장 가까운 정점 B로 가는 경로가 결정되었다.

그림 (c)에서는 가장자리정점={C, D, E, F}가 되며, 각 가장자리정점들에 대한 후보간선을 결정한다. C를 연결하는 후보간선으로 BC를 고려하면 d(A,B)+W(BC) = 24가 된다. 이때 14는 A에서 B까지의 최단경로의 거리 즉 최단거리로 이미 결정된 거리이고, 10은 후보간선의 가중치다. 즉 d(A, B) = 14이고 AB의 가중치, 즉 W(BC) = 10이다. 그런데 C에 대한 이미 존재하는 후보간선 AC의 가중치가 20이고 20<24임으로 C에 대한 후보간선은 AC로 그대로 둔다. 비슷한 방법으로 d(AB)+W(BE) = 21, d(AB)+W(BF)=32이다. BD는 간선이 아님으로 W(BD)는 무한대이고 따라서 D에 대한 후보간선은 AD로 그대로 둔다. 따라서 가장자리정점 중에서 가장 가까운 D를 선택하여 A에서 D까지의 거리를 15로 결정하고, D를 트리정점에 추가한다. 그림 (c)에서 D를 선택하는 계산 과정을 요약하면 다음과 같다.

20 < d(AB)+W(BC) = 14+10 = 24임으로 C에 대한 후보간선은 AC로 그대로 두고,
d(AB)+W(BE) = 14+7 = 21,
d(AB)+W(BF) = 14+18 = 32,
D에 대한 후보간선은 d(A,A)+W(AD) = 15,

Min(24, 21, 32, 15) = 15임으로 A에서 D로 가는 최단 거리를 15로 결정한다.

다음 단계에서는 그림 (d)에서 처럼,

20 < d(AD)+W(DC) = 15+12 = 27임으로 C에 대한 후보간선은 AC로 그대로 두고,

21 < d(AD)+W(DE) = 15+16 = 31임으로 E에 대한 후보간선도 BE로 그대로 두고,

Min(20, 21, 32) = 20임으로 A에서 정점 C로 가는 경로의 최소비용은 20이고, 경로는 A에서 C로 직접 가는 것으로 결정한다.

다음 단계에서는 그림 (e)에서 처럼,

21 < d(A,C)+W(CE) = 22임으로 E에 대한 후보간선으로 BE를 그대로 두고,

Min(21, 32) = 21임으로 d(A,E) = 21로 결정한다.

다음 단계에서는 그림 (f)에서 처럼,

32 > d(A,E)+W(E,F) = 21+5 = 26임으로 F에 대한 후보간선으로 EF를 산정한다.

Min(26) = 26임으로 d(A,F) = 26으로 결정한다.

이와 같은 딕스트라의 알고리즘이 최단경로를 찾을까? 가장자리 정점 중에서 가장 가까운 것을 선택하여 거리를 결정하는 것과 후보간선을 결정하는 딕스트라의 전략이 과연 옳은 것일까? 딕스트라 알고리즘은 모든 후보간선 e에 대하여 d(v, 꼬리(e))+W(e)가 가장 작은 것을 선택하여 머리(e)에 대한 최단거리를 결정하는 데, 이 결정은 옳다는 것을 정리 4.7에서 증명한다.

정리 4.7

G=(V, E, W)가 양수 가중치를 갖는 가중치 그래프 혹은 방향 그래프라고 하자. V'은 V의 부분집합이고 v는 V'의 원소라고 하자. 만약 e가 V' 의 한 정점과 (V-V')의 한 정점을 잇는 모든 간선들 중에서 d(v, 꼬리(e))+W(e)를 최소화하는 것으로 선택된다면, v에서 꼬리(e)까지의 최단경로에 연결된 e로 구성된 경로는 v에서 머리(e)까지의 최단경로이다.

증명

[그림 4.14]를 보자. 그림의 e가 선택되었다고 하자. e=yz라 하고 y는 V' 에 속하고, v에서 y까지의 최단경로를 v, x_1, ..., x_r, y라 하며, P=v, x_1, ..., x_r, y, z라고 하자.

W(P)=d(v, y)+W(e)이다. v, z_1, ..., z_l, ..., z는 v에서 z까지 가는 P가 아닌 임의의 경로라고 하자. 이 경로를 P' 라 하자. W(P)≤W(P')을 보이면 증명이 완성된다. (z_l은 P'에서 V' 에 속하지 않은 정점 중 맨 처음 정점이라고 하자. z_l은 z가 될 수도 있다. l=1일 때에는 v가 z_0로 된다. 알고리즘에서 $z_{l-1}z_l$은 하나의 후보간선이 될 것이다.) 딕스트라 알고리즘이 e를 선택하였다는 것은 다음을 의미한다:

$$W(P)=d(v, \text{꼬리}(e))+W(e) \leq d(v, z_{l-1})+W(z_{l-1}z_l)$$

그런데 v, z_1, ...,z_l은 경로 P'의 일부분임으로 W(P) ≤W(P')이다.

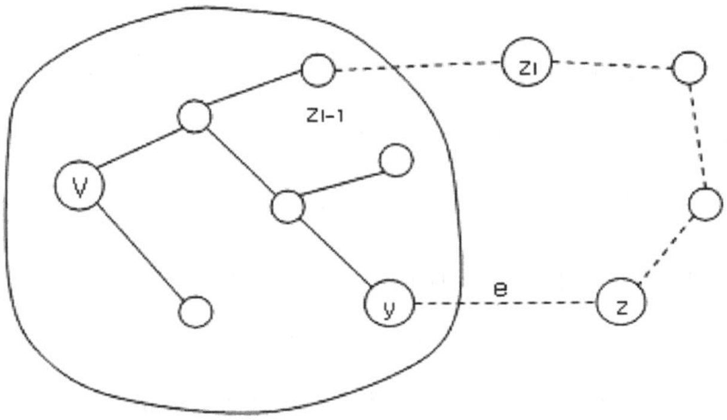

[그림 4.14] 딕스트라 알고리즘이 e를 선택하였다는 것은 W(P)=d(v, tail(e))+W(e) ≤ d(v, zl-1)+W(zl-1zl) 임을 의미한다.

위에서 살펴 본 딕스트라 알고리즘을 요약하면 [그림 4.15]와 같다. [그림 4.15]의 알고리즘은 주어진 출발 정점에서 다른 모든 정점 각각에 대한 최단 거리만을 계산한다. 최단 경로까지 구하려면 [그림 4.15]를 조금 확장해야 한다. 예를 들어, 크기가 n인 배열인 경로[1..n]을 선언하고, 후보간선 e=xy를 선택하여 가장자리 정점 y를 트리정점으로 추가할 때마다 정점 y에 해당하는 배열 경로의 셀인 경로[y]에 x를 기록하여 두면, 경로 배열을 역추적하여 최단 경로를 찾을 수 있다.

procedure Dijkstra의 매개변수 비용은 간선들의 가중치를 나타내는 배열이다. 예를 들어, [그림 4.13]의 (a)가 주어진 그래프라면 배열 비용은 다음과 같다.

	A	B	C	D	E	F
A	0	14	20	15	∞	∞
B	14	0	10	∞	7	18
C	20	10	0	12	2	∞
D	15	∞	12	0	16	∞
E	∞	7	2	16	0	5
F	∞	18	∞	∞	5	0

```
procedure Dijkstra (v, 비용, 거리, n)  {
/* v는 출발 정점을 나타내는 정수
/* 비용은 각 간선의 가중치를 나타내는 nXn 행렬
/* 거리는 크기 n인 일차원 배열로서 거리[i]는 정점 v에서 정점 i까지의 최단거리로 채워질 것임. */
/* n은 그래프의 정점의 수

   boolean S[1..n]; real 비용[1..n][1..n]; 거리[1..n];
   integer u, v, n, i, j, w;

   /* S는 최단 거리가 결정된 트리정점을 나타내는 배열로 S[i]==1이면 정점 i가 트리정점임
   을 나타냄. 초기에는 트리정점이 없음. 거리[i]는 정점 v에서 정점 i까지의 거리로, 본 알
   고리즘이 완료되면 최단거리로 채워질 것임          */
   for(i:=1; i<=n; i++) {
     S[i] := 0; 거리[i] := 비용[v][i];
   }
   /* 출발점은 트리정점이고, 최단거리는 0임
   S[v] := 1;  거리[v] := 0;

   for (j:=2; j<n; j++) {
   /* 다음은 u까지의 최단거리를 결정하는 문장임
     S[w] == 0인 모든 정점 중에서 거리[w]가 최소인 정점 u를 찾는다 ;
   /* u가 트리정점이라고 표시함
     S[u] := 1;
   /* u를 경유하는 것이 더 가까운지 비교하여 후보간선을 갱신하는 반복문임
     S[w] == 0인 모든 정점에 대하여 {
       거리[w] := Min( 거리[w], 거리[u]+비용[u, w]);
     }
   }
}
```

[그림 4.15] 최단거리를 구하는 탐욕적 알고리즘

4.7 의사결정트리 (Decision Tree)

인공지능이나 데이터마이닝 분야에서 다량의 실제 데이터를 바탕으로 의사결정을 내리는 기술 중 하나로 분류(classify)라는 기술이 있다. 분류를 적용하는 한 실용적인 예로, 은행에 대출을 받으러 온 손님에 대하여 은행 대출 담당자가 과연 이 손님이 대출금을 사고 없이 상환할 사람인가 아닌가 판단하는 것을 분류의 한 예로 들 수 있다. 또 다른 예로 잠정적인 고객에 대하여, 백화점이나 보험사, 등등의 판매회사가 이 사람이 과연 물건을 사러 올 사람인가 아니면 오지 않을 사람인가를 판단하는 것도 분류의 한 예이다.

이러한 분류의 정확도를 제고하는 방법으로 다량의 실제 데이터를 참조하는 방법이 적용되고 있는데, 1 단계에서 실제 데이터를 바탕으로 분류 모델을 구축하고 2 단계에서는 새로운 데이터가 주어질 때, 1 단계에서 구축한 모델에 비추어 이 데이터는 과연 어떤 부류에 속할 지 의사결정을 내린다. 1 단계를 학습 단계라고 하고, 2단계를 분류단계라고 하며, 다량의 실제 데이터를 훈련 데이터라고 한다.

예를 들어 [그림 4.16]과 같은 훈련 데이터가 주어질 때, 학습단계에서 훈련 데이터를 분석하여 "만일 나이가 30 이하이고 직장인이면 컴퓨터를 살 것이고, 직장인이 아니면 사지 않을 것이다"와 같은 유형의 규칙들로 구성된 모델을 구축한다. [그림 4.16]과 같은 훈련 데이터는 예를 들어 "잘나가 전자 백화점"에서 매장 방문객마다 나이, 월수입, 직장인인지, 은행신용등급, 등을 조사하고, 그 방문객이 컴퓨터를 구입하였는지 아니면 그냥 나갔는지 기록하여 생성하는 것으로 본 예에서는 14 명에 대한 데이터만 다루지만 실세계에서는 훈련데이터가 수 만 명에 대한 데이터로 구성된다. 번호 1인 데이터는 나이가 30 이하이고 월수입은 고수입, 직장인이 아니었고, 신용등급이 보통이었던 어떤 방문객이 컴퓨터를 구입하지 않고 그냥 갔었다는 사실을 기록하고 있다.

분류 분야에서 사용하는 용어에는 레코드 혹은 터플(tuple), 속성(attribute), 부류, 이산화 등이 있는데 훈련데이터를 구성하는 한 개체, 즉 [그림 4.16]의 한 줄을 레코드나 터플이라고 한다. 한 터플은 여러 개의 항목으로 구성되는데 이러한 항목들을 일반적으로 속성이라고 한다. 예를 들면, [그림 4.16]의 경우에는 나이, 월수입, 등이 속성들이다. 훈련데이터의 각 터플에는 그 터플이 속한 부류가 명시된다. 예를 들면, [그림 4.16]의 경우에는 해당 터플이 나타내는 고객이 컴퓨터를 구입했는지 아닌지가 부류이다. 고객의 나이는 30살, 30살 6개월, 30살 6개월 열흘, 등으로 한 없이 자세히 나타낼 수 있는데, 이들을 30살 이하, 40살 이상 등과 같이 적당한 급간으로 나타내는 것을 이산화라고 한다.

번호	나이	월수입	직장인	신용등급	구입
1	<= 30	고수입	아니오	보통	아니오
2	<= 30	고수입	아니오	우수	아니오
3	31 ... 40	고수입	아니오	보통	예
4	> 40	중간	아니오	보통	예
5	> 40	낮음	예	보통	예
6	> 40	낮음	예	우수	아니오
7	31 ... 40	낮음	예	우수	예
8	<= 30	중간	아니오	보통	아니오
9	<= 30	낮음	예	보통	예
10	> 40	중간	예	보통	예
11	<= 30	중간	예	우수	예
12	31 ... 40	중간	아니오	우수	예
13	31 ... 40	고수입	예	보통	예
14	> 40	중간	아니오	우수	아니오

[그림 4.16] "잘나가 전자 백화점"의 훈련데이터

학습 단계에서 훈련데이터를 분석하여 모델을 구축하는데, 구축하는 모델에 의사결정트리라는 것이 있다. 의사결정트리의 일반적인 모양은 [그림 4.17]과 같다. 잠정고객의 나이, 월수입 등을 조사하여 예를 들어 나이가 30 미만이고, 월수입이 고수입, 직장인이 아니고, 신용등급이 보통이라면, 이 잠정고객의 나이에 비추어 [그림 4.17]의 의사결정트리의 뿌리노드에서 왼쪽 가지를 따라가게 된다. 그리고 직장인이 아님으로 의사결정트리의 직장인 노드에서 또 왼쪽 가지를 따라가서 구입하지 않음에 해당하는 "아니오" 부류

의 잎사귀 노드에 이른다. 그러면 이 사람은 컴퓨터를 구입하지 않을 것이라고 판단하게 된다. "잘나가 전자 백화점" 홍보 우편을 발송할 때, 아무에게나 발송하지 않고 구매할 것으로 분류되는 잠정고객에게만 우편을 발송함으로써 홍보비용을 절약하고 효과를 극대화 할 수 있다.

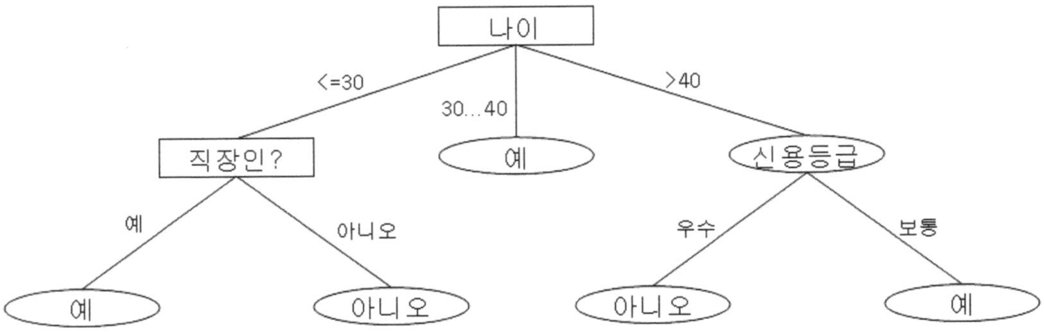

[그림 4.17] 의사결정트리의 일반적인 모습

본 절에서는 주어진 훈련데이터에 대한 의사결정트리를 구축하는 탐욕적 방법을 소개한다. 의사결정트리를 구축하는 알고리즘은 [그림 4.18]과 같다. 함수 의사결정트리생성의 매개변수는 [그림 4.16]과 같은 훈련데이터와 모든 속성들의 리스트이다. 이 함수는 재귀함수로 13 줄에서 자기 자신을 호출하는데, 이때에는 속성리스트가 하나 줄고, 훈련데이터도 작아진다.

```
function 의사결정트리생성(훈련데이터, 속성리스트)  {

1.   노드 N을 생성;
2.   if 훈련데이터가 모두 같은 부류 C에 속하면
3.          return(N의 레이블을 C로 하고 N을 잎사귀 노드로 반환함) ;
4.   if 속성리스트가 empty이면
5.          return(N의 레이블을 훈련데이터에 제일 많이 나타나는 부류로 하고, N을
                 잎사귀노드로 반환함);
6.   속성리스트에서 정보이득(information gain)이 가장 높은 속성을 선택하여 테
     스트속성이라 한다 ;
7.   N의 레이블을 테스트속성으로 정한다 ;
8.   테스트속성의 각 급간 ai 에 대하여 {
9.           노드 N에 테스트속성 == ai에 해당하는 가지를 생성한다 ;
10.          훈련데이터에서 테스트속성 == ai인 터플들의 집합을 훈련데이터i라고 한다 ;
11.          if 훈련데이터i가 empty이면
12.              훈련데이터에 제일 많이 나타나는 부류로 레이블을 한 잎사귀 노드를
                 (9에서 만든 가지에) 부착한다 ;
13.           else 의사결정트리생성(훈련데이터i, 속성리스트-테스트속성)이 반환하
                 는 노드를 (9에서 만든 가지에) 부착한다 ;
     }
}
```

[그림 4.18] 의사결정트리 생성 알고리즘

[그림 4.18]의 의사결정트리 생성 알고리즘의 기본 전략은 다음과 같다.

1) 의사결정트리는 훈련데이터를 나타내는 노드 하나로 시작한다 (줄 1).
2) 훈련데이터가 모두 한 부류에 속하면 그 노드가 잎사귀노드가 되며, 레이블은 그 부류가 된다 (줄 2, 3).
3) 그렇지 않으면 엔트로피 기반 측정치인 정보이득이라는 휴리스틱을 이용하여 훈련데이터를 각 부류로 가장 잘 분류할 속성을 찾는다 (줄 6). 이 속성이 줄 7에서 테스트속성으로 결정된다. 이 알고리즘은 모든 값이 이산화되었다고 가정한다. 정보이득이 가장 큰 속성을 선택하는 이 전략은 탐욕적 전략이다.

4) 테스트속성의 값 하나하나마다 가지를 만들고 훈련데이터를 테스트속성 값이 같은 것들 끼리 분류한다 (줄 8-10).
5) 줄 8-10에서 분류된 훈련데이터에 대한 의사결정트리를 생성하여 부모노드에 부착하기 위하여 알고리즘 자신을 재귀적으로 호출한다. 어떤 속성이 어떤 노드의 테스트속성으로 사용되면, 그 속성은 자식노드에서 고려될 일이 없다. 따라서 재귀호출 시 테스트속성을 삭제한다 (줄 13).
6) 재귀적인 분류는 다음 세 가지 조건 중 하나가 만족될 때 종료한다.
   a) 모든 훈련데이터가 한 가지 부류에 속할 때 (줄 2-3).
   b) 훈련데이터를 분류할 속성이 없을 때 (줄 4). 이 경우에는 다수결의 원칙이 적용된다 (줄 5). 즉, 주어진 노드를 잎사귀 노드로 변환하고, 훈련데이터에 나타나는 부류 중 가장 많이 나타나는 부류를 레이블로 정한다. 다수결의 원칙 대신 각 부류의 출현비율로 레이블을 삼을 수도 있다.
   c) 훈련데이터에 테스트속성 == ai인 터플이 전혀 없을 때 (줄 11). 이 경우에도 다수결의 원칙을 적용하여 잎사귀노드를 생성한다 (줄 12).

의사결정트리의 각 노드마다 테스트속성을 선택하기 위하여 정보이득 측정치를 사용하였다. 테스트속성을 선택하기 위하여 사용되는 측정치를 속성선택 측정치 혹은 분류의 좋은 정도를 측정하는 측정치라고 한다. 정보이득을 최대로 하는 속성(혹은 엔트로피를 제일 많이 감소시키는 속성)이 현재 노드에 대한 테스트속성으로 선정된다. 테스트속성을 기준으로 분류한 결과로 얻은 훈련데이터를 분류하는데 드는 비용은 정보이득을 최대로 하는 속성을 테스트속성으로 할 때 가장 작아진다. 이 말은 정보이득을 최대로 하는 속성이 테스트속성으로 사용될 때, 분류 결과로 생성되는 훈련데이터의 무작위성이나 비순수성(부류가 아무렇게나 나타남)이 가장 적어진다는 것이다. 이러한 정보 이론적 접근이 주어진 개체를 분류하는데 필요한 테스트의 수를 최소화하고 가장 간단한 트리를 생성하는 것을 가능하게 해 준다. 그러나 가장 간단한 트리를 생성한다는 보장은 없다.

S는 s 개의 샘플 데이터로 구성된 훈련데이터라고 하자. 훈련데이터에 나타나는 부류(class)의 종류가 m 가지라고 하고, 각 부류를 Ci(for i=1, ..., m)이라고 명명하자. 훈련데이터 중 부류 값이 Ci 인 터플의 수를 si라 하자. 그러면 주어진 훈련데이터를 분류하는데 필요한 예상 정보량(I)을 다음과 같이 구할 수 있다.

$$I(s_1, s_2, ..., s_m) = -\sum_{i=1}^{m} p_i \log_2(p_i) \tag{4.1}$$

단, p_i는 임의의 터플이 부류 Ci에 속할 확률이며, 이 값은 s_i/s로 한다. 로그함수의 밑으로 2를 사용하는데 이것은 정보가 2진수로 코드화되기 때문이다.

속성 A가 v 가지의 급간을 갖는다고 하고 각 급간을 $\{a_1, a_2, ..., a_v\}$로 표기하자. 속성 A를 기준으로 훈련데이터 S를 분류하면 A의 값이 a_1인 터플들의 집합인 S_1, a_2인 터플들의 집합인 S_2, ..., 등 $\{S_1, S_2, ..., S_v\}$의 v 개의 부분집합으로 분류가 된다. 만일 A가 테스트 속성으로 선택이 된다면 (즉, 분리에 가장 적당한 속성), 이 부분집합들($\{S_1, S_2, ..., S_v\}$)이 S에 해당하는 노드의 가지들이 될 것이다. 부분집합 S_j에 부류 C_i에 속하는 터플들의 수를 s_{ij}로 표기하자. 그러면, 엔트로피라고 일컫는 A에 의하여 분류한 결과의 예상 정보량은 다음과 같다.

$$E(A) = \sum_{j=1}^{v} \frac{s_{ij} + ... + s_{mj}}{s} I(s_{1j}, ..., s_{mj}) \tag{4.2}$$

식 4.2에서 속성 A의 값이 a_{ij}인 터플들의 집합의 S에 대한 비율인 $\frac{s_{ij} + ... + s_{mj}}{s}$는 j 번째 부분집합의 가중치의 역할을 한다. 엔트로피가 작을수록 부분집합의 순수성이 높다. 즉, 부분집합을 이루는 터플들이 속하는 부류의 종류가 적다. 부분집합 Sj에 대한 예상 정보량은 다음의 식 4.3으로 구한다.

$$I(s_{1j}, s_{2j}, \ldots, s_{mj}) = -\sum_{i=1}^{m} p_{ij} \log_2(p_{ij}) \tag{4.3}$$

식 4.3에서 $p_{ij} = \frac{s_{ij}}{|S_j|}$이고 S_j의 한 터플이 부류 C_i에 속할 확률이다.

그러면 속성 A에 의하여 가지치기를 함에 따라 얻어지는 코드화 정보는 다음의 식 4.4와 같다.

$$Gain(A) = I(s_1, s_2, \ldots, s_m) - E(A) \tag{4.4}$$

달리 말하면, Gain(A)는 속성 A의 값을 알게 됨에 따라 엔트로피에 발생하는 예상 감소이다.

의사결정트리 생성 알고리즘은 각 속성에 대한 정보이득을 계산하고, 정보이득이 가장 높은 속성을 주어진 훈련데이터의 테스트속성으로 선정한다. 테스트속성을 레이블로 하는 노드를 생성한 다음, 테스트속성의 값에 따른 가지를 생성하고, 훈련데이터를 분류하여 자식노드를 위한 훈련데이터를 구성한다.

예제

[그림 4.16]과 같은 훈련데이터는 컴퓨터를 구입했는지 (예) 아니면 하지 않았는지 (아니오) 두 부류(m=2)로 분류된다. "예"를 C1, "아니오"를 C2라 하자. "예" 부류에 속하는 터플이 9개이고. "아니오" 부류에 속하는 터플이 5개이다. 정보이득을 구하기 위하여 우선 식 4.1을 이용하여 훈련데이터를 분류하는데 필요한 정보량을 다음과 같이 구한다.

$$I(s_1, s_2) = I(9, 5) = -\frac{9}{14}log_2\frac{9}{14} - \frac{5}{14}log_2\frac{5}{14} = 0.940.$$

다음은 각 속성에 대한 엔트로피를 구한다. "나이" 속성부터 시작하여 보자. "나이"의 값 각각에 대하여 부류 "예"에 속하는 터플의 수와 "아니오"에 속하는 터플의 수를 헤아리고, 또한 예상 정보량까지 구한다. 즉,

"나이"가 "<=30"인 경우:

s11 = 2, s21 = 3, I(s11, s21) = 0.971.

"나이"가 "31...40"인 경우:

s12 = 4, s22 = 0, I(s12, s22) = 0.

"나이"가 ">40"인 경우:

s13 = 3, s23 = 2, I(s13, s23) = 0.971.

식 4.2를 이용하여 훈련데이터가 "나이"에 의하여 분류된 결과를 또 분류하는 데 필요

한 예상 정보량은 다음과 같다.

$$E(\text{나이}) = \frac{5}{14}I(s_{11}, s_{21}) + \frac{4}{14}I(s_{12}, s_{22}) + \frac{5}{14}I(s_{13}, s_{23}) = 0.694.$$

그래서 "나이"에 따라 분류하는 것의 정보이득은:

Gain(나이) = I(s1,s2) - E(나이) = 0.940 - 0.694 = 0.246 이다.

비슷한 방법으로 "월수입"에 대한 예상정보량을 구하면,

"월수입"이 "고수입"인 경우:

$$s11 = 2,\ s21 = 2,\ I(2,2) = -(\frac{2}{4}log_2\frac{2}{4} + \frac{2}{4}log_2\frac{2}{4}) = 1,$$

"월수입"이 "중간"인 경우:

$$s12 = 4,\ s22 = 2,\ I(4,2) = -(\frac{4}{6}log_2\frac{4}{6} + \frac{2}{6}log_2\frac{2}{6}) = 0.919,$$

"월수입"이 "낮음"인 경우:

$$s13 = 3,\ s23 = 1,\ I(3,1) = -(\frac{3}{4}log_2\frac{3}{4} + \frac{1}{4}log_2\frac{1}{4}) = 0.811.$$

$$\begin{aligned} E(\text{월수입}) &= \frac{4}{14}I(2,2) + \frac{6}{14}I(4,2) + \frac{4}{14}I(3,1) \\ &= \frac{4}{14}*1 + \frac{6}{14}*0.919 + \frac{4}{14}*0.811 \\ &= 0.911. \end{aligned}$$

그래서 "월수입"에 따라 분류하는 것의 정보이득은:

Gain(월수입) = I(s1,s2) - E(월수입) = 0.940 - 0.911 = 0.029 이다.

비슷한 방법으로 "직장인"에 대한 예상정보량을 구하면,

"직장인"이 "예"인 경우:

s11 = 6, s21 = 1, I(6, 1) = $-(\frac{6}{7}log_2\frac{6}{7}+\frac{1}{7}log_2\frac{1}{7})$ = 0.592,

"직장인"이 "아니오"인 경우:

s12 = 3, s22 = 4, I(3, 4) = $-(\frac{3}{7}log_2\frac{3}{7}+\frac{4}{7}log_2\frac{4}{7})$ = 0.985,

$$
\begin{aligned}
E(\text{직장인}) &= \frac{7}{14}I(6,1)+\frac{7}{14}I(3,4) \\
&= \frac{7}{14}*0.592+\frac{7}{14}*0.985 \\
&= 0.789.
\end{aligned}
$$

그래서 "직장인"에 따라 분류하는 것의 정보이득은:

Gain(직장인) = I(s1,s2) - E(직장인) = 0.940 - 0.789 = 0.151 이다.

비슷한 방법으로 "신용등급"에 대한 예상정보량을 구하면,

"신용등급"이 "우수"인 경우:

s11 = 3, s21 = 3, I(3,3) = $-(\frac{3}{6}log_2\frac{3}{6}+\frac{3}{6}log_2\frac{3}{6})$ = 1,

"신용등급"이 "보통"인 경우:

s12 = 6, s22 = 2, I(6,2) = $-(\frac{6}{8}log_2\frac{6}{8}+\frac{2}{8}log_2\frac{2}{8})$ = 0.811,

$$
\begin{aligned}
E(\text{신용등급}) &= \frac{6}{14}I(3,3)+\frac{8}{14}I(6,2) \\
&= \frac{6}{14}*1+\frac{8}{14}*0.811 \\
&= 0.892.
\end{aligned}
$$

그래서 "신용등급"에 따라 분류하는 것의 정보이득은:

Gain(신용등급) = I(s1,s2) - E(신용등급) = 0.940 - 0.892 = 0.048 이다.

Gain("나이")가 Gain 값 중 가장 큼으로 의사결정트리의 뿌리는 "나이"로 결정한다. "나이" 속성의 값에 따라 가지를 만들고 훈련데이터 중 "나이" 값이 같은 것만 모아 부분집합을 만들어 그 가지에 부착하면 [그림 4.19]가 된다.

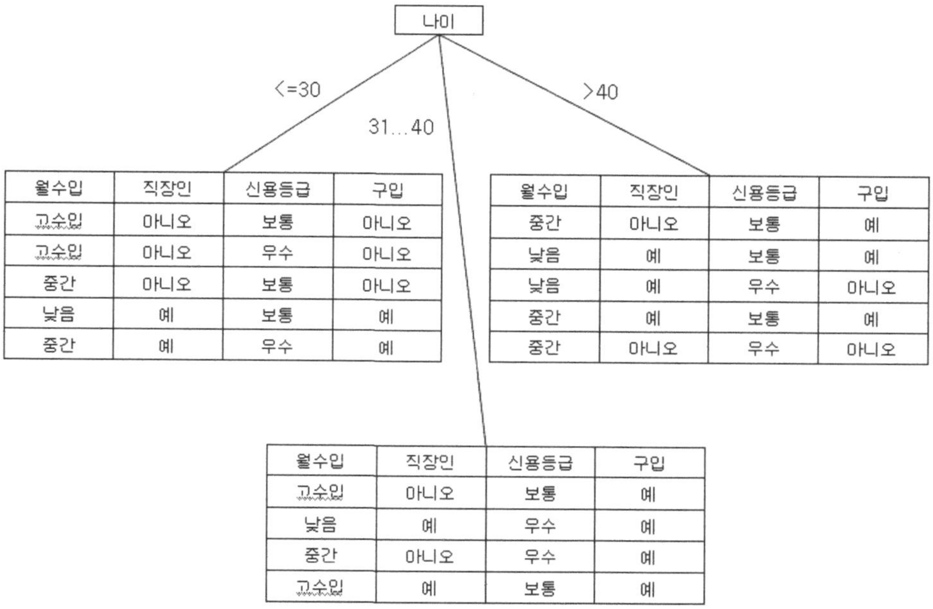

월수입	직장인	신용등급	구입
고수입	아니오	보통	아니오
고수입	아니오	우수	아니오
중간	아니오	보통	아니오
낮음	예	보통	예
중간	예	우수	예

월수입	직장인	신용등급	구입
중간	아니오	보통	예
낮음	예	보통	예
낮음	예	우수	아니오
중간	예	보통	예
중간	아니오	우수	아니오

월수입	직장인	신용등급	구입
고수입	아니오	보통	예
낮음	예	우수	예
중간	아니오	우수	예
고수입	예	보통	예

[그림 4.19] 나이를 뿌리노드로 결정하였을 경우의 결정트리

[그림 4.19]의 왼쪽 자식 노드에 대하여 정보량을 구하면 I(2, 3) = 0.971.
E(월수입) = 0.5, 따라서 Gain(월수입) = 0.471.
E(직장인) = 0, 따라서 Gain(직장인) = 0.971,
E(신용등급) = 0.950, 따라서 Gain(신용등급) = 0.021.

따라서 이 노드에 대한 가지는 "직장인" 속성 값에 따라 생성한다. "직장인"이 "아니오"인 가지에 부착되는 부분집합은 부류가 모두 "아니오"임으로 의사결정트리생성 함수가 재귀호출되면 레이블이 "아니오"인 잎사귀노드를 생성하여 가지에 부착하고 종료한다. 마찬가지로, "직장인"이 "예"인 가지에는 레이블이 "예"인 잎사귀노드가 부착된다.

[그림 4.19]의 가운데 가지에 붙은 자식노드의 부분집합은 부류가 모두 "예"임으로 재

귀호출된 의사결정트리생성 함수가 레이블이 "예"인 잎사귀노드를 부착하고 종료한다.

[그림 4.19]의 오른쪽 가지에 붙은 자식노드에 대하여 정보량을 구하면 I(3, 2) = 0.971.
E(월수입) = 0.951, 따라서 Gain(월수입) = 0.971 - 0.951 = 0.02.
E(직장인) = 0.951, 따라서 Gain(직장인) = 0.971 - 0.951 = 0.02,
E(신용등급) = 0, 따라서 Gain(신용등급) = 0.971.

따라서 이 노드에 대한 가지는 "신용등급" 속성 값에 따라 생성되며, [그림 4.19]의 왼쪽 가지의 경우와 마찬가지로 다음 깊이의 노드가 모두 잎사귀노드가 된다.

의사결정트리를 옥내에 있는 사용자의 위치를 판정하는 목적으로 사용할 수 있다. 무선 통신 기술의 발달로 사용자의 이동성이 제공되기 시작하면서 위치기반서비스(LBS: Location Based Service)가 부각되었다. 위치기반서비스는 이동통신망이나 위성항법장치(GPS) 등을 통해 얻은 위치정보를 기반으로 사용자에게 유용한 서비스를 제공하는 것을 말한다. 서비스의 예로 공공안전 서비스, 위치추적 서비스, 항법 서비스, 정보제공 서비스 등 부가가치가 높은 서비스들이 많이 있는데, 이러한 서비스를 개발 하려면 필수적으로 사용자의 위치를 파악해야 한다.

사용자의 위치를 파악하는 측위시스템은 크게 옥외용과 옥내용으로 구분되는데, 옥외용은 위성항법장치(GPS)를 이용한 방법으로 위치추정이 실용화 되어있는 반면 옥내용은 여러 가지 방법으로 위치추정 연구가 진행되고 있다.

무선LAN을 위하여 이미 설치된 AP를 이용하여 사용자의 옥내 위치를 판단할 수 있다면 측위를 위한 특수 장비가 필요 없기 때문에 경제적인 옥내측위가 가능하다. AP를 이용하는 방법도 여러 가지가 있다. 그 중 한 가지는 준비단계에서 영역 내의 어떤 장소에서 AP의 신호의 세기를 측정하여 두었다가 실제 측위 단계에서 사용자의 위치에서 측정한 AP의 신호의 세기가 준비단계에서 측정한 신호 세기와 패턴이 동일하면 사용자의 현재 위치가 바로 그 장소라고 판정하는 방식이 정확도가 비교적 높으면서도 경제적이다. 준비단계에서 AP의 신호들을 미리 읽어두는 장소들을 후보지점이라고 한다. AP의 신호 세기를 미리 읽어두는 작업을 후보지점마다 매우 여러 번 실행해 두어야 한다. 왜냐하면 AP 신호의 세기가 일정하지 않기 때문이다.

준비단계 동안 각 후보지점에서 읽어 둔 AP의 세기와 후보지점의 위치가 훈련데이터를 구성한다는 사실을 이미 짐작하였으리라 믿는다. 옥내측위를 위한 훈련데이터의 일부의 예가 [그림 4.20]에 보인다. 실제 측위 시스템의 훈련데이터의 경우에는 AP들의 주소가 00:13:C3:9B:FB:50과 같은 형태이지만 [그림 4.20]에서는 AP의 이름을 AP1, ..., AP5라고 하였다. 후보지점은 윈도우에 출력된 도면상의 좌표로 표시하였다.

AP1의 신호 세기	AP2의 신호 세기	AP3의 신호 세기	AP4의 신호 세기	AP5의 신호 세기	후보지점
-50	-37	-55	-77	-61	(100, 200)
-53	-29	-52	-71	-57	(100, 250)
-50	-38	-53	-65	-58	(50, 200)
-51	-38	-55	-79	-61	(100, 200)
-51	-38	-55	-79	-61	(100, 200)
...	...	...	...	...	...

[그림 4.20] AP의 세기를 이용한 옥내측위 시스템을 위한 훈련데이터의 예

[그림 4.20]과 같은 훈련데이터로 구축한 의사결정트리는 일반적으로 [그림 4.21]과 같다. [그림 4.21]에는 한 노드의 가지가 최대 3개다. 그 이유는 신호의 세기를 3개의 계급으로 나누었기 때문이다. 계급의 수를 몇 개로 하는 것이 가장 적당한지에 대한 답은 아직 풀리지 않았으므로, 여러 가지 계급의 수를 적용하여 적당한 수를 결정해야 한다. 연속적인 데이터를 계급으로 나누는 것을 이산화라고 한다.

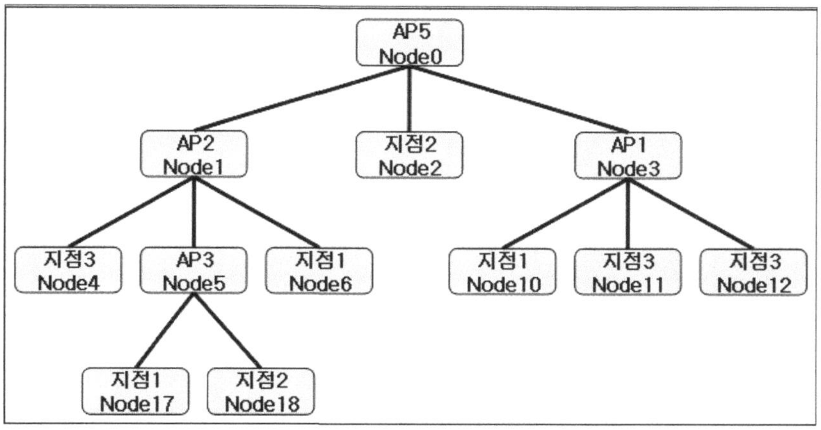

[그림 4.21] 전형적인 결정트리

[그림 4.20]과 같은 훈련데이터를 이산화한 훈련데이터로 결정트리를 구축하는 알고리즘은 [그림 4.22]와 같다. 훈련데이터를 채취하고, 결정트리를 구축하여 저장하며, 사용영역에 해당하는 결정트리를 주기억장치에 올려놓는 작업까지가 준비단계이다. 실시간 단계에서는 사용자의 현재 위치에서 AP들의 신호를 받아, 결정트리를 이용하여 현재위치를 파악하여 주는 일을 수행한다.

```
algorithm CreatDesisionTree(int[][] Table, ListType MacList, int Index)
재귀 호출을 통해 배열을 이용한 결정트리를 생성한다.
사전조건 : Table은 Root 테이블 또는 부모 테이블
           MacList는 Table의 요소에 대한 MacAddress
           Index는 Table이 위치한 실제 Tree의 노드번호
사후조건 : subTable, subMacList, subIndex를 생성하여
           재귀호출 한다.
           Tree의 단말노드에 도달하기 까지 중간 노드를 구한다.
1. if(Table 행의 개수 != 1)
   1. loop(Table의 모든 Class에 대해)
      1.동일한 Class 개수 카운트
   2. end loop
   3. if(모든 Class가 동일)
      1. Tree[Index] = 지점명;
      2. return;
   4. else if(Table이 존재하지 않는다)
      1. Tree[Index] = Empty;
      2. return;
   5. else if(Table의 행의 개수 == 2)
      1. Tree[Index] = 각 지점의 비율;
      2. return;
   6. end if
2. else
   1. Tree[Index] = 지점명;
3. end if
4. Table에 대한 Information을 구한다.
5. Table의 요소마다 Entropy를 구한다.
6. Tree[Index] = Information Gain이 가장 큰 요소
7. subMacList 생성
8. loop(모든 Interval에 대해)
   1. subTable 생성
   2. CreatDesisionTree(subTable, subMacList, subIndex)
9. end loop
end CreatDesisionTree
```

[그림 4.22] 결정트리를 생성하는 알고리즘

연습·문제

1. 물건의 가짓수가 4가지이고, 배낭의 용량은 40, 물건의 가치는 (p1, p2, p3, p4) = (20, 30, 10, 25), 물건의 무게는 (w1, w2, w3, w4) = (38, 55, 21, 40)인 부분배낭 문제를 푸세요.

2. [그림 4.13](a)의 그래프에서 정점 E가 출발점일 때, 다른 정점들에 대한 최단 경로를 구하세요.

3. 다음 그래프의 최소신장트리를 구하세요.

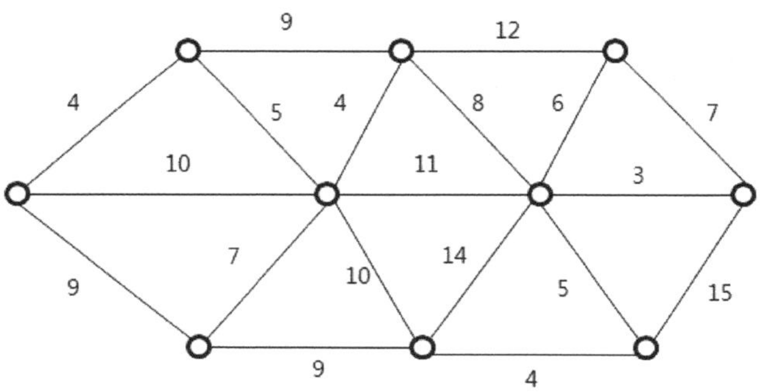

4. 기호들의 출현 빈도수가 다음과 같다. 기호들을 나타내는 허프만코드를 작성하세요.

	a	b	c	d	e	f	g	h
빈도수	10	8	3	5	21	9	14	30

5. 졸업생을 대상으로 훈련데이터를 작성하여 재학생들이 취업을 할 수 있을지 없을지를 예측하는 판단트리를 작성하여 보세요.

Chapter

05

동적프로그래밍 (Dynamic Programming)

Computer Algorithm

문제를 크기가 작은 부분 문제로 분할한 뒤, 답을 구하기 위해 같은 부분 문제를 몇 번이고 반복해서 해결할 필요가 있는 경우가 있다. 그 때에는 한번 해결한 부분 문제의 해답을 배열표에 기억해 두었다가 필요할 때에 그 배열표를 참조하게 하면 새로 계산하는데 걸리는 시간을 절약할 수 있게 되어 효율이 좋은 알고리즘을 얻을 수 있다. 이와 같이 주어진 문제를 해결하기 위해 부분 문제에 대한 답을 배열표에 기입하는 기법을 동적프로그래밍(dynamic programming)이라고 한다. 동적프로그램밍이라는 용어는 제어이론에서 왔는데, 해답을 구축하는데 배열표를 사용함을 의미한다.

동적프로그래밍이 문제의 경우를 풀기 쉬운 더 적은 경우들로 분할한다는 점에서는 3장에서 설명한 분할정복의 방법과 유사하다. 그러나 분할정복에 의한 방법과 동적프로그래밍 방법과의 근본적인 차이는, 동적프로그래밍에서는 분할된 문제의 적은 경우들을 먼저 해결한 다음에 이 결과들을 저장하고 나중에 필요할 때마다 저장된 곳에서 꺼내어 참조하는 데 있다. 그러므로 동적프로그래밍 경우에는 한 번 계산된 결과는 다시 반복하여 계산할 필요가 없다. 즉, 한 번 해결한 부분 문제에 대한 해를 기억해 두었다가 필요한 때에 참조하여 새로 계산하는데 걸리는 시간을 절약하는 것이다.

피보나치 수열은 다음과 같이 재귀관계 함수로 정의된 정수 수열이다.

- 초기치 : $F_0=0,\ F_1=1$
- 재귀적인 함수 : $F_n=F_{n-1} + F_{n-2}\ (n>1)$

재귀 문제는 간단한 부분 문제로 분할할 수 있고 부분 문제의 크기들의 합을 적게 유지하는 경우에 아주 효율적이다. 그러나 크기가 n인 문제를 단순히 분할했는데, 각 부분 문제의 크기가 피보나치 수열의 재귀 관계처럼 균형이 맞지 않은 문제로 분할되는 경우에는 재귀 알고리즘의 복잡도는 지수 함수적으로 증가하는 경우도 있다. 이 경우에 재귀 호출은 많은 양의 일을 반복하므로 매우 비효율적이다. 피보나치 수열의 n 번째 항을 구할 때 계산되는 항들의 개수는 n에 지수적으로 증가한다. 예를 들어서 피보나치 수열의 15 번째 항을 구하려면, 먼저 13 번째와 14 번째 항을 구해야 한다. 그리고 13 번째와 14 번째 항을 구하려면 각각 11 번째, 12 번째 및 12 번째, 13 번째 항을 구해야 된다. 따라서 12 번째 항은 13 번째와 14 번째 항 모두에 필요한 항이다. 같은 항을 2번이상 계산해야하는 경우는 이외에도 많다.

동적프로그래밍에 의하여 피보나치 수열의 n번째 항을 구할 때는, 인덱스가 0부터 n까지의 n+1개의 앞의 항들을 1차원 행렬에 저장한다. 그리고 이 1차원 행렬의 맨 처음에서부터 문제에 대한 해답을 구성한다. 따라서 분할정복에 의한 알고리즘 설계방법은 하향식(top-down) 인데 반하여, 우리가 5장에서 배우는 동적프로그래밍은 상향식(bottom-up) 방법에 의해 알고리즘을 설계한다.

또한 동적프로그래밍은 문제에 대한 해가 연속적인 결정(decision)의 결과로 간주될 때 이용되는 알고리즘의 설계 방법이고 최종 답을 얻기 위해 동적프로그래밍에서는 많은 결정 순서들이 생성이 된다. 반면에 4장에서 배운 탐욕적 방법에서는, 결정의 최적순서는 한 번에 한 개씩 결정하여 오류가 없도록 해서 찾게 된다. 즉 탐욕적 방법과 동적프로그래밍의 근본적인 차이를 보면, 탐욕적 방법에서는 단지 한 번의 결정 순서가 생성되고 반면에 동적프로그래밍에서는 결정의 순간마다 확실한 결정을 하지 못하고 여러 가지 가능성을 모두 계산해야 하지만 훨씬 복잡한 문제를 해결할 수 있다.

동적프로그래밍 기법을 사용하여 문제를 해결하고자 할 때는, 항상 다음과 같은 최적의 원리(principle of optimality)가 성립되어 문제에 적용될 수 있어야 한다. '어떤 문제 사례에 대한 최적 해가 그 사례를 분할한 부분사례에 대한 최적 해를 항상 포함하고 있으면, 그 문제는 최적의 원리가 성립된다' 라고 한다. 예를 들어 그래프의 최단경로 문제에서, v_k를 정점 v_i에서 정점 v_j로 가는 최적 경로상의 정점이라고 할 때, v_i에서 v_k로 가는 부분경로와 v_k에서 v_j로 가는 부분경로도 최적이라면 최적의 원리가 성립된다고 할 수 있다.

주어진 문제에 최적의 원칙이 성립되면, 어떤 사례에 대한 최적 해를 부분사례에 대한 최적해의 형식으로 표현해 주는 재귀 관계식을 구축할 수 있다. 복잡한 문제에 대해 최적 결정 순서를 이끌어 내기위해 모든 가능한 결정 순서를 찾는 것 보다는 동적프로그래밍을 이용함으로써 가능하면 최적이 아닌 몇 가지 결정 순서의 나열을 회피시켜서 나열의 양을 상당히 줄여 주게 된다. 동적프로그래밍 알고리즘의 개발절차는 다음과 같다:

1. 문제의 사례에 대해서 해답을 주는 재귀 관계식을 정립한다.
2. 작은 사례를 먼저 해결하는 상향식 방법으로 문제의 사례 전체를 해결한다.

이 절차를 설명하기 위해서 5.1절에서 동적프로그래밍 기법을 적용하는 간단한 예를 보자. 나머지 절에서는 동적프로그래밍 기법을 적용하는 더 복잡한 사례들을 다룬다.

5.1 이항계수 구하기

수학에서 자주 사용되는 이항계수(binomial coefficient)는 다음과 같이 정의된다.

$$\binom{n}{k} = \frac{n!}{k!(n-k)!} \qquad (0 \le k \le n)$$

n 과 k 가 큰 값인 경우 위의 수식을 가지고 바로 구하기는 어려우므로, 다음 수식을 이용하여 이항계수를 계산한다.

$$\binom{n}{k} = \begin{cases} \binom{n-1}{k-1} + \binom{n-1}{k} & (0 < k < n) \\ 1 & (k = 0 \text{ 또는 } k = n) \end{cases} \tag{5.1}$$

이 재귀 관계식을 사용하여, 분할정복 알고리즘을 설계하면 알고리즘 5.1과 같다.

알고리즘 5.1 분할정복 방법으로 이항계수 구하기

문제 : 이항계수 계산

입력 : 음이 아닌 정수 n과 k, 여기서 k≤n

출력 : 이항계수 $\binom{n}{k}$

```
int bin1 (int n, int k)
{
   if(k==0 || n==k)
      return 1;
   else
      return bin1(n-1, k-1)+bin1(n-1, k);
}
```

$\binom{n}{k}$ 를 구하기 위해서 알고리즘이 계산하는 항의 개수는 $2\binom{n}{k}$ - 1 이다. 알고리즘 5.1은 매우 비효율적이다. 문제는 재귀 호출할 때마다 같은 사례가 반복 계산된다는 사실이다. 예를 들어 bin(n-1, k-1)과 bin(n-1,k)는 둘 다 bin(n-2, k-1)의 결과가 필요하고, 따라서 bin(n-2, k-1)는 bin(n-1, k-1)에서도 계산되고 bin(n-1,k)에서도 중복으로 계산된다. 분할정복 방법은 사례의 원래 크기와 거의 같은 크기를 가진 2개의 사례로 각각 분할되면 매우 비효율적이다.

이제 중복계산을 피할 수 있는 효율적인 알고리즘을 동적프로그래밍 기법을 사용하여 개발해 보자. 재귀 관계식은 식 (5.1)에서 이미 정립해 놓았다. 이 식을 가지고 B[i][j]가 $\binom{i}{j}$ 값을 갖도록 배열 B에 해답을 작성해나간다. 이 문제를 해결하는 동적프로그래밍 알고리즘을 작성하는 절차는 다음과 같다.

1. 재귀 관계식(식 5.1)을 정립한다. 배열 B를 이용하는 형태로 다시 작성하면 다음과

같다.

$$B[i][j] = \begin{cases} B[i-1][j-1] + B[i-1][j] & (0 < j < i) \\ 1 & (j = 0 \text{ 또는 } j = i) \end{cases}$$

2. 첫 번째 행부터 시작하여 차례로 B의 행에 들어갈 값들을 계산하는 상향식(bottom-up)으로 문제의 사례를 해결한다.

예제 5.1은 위의 절차를 자세히 보여준다. 그림 5.1은 그 과정의 값들을 나열한 것이다. 그림 5.1의 각 행의 값은 절차 1에서 정립한 재귀 관계식을 적용하여 바로 이전에 계산한 값들을 가지고 계산한다. 계산된 최종값 B[n][k]는 $\binom{n}{k}$의 값이 된다.

예제 5.1

B[4][2] = $\binom{4}{2}$를 계산해보자.

0번째 행의 계산 : B[0][0] = 1
1번째 행의 계산 : B[1][0] = 1
B[1][1] = 1
2번째 행의 계산 : B[2][0] = 1
B[2][1] = B[1][0] + B[1][1] = 1+1 = 2
B[2][2] = 1
3번째 행의 계산 : B[3][0] = 1
B[3][1] = B[2][0] + B[2][1] = 1+2 = 3
B[3][2] = B[2][1] + B[2][2] = 2+1 =3
4번째 행의 계산 : B[4][0] = 1
B[4][1] = B[3][0] + B[3][1] = 1+3 =4
B[4][2] = B[3][1] + B[3][2] = 3+3 =6

	0	1	2	3	4	j	k
0	1						
1	1	1					
2	1	2	1				
3	1	3	3	1			
4	1	4	6	4	1		
i							
n							

B[i-1][j-1] → B[i][j]
B[i-1][j] ↓ B[i][j]

[그림 5.1] 이항계수를 구하는데 사용한 배열 B

알고리즘 5.2는 동적프로그래밍 기법으로 이항계수를 구하기 위하여 구현한 알고리즘이다. 예제 5.1에서 계산된 바와 같이 이항계수를 k 값이 증가하는 순으로 계산하였고 반복할 때마다 그때그때 필요한 값들은 이미 계산되어 저장되어 있다. 이것이 동적프로그래밍 기법의 핵심이다. 알고리즘 5.2에서 n=k=0일 때 이항계수가 정의되어 있기 때문에 예제 5.1에서 B[0][0]을 계산하였다. 비록 그 값이 다른 이항계수를 구하는 데 필요 없지만 알고리즘의 모양을 제대로 내주기 위해서 그 절차를 수행한다. 일반적으로 각 행에서 k번째 열까지 값만 계산하면 된다.

알고리즘 5.2 **동적프로그래밍 방법으로 이항계수 구하기**

문제 : 이항계수계산
입력 : 음이 아닌 정수 n과 k, 여기서 $k \leq n$
출력 : 이항계수 $\binom{n}{k}$

```
int bin2 (int n, int k)
{
    index i, j;
    int B[0..n][0..k];
    for(i = 0; i <= n; i++)
    for(j = 0; j <= minimum(i, k); j++)
```

```
    if(j==0 || j==i)
        B[i][j] = 1;
    else
        B[i][j] = B[i-1][j-1] + B[i-1][j];
    return B[n][k];
}
```

알고리즘 5.2를 표현하는 가장 손쉬운 방법은 2차원 배열 B 전체를 만드는 것이다. 그러나 하나의 행의 계산이 끝나게 되면, 그 값 이전에 계산했던 값들은 더 이상 필요하지 않다. 따라서 인덱스가 0부터 k까지인 배열 하나만 가지고도 충분히 알고리즘을 표현할 수 있다. 답을 구하기 위해서 얼마만큼의 일을 했는지 n과 k의 함수로 표현하여 알고리즘의 효율성에 대해서 알아보자. n과 k가 주어 졌을 때 각 i값에 대하여 for j루프를 몇 번 수행하는지 다음 표에서 보여준다.

i	0	1	2	3	⋯	k	k+1	⋯	n
루프의 수행횟수	1	2	3	4	⋯	k+1	k+1	⋯	k+1

따라서 총 수행횟수는 다음과 같이 계산할 수 있다.

$$1+2+3+4+\cdots+k+\underbrace{(k+1)+(k+1)+\cdots+(k+1)}_{n-k+1\text{번}}$$

$$\frac{k(k+1)}{2}+(n-k+1)(k+1)=\frac{(2n-k+2)(k+1)}{2}\in\Theta(nk)$$

분할정복법 대신 동적프로그래밍 기법을 사용하여서 훨씬 더 효율적인 알고리즘을 개발하였다. 앞에서 언급했듯이, 동적프로그래밍 기법은 한 사례를 더 작은 사례로 분할하는 재귀 관계식을 찾는다는 점에서 분할정복법과 비슷하다. 차이점은 동적프로그래밍 기법에서는 맹목적으로 재귀를 적용하는 대신, 재귀 관계식을 사용하여 작은 사례부터 시작하여 반복적으로 사례의 해답을 구한다는 것이다. 이런 식으로 하면 작은 사례의 해답은 한 번만 구하면 된다. 분할정복법으로 비효율적인 알고리즘이 나올 때, 동적계획법은 시도해 볼 만한 기술이다.

예제 5.2

B[5][3] = $\binom{5}{3}$을 계산하라.

0번째 행을 다음과 같이 계산한다 : B[0][0] = 1
1번째 행을 다음과 같이 계산한다 : B[1][0] = 1
B[1][1] = 1
2번째 행을 다음과 같이 계산한다 : B[2][0] = 1
B[2][1] = B[1][0] + B[1][1] = 1 + 1 = 2
B[2][2] = 1
3번째 행을 다음과 같이 계산한다 : B[3][0] = 1
B[3][1] = B[2][0] + B[2][1] = 1 + 2 = 3
B[3][2] = B[2][1] + B[2][2] = 2 + 1 = 3
B[3][3] = 1
4번째 행을 다음과 같이 계산한다 : B[4][0] = 1
B[4][1] = B[3][0] + B[3][1] = 1 + 3 = 4
B[4][2] = B[3][1] + B[3][2] = 3 + 3 = 6
B[4][3] = B[3][2] + B[3][3] = 3 + 1 = 4
5번째 행을 다음과 같이 계산한다 : B[5][0] = 1
B[5][1] = B[4][0] + B[4][1] = 1 + 4 = 5
B[5][2] = B[4][1] + B[4][2] = 3 + 3 = 6
B[5][3] = B[4][2] + B[4][3] = 6 + 4 = 10

5.2 외판원 문제(Traveling Salesman Problem : TSP)

그래프에서 각 간선에 관련된 값이 있으면 그 값을 가중치(weight)라고 하고, 그러한 그래프를 가중치 그래프(weighted graph)라고 한다. 여기서 가중치는 음이 아니라고 가정한다. 비록 여기에서는 그 값을 가중치라고 하지만, 보통 거리를 나타내는 경우가 많이 있다. 한 정점에서 다른 정점으로 가는 경로(path)를 생각해 보자. 예를 들면 그림 5.2에서 [v_2, v_3, v_4]는 v_2에서 v_3으로 가는 간선이 있고 v_3에서 v_4로 가는 간선이 있으므로 경로가 된다. [v_5, v_4, v_3]은 v_4에서 v_3으로 가는 간선은 있지만 v_5에서 v_4로 가는 간선이 없으므로 경로가 아니다. 어떤 정점에서 그 정점 자신으로 가는 경로는 사이클(cycle)이라고 한다. 그림 5.2에서 경로 [v_4, v_2, v_1, v_4]는 사이클이다. 같은 정점을 두 번 거치지 않는 경로를 단순경로(simple path)라고 한다. 그림 5.2에서 경로 [v_4, v_2, v_3]은 단순경로이지만, 경로[v_4, v_2, v_1, v_4, v_3]는 단순경로가 아니다. 단순경로는 사이클이 있는 부분경로를 절대로 포함하지 않는다. 가중치 그래프에서 경로의 비용은 경로 상에 있는 가중치의 합이 된다. 그림 5.2의 그래프에서 단순 경로 [v_1, v_2, v_3]의 비용은 4이고 단순 경로 [v_2, v_3, v_4, v_5]의 비용은 10이다.

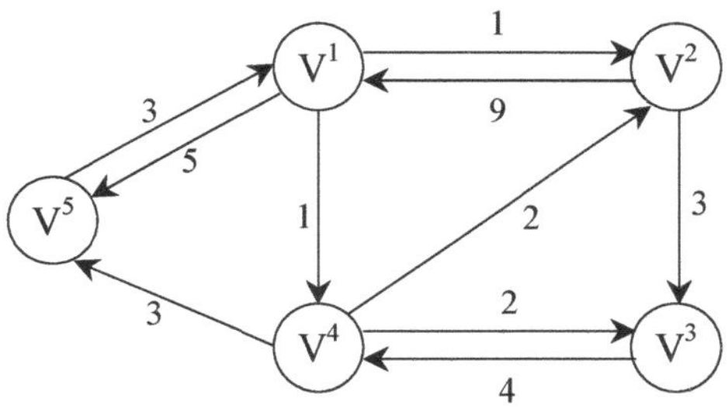

[그림 5.2] 가중치 그래프

이제 가중치 그래프를 이용해서 표현할 수 있는 외판원 문제를 생각해 보자. 어떤 외판원이 서로 연결된 n 개의 도시들을 방문하여 물건을 세일즈 한다고 하자. 여행경비를 최소로 하면서, 외판원이 주어진 어떤 도시에서 여행을 시작하여 나머지 모든 도시를 한 번씩만 방문하고 처음에 출발했던 도시로 되돌아오는 문제이다. 그래프 G=(V,E)에서 V에 있는 모든 정점들을 한 번씩만 포함한 단순경로이면서 출발점과 마지막 도착 정점이 일치하는 것을 tour라고 하자. tour의 비용은 tour상의 간선들의 비용들의 합이다. 외판원 문제는 최소 비용이 드는 tour를 찾는 것이다. V에 속한 어떤 정점도 출발점이 될 수 있다.

n 개의 도시들이 모두가 서로 연결되었다면 도대체 여행경로는 모두 몇 가지나 될까? 일단 여행을 시작하는 도시가 결정되면 이 출발점에서 앞으로 방문해야 할 도시는 모두

(n-1) 개가 된다. 따라서 출발 도시에서 있을 수 있는 선택은 (n-1) 가지가 있다. 출발 도시에서 어떤 도시를 선택하였다면 이 두 번째 도시에서 갈 수 있는 도시들은 (n-2) 개가 있으며, 따라서 두 번째 도시에서 있을 수 있는 선택은 (n-2) 가지가 있다. 이러한 요령으로 생각하면 여행경로의 전체 가지수는 다음과 같다.

$$(n-1) \times (n-2) \times (n-3) \times \cdots \times 2 \times 1 = (n-1)!$$

아무런 알고리즘의 도움이 없다면 외판원 문제를 풀 때의 시간 복잡도는 (n-1)!이며, 이는 지수시간보다도 더 시간이 오래 걸린다. 우리가 이 절에서 배우는 동적프로그래밍 기법으로 외판원 문제에 대한 알고리즘을 세우면 이 알고리즘에 대한 시간 복잡도는, 우선 결과만 먼저 인용하자면 $O(n^2 2^n)$이다.

어떤 가상적인 컴퓨터에서 한 개의 연산을 속행하는데 1 나노 초(1초=10^9 나노 초)가 소요된다고 하자. 만약 30 개의 도시에 대한 외판원 문제를 푼다고 할 때 동적프로그래밍 알고리즘의 도움이 없이 모든 여행경로들을 열거하여 이 중에서 최적의 여행경로를 결정한다면 이에 대한 시간은 다음과 같다.

$$(30-1)! \text{ 나노 초} = 29! \text{ 나노 초} = \text{대략 } 2.8 \times 10^{14} \text{ 년}$$

한편 같은 문제를 이 절에서 소개하는 동적프로그래밍 알고리즘으로 해결할 때 소용되는 시간은 다음과 같다.

$$(30)^2 20^{30} \text{ 나노 초} = \text{대략 } 15 \text{ 분}$$

물론 컴퓨터에서 모든 연산들에 대한 수행시간이 같지는 않고 연산마다 수행시간이 다르다. 또 우리가 알고리즘의 시간 복잡도를 나타낼 때는 최고차수 앞의 계수 및 최고차수 다음의 항들은 무시되므로 위의 두 가지 시간은 두 알고리즘을 실제로 컴퓨터에서 수행시켰을 때의 정확한 수행시간은 아니다. 그러나 비교의 중요한 한 가지 기준은 된다. 우리는 이 복잡도 분석에서 보듯이, 같은 문제에 대하여 서로 다른 알고리즘이 수행시간에 얼마나 큰 영향을 끼치는지를 알 수 있다.

이제 우리는 동적 프로그래밍 기법을 사용하여 외판원 문제를 풀어보자. 꼭지점 v_1이 여행을 떠나는 출발 정점이고 최적의 여행경로에서 v_1다음에 방문하는 정점을 v_k라고 하자. 그러면 최적의 여행경로에서 v_k에서 나머지 정점들을 한 번씩만 방문하고 다시 처음에 출발했던 정점 v_1으로 오는, 최적 여행경로의 부분 여행경로 역시 v_k에서 v_1으로 오는 여러 경로들 중에서 최적이 되어야한다. 따라서 우리는 앞에서 언급한 최적의 원리를 적용한 동적프로그래밍 기법을 사용할 수 있다. 우리는 외판원 문제에 대한 그래프를 인접행렬(adjacency matrix, 여기에서는 행렬 C 이용해서 표현)로 나타낸다. 주어진 그래프 G=(V, E)에서 꼭지점 v_i에서 v_j로 가는 간선이 있으면 인접행렬의 원소 C_{ij}의 값은 v_i에서 v_j로 가는 간선의 가중치(거리)이다. 알고리즘 5.3은 동적프로그래밍 기법을 이용하여 구현한 알고리즘이다.

알고리즘 5.3 **외판원 문제를 푸는 알고리즘**

문제 : 가중치 그래프에서 최적 일주여행경로 구하기 (가중치는 음이 아닌 정수)

입력 : 가중치 그래프를 표현한 인접행렬 C (C[i][j]는 i번째 정점에서 j번째 정점을 연결하는 이음선의 가중치)

출력 : 최적 일주여행경로의 길이, 2차원 배열 P (이 P 배열을 가지고 최적 일주여행경로의 경로를 구축, P[i][A]는 A에 속한 모든 정점을 정확히 한 번만 거쳐 v_i에서 v_1로 가는 최단경로에서 v_i 다음에 오는 첫 번째 정점의 인덱스)

```
void TSP (int n, const number C[][], index P[][], number& minlength)
{
index i, j, k;
number g[1..n] [subset of V-{v1}];
for(i=2; i<=n; i++)
   g[i][∅] = C[i][1];
for(k=1; k<=n-2; k++)
   for(all subset A⊆V-{v1} containing k vertices)
      for(i such that i≠1 and vi is not in A)
      {
      g[i][A] =  minimum  (C[i][j] + g[j][A-{vj}]);
                 j:vj∈A
      P[i][A] = 최소값늘 수는 j의 값 ;
      }
g[1][V-{v1}] =  minimum  (C[1][j] + g[j][V-{v1,vj}]);
                2≤j<n
P[1][V-{v1}] = 최소값늘 수는 j의 값;
minlength = g[1][V-{v1}];
}
```

g[i][A]는 정점 i에서 시작해서, A에 있는 모든 정점을 경유하여 출발 정점 1에서 끝내는 최단 경로의 길이이다. g[1][V-{1}]는 정점 1에서 출발하는 경우의 최적 tour의 길이이다. 최적화의 원리에 의하면 다음과 같다.

$$g[1][V-\{1\}] = \min_{1 \le k \le n} \{C_{ik} + g[k][V-\{1, k\}]\} \tag{5.2}$$

식(5.2)를 일반화 시키면 다음과 같다.

$$g[i][A] = \min_{1 \le j \le n} \{C_{ij} + g[j][A-\{j\}]\} \tag{5.3}$$

식 (5.3)에서 만약 k의 모든 선택에 대해서 g[k][V-{1, k}]를 아는 경우, 식 (5.2)의 g[1][V-{1}]을 해결하게 된다. $g[i][\varnothing] = C_{i,1}$ $(1 \le i \le n)$이다. $|A| < n-1$일 때, g[i][A]가 필요로 하는 i와 A의 값들은 $i \ne 1$, $1 \notin A$, $i \notin A$를 만족하여야 한다.

예제 5.3

그림 5.3에 있는 그래프에 대한 최적 일주여행경로를 찾아보자.

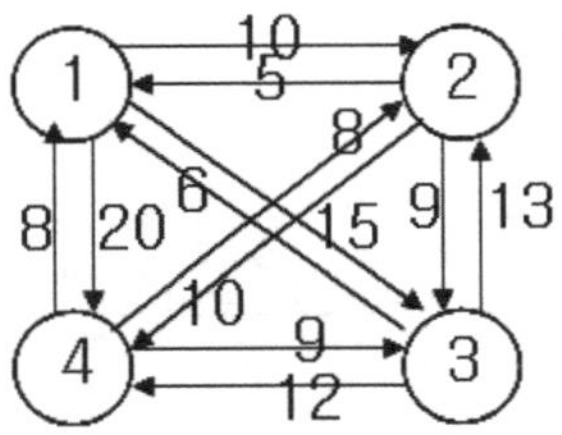

(a)

$$\begin{bmatrix} 0 & 10 & 15 & 20 \\ 5 & 0 & 9 & 10 \\ 6 & 13 & 0 & 12 \\ 8 & 8 & 9 & 0 \end{bmatrix}$$

(b)

[그림 5.3] 가중치 그래프와 인접행렬

$g[2][\varnothing] = C_{21} = 5$; $g[3][\varnothing] = C_{31} = 6$; $g[4][\varnothing] = C_{41} = 8$;

식 (5.3)을 사용하면 다음과 같다.

$g[2][\{3\}] = C_{23} + g[3][\varnothing] = 15$; $g[2][\{4\}] = 18$
$g[3][\{2\}] = 18$; $g[3][\{4\}] = 20$
$g[4][\{2\}] = 13$; $g[4][\{3\}] = 15$

다음으로 $|A|=2$, $i \neq 1$, $1 \notin A$, $i \notin A$인 g[i][A]를 계산해 보자.

$g[2][\{3,4\}] = \min\{C_{23} + g[3][\{4\}], C_{24} + g[2][\{4\}]\} = 23$
$g[3][\{2,4\}] = \min\{C_{32} + g[2][\{4\}], C_{34} + g[4][\{2\}]\} = 25$
$g[4][\{2,3\}] = \min\{C_{42} + g[2][\{3\}], C_{43} + g[3][\{2\}]\} = 23$

결국 식 (5.2)로부터 다음을 얻을 수 있다.

$$\begin{aligned} g[1][\{2,3,4\}] &= \min\{C_{12} + g[2][\{3,4\}], C_{13} + g[3][\{2,4\}], C_{14} + g[4][\{2,3\}]\} \\ &= \min\{35, 40, 43\} \\ &= 35 \end{aligned}$$

그림 5.3에서 그래프의 최적 tour는 길이 35이다. 그리고 이와 같은 길이의 tour는 식 (5.3)의 오른쪽에 있는 것을 최소화시키는 j 값으로 만들어지게 된다. 다음은 최적경로를 찾아보자. 알고리즘 5.3에서 P[i][A]는 이 최소값 j를 가지는데, 예를 들어 예제 5.3에서 P[1][{2,3,4}]=2 이다. 이와 같이 1로부터 출발하여 2로 가게 된다. 나머지 tour는 g{[2][{3,4}]}로부터 얻어지므로 P[2][{3,4}]=4이다. 그러므로 다음의 간선은 (2, 4)이다. 나머지 tour는 g[4][{3}]이고, P[4][{3}] =3 이다. 따라서, 최적의 tour는 1, 2, 4, 3, 1이 된다.

계산된 모든 g[i][A]들의 수를 N이라고 하자. |V|=n이고 출발점을 정점 1이라고 할 때, g[1][V-{1}]의 계산 시에 n-1개의 선택이 존재한다. 1과 $i(\neq 1)$를 포함하지 않고 크기가 k인 서로 다른 집합 A의 수는 $\binom{n-2}{k}$이다. 따라서

$$N = \sum_{k=0}^{n-2} (n-1)\binom{n-2}{k} = (n-1)2^{n-2}$$

결국 최적 tour를 찾는 알고리즘 5.3은 $O(n^2 2^n)$시간이 요구된다. 이것은 이 알고리즘을 이용하지 않고 모든 가능한 tour를 찾은 다음 최적 일주여행경로를 찾을 때의 $O(n!)$ 보

다는 훨씬 좋은 방법이다. 그러나 이 알고리즘도 정점의 개수가 60개 정도가 되면 수년이 걸리게 된다. 또한 이 알고리즘의 단점은 필요로 하는 공간이다. 여기서 공간의 필요함은 $O(n2^n)$이다. 이것은 n의 적당한 값에 대해서 너무 크게 된다.

예제 5.4

그림 5.4에 있는 그래프에 대한 최소비용 tour를 찾아보라.

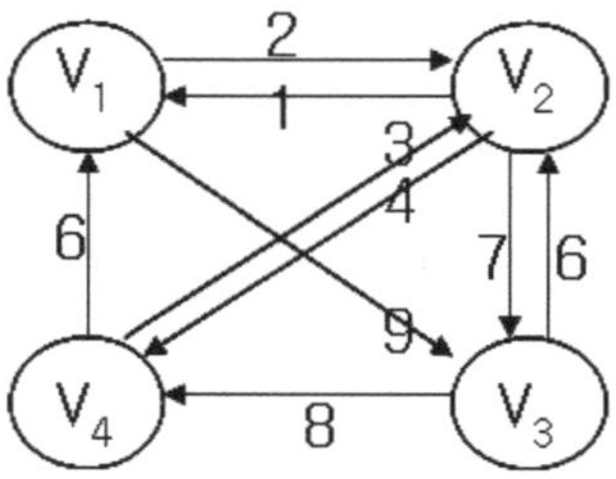

[그림 5.4] 가중치 그래프

A가 공집합인 경우 :

$g[v_2][\{\varnothing\}] = 1$

$g[v_3][\{\varnothing\}] = \infty$

$g[v_4][\{\varnothing\}] = 6$

A가 1개의 구성요소만 포함하는 집합의 경우:

$$
\begin{aligned}
g[v_3][\{v_2\}] &= \min_{j:v_j \in \{v_2\}} \{C_{3j} + g[v_j][\{v_2\} - \{v_j\}]\} \\
&= C_{32} + g[v_2][\{\varnothing\}] \\
&= 7 + 1 = 8
\end{aligned}
$$

$g[v_4][\{v_2\}] = 4$

$g[v_2][\{v_3\}] = \infty$

$g[v_4][\{v_3\}] = \infty$

$g[v_2][\{v_4\}] = 10$

$g[v_3][\{v_4\}] = 14$

A가 2개의 구성요소를 가진 집합의 경우:

$$g[v_4][\{v_2,v_3\}] = \min_{j:v_j \in \{v_2,v_3\}} \{C_{4j} + g[v_j][\{v_2,v_3\} - \{v_j\}]\}$$
$$= \min\{C_{42} + g[v_2][\{v_3\}],\ C_{43} + g[v_3][\{v_2\}]\}$$
$$= \min\{3 + \infty,\ \infty + 8\} = \infty$$

$g[v_3][\{v_2,v_4\}] = 12$

$g[v_2][\{v_3,v_4\}] = 20$

마지막 계산하면

$$g[v_1][\{v_2,v_3,v_4\}] = \min_{j:v_j \in \{v_2,v_3\}} \{C_{1j} + g[v_j][v_2,v_3,v_4\} - \{v_j\}]\}$$
$$= \min\{C_{12} + g[v_2][\{v_3,v_4\}],\ C_{13} + g[v_3][\{v_2,v_4\}],$$
$$C_{14} + g[v_4][\{v_2,v_3\}]\}$$
$$= \min\{2 + 20,\ 9 + 12,\ \infty + \infty\} = 21$$

5.3 모든 쌍의 최단 경로 구하기

이 절에서는 두 정점 사이의 최단경로를 찾는 문제를 다룬다. 여기서 최단경로란 출발 정점에서 목적지 정점까지 가는 경로에 있는 모든 간선들의 가중치(거리 혹은 여행비용)들을 더한 것이 최소인 경로를 말한다. 이 문제를 가장 쉽게 푸는 알고리즘은 각 정점에 대해서 그 정점에서 다른 각 정점으로 가는 모든 경로의 길이를 구한 후, 그 길이 중에서 최소값을 가진 경로를 선택하는 것이다. 그러나 이 알고리즘은 지수시간보다도 나쁘다. 한 정점에서 시작하여 다른 정점에서 끝나며, 나머지 모든 정점을 거쳐 가는 모든 경로의 집합은 시작하는 정점에서 끝나는 정점으로 가는 모든 경로의 부분집합이 된다. 그

경로에서 2번째 정점은 n-2개의 정점 중의 하나가 될 수 있고, 3번째 정점은 n-3개의 정점 중의 하나가 되고, 이런 식으로 계속 나가다가, 그 경로에서 마지막 2번째 정점은 하나의 정점 밖에 없게 되므로, 한 정점에서 다른 정점으로 가면서 나머지 모든 정점을 거쳐서 가는 경로의 총 개수는 그러면 (n - 2)(n - 3) … 2 · 1 = (n - 2)! 개가 존재한다. 그러므로 모든 경로들 중에서 최단거리의 경로를 찾는 방법은 그 수행시간이 지수시간보다도 더 오래 걸리는 대단히 비능률적인 방법이다.

우리는 동적프로그래밍 기법을 사용하여 수행시간 (시간 복잡도)이 n^3(n은 그래프의 정점들의 수)에 비례하는 알고리즘을 만들어낼 수 있다. 우선 최단경로의 길이만 구하는 알고리즘을 개발해 보자. i≠j인 그래프 G의 정점 i에서 정점 j까지 최단 경로를 조사해 보자. 만약 정점 k가 이와 같은 최단 경로의 중간 정점이면, 그때 i에서 k까지와 k에서 j까지의 서브 경로들은 각각 i에서 k와 k에서 j까지의 최단 경로가 되어야 한다. 만약 그렇지 않다면 i에서 j까지의 경로는 최소 길이가 되지 않는다. 그래서 최적화 원리가 유지된다. 만약 k가 제일 큰 인덱스를 가진 중간 정점이면, i에서 k까지의 경로는 k-1보다 큰 인덱스를 가진 정점을 통과하지 않는 경로가 i에서 k까지의 최단 경로가 된다. 비슷한 방법으로 k에서 j까지의 경로는 k-1보다 큰 인덱스를 가진 정점을 통과하지 않는 경로가 k에서 j까지의 최단 경로가 된다.

행렬 D[i][j]는 꼭지점 v_i에서 v_j로 가는 최단경로의 거리이고, 우리는 행렬 D를 구하는 것이 목적이다. 이제 우리는 최적의 원리를 적용하여 주어진 가중치 그래프의 인접 행렬 C에서, 동적프로그래밍 방법으로 최단경로의 행렬 D를 구하는 방법을 배우자. 먼저 D_k를 다음과 같이 정의한다. (단, $0 \leq k \leq n$).

D_k[i][j] = $\{v_1, v_2, \cdots, v_k\}$에 있는 꼭지점들만 경유하여 꼭지점 v_i에서 v_j로 가는 최단경로의 길이

처음의 D_0[i][j]는 중간 경유지가 없이 막바로 꼭지점 v_i에서 v_j로 가는 최단경로의 거리이므로, D_0[i][j] = C_{ij}이다. D= D_n[i][j]를 D_0[i][j]로부터 구하는 방법은 다음과 같다.

1) D_k[i][j]는 D_{k-1}[i][j]를 이용하여 순환적으로 나타낸다.
2) 위의 1)에서 얻어진 순환적 수식을 k=1에서 n까지 상향식(bottom-up)방법으로 푼다. 따라서 우리는 D_0=C, D_1, D_2, …, D_n = D 순서로 구한다.

D_k를 D_{k-1}로서 나타낼 때 다음과 같은 두 가지 경우가 있다.

(case 1) $\{v_1, v_2, \cdots, v_k\}$를 중간 경유지로 하여 정점 v_i에서 v_j로의 최단경로에 v_k가 포함되지 않는 경우이다. 예를 들어 그림 5.5에서 $D_5[1][3]= D_4[1][3]= 20$이다. 이때 꼭지점 v_5를 중간 경유지로 하는 것이 허용되더라도, v_1에서 v_3으로의 최단경로의 거리는 여전히 20이며, 실제의 최단경로는 $<v_1, v_4, v_3>$이다. 다시 말하여 v_1에서 v_3으로 가는 최단경로를 구할 때, 꼭지점 v_5를 중간 경유지로 하는 것이 허용되더라도, 최단경로에는 v_5가 포함되지 않는다.

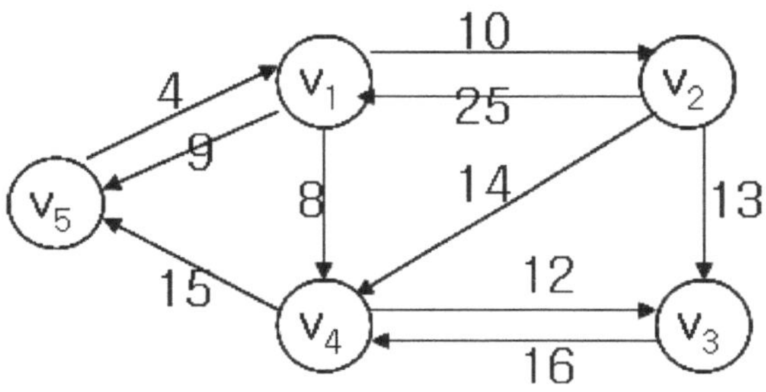

[그림 5.5] 가중치 그래프

(case 2) $\{v_1, v_2, \cdots, v_k\}$를 중간 경유지로 하여 꼭지점 v_i에서 v_j로의 최단경로에 v_k가 포함되는 경우이다. (그림 5.6 참조)

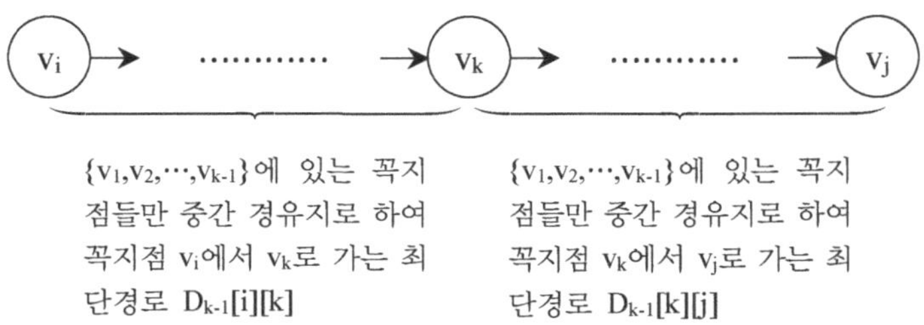

[그림 5.6] v_k를 경유하는 경우

그림 5.6이 나타내듯이, v_i에서 v_k로 가는 최단경로에는 v_k가 중간 경유지가 될 수 없다. 따라서 v_i에서 v_k로의 최단경로에는 단지 $\{v_1, v_2, \cdots, v_{k-1}\}$만이 중간 경유지로 있을 수 있다. 마찬가지로, v_k에서 v_j로의 최단경로에도 $\{v_1, v_2, \cdots, v_{k-1}\}$만이 중간 경유지로 있

을 수 있다. 그러므로, $\{v_1, v_2, \cdots, v_k\}$를 중간 경유지로 하고, v_k가 v_i에서 v_j로의 최단경로에 포함되는 경우, v_i에서 v_j로의 최단경로는 다음과 같이 두 부분의 합이다.

$$D_k[i][j] = D_{k-1}[i][k] + D_{k-1}[k][j]$$

예를 들어서, 그림 5.5의 그래프에서

$$D_2[5][3] = D_1[5][2] + D_1[2][3] = 14 + 13 = 27$$

이다.

앞의 (case1)과 (case2) 중의 가장 적은 값이 v_i에서 v_j로 가는 최단경로의 거리이므로, D_{k-1}에서 D_k를 얻는 식은 다음과 같다. 즉 k보다 큰 인덱스 정점을 통과하지 않는 i에서 j까지의 최단 경로의 길이를 나타내는 $D_k[i][j]$는 $D_{k-1}[i][j]$를 사용하여 다음과 같이 나타낼 수 있다.

$$D_k[i][j] = \text{minimum}\{ D_{k-1}[i][j],\ D_{k-1}[i][k] + D_{k-1}[k][j] \} \qquad (5.4)$$

위의 식에서 minimum속의 첫 번째 식은 앞의 (case1)에 해당되며, 두 번째 식은 (case2)에 해당된다. 식 (5.4)는 간선의 가중치가 음수인 그래프에 대해서는 사실이 아니다. 반복식 (5.4)는 첫 번째 $D_1[i][j]$을 계산한 다음에 $D_2[i][j]$를 계산하고 그리고 $D_3[i][j]$ 등의 순서로 계산해서 $D_n[i][j]$을 풀 수 있다. 여기서 $D_k[i][j]$가 형성될 때, k번째 열과 행은 변경되지 않는다. 알고리즘 5.4는 이와 같은 동적 프로그래밍 기법을 사용하여 Floyd가 개발한 알고리즘이다.

알고리즘 5.4 모든쌍의 최단경로에 대한 Floyd 알고리즘

문제 : 가중치 그래프에서 모든 정점들 사이의 최단경로 구하기

입력 : 가중치 그래프를 표현한 인접행렬 C (C[i][j]는 i번째 정점에서 j번째 정점을 연결하는 간선의 가중치)

출력 : 최단경로의 거리를 나타내는 행렬 D (D[i][j]의 값이 정점 vi에서 정점 vj로 가는 최단 경로의 거리)

```
void floyd(int n, const number C[][], number D[][])
{
   index i, j, k;
```

```
    D = C;
    for(k = 1; k <= n; k++)
        for(i = 1; i <= n; i++)
            for(j =1; j <= n; j++)
                D[i][j] = minimum(D[i][j], D[i][k] + D[k][j]);
}
```

k번째 행과 k번째 열에 있는 값들이 루프의 k 번째 반복을 수행하는 동안 변하지 않기 때문에 배열 D 하나만 가지고 계산을 수행할 수 있다. 즉, k번째 반복에서 알고리즘은 다음과 같은 지정문을 수행하는데,

$$D[i][k] = \text{minimum}\{D[i][k],\ D[i][k] + D[k][k]\}$$

우변의 값은 의심의 여지가 없이 D[i][k]가 된다. 그리고 다음 지정문에서도

$$D[k][j] = \text{minimum}\{D[k][j],\ D[k][k] + D[k][j]\}$$

우변의 값은 의심의 여지가 없이 D[k][j]가 된다. k번째 반복을 수행하는 동안, D[i][j]는 자신의 값과 k번째 행과 k번째 열에 있는 값들만 가지고 계산을 수행한다. 이 값들은 (k - 1)번째 반복에서 구한 값들이다.

알고리즘 5.4는 첫 번째 루프 안에 두 번째 루프가 중첩되고, 두 번째 루프 안에 세 번째 루프가 중첩되어 있으며, 각 루프는 1에서 n까지 반복되므로, 전체 수행시간 T(n)은 다음과 같다.

$$T(n) = n \cdot n \cdot n = n^3 \in O(n^3)$$

예제 5.5

다음과 같은 인접행렬로 표현된 그래프에 대해 최단경로 문제를 풀어보자.

$$D_0 = C = \begin{bmatrix} 0 & \infty & \infty & 5 \\ 15 & 0 & 5 & \infty \\ 30 & 15 & 0 & \infty \\ 50 & 5 & 15 & 0 \end{bmatrix}$$

먼저 D_1을 구한다. 예를 들어서

$$D_1[2][3] = \text{minimum}\{\ D_0[2][3],\ D_0[2][1] + D_0[1][3]\}$$
$$= \text{minimum}\{\ 5,\ 15 + \infty\ \} = 5$$
$$D_1[2][4] = \text{minimum}\{\ D_0[2][4],\ D_0[2][1] + D_0[1][4]\}$$
$$= \text{minimum}\{\ \infty,\ 15+5\ \} = 20$$

이와 같은 요령으로 D_1, D_2, D_3, D_4를 다음과 같이 구한다.

$$D_1 = \begin{bmatrix} 0 & \infty & \infty & 5 \\ 15 & 0 & 5 & 20 \\ 30 & 15 & 0 & 35 \\ 50 & 5 & 15 & 0 \end{bmatrix} \qquad D_2 = \begin{bmatrix} 0 & \infty & \infty & 5 \\ 15 & 0 & 5 & 20 \\ 30 & 15 & 0 & 35 \\ 20 & 5 & 10 & 0 \end{bmatrix}$$

$$D_3 = \begin{bmatrix} 0 & \infty & \infty & 5 \\ 15 & 0 & 5 & 20 \\ 30 & 15 & 0 & 35 \\ 20 & 5 & 10 & 0 \end{bmatrix} \qquad D_4 = \begin{bmatrix} 0 & 10 & 15 & 5 \\ 15 & 0 & 5 & 20 \\ 30 & 15 & 0 & 35 \\ 20 & 5 & 10 & 0 \end{bmatrix}$$

[그림 5.7] Floyd 알고리즘 5.4의 적용 결과

많은 상황에서, 우리는 한 정점에서 다른 정점에 이르는 가장 짧은 경로를 작성하기 원한다. 위의 알고리즘 5.4는 단지 최단경로의 길이만을 구하는 것이다. 최단 경로를 작성하기위한 한 가지 방법은 또 다른 행렬 P를 사용하는 것이다. 그리고 거기에 P[i][j]는 D[i][j]의 가장 적은 값을 발견하도록 하는 그러한 정점 k를 유지하는 것이다. 만약 P[i][j]=0이면, 그때 정점 i에서 정점 j에 이르는 가장 짧은 경로는 i에서 j까지 간선을 따르는 직접적인 것이다. 알고리즘 5.4에서 Floyd의 변형된 방법은 적절한 중간 정점들을 P에 저장하는 것이다. 다음 알고리즘 5.5는 최단경로도 함께 구하는 알고리즘이다.

알고리즘 5.5 **Floyd의 알고리즘(알고리즘 5.4)을 사용하여 최단경로의 비용과 함께 최단경로를 나타내는 행렬 P도 구하는 알고리즘**

문제 : 가중치 그래프에서 모든 정점들 사이의 최단경로들의 비용과 더불어 최단경로를 구할 수 있는 행렬 P도 구하기

입력 : 가중치 그래프를 표현한 인접행렬 C (C[i][j]는 i번째 정점에서 j번째 정점을 연결하는 간선의 가중치)
출력 : 최단경로의 거리를 나타내는 행렬 D (D[i][j]의 값이 꼭지점 vi에서 vj로 가는 최단 경로의 거리)와 최단경로를 나타내는 다음과 같은 행렬 P :
P[i][j] = 만약 정점 vi에서 정점 vj로 가는 최단경로에 중간 경유하는 정점(들)이 있으면, 중간 경유 정점들 중에서 가장 큰 인덱스.

```
void floyd_path(int n, const number C[][], number D[][], index P[][])
{
    index i, j, k;
    for(i = 1; i <= n; i++)
        for(j =1; j <= n; j++)
            P[i][j] = 0;
    D = C;
    for(k = 1; k <= n; k++)
        for(i = 1; i <= n; i++)
            for(j =1; j <= n; j++)
                if(D[i][k] + D[k][j] < D[i][j]) {
                P[i][j] = k;
                D[i][j] = D[i][k] + D[k][j];
            }
}
```

예제 5.6

예제 5.5에 대하여, 위 알고리즘을 적용하면 최단경로를 나타내는 행렬 P는 다음과 같이 얻어진다.

$$P = \begin{bmatrix} 0 & 4 & 4 & 0 \\ 0 & 0 & 0 & 1 \\ 0 & 0 & 0 & 1 \\ 2 & 0 & 2 & 0 \end{bmatrix}$$

다음 알고리즘 5.6은 위에서 얻어진 행렬 P를 갖고서 정점 v_i에서 정점 v_j로 가는 최단 경로의 중간 경유지들을 출력하는 알고리즘이다.

알고리즘 5.6 최단경로 출력 알고리즘

문제 : 모든 정점들 사이의 최단경로에 있는 중간 경유지(정점)들을 구하기
입력 : 알고리즘 5.5에서 얻어진 행렬 P, 최단 경로를 알고 싶은 두 정점 q, r
출력 : 정점 v_q에서 정점 v_r로 가는 최단경로에 있는 중간 경유지(정점)

```
void path(index q, r)
{
    if(P[q][r] != 0) {
        path(q, P[q][r]);
        cout << "  v"  <<P[q][r];
        path(P[q][r], r);
    }
}
```

예제 5.7

그림 5.8의 그래프에 대해 모든 정점들 사이의 최단 경로를 구하라.

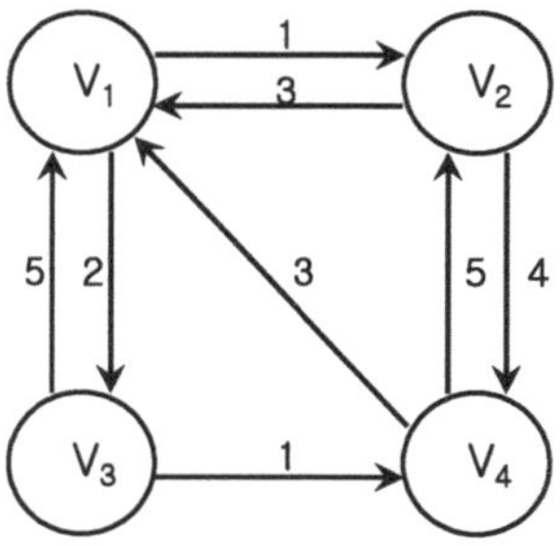

(a)

$$D_0 = C = \begin{bmatrix} 0 & 1 & 2 & \infty \\ 3 & 0 & \infty & 4 \\ 5 & \infty & 0 & 1 \\ 3 & 5 & \infty & 0 \end{bmatrix}$$

(b)

[그림 5.8] 가중치 그래프와 인접 행렬

먼저 D_1을 구한다. 예를 들어서

$$D_1[2][3] = \text{mininum}\{D_0[2][3],\ D_0[2][1] + D_0[1][3]\}$$
$$= \text{minimum}\{\infty,\ 3+2\} = 5$$
$$D_1[2][4] = \text{mininum}\{D_0[2][4],\ D_0[2][1] + D_0[1][4]\}$$
$$= \text{minimum}\{4,\ 3+\infty\} = 4$$
$$D_1[3][2] = \text{mininum}\{D_0[3][2],\ D_0[3][1] + D_0[1][2]\}$$
$$= \text{minimum}\{\infty,\ 5+1\} = 6$$
$$D_1[3][4] = \text{mininum}\{D_0[3][4],\ D_0[3][1] + D_0[1][4]\}$$
$$= \text{minimum}\{1,\ 5+\infty\} = 1$$

이와 같은 방법으로 D_1 전체를 계산한 후, D_2를 계산한다. 계산 일부를 발췌하면 다음과 같다.

$$D_2[3][4] = \text{mininum}\{D_1[3][4],\ D_1[3][2] + D_1[2][4]\}$$
$$= \text{minimum}\{1,\ 5+4\} = 1$$

D_2를 모두 계산한후 D_4까지 이와 같은 방법으로 다음과 같이 구한다.

$$D_1 = \begin{bmatrix} 0 & 1 & 2 & \infty \\ 3 & 0 & 5 & 4 \\ 5 & 6 & 0 & 1 \\ 3 & 4 & 5 & 0 \end{bmatrix} \qquad D_2 = \begin{bmatrix} 0 & 1 & 2 & 5 \\ 3 & 0 & 5 & 4 \\ 5 & 6 & 0 & 1 \\ 3 & 4 & 5 & 0 \end{bmatrix}$$

$$D_3 = \begin{bmatrix} 0 & 1 & 2 & 3 \\ 3 & 0 & 5 & 4 \\ 5 & 6 & 0 & 1 \\ 3 & 4 & 5 & 0 \end{bmatrix} \qquad D_4 = \begin{bmatrix} 0 & 1 & 2 & 3 \\ 3 & 0 & 5 & 4 \\ 4 & 5 & 0 & 1 \\ 3 & 4 & 5 & 0 \end{bmatrix}$$

$$P = \begin{bmatrix} 0 & 0 & 0 & 3 \\ 0 & 0 & 1 & 0 \\ 4 & 4 & 0 & 0 \\ 0 & 1 & 1 & 0 \end{bmatrix}$$

[그림 5.9] Floyd 알고리즘 5.5의 적용 결과

배열 P값을 가지고, 알고리즘 5.6을 적용하여 q와 r의 값을 각각 3과 2로 할때, 다음과

같은 출력을 얻게 된다.

v_4 v_1

이 두 정점들은 v_3에서 v_2로 가는 최단경로상의 중간 정점들이다. 즉 v_3에서 v_2로 가는 최단 경로는 $v_3 \rightarrow v_4 \rightarrow v_1 \rightarrow v_2$ 가 된다.

5.4 다단계(Multistage) 그래프 문제

다단계 그래프 G=(V, E)는 정점들의 집합 V가, k≥2인 연결되지 않은 집합 $V_i(1 \leq i \leq k)$로 분할된 방향 그래프이다. 각 집합 V_i는 그래프내의 단계를 정의하며 만약 (u, v)가 E의 한 간선이면, 그때 어떤 i에 대해 $u \in V_i$이고 $v \in V_{i+1}(1 \leq i \leq k-1)$이다. 집합 V_1과 V_k는 $|V_1|=|V_k|=1$이고, s와 t를 각 V_1과 V_k내의 정점이라 놓으면, s는 출발지(source)이고 t는 도착지(terminal)이다. s에서 t에 이르는 경로의 비용은 경로에 있는 간선들의 비용의 합이다.

다단계 그래프 문제는 s에서 t까지의 최소 비용 경로를 찾는 문제이다. E에 대한 제약 때문에, s에서 t까지의 모든 경로는 단계 1에서 시작하여, 단계 2로 그리고 단계 3, 단계 4 등의 순서로 가서, 결국에는 단계 k에서 끝나게 된다. 그림 5.10은 이와 같은 순서의 5단계 그래프를 보여준다.

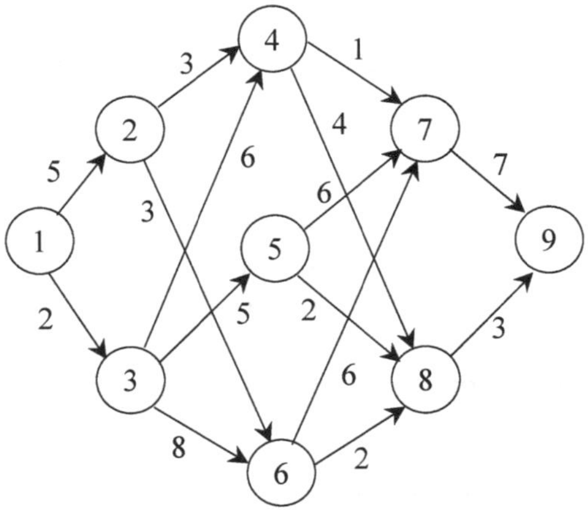

[그림 5.10] 다단계 그래프

다단계 그래프 문제는 최적화 원칙이 유지됨을 보는 것이 쉽다. 즉 s에서 t까지 최소 비용을 가진 경로상에 어떤 정점 v_j가 포함되어 있다면, s에서 v_j까지도 최단경로가 되고 역시 v_j에서 t까지도 최단 경로가 된다. 동적프로그래밍 기법을 이용하면 두가지 알고리즘을 생각할 수 있다.

먼저 전진접근(forward approach)방법을 이용하는 경우 fcost[i][j]를 V_i에 있는 정점 j에서 정점 t에 이르는 경로의 최소 비용이라 하자. fcost[i][j]를 구하기 위해서 이미 계산되어 있는 $V_{i+1}(1 \le i \le k-2)$에 대한 fcost를 이용해야 한다. 전진접근(forward approach)방법을 이용하면 다음과 같이 식(5.5)를 얻을 수 있다.

$$cost[i][j] = \min_{l \in V_{i+1},(j,l) \in E} \{C[j][l] + cost[i+1][l]\} \quad (5.5)$$

만약 $(j,t) \in E$인 경우에는 fcost[k-1][j]=c[j][t]이고, $(j,t) \notin E$인 경우에는 fcost[k-1][j]=∞이므로 식 (5.5)는 모든 $j \in V_{k-2}$에 대해서 먼저 fcost[k-2][j]를 계산하고, 이 결과를 이용하여 $j \in V_{k-3}$인 모든 j에 대해서, fcost[k-3][j]를 해결하는 등 계속해 나가면 마지막에는 fcost[1][s]를 해결하게 된다.

그림 5.11의 그래프를 추적해 보면 다음과 같은 값들을 얻을 수가 있다.

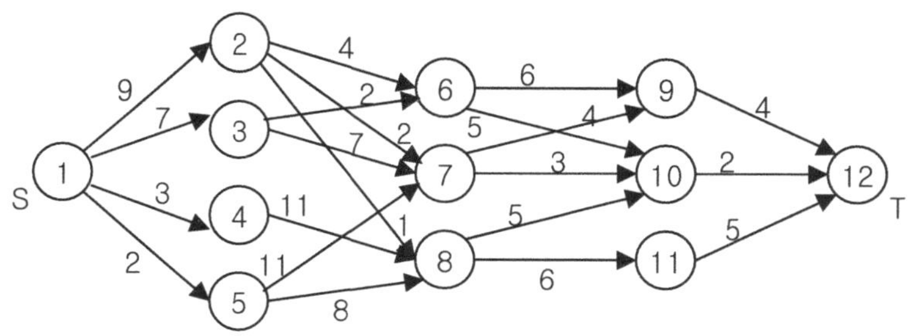

[그림 5.11] 다단계 그래프

fcost[3][6] = min{6 + fcost[4][9], 5 + fcost[4][10]} = 7

fcost[3][7] = 5

fcost[3][8] = 7

fcost[2][2] = min{4 + fcost[3][6], 2 + fcost[3][7], 1 + fcost[3][8]} = 7

fcost[2][3] = 9

fcost[2][4] = 18

fcost[2][5] = 15

fcost[1][1] = min{9 + fcost[2][2], 7 + fcost[2][3], 3 + fcost[2][4], 2 + fcost[2][5]} = 16

이와 같이 s에서 t에 이르는 경로의 최소 비용은 16이다. 최소 비용 경로는 만약 각 단계의 정점들에서의 결과가 배열표에 기록되면 쉽게 결정될 수 있다. fD[i][j]를 C[j][l] + fcost[i+1][l]를 최소화시키는 l의 값이라 하자(식(5.5) 참조). 그림 5.11에 대해 다음과 같은 결과를 얻을 수 있다.

fD[3][6]=10 ; fD[3][7]=10 ; fD[3][8]=10 ;

fD[2][2]=7 ; fD[2][3]=6 ; fD[2][4]=8 ; fD[2][5]=8 ;

fD[1][1]=2 ;

최소 비용 경로로 $s = v_1, v_2, v_3, \cdots, v_{k-1}, v_k = t$ 라 하자. 그림 5.11에 대해 위에서 얻은 결과를 이용해서 v_2 = fD[1][1]=2, v_3 = fD[2][2]=7, v_4 = fD[3][7] = 10 또는 v_2 = fD[1][1]=3, v_3 = fD[2][3]=6, v_4 = fD[3][6] = 10 임을 보이는 것은 쉽다.

일반적인 k단계 그래프에 대해서, 식 (5.5)을 풀기 위한 알고리즘을 작성하기 전에, V에서 정점들에 대해 순서를 부여시켜 보자. 이와 같은 순서는 알고리즘을 기술하는 것을 보다 쉽게 만드는 것이다. V에서의 n개의 정점들은 1에서 n까지 인덱스 화되도록 한다. 인덱스들은 단계 순으로 할당이 된다. 먼저, s는 인덱스 1로 할당되고, V_2의 정점들을 인덱스들로 할당한 후, V_3에서 정점들을 할당하는 순으로 되어서 결국 t는 인덱스 n을 가진다.

그런 까닭에 V_{i+1}에서 정점들에 할당된 인덱스들은 Vi에서의 정점들에 할당하는 것들보다 더 크게 된다. 이러한 인덱스 방법의 결과로서, fcost와 fD는 n-1, n-2, …, 1 순서로서 계산된다. fcost와 P그리고 fD의 첫 번째 첨자는 단지 단계수를 나타냄을 인식하므로 알고리즘 5.7에서는 생략하였다.

알고리즘 5.7 **전진 접근 방법에 대응되는 다단계 그래프 알고리즘**

문제 : s로부터 t까지(s-t) 최소 비용 경로 구하기
입력 : 단계의 순서로 인덱스 된 n개 정점의 k단계 그래프

```
출력 : s로부터 t까지 최소비용경로와 그 경로를 형성하는 단계별 중간 정점들
fgraph(int E[ ], int k, int n, int P[ ])
/*  fP[ ]는 최소 비용 경로이다. */
(1) float fcost[n];
    {
        int fD[n-1], fP[k], r, j, k, n;
        {
(2) fcost[n] = 0;
(3) for (j=n-1 ; j<=1 ; j--){
(4)     r를 (j, r)∈E와 C[i][j] + fcost[r]가 최소인 정점이라 하자.
(5)     fcost[j] = C[j][r] + fcost[r];
(6)     fD[j] = r;
(7)  }
     /* 최소 비용 경로 찾음 */
(8)  fP[1] = 1;
(9)  fP[k] = n;
(10) for(j=2 ; j<=k-1 ; j++)  /* 경로 상에 j번째 정점을 찾음 */
(11)    fP[j] = fD[fP[j-1]];
(12) }
```

알고리즘 5.7의 복잡도 분석은 아주 간단하다. 만약 다단계 그래프 G가 인접리스트로 표현되면, 그때 라인 (4)번째의 r은 정점 j의 차수에 비례하는 시간임을 알 수 있다. 여기서, 만약 G가 선분 e를 가지면, 라인 (3)에서 (7)번의 for 루프 시간은 Θ(n+e)이다. 라인 (9)에서 (11)번째의 for루프의 시간은 Θ(n+e)이다. 그러므로 전체 시간은 Θ(n+e)이다. 추가로 입력에 대해 필요한 공간은 fcost와 fD 그리고 P이다.

또한 다단계 그래프 문제는 후진(backward)접근 방법을 사용해서도 풀 수 있다. bP[i][j]를 Vi에 있는 정점 s에서 j까지의 최소 비용경로라 하고, bcost[i][j]를 bP[i][j]의 비용이라 놓으면 후진 접근으로부터 다음 과정을 얻을 수가 있다.

$$bcost[i][j] = \min_{l \in V_{i-1}, (l,j) \in E} \{bcost[i-1][l] + C[l][j]\} \qquad (5.6)$$

(i, l)∈E인 경우에는 bcost[2][j] = C[i][j]이고, (1, l)∉E인 경우에는 bcost[2][j] = ∞이

므로, bcost[i][j]는 i=3 에 대해 bcost를 먼저 계산해서 식 (5.6)를 계산한 다음 i=4에 대해 계산한다. 그림 5.11의 그래프에서 다음과 같이 얻어진다.

bcost[3][6] = min {bcost[2][2] + 4, bcost[2][3] +2} =9
bcost[3][7] = 11
bcost[3][8] = 10
bcost[4][9] = min {bcost[3][6] + 6, bcost[3][7] +4} = 15
bcost[4][10] = 14
bcost[4][11] = 16
bcost[5][12] = min {bcost[4][9] + 4, bcost[4][10] +2, bcost[4][11] +5} =16

경로는 만약 각 단계의 정점들에서의 결과가 배열표에 기록되면 쉽게 결정될 수 있다. bD[i][j]를 bcost[i-1][l] + C[l][j]를 최소화시키는 l의 값이라 하자(식(5.6) 참조). 그림 5.11에 대해 다음과 같은 결과를 얻을 수 있다.

bD[5][12]=10 ;
bD[4][9]=6,7 ; bD[4][10]=6,7 ; bD[4][11]=8 ;
bD[3][6]=3 ; bD[3][7]=2 ; bD[3][8]=2,5 ;

최소 비용 경로로 $s = v_1, v_2, v_3, \cdots, v_{k-1}, v_k = t$ 라 하자. 그림 5.11에 대해 위에서 얻은 결과를 이용해서 v_4 = bD[5][12]=10, v_3 = bD[4][10]=6, v_2 = bD[3][6] = 3 또는 v_4 = bD[5][12]=10, v_3 = bD[4][10]=7, v_2 = bD[3][7] = 2 임을 보이는 것은 쉽다.

알고리즘 5.8은 최소 비용 s-t 경로를 얻기 위한 후진 접근 알고리즘이다. bcost와 bP 그리고 bD상에서 첫 번째 첨자는 전과 같은 이유에서 생략되었다.

알고리즘 5.8 후진 접근을 이용한 다단계 그래프 알고리즘

```
문제 : s로부터 t까지(s-t) 최소 비용 경로 구하기
입력 : 단계의 순서로 인덱스 된 n개 정점의 k단계 그래프
출력 : s로부터 t까지 최소비용경로와 그 경로를 형성하는 단계별 중간 정점들
bgraph(int E[ ], int k, int n, int P[ ])
/* bP[ ]는 최소 비용 경로이다. */
```

```
{
    float bcost[ ];
    int bD[n-1], bP[k], r, j, k, m;
    bcost[1] = 0;
    for(j=2 ; j<=n ; j++) {
        r을 (r, j)∈E이고 bcost[r] +C[r][j]가 최소인 정점이라 하자.
        bcost[j] = bcost[r] + C[r][j];
        bD[j] = r;
    }
    bP[1] = 1;
    bP[k] = n;
    for(j=k-1 ; j<=2 ; j--)
        bP[j] = bD[bP[j+1]];
}
```

예제 5.8

그림 5.10의 다단계그래프에서 1에서 9로 가는 최소 비용 경로를 전진 접근과 후진 접근 두가지 방법으로 모두 찾아라.

1) 전진 접근 방법

fcost[3][4] = min{1 +fcost[4][7], 4 +fcost[4][8]} =7

fcost[3][5] = min{6 +fcost[4][7], 2 +fcost[4][8]} =5

fcost[3][6] = min{6 +fcost[4][7], 2 +fcost[4][8]} =5

fcost[2][2] = min{3 +fcost[3][4], 3 +fcost[3][6]} =8

fcost[2][3] = min{6 +fcost[3][4], 5 +fcost[3][5], 8 +fcost[3][6]} =10

fcost[1][1] = min{5 +fcost[2][2], 2 +fcost[2][3]} =12

이와 같이 s에서 t에 이르는 경로의 최소 비용은 12이다. 최소 비용 경로는 만약 각 단계의 정점들에서의 결과가 배열표에 기록되면 쉽게 결정될 수 있다.

fD[3][4]=8 ; fD[3][5]=8 ; fD[3][6]=8 ;

fD[2][2]=6 ; fD[2][3]=5 ;

fD[1][1]=3 ;

이것으로 v_2=fD[1][1]=3, v_3=fD[2][3]=5, v_4=fD[3][5]=8임을 알 수 있다.

2) 후진

bcost[3][4] = min {bcost[2][2] + 3, bcost[2][3] +6} =8
bcost[3][5] = 7
bcost[3][6] = 8
bcost[4][7] = min {bcost[3][4] + 1, bcost[3][5] +6, bcost[3][6] +6} =9
bcost[4][7] = 9
bcost[5][9] = min {bcost[4][7] + 7, bcost[4][8] +3} =12

이와 같이 s에서 t에 이르는 경로의 최소 비용은 역시 12이다. 최소 비용 경로는 만약 각 단계의 정점들에서의 결과가 배열표에 기록되면 쉽게 결정될 수 있다.

bD[5][9]=8 ;
bD[4][7]=4 ; bD[4][8]=5 ;
bD[3][4]=2,3 ; bD[3][5]=3 ; bD[3][6]=2 ;

이것으로 v_4 = bD[5][9]=8, v_3 = bD[4][8]=5 그리고 v_2 = bD[3][5] = 3 임을 알 수 있다.

5.5 연쇄행렬곱셈

어떤 행렬 A의 행(row)이 p개, 열(column)이 q개 있으면, 우리는 이 행렬을 $A_{p \times q}$으로 나타낸다. 이제 다음과 같은 두 행렬 $A_{p \times q}$와 $B_{q \times r}$의 곱셈 C = A×B를 생각하자.

$$A = \begin{bmatrix} a_{11} & a_{12} & \cdots & a_{1q} \\ a_{12} & a_{22} & \cdots & a_{2q} \\ \cdot & \cdot & & \\ \cdot & \cdot & & \\ a_{p1} & a_{p2} & \cdots & a_{pq} \end{bmatrix} \qquad B = \begin{bmatrix} b_{11} & b_{12} & \cdots & b_{1r} \\ b_{21} & b_{22} & \cdots & b_{2r} \\ \cdot & \cdot & & \\ \cdot & \cdot & & \\ b_{q1} & b_{q2} & \cdots & b_{qr} \end{bmatrix} \qquad C = A \times B = \begin{bmatrix} c_{11} & c_{12} & \cdots & c_{1r} \\ c_{21} & c_{22} & \cdots & c_{2r} \\ \cdot & \cdot & & \\ \cdot & \cdot & & \\ c_{p1} & c_{p2} & \cdots & c_{pr} \end{bmatrix}$$

두 행렬 A×B의 곱셈이 이루어지려면, 첫 번째 행렬 A의 열의 개수와 두 번째 행렬 B의 행의 개수가 반드시 같아야 한다. 그리고 두 행렬 A와 B를 곱해서 생긴 행렬 C의 행의 개수는, 첫 번째 행렬 A의 행의 개수이며 C의 열의 개수는 두 번째 행렬 B의 열의 개수이다. 즉, 행렬 C가 $A_{p\times q}$와 $B_{q\times r}$를 곱한 결과라면 C는 p×r인 행렬이 된다.

그리고 위에서 C = A×B 일 때, C의 임의의 원소 c_{ij}는 다음과 같이 계산한다.

$$c_{ij} = \sum_{k=1}^{q} a_{ik} b_{kj} \qquad (1 \le i \le p, 1 \le j \le r)$$

이때, 우리는 $C_{p\times r} = A_{p\times q} \times B_{q\times r}$을 얻기 위해서는 모두 p · q · r 번의 스칼라(scalar) 연산이 필요하다.

이제 행렬들의 연속적인 곱셈을 한 번 생각하자. 그런데 행렬의 곱셈에서는 결합법칙이 성립된다. 즉 (A×B)×C = A×(B×C)이 성립된다. n개의 행렬에 대한 연속된 곱셈을 할 때, 행렬의 곱셈을 어떤 순서대로 하는 것이 가장 능률적인지를 살펴보자. 연속된 행렬의 곱셈에서, 곱셈의 최적의 순서는 행렬의 차원(행의 개수 및 열의 개수)에 좌우된다. 따라서 이 문제에서는, n(연속된 곱셈에 참가하는 행렬의 개수)과 행렬의 차원(행과 열의 개수)이 알고리즘의 입력이다. 4개의 행렬을 곱할 때 다음과 같이 5가지 서로 다른 순서로 곱할 수 있는데, 각 순서마다 기본곱셈의 횟수는 다를 수 있다. 행렬 A, B, C, D의 크기가 20×2, 2×30, 30×12, 12×8 일 때 각 순서별 기본곱셈의 횟수는 다음과 같다.

$$\begin{array}{ll} A(B(CD)) & 30\times 12\times 8 + 2\times 30\times 8 + 20\times 2\times 8 = 3{,}680 \\ (AB)(CD) & 20\times 2\times 30 + 30\times 12\times 8 + 20\times 30\times 8 = 8{,}880 \\ A((BC)D) & 2\times 30\times 12 + 2\times 12\times 8 + 20\times 2\times 8 = 1{,}232 \\ ((AB)C)D & 20\times 2\times 30 + 20\times 30\times 12 + 20\times 12\times 8 = 10{,}320 \\ (A(BC))D & 2\times 30\times 12 + 20\times 2\times 12 + 20\times 12\times 8 = 3{,}120 \end{array}$$

이 중에서 3번째 순서가 이 4개의 행렬을 곱하는 최적의 순서가 된다.

곱셈의 최적의 순서를 알아보는 가장 간단한 방법은, 행렬의 연속된 곱셈에 대한 모든 경우들을 보아서 그 중에서 가장 스칼라 연산이 적은 것을 택하면 된다. 그러나 이와 같이 있을 수 있는 모든 연속된 행렬곱셈들을 생각하여 그 중에서 가장 능률적인 것을 선택하는 방법은 그 소요시간이 적어도 지수시간 이상이다. n 개의 행렬에 대한 연속된 곱셈 $A_1 \times A_2 \times \cdots \times A_n$를 계산하는 곱셈의 가지 수를 T(n)이라고 하자. 만약 A_1을 가장 나중에 곱한다면, 곱셈의 가짓수는 다음과 같이 T(n - 1)이다.

$$A_1 \times \underbrace{(A_2 \times A_3 \times \cdots \times A_n)}_{T(n-1)\text{개의 서로 다른 곱셈}}$$

$A_1 \times A_2 \times \cdots \times A_n$에서 A_n을 마지막에 곱한다면, 곱셈의 가짓수는 역시 T(n-1)개이다. 그러므로 다음 관계식이 성립한다.

$$T(n) \geq T(n-1) + T(n-1) = 2T(n-1)$$

그런데 두 행렬을 곱하는 방법은 한 가지 뿐이므로 T(2) = 1이다. 따라서 위의 부등식에서 $T(n) \geq 2^{n-2}$가 성립된다.

행렬의 연속된 곱셈문제에 우리는 최적의 원리를 다음과 같이 적용할 수 있다. n개의 행렬을 연속되게 곱할 때의 최적의 곱셈 순서는, 이들 n개의 행렬들 중에서 임의의 행렬들을 연속되게 곱할 때의 최적의 곱셈순서를 포함한다. 예를 들어서, $A = A_1 \times A_2 \times A_3 \times A_4 \times A_5 \times A_6$에 대한 최적의 곱셈순서를 $A_1 \times ((((A_2 \times A_3) \times A_4) \times A_5) \times A_6)$이라고 하면, $(A_2 \times A_3) \times A_4$는 반드시 $A_2 \times A_3 \times A_4$에 대한 최적의 곱셈순서가 되어야 한다. 따라서, 우리는 이 문제에 대하여 동적프로그래밍의 최적의 원리를 적용할 수 있다. 우리는 함수 M을 다음과 같이 정의한다.

M[i][j] = 행렬 $A_i \times \cdots \times A_j$ $(1 \leq i \leq j \leq n)$의 최소 곱셈 수행 횟수.

행렬이 다음과 같이 분해된다고 생각해보자.

$$(A_i \times \cdots A_k) \times (A_{k+1} \times \cdots \times A_j)$$

A_1의 행의 개수를 d_0라고 하고, A_k의 열의 개수를 d_k라고 하자. 단 $1 \leq k \leq n$. 그러면 행렬 A_k의 크기는 $d_{k-1} \times d_k$가 된다.

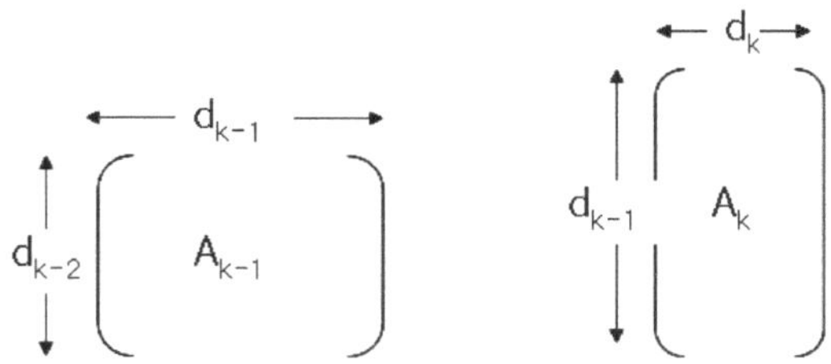

우리는 행렬을 두 부분으로 나누는 가장 좋은 위치를 모르고 있으므로 k의 모든 가능한 값을 선택하여 최소화 한다. 그러므로 우리는 다음과 같은 M에 대한 재귀 관계를 얻는다.

$$M[i][i] = 0$$
$$M[i][j] = \min_{i \le k \le j-1} [M[i][k] + M[k+1][j] + d_{i-1}d_kd_j] \; (1 \le i \le j \le n \text{경우}) \tag{5.7}$$

이 공식에서 M[i][k]는 행렬 $A_i \times \cdots \times A_k$의 계산에 필요한 최소한의 곱셈 횟수이고 M[k+1][j]는 행렬 $A_{k+1} \times \cdots \times A_j$의 계산에 필요한 최소한의 곱셈 횟수이다. 예를 들어 맨 마지막 곱셈에서 $(A_i \times \cdots \times A_k) \times (A_{k+1} \times \cdots \times A_j)$ + $d_{i-1}d_kd_j$번 곱셈이 수행된다. 모든 k에 대해 ($i \le k \le j$-1) 최소 곱셈 횟수를 취하는 것은 행렬 $A_i \times \cdots \times A_j$계산에 필요한 최소 곱셈 횟수를 얻는 것이다. 정의에 의해 M[i][i]는 행렬 A_i계산에 필요한 곱셈 횟수이므로 M[i][i]=0이다. 여기서 우리는 모든 작은 부프로그램들을 해결하고 그 결과는 차후에 그것을 다시 계산하지 않고 재사용하기 위해 저장해야 한다.

M[i][j]를 단지 $1 \le i \le j \le n$에서 계산 하였으므로 n^2보다는 적은 수행이 존재한다. 지금부터 우리는 M을 재귀함수 대신에 n×n 의 도표(즉, 2차원 행렬)로 보자. M[i][j]은 행렬 $A_i \times \cdots \times A_j$ ($1 \le i \le j \le n$)의 최소 곱셈 수행 횟수이다. 여기서 $1 \le i \le j \le n$인 조건에서 수행되며, M[1][n]의 각 원소를 결정할 수 있을 때까지 계산해서 그림 5.12의 도표를 만든다. M[i][j]를 계산하는 것은 k가 가리키는 값에 대해 M[i][k]와 M[k+1][j]를 알아내는 것이다. 이것들은 i행에서 j열 왼쪽에 있는 원소들과 j열에서 i행 아래에 있는 원소들이다. 우리는 주대각선 위에서 시작하여 맨 오른쪽 맨상단을 향해 이동하는 대각선을 따라 도표의 원소들을 계산해 나간다. 대각원소는 모두 0이다.

보통 연쇄 행렬 곱셈을 할 때 최소 곱셈 횟수를 알아내는 것뿐만 아니라 가장 좋은 순서를 알고 싶어 한다. 그래서 매번 최적의 분할위치를 결정하고 최적의 분할 인수를 가지고 있는 k값을 저장할 것이다. 이 알고리즘에서 얻어지는 행렬 P는 실제로 행렬의 최적의 곱셈 순서를 표현하는데 사용된다. 다음은 지금까지 설명한 것을 토대로 하여, n개의 행렬의 연속된 곱셈에 대한 최적의 곱셈순서에 필요한 스칼라 곱셈식(최소의 스칼라 곱셈수)을 계산하는 알고리즘이다. 이 알고리즘에 필요한 입력은 n개 행렬의 차원, 즉 d_0에서 d_n까지의 값들뿐이다.

알고리즘 5.9 **연쇄행렬 최소곱셈**

문제 : n개의 행렬을 곱하는 데 필요한 기본곱셈의 횟수의 최소값과 그 최소값을 주는 순서 구하기

입력 : n(행렬의 개수), 인덱스의 범위가 0부터 n까지인 정수 배열 d, 여기서 d[i - 1] × d[i]는 i번째 행렬의 크기가 된다.

출력 : n개 행렬을 곱하는 데 필요한 기본곱셈 횟수의 최소값과 P(최적의 순서를 구할 수 있는 2차원 배열). 여기서 P의 행의 인덱스는 1부터 n - 1까지이고, 열의 인덱스는 1부터 n까지이다. P[i][j]의 값은 i부터 j까지 행렬을 곱할 때 최적의 순서로 갈라지는 기점을 나타낸다.

```
int minimult (int n, const int d[], index P[][])
{
   index i, j, k, diagonal;
   int M[1..n][1..n];
   for(i = 1; i <= n; i++)
      M[i][i] = 0;
   for(diagonal = 1; diagonal <= n - 1; diagonal++)
      for(i = 1; i <= n - diagonal; i++){
         j = i + diagonal;
         M[i][j] =
            minimum(M[i][k] + M[k+1][j] + d[i-1]*d[k]*d[j]);
         i ≤ k ≤ j - 1
   P[i][j] = 최소값을 주는 k의 값;
      }
   return M[1][n];
}
```

예제 5.9

다음과 같은 6개 행렬이 있다고 하자. 알고리즘 5.9를 이용해서 계산하는 절차는 다음과 같다. 결과는 그림 5.12에 나와 있다.

A_1	×	A_2	×	A_3	×	A_4	×	A_5	×	A_6
5 × 2		2 × 3		3 × 4		4 × 6		6 × 7		7 × 8
d_0 d_1		d_1 d_2		d_2 d_3		d_3 d_4		d_4 d_5		d_5 d_6

대각선 0의 계산:

$$M[i][i] = 0 \qquad (1 \le i \le 6)$$

대각선 1의 계산:

$$M[1][2] = minimum(M[1][k] + M[k+1][2] + d_0 d_k d_2)$$

$$= M[1][1] + M[2][2] + d_0 d_1 d_2$$
$$= 0 + 0 + 5 \times 2 \times 3 = 30$$

M[2][3], M[3][4], M[4][5], M[5][6]의 값은 같은 방법으로 계산한다. 결과는 그림 5.12에 나와 있다.

대각선 2의 계산:

$$M[1][3] = \underset{1 \le k \le 2}{minimum}(M[1][k] + M[k+1][3] + d_0 d_k d_3)$$
$$= minimum(M[1][1] + M[2][3] + d_0 d_1 d_3,$$
$$M[1][2] + M[3][3] + d_0 d_2 d_3)$$

$$= minimum(0 + 24 + 5 \times 2 \times 4, 30 + 0 + 5 \times 3 \times 4) = 64$$

M[2][4], M[3][5], M[4][6]의 값은 같은 방법으로 계산하고, 그 결과는 그림 5.12에 나와 있다.

대각선 3의 계산:

$$
\begin{aligned}
M[1][4] &= \underset{1 \le k \le 3}{\text{min}imum}(M[1][k] + M[k+1][4] + d_0 d_k d_4) \\
&= \text{min}imum(M[1][1] + M[2][4] + d_0 d_1 d_4, \\
&\qquad M[1][2] + M[3][4] + d_0 d_2 d_4, \\
&\qquad M[1][3] + M[4][4] + d_0 d_3 d_4) \\
&= \text{min}imum(0 + 72 + 5 \times 2 \times 6, 30 + 72 + 5 \times 3 \times 6, \\
&\qquad 64 + 0 + 5 \times 4 \times 6) = 132
\end{aligned}
$$

M[2][5], M[3][6]의 값은 같은 방법으로 계산하고, 그 결과는 그림 5.12에 나와 있다.

대각선 4의 계산:
대각선 4에 위치한 값은 같은 방법으로 계산하고, 그 결과는 그림 5.12에 나와 있다.

대각선 5의 계산:
마지막으로 대각선 5에 위치한 값은 같은 방법으로 계산한다. 이 값이 해답이 되는데, 기본곱셈의 최소 개수이고, 그 값은 다음과 같다.

$$M[1][6] = 348$$

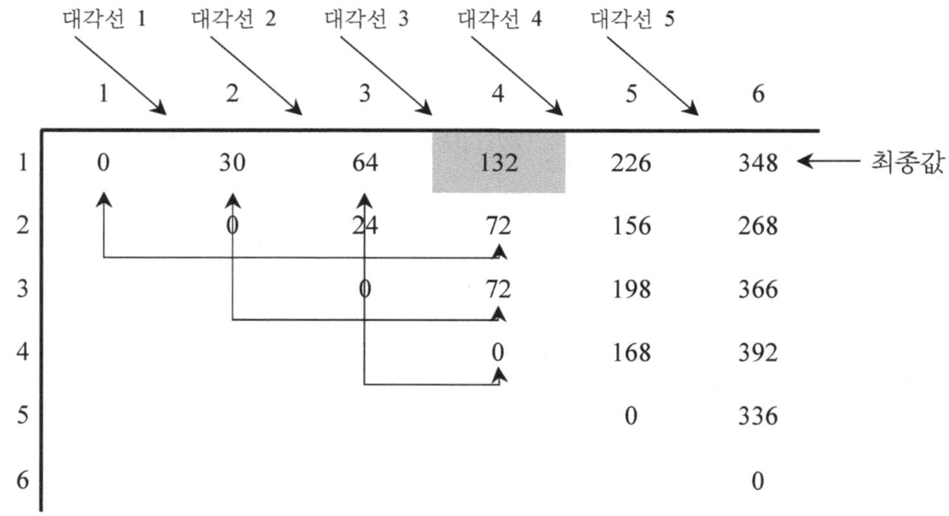

	1	2	3	4	5	6
1		1	1	1	1	1
2			2	3	4	5
3				3	4	5
4					4	5
5						5

[그림 5.12] 알고리즘 5.9의 수행결과인 배열 M과 P

알고리즘 5.9의 시간 복잡도를 알아보자. 먼저 모든 k>0에 대하여 수행되는 명령어들을 기본 연산으로 생각한다. 여기에는 최소값을 얻기 위해 검사되는 비교연산이 포함된다. 그리고 알고리즘 5.9의 입력의 크기는 연속되게 곱해질 행렬의 수인 n이다.

알고리즘 5.9에서는 for루프 안에 또 for루프가 중첩되었다. 변수 diagonal 및 i의 값이 정해지면, j = i + diagonal이므로, 다음의 수식이 성립한다.

루프 k를 통과하는 패스들의 숫자 = j - 1 - i + 1 = i + diagonal - 1 - i + 1 = diagonal

변수 diagonal의 값이 정해지면, 루프 for-i를 통과하는 횟수는 n - diagonal이 된다. 그런데 변수 diagonal의 값은 1에서 n - 1까지 변화하므로, 알고리즘 5.9의 전체의 시간 복잡도는 다음과 같다.

$$\sum_{diagonal=1}^{n-1} [(n - diagonal) \times diagonal] = \frac{n(n-1)(n+1)}{6} \in \Theta(n^3)$$

알고리즘 5.9는 n개의 행렬에 대한 최적의 연속된 곱셈에 필요한 스칼라 연산수만을 알려주었지, 실제로 어떤 순서대로 행렬을 곱해야 하는지는 알려주지 않고 있다. 이제 알고리즘 5.9에서 구한 행렬 P에서 최적의 연산 곱셈을 어떻게 얻을 수 있는지 알아보자. 예를 들어서, 행렬 P[2][5] = 4가 얻어지면, 이것은 A_2에서 A_5까지의 행렬들을 곱하는 최적의 곱셈순서가 $(A_2 \times A_3 \times A_4) \times A_5$와 같이 이루어져야 한다는 뜻이다. 그리고 괄호 안에 있는 $(A_2 \times A_3 \times A_4)$ 역시 최적의 순서를 이루어야 한다.

우리는 P[1][n]을 가장 먼저 구한다. 그림 5.12에서 n = 6, P[1][6] =1 이므로, 가장 먼저 구해지는 최적의 곱셈순서는 $A_1 \times (A_2 \times A_3 \times A_4 \times A_5 \times A_6)$이 된다. 다음에는 괄호 안에 있는 A_2에서 A_6까지의 행렬들의 곱셈에 대한 최적의 곱셈순서를 P[2][6]에서 구한다. 즉 P[2][6] = 5이므로, A_2에서 A_6까지의 행렬들의 곱셈에 대한 최적의 곱셈 순서는 $(A_2 \times A_3 \times A_4 \times A_5) \times A_6$이 된다. 우리는 다시 A_2에서 A_5까지의 행렬들의 곱셈에 대한 최적의 곱셈순서를 같은 요령으로 P[2][5] = 4에서 구한다. 이와 같은 스텝들을 거치면, 우리는 예제 5.9에서 주어진 6개의 행렬들의 연속된 곱셈에 대한 최적의 곱셈순서는 $A_1 \times ((((A_2 \times A_3) \times A_4) \times A_5) \times A_6)$으로 됨을 알 수 있다.

다음은 지금까지 설명한 것을 토대로 하여 n 개의 행렬들에 대한 최적의 연속된 곱셈을 구하는 알고리즘이다.

알고리즘 5.10 **최적의 곱셈 순서**

문제 : 행렬의 연속된 곱셈에 대한 최적의 곱셈순서 구하기

입력 : 행렬의 개수를 나타내는 자연수 n, 알고리즘 5.9에서 얻어진 배열 P (원소 P[i][j]는 Ai에서 Aj까지의 연속된 행렬 곱셈에 대한 최적의 곱셈 순서가 되기 위해 분리되는 위치 나타냄)

출력 : n 개의 행렬을 연속되게 곱할 때, 최적의 곱셈순서.

```
void order (index i, index j)
{
   if(i == j)
      cout << "M" << i;
   else{
      k = P[i][j];
      cout << "(";
      order(i, k);
      order(k+1, j);
      cout << ")";
   }
}
```

예제 5.10

다음과 같이 5개의 행렬을 곱하는 경우 최소 연산 횟수와 연산 순서를 구하라.

A_1	×	A_2	×	A_3	×	A_4	×	A_5
5 × 3		3 × 6		6 × 2		2 × 7		7 × 8
d_0 d_1		d_1 d_2		d_2 d_3		d_3 d_4		d_4 d_5

알고리즘 5.9를 이용해서 계산하는 절차는 다음과 같다. 결과는 그림 5.13에 나와 있다.

대각선 0을 계산한다.

$$M[i][i] = 0 \qquad (1 \leq i \leq 5)$$

대각선 1을 계산한다.

$$\begin{aligned} M[1][2] &= \underset{1 \leq k \leq 1}{minimum}(M[1][k] + M[k+1][2] + d_0 d_k d_2) \\ &= M[1][1] + M[2][2] + d_0 d_1 d_2 \\ &= 0 + 0 + 5 \times 3 \times 6 = 90 \end{aligned}$$

M[2][3], M[3][4], M[4][5]의 값은 같은 방법으로 계산한다.

대각선 2의 계산:

$$\begin{aligned} M[1][3] &= \underset{1 \leq k \leq 2}{minimum}(M[1][k] + M[k+1][3] + d_0 d_k d_3) \\ &= minimum(M[1][1] + M[2][3] + d_0 d_1 d_3, \\ &\qquad M[1][2] + M[3][3] + d_0 d_2 d_3) \\ &= minimum(0 + 36 + 5 \times 3 \times 2, 90 + 0 + 5 \times 6 \times 2) \\ &= minimum(66, 150) \\ &= 66 \end{aligned}$$

M[2][4], M[3][5]의 값은 같은 방법으로 계산한다.

대각선 3을 계산한다.

$$M[1][4] = \underset{1 \le k \le 3}{minimum}(M[1][k] + M[k+1][4] + d_0 d_k d_4)$$

$$= minimum(M[1][1] + M[2][4] + d_0 d_1 d_4,$$
$$M[1][2] + M[3][4] + d_0 d_2 d_4,$$
$$M[1][3] + M[4][4] + d_0 d_3 d_4)$$

$$= minimum(0 + 78 + 5 \times 3 \times 7,\ 90 + 84 + 5 \times 6 \times 7,\ 64 + 0 + 5 \times 2 \times 7)$$

$$= minimum(183, 384, 136)$$

$$= 136$$

M[2][5]의 값은 같은 방법으로 계산한다.

대각선 4를 계산한다.

$$M[1][5] = \underset{1 \le k \le 4}{minimum}(M[1][k] + M[k+1][4] + d_0 d_k d_5)$$

$$= minimum(M[1][1] + M[2][5] + d_0 d_1 d_5,\ M[1][2] + M[3][5] + d_0 d_2 d_5,$$
$$M[1][3] + M[4][5] + d_0 d_3 d_5,\ M[1][4] + M[5][5] + d_0 d_4 d_5)$$

$$= minimum(0 + 196 + 5 \times 3 \times 8, 90 + 208 + 5 \times 6 \times 8,$$
$$66 + 112 + 5 \times 2 \times 8, 136 + 0 + 5 \times 7 \times 8)$$

$$= minimum(316, 538, 258, 416)$$
$$= 258$$

대각선 4에 위치한 값이 해답으로서, 기본곱셈의 최소 개수이고 그 값은 258이다.

	1	2	3	4	5	
1	0	90	66	136	258	←최종 답
2		0	36	78	196	
3			0	84	208	
4				0	112	
5					0	

	1	2	3	4	5
1	0	1	1	3	3
2		0	2	3	3
3			0	3	3
4				0	4
5					0

[그림 5.13] 예제 5.10에 대한 배열 M과 배열 P

그림 5.13의 배열 P에 알고리즘 5.10을 적용하면 다음과 같은 최적 곱셈 순서 를 얻을 수 있다.

$$((A_1(A_2A_3))(A_4A_5))$$

5.6 작업 스케쥴링

하나의 작업을 완성하기 위하여 여러 태스크(task)들의 수행이 필요한 경우가 종종 있다. 일반적인 흐름 공정(flow shop)에서 완성되어야 할 n개의 작업들이 있고 각각의 작업은 m개의 태스크 T_{1i}, T_{2i}, …, T_{mi}, $1 \leq i \leq n$, 들이 수행되어야 완성된다고 하자. 태스크 T_{ji}는 처리기 P_j, $1 \leq j \leq m$, 에서 작업 i가 수행되는 것이고. 태스크 T_{ji}를 마치기 위하여 필요한 시간은 t_{ji}이다. n개의 작업들에 대한 스케줄(schedule)은 처리기 상에 태스크들을 시간 간격을 두어 할당하는 것이다. 모든 처리기에서 각 시간 구간(interval)에서 하나보다 더 많은 태스크가 할당될 수 없다. 그리고 모든 작업 i에 대해서 태스크 T_{ji}, $j>1$, 의 수행은 태스크 $T_{j-1,i}$가 완료될 때까지 시작될 수 없다. 그리고 여기에서는 한 처리기 상에서 하나의 태스크 처리가 완료될 때까지 그 태스크를 중단하지 않는 스케줄을 가정한다.

예를 들어 두 개의 작업이 완성되기 위해서 각각 세 개의 처리기를 거쳐야 한다고 하자. 이때, 태스크의 수행 시간이 행렬 J에 의해 다음과 같이 주어지는 경우,

$$J = \begin{bmatrix} 2 & 0 \\ 3 & 3 \\ 5 & 2 \end{bmatrix}$$

작업들에 대한 한 가지 가능한 순서가 그림 5.14에 제시되어 있다.

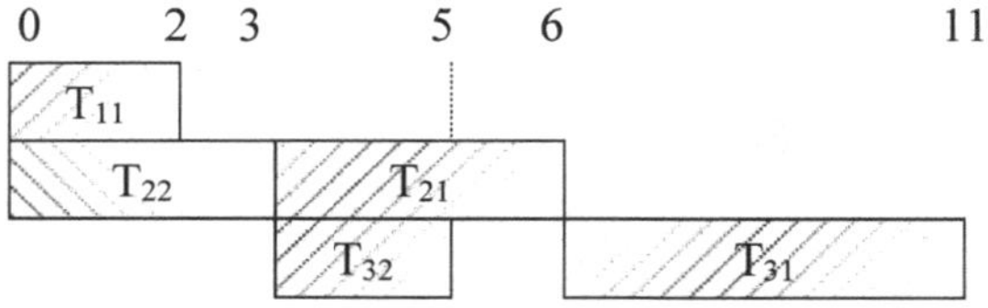

(b)

[그림 5.14] 가능한 작업 처리 과정

작업 i의 $f_i(S)$, 즉 완료 시간(finish time)은 스케줄 S 내에서 작업 i가 완료된 시간이다. 그림 5.14에서 $f_1(S)=11$이고 $f_2(S)=5$이다. 스케줄 S의 전체 완료 시간 F(S)는 다음과 같다.

$$F(S)= \max_{1 \le i \le n} \{f_i(S)\}$$

MFT(S), 즉 평균 작업 흐름(mean flow time) 시간은 다음과 같이 정의된다.

$$MFT(S) = \frac{1}{n} \sum_{1 \le i \le n} f_i(S)$$

주어진 작업 집합에 대해 OFT(Optimal Finish Time ; 최적 완료 시간) 스케줄은 모든 스케줄 S에 대해 F(S)가 최소화된 스케줄이다. m>2에 대해 OFT 스케줄을 얻기 위한 문제는 계산하기 어렵지만, 동적프로그래밍을 이용하면 m=2인 경우에 OFT 스케줄을 얻을 수 있는 효율적인 알고리즘이 존재한다. 이 절에서는 이러한 특수한 경우만을 고려해 본다.

편의상 t_{1i}를 a_i로, t_{2i}를 b_i로 표현한다. 두 개의 처리기 상에서 수행 순서는, 작업들에 대한 하나의 순열을 제공함으로써 완전히 설명된다. 작업들은 이 순서에 따라 각 처리기에서 실행된다. 다음 스케줄은 순열 (5, 1, 3, 2, 4)에 의해 완전히 기술될 수 있다. 그리고 $a_i \neq 0 (1 \le i \le n)$이라고 가정한다.

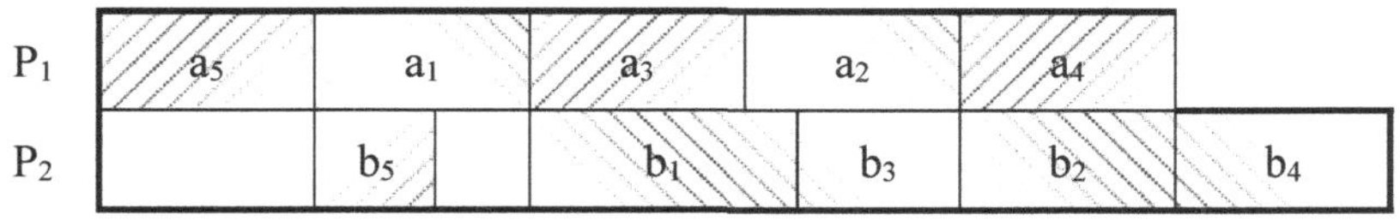

최적 스케줄은 다음과 같은 성질을 가짐을 쉽게 보일 수 있다. 즉, 순열(스케줄)에서 첫 번째 작업이 주어지면 나머지 순열은 두 개 프로세서가 첫 번째 작업이 완료된 후의 상태에 관해서 최적이 된다. $\sigma_1, \sigma_2, \cdots, \sigma_k$를 작업 $T_1, T_2, \cdots, T_k$에 대한 스케줄을 정의하는 순열이라 하자. 그리고 이 같은 스케줄에 대해서 f_1과 f_2를 작업 $T_1, T_2, \cdots, T_k$의 처리가 각 프로세서 P_1과 P_2에서 완료된 시간이라 하자. 또한 $t=f_2-f_1$이라 하면, 결정 순서 $T_1, T_2, \cdots, T_k$에 따르는 프로세서들의 상태는 t에 의해 완전히 특정 지울 수 있다. 프로세서 2는 시간 t에 이를 때까지 이용될 수 없다는 가정 하에서 g(S, t)를 작업 S의 부분 집합에 대한 최적 스케줄의 길이라고 하자. 작업 집합{1, 2, ⋯, n}에 대한 최적스케줄의 길이는 g({1, 2, ⋯, n}, 0)이 된다.

최적화의 원칙이 유지되므로 다음과 같은 식을 얻을 수 있다.

$$g(\{1, 2, \cdots, n\}, 0) = \min_{1 \le i \le n} \{a_i + g(\{1, 2, \cdots, n\} - \{i\}, b_i)\} \qquad (5.8)$$

식 (5.8)은 임의의 S와 t에 대해서 식 (5.9)로 일반화된다. 이때 $g(\varnothing, t)=\max\{t, 0\}$이고 $a_i \neq 0 \ (1 \le i \le m)$

$$g(S, t) = \min\{a_i + g(S - \{i\}, b_i + \max\{t - a_i, 0\})\} \qquad (5.9)$$

$\max\{t-a_i, 0\}$ 항은 태스크 T_{2i}가 max{ai, t}일 때까지 시작되지 않으므로 식 (5.9)에 들어간다(P_2는 시간 t까지는 이용되지 않는다). 따라서 $f_2-f_1=b_i+\max\{a_i, t\}-a_i=b_i+\max\{t-a_i, 0\}$이 된다. 그러나 식 (5.9)는 대수적으로 풀 수 있어서 최적 스케줄을 생성하는 간단한 규칙을 얻어낼 수 있다.

작업들의 부분 집합인 S에 대해서 임의의 스케줄 R를 고려해 보자. P_2는 시간 t까지 이용되지 않는다고 가정한다. 그리고 i와 j는 이와 같은 스케줄에서의 첫 두 가지 작업이라 할 때 식(5.9)에서 다음과 같이 얻을 수 있다.

$$\begin{aligned} g(S, t) &= a_i + g(S-\{i\}, b_i + \max\{t-a_i, 0\}) \\ &= a_i + a_j + g(S-\{i, j\}, b_j + \max\{b_i + \max\{t-a_i, 0\} - a_j, 0\}) \qquad (5.10) \end{aligned}$$

식 (5.10)은 다음 결과를 이용함으로써 간단히 된다.

$$\begin{aligned} t_{ij} &= b_j + \max\{b_j + \max\{t - a_i, 0\} - a_j, 0\} \\ &= b_j + b_i - a_j + \max\{\max\{t - a_i, 0\}, a_j - b_i\} \\ &= b_j + b_i - a_j + \max\{t - a_i, a_j - b_i, 0\} \\ &= b_j + b_i - a_j - a_j + \max\{t, a_i + a_j - b_i, a_i\} \end{aligned} \tag{5.11}$$

작업 i와 j가 R에서 상호 교환된다면, 그때 완료 시간 g'(S, t)는 다음과 같다.

$$g'(S, T) = a_i + a_j + g(S - \{i, j\}, t_{ji})$$

여기서,

$$t_{ji} = b_j + b_i - a_j - a_i + \max\{t, a_i + a_j - b_j, a_j\}$$

이다. g(S, t)와 g'(S, t)를 비교할 때 식(5.12)가 성립하면, $g(S, t) \le g'(S, t)$가 된다.

$$\max\{t, a_i + a_j - b_i, a_i\} \le \max\{t, a_i + a_j - b_j, a_j\} \tag{5.12}$$

모든 t 값에 대해 식 (5.12)가 성립하기 위해서는 다음이 필요하게 된다.

$$\max\{a_i + a_j - b_i, a_i\} \le \max\{a_i + a_j - b_j, a_j\}$$

또는

$$a_i + a_j + \max\{-b_i, -a_j\} \le \max\{a_i + a_j - b_j, a_j\}$$

또는

$$\min\{b_i, a_j\} \ge \min\{b_j, a_i\} \tag{5.13}$$

식 (5.13)에서 인접된 작업들의 모든 쌍 (i, j)에 대해, $\min\{b_i, a_j\} \ge \min\{b_j, a_i\}$인 최적 스케줄이 존재함을 결론지을 수가 있게 된다. 따라서 인접된 작업들의 모든 쌍에 대해 식 (5.13)이 성립하는 스케줄을 생성하는 것으로 충분하다. 이러한 속성을 지닌 스케줄을 식 (5.13)의 결과로부터 다음의 것을 관찰함으로써 얻을 수 있다. 만약 $\min\{a_1, a_2, \cdots, a_n, b_1, b_2, \cdots, b_n\}$이 a_i이면, 작업 i는 최적 스케줄에서의 첫 번째 작업이어야 한다. 만약

$\min\{a_1, a_2, \cdots, a_n, b_1, b_2, \cdots, b_n\}$이 b_j이면, 작업 j는 최적 스케줄에서의 마지막 작업이어야 한다. 이는 n개의 작업 중 하나를 위치시키는 결정을 할 수 있게 해준다. 식 (5.13)은 이제 남은 (n-1)개 작업에 대해서도 하나의 작업을 위치시키는데 이용될 수 있다. 그러므로 식 (5.13)으로부터 스케줄 규칙은 다음과 같다.

(1) 모든 a_i와 b_i들을 오름 차순으로 정렬한다.
(2) 이러한 순으로 순서들을 고려해 보자. 만약 순서에서 다음이 a_i이고 작업 j가 아직 스케줄 되지 않은 경우, 작업 j는 가능한 가장 왼쪽 지점에 스케줄 된다. 만약 다음이 b_j이고 작업 j가 아직 스케줄 되지 않은 경우, 작업 j는 가능한 가장 오른쪽 지점에 스케줄된다. j가 이미 스케줄 되어 있으면, 순서에서 다음 수로 가게 된다.

또한 위의 규칙은 $a_i=0$으로 된 작업들도 정확하게 위치시킬 수 있다.

예제 5.11

n=4, $(a_1, a_2, a_3, a_4) = (3, 4, 8, 10)$이고 $(b_1, b_2, b_3, b_4) = (6, 2, 9, 15)$라고 하자. 최적 스케줄을 구하라.

a와 b를 오름 차순으로 정렬하면 $(b_2, a_1, a_2, b_1, a_3, b_3, a_4, b_4) = (2, 3, 4, 6, 8, 9, 10, 15)$이다. σ_1, σ_2, σ_3, σ_4를 최적 스케줄이라 하자. 여기서 가장 작은 수는 b_2이므로 $\sigma_4=2$로 한다. 다음 수는 a_1이므로 $\sigma_1=a_1$으로 지정한다. 다음으로 작은 수는 a_2이다. 이때 작업 2는 이미 스케줄이 되어 있으므로 다음 수인 b_1을 선택한다. 작업 1도 이미 스케줄이 되어 있어 a_3가 다음으로 선택되고 $\sigma_2=3$으로 지정한다. 이와 같이 수행하여 σ_3만 남고 작업 4만이 스케줄이 되지 않은 상태이므로 $\sigma_3=4$가 된다.

예제 5.12

n=4, a_i와 b_i가 다음과 같이 주어질 때 최적 스케쥴과 S의 전체 완료 시간 F(S)을 구하라.

$$(a_1, a_2, a_3, a_4) = (3, 4, 8, 10)$$
$$(b_1, b_2, b_3, b_4) = (6, 2, 9, 15)$$

$$\min\{\overset{a_1}{3},\ \overset{a_2}{4},\ \overset{a_3}{8},\ \overset{a_4}{10},\ \overset{b_1}{6},\ \overset{b_2}{2},\ \overset{b_3}{9},\ \overset{b_4}{15}\} = 2 \leftarrow b_2$$

J_2가 맨 마지막에

$$\min\{\overset{a_1}{3},\ \overset{a_3}{8},\ \overset{a_4}{10},\ \overset{b_1}{6},\ \overset{b_3}{9},\ \overset{b_4}{15}\} = 3 \leftarrow a_1$$

J_1이 맨 처음

$$\min\{\overset{a_3}{8},\ \overset{a_4}{10},\ \overset{b_3}{9},\ \overset{b_4}{15}\} = 8 \leftarrow a_3$$

J_3가 J_1 다음에

J_4는 J_2 앞에

$\therefore J_1, J_3, J_4, J_2$

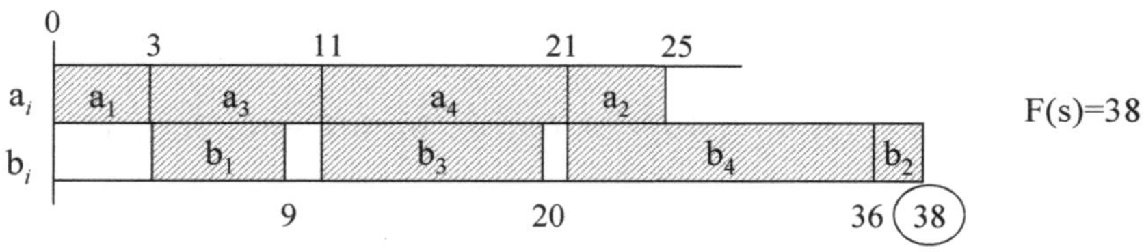

[그림 5.15] 최적 스케줄과 완료시간

예제 5.13

n=5, a_i와 b_i가 다음과 같이 주어질 때 최적 스케줄과 S의 전체 완료 시간 F(S)를 구하라.

$$a_i = (5, 2, 7, 6, 10)$$
$$b_i = (4, 9, 1, 8, 3)$$

최적 스케쥴 : $J_2\ J_4\ J_1\ J_5\ J_3$

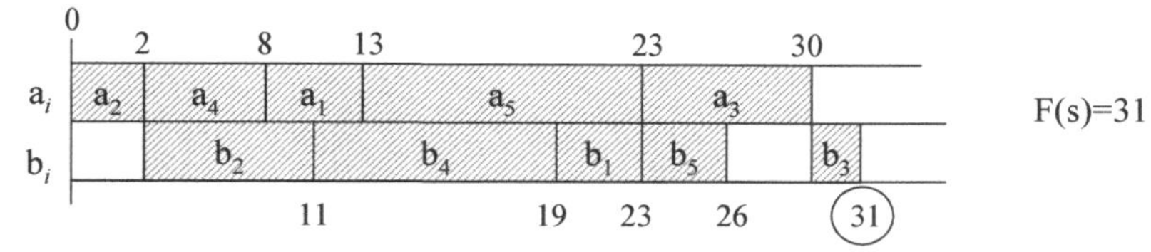

[그림 5.16] 최적 스케줄과 완료시간

5.7 0-1 배낭문제(Knapsack Problem)

n개의 물건들 $object_1$, $object_2$, …, $objecct_n$ 이 있을 때 물건 $object_i$ 을 크기가 M인 배낭에 넣었을 때의 이익을 p_i라고 하자. 그리고 각 물건 $object_1$, $object_2$, …, $objecct_n$ 의 무게는 w_1,w_2, …, w_n 이다.($1 \leq i \leq n$). n개의 각 물건 $object_i$ 를 배낭에 넣을지 넣지 않을 지에 대한 결정을 x_i 라고 나타낸다. 0-1 배낭문제에서는 x_i 는 0 아니면 1이다. $x_i=0$이면 $object_i$ 를 배낭에 넣지 않는다는 뜻이고, $x_i=1$이면 $object_i$ 를 배낭에 넣는다는 뜻이다. 각 물건의 부분을 배낭에 넣을 수 있는 부분배낭문제에 대한 해답은 탐욕적 알고리즘 설계 방법에 의해 얻어질 수 있지만, 물건의 부분을 조각내서 배낭에 넣는 것이 허용되지 않는 0-1 배낭 문제는 탐욕적인 방법이 최적 해를 제공하지 못한다. 이 사실은 다음 예제를 통하여 알 수 있다.

예제 5.14

물건의 가지 수가 3 가지이고, 배낭의 용량은 30, 물건의 가치는 (p_1, p_2, p_3) = (50, 60, 140), 물건의 무게는 (w_1, w_2, w_3) = (5, 10, 20)일 때, 0-1 배낭 문제를 4장에서 배운 탐욕적 방법에 의해 해결해 보자.

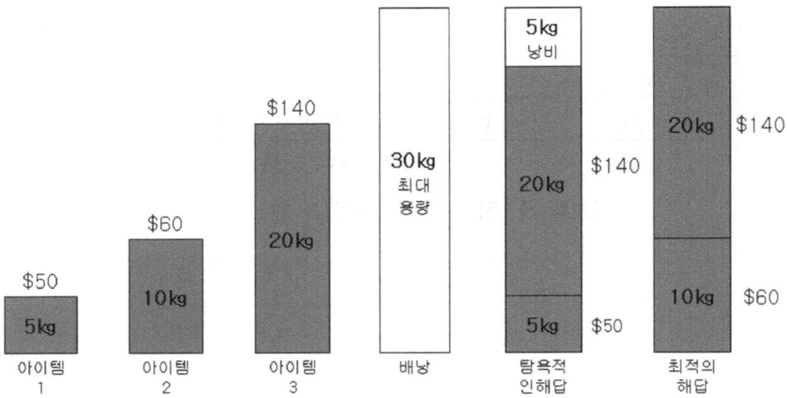

[그림 5.17] 0-1 배낭문제에 탐욕적 방법 적용한 결과

이 0-1 배낭 문제에 탐욕적 방법을 적용하면 얻을 수 있는 최대 이익이 190 이지만, 실제 최적의 해답은 200이다. 그러므로 0-1 배낭문제에 대해 탐욕적인 방법이 최적해를 제공하지는 못한다.

이제 0-1 배낭문제에 동적프로그래밍 기법을 적용해서 최적해를 얻는 방법을 생각해 보자. 먼저 다음 두 조건을 만족하는 0-1 배낭문제를 KNAP(1,j,X)라고 정의하고 KNAP(1, j, X)에 대한 최적해의 값(최대 이익값)을 $f_j(X)$라고 하자.

1) $\sum_{1 \le i \le j} w_i x_i \le X$

2) x_i=0혹은 1(1≤i≤j)하에서 $\sum_{1 \le i \le j} p_i x_i$를 극대화하는 문제

따라서 배낭의 크기가 M이며 n개의 물건들이 있는 0-1 배낭문제는 KNAP(1, n, M)으로 표시된다. x_1, x_2, …, x_n이 KNAP(1, n, M)에 대한 최적해라고 하자. 여기서 각 x_i의 값은 0 혹은 1이다 (단, 1≤i≤n). 만약 x_1=0이면, x_2, x_3, …, x_n은 KNAP(2, n, M)에 대한 최적해가 되어야한다. 만약 x_1=0 일 때, x_2, x_3, …, x_n이 KNAP(2, n, M)에 대한 최적해가 아니라면 x_1, x_2, …, x_n도 KNAP(1, n, M)에 대한 최적해가 아니다. 만약 x_1=1 이면, x_2, x_3, …, x_n은 KNAP(2, n, M-w_1)에 대한 최적해가 되어야 한다. 만약 x_1=1 일 때, x_2, x_3, …, x_n이 KNAP(2, n, M-w_1)에 대한 최적해가 아니라면, $\sum_{2 \le i \le n} w_i z_i \le M - w_i$이고

$\sum_{2 \le i \le n} p_i z_i > \sum_{2 \le i \le n} p_i x_i$ 인 조건을 만족하는 또 다른 0과 1들로 구성된 $z_2, z_3, \cdots, z_n$이 존재하게 된다. 그러므로 $x_1, z_2, z_3, \cdots, z_n$은 처음에 주어진 두 부대조건하에서 더 이익을 내는 최적해가 존재하는데 이는 모순이다. 따라서 최적의 원리가 적용된다.

$x_i=0$ 혹은 $x_i=1$에 대한 결정, 다시 말해서 $object_i$를 배낭에 넣을지 넣지 않을지의 결정을 $x_n, x_{n-1}, \cdots, x_1$ 의 순서대로 하고 최적의 원리를 적용하면 다음의 수식이 성립한다.

$$f_n(M) = \max[f_{n-1}(M),\ f_{n-1}(M-w_n) + p_n]$$

$i \ge 1$을 만족하는 임의의 $f_i(X)$에 대하여 위의 식은 다음과 같이 일반화된다.

$$f_i(M) = \max[f_{i-1}(M),\ f_{i-1}(M-w_i) + p_i] \qquad (5.14)$$

바로 위의 식에서, 모든 M에 대하여 $f_0(M)=0$이다. $f_i(x)$를 표현하기 위하여 순서 집합(order set) $S_i=\{(f(x_j),\ x_j) | 1 \le j \le k\}$을 이용한다. S_i의 각 원소는 쌍(P, W)이다. 여기서 $P=f_i(x_i)$이고 $W=x_i$이다. $S_0=\{\{0,\ 0)\}$임을 유의하라. 우리는 우선 다음을 계산함으로써 S_i로부터 S_{i+1}을 계산할 수 있다.

$$S_1^{i+1} = \{(P,\ W) \mid (P - p_{i+1},\ W - w_{i+1}) \in S^i\}$$

이제, S^{i+1}은 S^i와 S_1^{i+1}에 있는 쌍들을 합병함으로써 계산 할 수 있다. 만약 S_1^{i+1}이 $P_j \le P_k$ 그리고 $W_j \ge W_k$인 성질을 갖는 두 쌍 $(P_j,\ W_j)$과 $(P_k,\ W_k)$을 포함한다면, 쌍 $(P_j,\ W_j)$는 버릴 수 있다. 이와 같이 버리거나 제거하는 규칙을 지배규칙(dominance rule)이라고 한다. 지배되는 쌍들은 제거된다. 위에서 $(P_k,\ W_k)$는 $(P_j,\ W_j)$를 지배한다.

예제 5.15

n=4, $(w_1,\ w_2,\ w_3,\ w_4)= (2,\ 3,\ 4,\ 5)$, $(p_1,\ p_2,\ p_3,\ p_4)=(1,\ 2,\ 5,\ 7)$와 M=10인 배낭 문제를 풀어보자.

$S^0 = \{(0,\ 0)\}$

$S_1^1 = \{(1,\ 2)\}$

$S^1 = \{(0,\ 0),\ (1,\ 2)\}$

$S_1^2 = \{(2, 3), (3, 5)\}$

$S^2 = \{(0, 0), (1, 2), (2, 3), (3, 5)\}$

$S_1^3 = \{(5, 4), (6, 6), (7, 7), (8, 9)\}$

$S^3 = \{(0, 0), (1, 2), (2, 3), (5, 4), (6, 6), (7, 7), (8, 9)\}$

$S_1^4 = \{(7, 5), (8, 7), (9, 8), (12, 9)\}$

$S^4 = \{(0, 0), (1, 2), (2, 3), (5, 4), (7, 5), (8, 7), (9, 8), (12, 9)\}$

여기에서 쌍 (3,5)가 S^3에서, 쌍 (6,6), (7,7), (8,9)가 S^4에서 지배규칙(dominance rule)에 의해 제외 되었다. 이 문제에서의 최적의 해는 $(x_1, x_2, x_3, x_4) = (0, 0, 1, 1)$로 쌍 (12,9)가 된다.

S^i를 산출해 낼 때 우리는 또한 W>M 인 모든 쌍들(P, W)을 없앨 수 있다. 왜냐하면 이러한 쌍들은 오로지 x>M인 x에 대해서 $f_n(x)$의 값들을 결정하기 때문이다. 배낭의 용량이 M이므로, x>M인 f_n의 움직임에는 관심을 둘 필요가 없다. W_j>M인 모든 쌍들 (P_j, W_j)을 S^i로부터 제거시킬 경우, $f_n(M)$은 S^n의 마지막 쌍의 P값에 의해서 주어진다(Si들은 순서 집합임을 유의하라). 또한 S^n을 계산함으로써 우리는 KNAP(1, n, M)뿐만 아니라 모든 배낭 문제 KNAP(1, n, x), $0 \leq x \leq M$에 대한 해를 찾을 수 있다. 우리는 오직 KNAP(1, n, M)의 해만 찾기를 원하므로, S^n계산해야 하는 수고를 덜 수 있다. S^n 내의 마지막 쌍은 S^{n-1}의 마지막 것이거나 또는 (P_j+p_n, W_j+w_n)이다. 여기서 $(P_j, W_j) \not\in S^{n-1}$이라면 $(P_1-p_n, W_1-w_n) \in S^{n-1}$이고 $x_n=1$로 놓을 수 있다. 이것은 우리에게 (P_1, W_1) 또는 (P_1-p_n, W_1-w_n)이 Sn-1내에서 어떻게 얻어지는지 결정하도록 한다. 이것은 순환적으로 이루어질 수 있다.

이제까지 언급한 것들을 종합해 개략적인 알고리즘의 형태로 만들어낸 것이 알고리즘 5.11이다.

알고리즘 5.11 **개략적 배낭 알고리즘**

```
문제 : 0-1 배낭 문제
입력 : 물건의 개수 n, 각 물건의 무게와 이익, 배낭의 용량
출력 : 최대 이익과 포함될 물건들
dkp(p, w, n, M)
    {
        S^0 = {(0, 0)} ;
        for (i=1; i<=n-1; i++)
    {
        S1^i = {(P1, W1) | (P1-pi, W1-wi) ∈S^(i-1)이고 W1<=M}
        Si = Merge-purge(S^(i-1), S1^(i-1) ) ;
    }
        (Px, Wx) = S^(n-1)에 있는 마지막 쌍 ;
        (Py, Wy) = (P1+pn, W1+wn)
        /* 여기에서 W1은 S^(n-1)에 있는 임의의 쌍에서 W+wn<=M 인 가장 큰 W*/
        /* xn, xn-1, .... , x1에 대해 역추적 */
        if(Px>Py) then xn = 0
                  else xn = 1 ;
        xn, xn-1, ..., x1에 대해 역추적 ;
    }
```

예제 5.16

$n=3$, $(w_1, w_2, w_3) = (2, 3, 4)$, $(p_1, p_2, p_3) = (1, 2, 5)$, 그리고 $M=6$인 배낭 문제를 고려해 보자. 이 자료들에 대하여 우리는 다음을 얻을 수 있다.

$S^0 = \{(0, 0)\}$; $S_1^1 = \{(1, 2)\}$

$S^1 = \{(0, 0), (1, 2)\}$; $S_1^2 = \{(2, 3), (3, 5)\}$

$S^2 = \{(0, 0), (1, 2), (2, 3), (3, 5)\}$; $S_1^3 = \{(5, 4), (6, 6), (7, 7), (8, 9)\}$

$S^3 = \{(0, 0), (1, 2), (2, 3), (5, 4), (6, 6), (7, 7), (8, 9)\}$

쌍 (3, 5)가 위에 언급된 제거 규칙(purging rule)의 결과로 S^3에서 제외되었음을 주의

하라. $f_3(6)$의 값은 S^3에 있는 쌍(6, 6)에 의해 주어진다. (6, 6)$\notin S^2$이므로 x_3=1로 설정해야 한다. 쌍(6, 6)은 쌍($6-p_3$, $6-w_3$)=(1, 2)로부터 얻어진 것이었다. 따라서 (1, 2)$\notin S^0$이므로 x_1=1이 된다. 따라서 최적의 해는 (x_1, x_2, x_3)= (1, 0, 1)이 된다.

연습·문제

1. 어떻게 식(5.1)을 얻게 되는지 유도하라.

2. 외판원 문제(알고리즘 5.3)를 푸는 동적계획 알고리즘을 본문에 나와 있는 것보다 더 세부적으로 작성하라.

3. 모든 쌍의 최단경로 문제를 푸는 플로이드 알고리즘(알고리즘 5.5)를 구현하는 프로그램을 작성하고, 여러 가지 다른 그래프를 가지고 성능을 비교하라.

4. 모든 쌍의 최단경로 출력 알고리즘(알고리즘 5.6)을 분석하고, 1차 시간복잡도를 가짐을 보여라.

5. 연쇄행렬 최소곱셈 알고리즘(알고리즘 5.9)과 최적의 곱셈 순서를 출력하는 알고리즘(알고리즘 5.10)을 구현하는 프로그램을 작성하고, 여러 가지 다른 문제 사례를 가지고 그들의 성능을 비교하라.

6. 0-1 배낭채우기 문제를 푸는 동적계획법 알고리즘으로 최악의 경우 계산하는 엔트리의 개수가 $\Omega(2n)$임을 보여라.

Chapter

06

탐색

Computer Algorithm

많은 문제가 그래프로 표현되고, 문제의 답은 조건을 만족하는 그래프의 정점이나 혹은 일련의 정점에 해당하는 경우가 많다. 주어진 문제를 그래프로 변환하고, 그래프에서 원하는 정점을 찾는 방법을 일반적으로 탐색이라 한다. 본 장에서는 탐색 방법으로 주어진 문제의 답을 구하는 문제해결 방법에 대하여 알아본다.

6.1 기본적인 탐색 방법

6.1.1 깊이우선탐색과 너비우선탐색

그래프나 방향 그래프를 이용하여 문제를 푸는 대부분의 알고리즘은 정점이나 간선들을 하나씩 처리하고 검사한다. 정점이나 간선들을 하나씩 처리하기 위한 순서를 정하는 방법으로 너비우선 탐색 방법과 깊이 우선 탐색 방법이 있다. 본 절에서는 이와 같은 너비우선탐색과 깊이우선탐색 전략을 소개한다.

깊이 우선 탐색에서 시작 정점은 주어진 문제에 따라 결정되거나 혹은 임의로 선택될 수도 있다. 깊이우선탐색의 기본 전략은 현재 정점에 이웃한 정점들 중 아직 방문을 하지 않은 정점이 있으면 그 중 하나를 선택하여 방문하기를 계속하는 것이다. 이웃들이 모두 이미 방문을 하였던 정점이면 막다른 정점(dead end)이라고 한다. 막다른 정점에서는 그 정점에 도달하기 위하여 왔던 경로 중 마지막 간선을 따라 다시 거슬러 올라가서 깊이우선탐색을 계속한다. 그러다가 시작정점이 막다른 정점이 되면 탐색 작업을 종료한다.

너비우선탐색에서는, 시작 포인트 v에서 거리가 가까운 순서대로 정점들을 방문한다. 즉, 가장 가까운 정점들을 모두 방문하고, 다음 단계에서는 그 다음 가까운 정점들을 모두 방문한다. 이러한 과정을 모든 정점들을 방문할 때까지 반복한다. 거리란 가장 짧은 경로에서의 간선의 수이다. d=0에서 시작하여 새로운 정점이 발견되지 않을 때까지 반복되는 너비 우선 탐색의 중요한 단계는 v에서부터 거리 d만큼 떨어진 정점 x를 순서대로 고려하여 x와 연결된 모든 간선들을 검사함으로써 v에서부터 거리 d+1 만큼 떨어진 모든 정점들을 찾아 처리하는 것이다. 깊이 우선과 너비 우선탐색의 보기로 [그림 6.1]을 보자.

이러한 두 가지 탐색 방법의 설명은 다소 애매모호한 점이 있다. 예를 들어, 만약 두 개의 정점이 v에 인접한다면 둘 중 어느 것을 먼저 방문할 것인가? 그 해답은 정점에 배정된 번호와 같은 그래프 G를 표현하는 방법에 따라 좌우된다. 깊이우선이든 너비우선이든 탐색 방법을 효율적으로 구현하려면 이미 방문한 정점들 중 그 정점에 인접된 정점들의 방문이 모두 이루어지지 않은 정점(이러한 정점을 "열린 정점"이라 한다)들의 리스트를 잘 관리해야 한다.

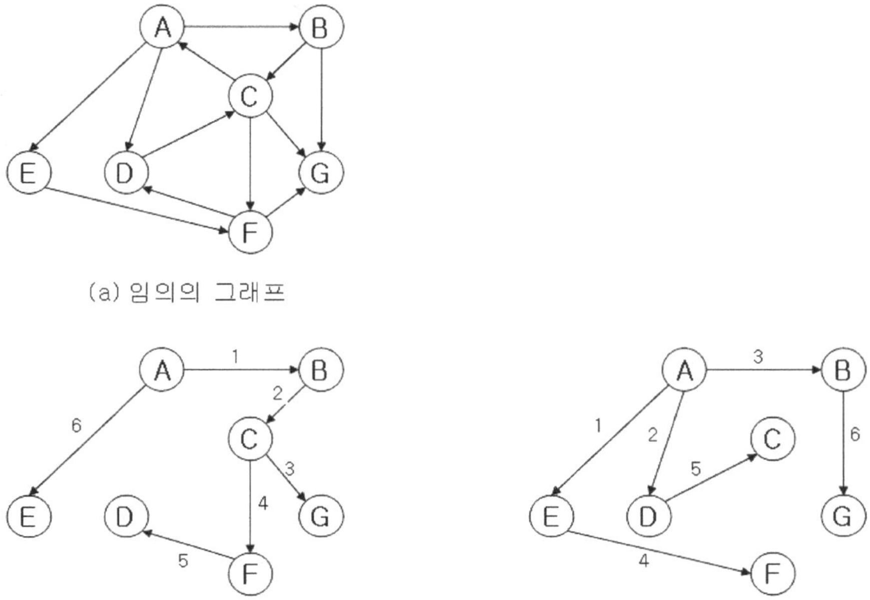

[그림 6.1] 깊이우선탐색과 너비우선탐색의 정점 방문 순서 비교

깊이우선탐색은 막다른 정점에서 다시 거슬러 올라갈 때, 이미 방문한 정점들 중 가장 최근에 방문했던 정점으로 거슬러 올라가서 깊이우선탐색의 전략을 적용하기 때문에, 열린 정점들을 스택에 저장하면 편리하다. 반면에 너비우선탐색에서는 v와 인접한 정점들이 더 멀리 떨어진 정점들 보다 방문을 먼저 완료해야 하기 때문에 "열린 정점"들을 큐에 저장하는 게 편리하다. 두 방법의 알고리즘은 다음에 설명하겠지만, 두 알고리즘 모두, 정점들이 반복 방문되는 것을 방지하기 위하여, 방문한 정점에 표식을 한다. 알고리즘에서 명령어 "방문 x"는 정점 x에서 원하는 처리를 수행하는 것을 나타낸다.

깊이우선탐색 알고리즘을 고안하기 위하여 [그림 6.1]을 자세히 살펴보면서 깊이우선탐색 알고리즘을 재음미해보자. [그림 6.1]은 시작정점 A에서 B를 방문하고 B에서 C를 방문한 다음, C에서 G를 방문한다. G는 막다른 정점임으로 거슬러 올라가기를 하여 G를 방문하기 직전의 정점인 C로 되돌아 간다. C에서 아직 방문하지 않은 이웃이 있는가 보면, F가 있음으로 F를 방문하고, D를 방문한 다음, 거슬러 올라가기를 하여 A까지 하고, E를 방문한다. 그리고 다시 A로 거슬러 올라간 다음 종료한다. 깊이우선탐색 과정을 잘 살펴보면 방문한 정점에서 표시되지 않은 이웃 정점이 없으면 거슬러 올라가고, 그렇지 않으면 표시되지 않은 모든 이웃정점 각각에 대하여 깊이우선탐색을 실행한다는 것을 알 수 있다. 이것을 재귀적 알고리즘으로 표시하면 [그림 6.2]와 같다.

깊이 우선 탐색 알고리즘 (재귀적) (Depth-First Search)

```
procedure 깊이우선탐색(v: 정점);
var
   w: 정점;
begin
   v를 방문, 표시
   while (v에 이웃한 표시 안한 정점 w가 존재하는 동안) do
      깊이우선탐색(w)
   end {while}
end {DFS}
```

[그림 6.2] 깊이우선탐색 알고리즘

너비우선 탐색 알고리즘은 [그림 6.3]에 보인다. 변수 Q는 큐(queue) 구조로, 첨가 함수는 매개변수로 받은 원소를 큐의 뒤에 첨가하고, 제거 함수는 큐의 제일 첫 번째 원소를 큐에서 제거하여 반환한다. 앞에서 언급한 바와 같이 너비우선 탐색은 열린 정점을 큐에 첨가하고, 큐의 선두에 있는 열린 정점을 제거하여 그 정점의 이웃 정점들을 방문하는 루틴을 열린 정점들의 큐가 빌 때까지 반복한다.

너비 우선 탐색 (Breadth-First Search) 알고리즘

```
/* Q는 데이터구조 큐이다. 함수 제거는 큐의 첫 원소를 큐에서 제거하여 반환한다. 함수
첨가는 매개변수로 받은 원소를 큐의 맨 뒤에 첨가한다.      */

procedure 너비우선탐색 (그래프, 시작정점);
var
   Q: 큐;
   w: 정점;
begin
```

```
    Q의 초기 값을 NULL로 함;
    v를 방문, 표시하고 v를 첨가 한다 ;
    while (Q가 NULL이 아닌 동안) {
        x:= 제거(Q);
        for (x에 인접한 표시하지 않은 정점 w에 대하여) {
            w를 방문, 표시 ;
            Q에 w를 첨가 한다 ;
        }   /* for  */
    end   /* while Q≠NULL    */
end    /* 너비우선탐색  */
```

깊이우선탐색 방법과 너비우선탐색 방법을 비교하면, 서로 장단점이 있다. 깊이우선탐색의 장점을 살펴보면, 깊이우선탐색 방법은 사용하는 메모리의 크기가 너비우선탐색의 경우보다 훨씬 적음을 알 수 있다. 왜냐하면 깊이우선탐색의 경우에는 열린 정점을 기록하는 스택의 크기가 탐색 공간의 깊이보다 크지가 않기 때문이다. 그러나 너비우선탐색의 경우에는 열린 정점을 기록하여두는 스택의 크기가 지수 승으로 증가한다. 예를 들어, [그림 6.3]과 같은 탐색 공간의 경우에 깊이우선탐색의 경우에는 스택의 원소의 수가 5개를 넘는 일이 없다. 그러나 너비우선탐색의 경우에는 처음에 큐에 저장된 원소가 뿌리 노드 하나뿐이다가, 다음 반복에는 2 개, 그 다음에는 4개, 그 다음은 8개가 된다. [그림 6.3]과 같이 탐색 공간이 작을 경우에는 문제가 없지만 실제 문제 풀이에서의 탐색 공간은 깊이가 20 혹은 30보다 더 큰 수일 경우가 많다. 각 노드의 가지의 수가 평균 2라고 가정하더라도, 깊이가 10이면 너비우선탐색의 큐에는 2의 10승 즉, 1024 개의 원소가 기록될 수 있어야 하고, 평균 가지의 수가 3이라면 3의 10승 개의 원소를 기록할 수 있어야 한다.

너비우선탐색의 깊이우선탐색에 대한 장점은 최적해를 항상 찾는다는 것이다. 예를 들어, [그림 6.3]에서 찾는 답에 해당하는 노드가 E와 P라 하고, 간선에 연합된 비용이 모두 동일하다고 하자. A에서 B, D, H를 경유하여 P에 도착하여도 답을 찾고, A에서 B를 경유하여 E에 도착하여도 답을 찾을 수 있는 경우를 그림은 보인다. 그런데, 전자의 경로의 비용이 4라면, 후자의 경우는 비용이 2이다. 너비우선탐색은 뿌리노드에서 가까운 노드부터 차례로 방문하기 때문에 E를 정답으로 찾게 되며, 이 답을 찾아 가는 해법이 최적해이다. 그러나 깊이우선탐색은 A에서 B를 선택하고, D, H, P 순서로 방문할 수 있으며, 이 순서가 답을 찾는 방법이라고 주장할 수 있다.

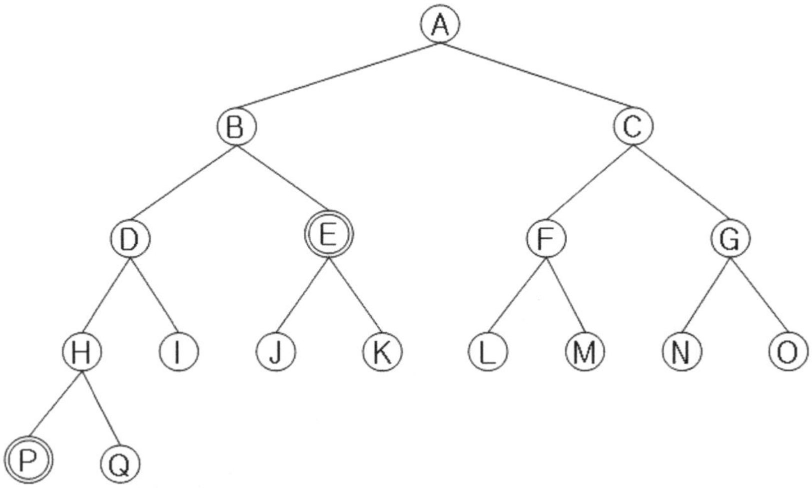

[그림 6.3] 임의의 탐색 공간

깊이우선탐색과 너비우선탐색의 장점을 모두 갖춘 탐색 방법으로 점증깊이우선(Depth First Iterative Deepening) 탐색 방법이 있다. 점증깊이우선 탐색 방법은 깊이우선탐색을 주어진 깊이의 한계까지만 실행하는 것을 반복한다. 깊이의 한계는 1부터 차례로 증가한다. 점증깊이우선 탐색은 찾고자하는 정점을 방문하면 탐색을 성공적으로 종료하고, 그렇지 않으면 탐색 공간을 다 방문한 다음 실패로 종료한다. [그림 6.3]을 예로 점증깊이우선 탐색의 탐색 과정을 설명하면, 처음에는 깊이의 한계를 1로 하여 깊이우선탐색을 실시한다. 즉, A를 방문하고, 다음에 B를 방문한 다음 거슬러 올라가기를 하여 A로 왔다가 C를 방문하고 깊이의 한계 1에 대한 깊이우선탐색을 실패로 종료한다. 그러면, 깊이의 한계를 2로 증가시켜 다시 깊이우선탐색을 실시한다. 이번에는 A부터, B, D까지 방문한 다음 거슬러 올라가기 하여 B에서 E를 방문하고 성공으로 탐색을 종료한다. 점증깊이우선 탐색의 단점은 이미 방문했던 노드를 여러 번에 걸쳐 재방문하여 실행 시간을 허비한다는 것을 이미 간파했을 것이다. 방금 본 예에서도 깊이 한계가 1일 때 정점 A, B, C를 방문한 다음, 한계가 2일 때 또 다시 A, B를 방문한 것을 볼 수 있었다. 일반적으로 목적 정점이 깊이 d에 위치하고 있다면 뿌리 노드는 d번 방문하게 되며, 깊이 1

에 있는 노드들은 d-1번 방문하게 된다. 그런데 [그림 6.3]을 보면 깊이 d에 위치한 노드들의 수가 깊이 1부터 d-1까지에 위치한 모든 노드들의 수보다 1이 많은 것이 일반적임을 알 수 있다. 예를 들어, [그림 6.3]에서 깊이 2에 위치한 노드들의 수는 4인데, 깊이 0과 1에 위치한 모든 노드의 수는 3이고, 깊이 3에 위치한 노드는 모두 2의 3승 즉 8인데, 깊이 0, 1, 2에 위치한 노드의 총 수는 1+2+4=7임을 알 수 있다. 그래서 점증깊이우선 탐색에서 이미 방문했던 노드를 재방문하면서 허비하는 시간이 별로 심각한 수준이 아니다.

6.1.2 깊이 우선 탐색과 재귀

깊이 우선 탐색은 재귀 알고리즘으로 표현하기가 용이함을 앞 절에서 살펴보았다. 사실, 재귀와 깊이 우선 탐색 사이에는 연관성이 매우 깊다. 재귀 함수의 재귀 호출 구조는 각 정점이 재귀 호출을 나타내는 트리 모양으로 도식화될 수 있다. 그러면 호출들이 수행되는 순서는 트리의 깊이 우선 탐색과 동일하다.

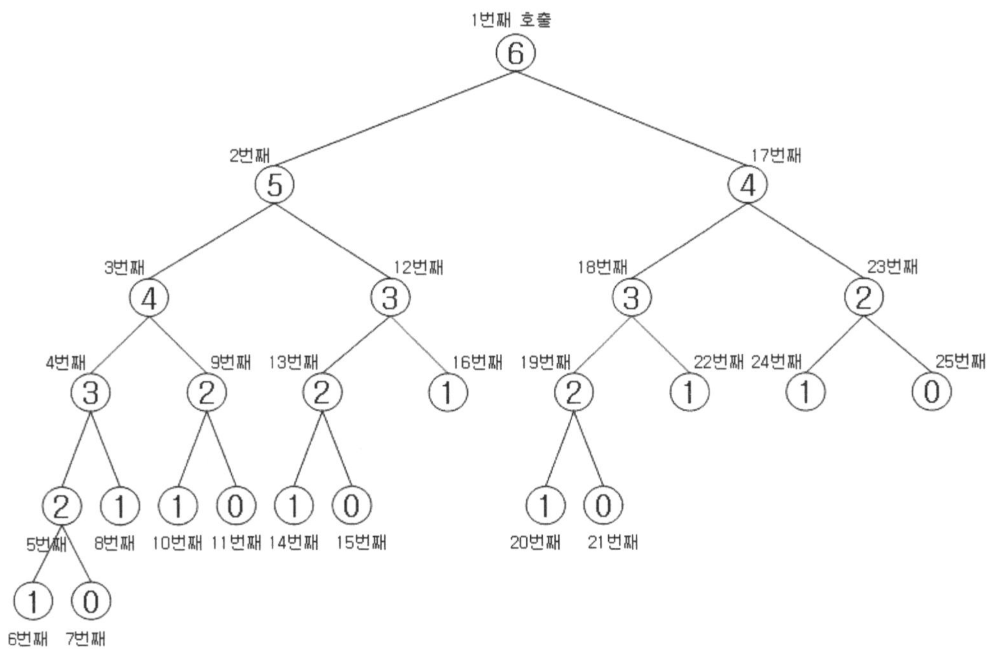

[그림 6.4] 재귀적 피보나치 함수가 F6를 구하기 위해 자신을 호출하는 과정을 보이는 트리

예를 들어, 피보나치 수열은 다음과 같이 정의 된다: $F_0=0$, $F_1=1$, $n\geq2$일 경우에는 $F_n=F_{n-1}+F_{n-2}$). F_6의 재귀 연산을 위한 호출 구조는 [그림 6.3]과 같다. 각 정점은 해당 재귀호출시의 n 값으로 이름 붙여졌다. 그래서 노드의 레이블이 n이면 노드의 부트리는 결국 F_n을 계산한다. 함수의 재귀 호출 순서도 그림에 기입하여 놓았다. 뿌리노드가 1번이고, 왼쪽 자식 노드가 2번이다. 이러한 호출순서는 깊이우선탐색에서의 방문 순서와 일치함을 알 수 있다.

그림에서 보면 F_0은 5번이나 계산이 되고, F_1은 8번이나 계산되며, F_2도 5번이나 계산되는 등, 피보나치 수열을 재귀 방법으로 계산하는 것은 굉장히 비효율적이라는 것을 알 수 있다. 이 예제는 단지 깊이 우선과 재귀와의 연관을 설명하기 위하여 사용되었다.

6.1.3 2진 트리 운행

2진 트리를 구성하는 모든 노드들을 일일이 방문하면서 작업해야하는 경우에 노드들을 방문하는 가능한 순서는 무수히 많다. 그런데 매 노드에서 똑 같은 유형으로 방문한다면 방문하는 유형이 여섯 가지가 된다. 방문 중인 노드의 왼쪽 자식 노드 먼저 방문하는 것을 좌로 표시하고, 방문 중인 노드에서 작업을 하는 것을 P로 표시하며, 오른쪽 자식 노드를 방문하는 것을 우로 표기하고, 시간적으로 먼저 일어나는 일을 먼저 쓴다면, 여섯 가지 방문 유형은 좌P우, 좌우P, P좌우, P우좌, 우P좌, 우좌P이다. 그런데 "좌측을 우측보다 먼저 방문한다"라고 하면 가능한 방문 유형은 좌P우, 좌우P, P좌우의 세 가지 밖에 안 된다. 이 세 가지 방문 유형을 각각 P의 위치에 따라 중위형 운행, 후위형 운행, 전위형 운행이라고 일컫는다.

중위형 운행은 왼쪽 자식 노드의 방문을 더 이상 방문할 노드가 없을 때까지 계속하다가, 더 이상 왼쪽 자식 노드가 없으면 그 노드를 방문하여 작업을 하고, 왼쪽 자식 노드에 가서 다시 중위형 운행을 계속한다. 노드를 방문하여 작업을 한다는 것은 노드에 기록된 데이터를 처리한다는 것을 의미하는데 여기에서는 간단히 프린트만 한다고 가정한다.

예를 들어, [그림 6.5]에 보이는 2진 트리를 중위형 운행 한다면 프린트 결과는 다음과 같다: G, D, B, H, E, I, A, F, C.

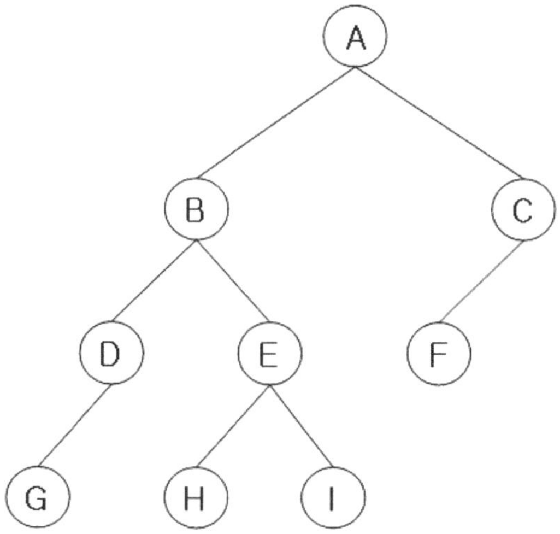

[그림 6.5] 운행 유형 설명을 임의의 2진 트리

```
Procedure 중위형운행(T) {
/* T는 2진 트리이고, 각 노드는 왼쪽자식, 데이터, 오른쪽자식의 세 필드로 구성됨 */

if T != NULL then {
     중위형운행(왼쪽자식(T));
     프린트(T);
     중위형운행(오른쪽자식(T));
  }
}
```

[그림 6.6] 중위형 운행 알고리즘

중위형 운행을 알고리즘으로 표현하면 [그림 6.6]과 같다. 매개변수 T는 2진 트리이며, 각 노드는 왼쪽자식, 데이터, 오른쪽자식의 세 필드로 구성되고, 왼쪽자식은 왼쪽 자식 노드를 가리키는 포인터이다. 데이터는 응용에 따라 복잡한 데이터일 수 있으나 여기에서는 노드의 레이블이라고 가정한다. 오른쪽자식은 오른쪽 자식 노드를 가리키는 포인터이다.

[그림 6.5]에 중위형운행이 실행되면, main 함수가 [그림 6.5]의 노드 A를 가리키는 포

인터를 매개변수로 중위형운행 함수를 호출한다. 호출된 함수를 함수 1이라 하자. 함수 1은 T가 NULL이 아님으로 중위형운행을 재귀 호출하는데 이 함수를 함수 2라 하자. 함수 2의 매개변수는 노드 B를 가리키는 포인터이다. 함수 2도 B를 가리키는 포인터가 NULL이 아님으로 중위형운행을 재귀호출 한다. 이 함수를 함수 3이라 하자. 함수 3의 매개 변수는 D를 가리키는 포인터다. 함수 3도 중위형운행을 재귀호출한다. 이 함수를 함수 4라 하자. 이 함수의 매개변수는 G를 가리키는 포인터이다. 함수 4도 중위형운행을 재귀호출한다. 이 함수를 함수 5라 하자. 이 함수의 매개변수는 G의 왼쪽자식인 NULL이다. 따라서 함수 5 (T != NULL)이 거짓임으로 아무 일도 하지 않고 함수 4로 return한다. 이것은 함수 4에서 명령문 2)의 실행이 완료된 것을 의미한다. 따라서 함수 4는 프린트 문을 실행하는데 함수 4의 매개변수가 G를 가리키는 포인터임으로 프린트 문은 G를 프린트한다. 다음에는 함수 4가 명령문 4)인 중위형운행(오른쪽자식(G))를 실행하여 중위형운행을 재귀호출하는데 여기서 호출된 함수를 함수 6이라 하자. 오른쪽자식(G)는 NULL임으로 함수 6은 그냥 함수 4로 return한다. 이것은 함수 4의 명령문 4)가 종료함을 의미한다. 따라서 함수 4도 종료한다. 함수 4의 종료는 함수 3의 명령문 2)의 종료를 의미함으로 함수 3이 명령문 3), 즉 프린트(D)를 실행한다. 나머지 실행 과정을 따라가면 알고리즘 중위형운행이 G, D, B, H, E, I, A, F, C를 출력함을 알 수 있다.

```
Procedure 전위형운행(T) {
/* T는 2진 트리이고, 각 노드는 왼쪽자식, 데이터, 오른쪽자식의 세 필드로 구성됨
*/

1)  if T != NULL then {
2)       프린트(T);
3)       전위형운행(왼쪽자식(T));
4)       전위형운행(오른쪽자식(T));
    }
}
```

[그림 6.7] 전위형 운행 알고리즘

전위형 운행은 방문하는 노드의 데이터 처리를 먼저 끝낸 다음 왼쪽 자식 노드를 방문하고, 오른쪽 자식 노드를 방문한다. 따라서 [그림 6.5]에 전위형 운행을 하면 다음과 같이 출력한다: A, B, D, G, E, H, I, C, F. 이와 같은 전위형 운행을 알고리즘으로 나타내면 [그림 6.7]과 같다.

후위형 운행은 방문하는 노드의 왼쪽 자식 노드를 방문을 마친 다음, 오른쪽 자식 노드를 방문하고, 마지막으로 자신의 데이터를 처리한다. 따라서 [그림 6.5]에 후위형 운행을 하면 다음과 같이 출력한다: G, D, H, H, E, B, F, C, A. 이와 같은 후위형 운행을 알고리즘으로 나타내면 [그림 6.8]과 같다.

```
Procedure 후위형운행(T) {
/* T는 2진 트리이고, 각 노드는 왼쪽자식, 데이터, 오른쪽자식의 세 필드로 구성됨 */

   if T != NULL then {
        후위형운행(왼쪽자식(T));
        후위형운행(오른쪽자식(T));
        프린트(T);
   }
}
```

[그림 6.8] 후위형 운행 알고리즘

6.2 백트래킹

탐색은 알고리즘 설계의 기본 전략으로 널리 사용된다. 탐색의 효율성을 제고하는 방법으로 백트래킹 전략이 사용된다. 백트래킹은 탐색 공간의 노드들을 깊이우선탐색과 비슷한 순서로 방문하되 방문한 정점이 나타내는 상태가 답이 될 가망성이 있는지를 판단하여 가망성이 없으면 깊이우선탐색의 막다른 정점에서처럼 거슬러 올라가기를 한다. 그리고 깊이우선탐색이 거슬러 올라간 정점에서 깊이우선탐색 전략을 적용하듯이 백트래킹도 그 곳에서 백트래킹 전략을 적용한다. 결국 백트래킹은 깊이우선탐색과 비슷한데, 거슬러 올라가기의 기준이 다를 뿐이다. 즉, 깊이우선탐색이 탐색 공간의 막다른 정점에서 거슬러 올라가기를 하는데 반하여 백트래킹은 가망성이 있는지를 판단하여 가망성이 없으면 거슬러 올라가기를 한다는 점이 다르다.

깊이우선탐색과 백트래킹의 차이점을 예를 통하여 보면 쉽게 이해할 수 있다. 예를 들어, 4-Queen 문제를 각각의 방법으로 푸는 경우를 각각 생각해 보자. 4-Queen 문제는 [그림 6.9]와 같은 4×4 행렬에 4 개의 Queen을 한 줄에 하나씩 놓되, 서로 잡아먹을 수 없는 위치에 놓는 수를 찾는 것이다. Queen은 서양장기(체스)에서 같은 줄, 열 혹은 같은 대각선에 있는 아무 말이나 잡아먹을 수 있다. 따라서 4-Queen 문제의 답은 [그림 6.9]처럼 각 행, 열, 대각선에 최대 하나의 Queen만 놓이든지 아니면 아무것도 놓이지 않도록 4 개의 Queen을 4×4 행렬에 배치하는 것이다. Queen은 같은 행이나 같은 열에 있는 말을 잡아먹는다고 하였음으로 4개의 Queen을 4×4 행렬에 배치하려면 각 행이나 각 열에는 정확히 하나씩의 Queen이 놓여야 한다.

	Q		
			Q
Q			
		Q	

[그림 6.9] 4-Queen 문제

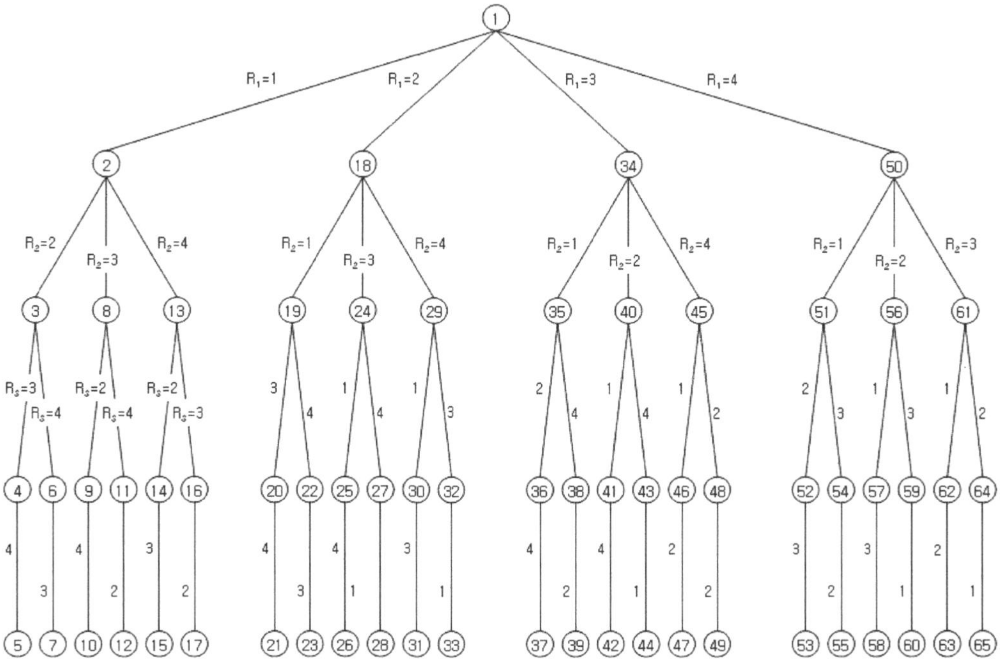

[그림 6.10] 4-Queens 문제의 탐색 공간

Q			

[그림 6.11] 노드 2가 나타내는 체스 판의 형태

4-Queens 문제의 탐색 공간은 [그림 6.10]과 같다. 각 노드의 이름은 깊이우선탐색이 해당 노드를 방문하는 차례를 나타낸다. 각 간선에는 해당 행에 놓인 Queen의 위치를 표시하였다. 즉, 노드 1은 4×4 행렬에 아무 Queen도 놓이지 않은 상태를 나타내고, 노드 1의 왼쪽 자식 노드를 연결하는 간선의 레이블 R1=1은 1행에 놓인 Queen의 위치가 1열

인 경우를 나타낸다. 즉, [그림 6.11]이 2번 노드에 해당하는 체스 판의 모습이다.

[그림 6.10]에는 총 4! 개의 잎사귀 노드가 있으며, 노드의 총 수는 1 + 4 + 4 × 3 + 4 × 3 × 2 + 4 × 3 × 2 × 1 = 1 + 4 + 12 + 24 + 24 = 105 개다. 일반적으로, 체스 판의 크기가 n×n이라면 [그림 6.10]과 같은 탐색 공간의 노드의 총 수는 다음과 같은 식으로 구할 수 있다:

$$Total\ Number\ of\ Nodes = \sum_{i=0}^{n} \frac{n!}{i!}$$

노드 3이 나타내는 체스 판의 형태는 [그림 6.12]와 같다. 1행에 놓인 Queen과 2행에 놓인 Queen이 같은 대각선에 놓였음으로, 나머지 3행과 4행에 놓일 Queen은 고려할 필요도 없이 이 노드는 이미 답이 될 가망성이 없다. 그럼에도 불구하고 [그림 6.10]은 나머지 자식 노드들을 모두 탐색공간에 포함하고 있다. 백트래킹은 노드 3과 같이 가망성이 없는 노드에서 거슬러 올라가기를 하며, 거슬러 올라가기를 백트래킹이라고 한다. 백트래킹 방법이 방문하는 노드들을 순서대로 나타낸 그림이 [그림 6.13]에 보인다.

Q			
	Q		

[그림 6.12] 노드 3이 나타내는 체스 판의 형태

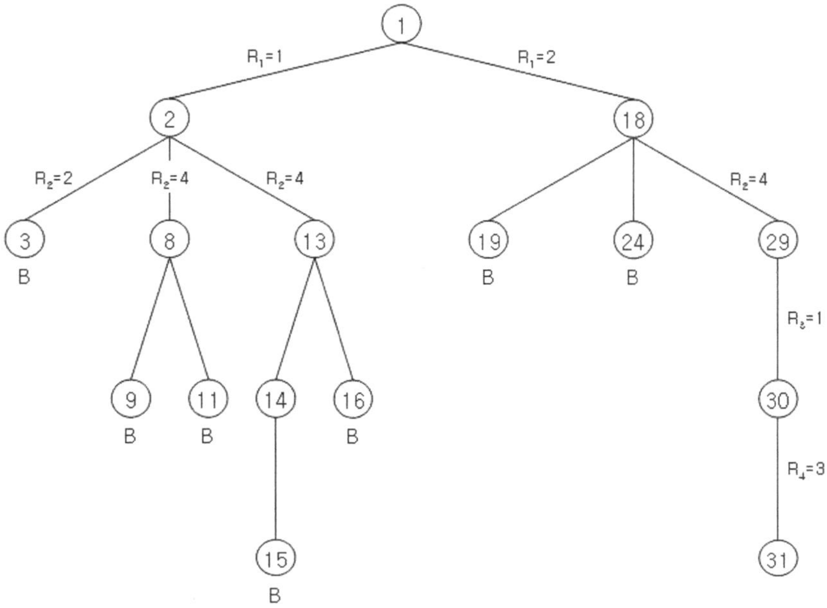

[그림 6.13] 백트래킹 방법이 4-Queens 문제를 풀기 위하여 방문하는 노드들

백트래킹 알고리즘은 방문하는 노드가 가망성이 있는지 검사하여 가망성이 없을 때 백트래킹하기 때문에, 백트래킹 알고리즘은 가망성이 있는지 검사하는 함수를 사용한다. 4 Queens 문제에서서는 이미 놓여 있는 Queen과 같은 열이나 같은 대각선에 새로운 Queen을 놓는 것은 가망성이 없는 것이다.

6.2.1 n-Queens 문제

크기가 n×n인 체스 판에 n개의 Queen을 놓는 n-Queens 문제를 푸는 함수 nQueens가 [그림 6.14]에 소개되었다. 이 알고리즘은 전역변수로 선언된 배열 R에 각 행에 놓인 Queen의 위치를 기록한다. 예를 들어, R[1]에는 1번 행에 놓인 Queen의 위치가 기록된다. 첫 번 while문은 k==1번 행부터 Queen의 위치를 결정해준다. 이 while문의 종료 조건은 k가 0이 되는 것이다. k는 가망성이 없을 때 9번 문장에서 1씩 감소된다. 따라서 본 알고리즘은 n-Queens 문제의 모든 가능한 답을 다 찾아 준다. 만일 답 중 하나만 찾고 종료하고 싶으면, 7번 문장에 프로그램을 종료하는 문장을 삽입하면 된다. 8번 문장은 k

행에 놓일 Queen의 위치가 결정된 다음, 다음 행에 대한 위치를 결정하기 위하여 k를 증가시키고 1번 반복문으로 되돌아가 R[k] 값, 다음 행에 놓일 Queen의 위치를 찾는 작업을 수행하게 한다. 9번 문장은 k 행에 Queen이 놓일 수 있는 위치를 모두 시도해 본 다음 이전 행으로 되돌아가서 다시 시도하도록 k를 1 감소하고 1번 반복문을 다시 수행한다. 예를 들어 k가 9였다면 k가 8로 감소되어 1번 반복문으로 되돌아간다. R[8]에는 8행에 놓인 Queen의 위치가 이미 기록되어 있고, 8번째 Queen의 위치가 이런 경우에 대한 답이 이미 출력된 상태임으로 이번에는 2번 문장에서 R[k]를 1 증가시켜 다음 위치부터 시도하게 된다.

알고리즘 nQueens는 부울 함수 Promising을 사용하여 k 행의 R[k] 열에 k 번째 Queen을 놓아도 괜찮은지 검사한다. 즉, 이미 놓여 있는 Queen들 중 잡아먹는 위치에 놓인 Queen이 있는지 검사한다. k 번째 Queen임으로 이미 놓인 Queen들의 위치는 R[1]부터 R[k-1]까지에 수록되어 있는 상태이다. 그래서 Promising의 1번 문장에서 i가 1부터 n-1까지 반복되는 것이다. 잡아먹는 위치는 열이 같든지 아니면 대각선이 같은 경우이다. 같은 열은 R[i]==R[k]인 경우이다. 대각선이 같은 경우는 R[k]-R[i]의 절대 값과 k-i의 절대 값이 같은 경우이다. 그 이유는 2차원 행렬의 두 셀 A[m, n]과 A[o, p]가 같은 대각선에 위치할 필요충분조건은 |m-o| == |n-p|이기 때문이다. 알고리즘의 k와 i는 각각 m과 o에 해당하고, R[i]와 R[k]는 o와 p에 해당한다. 그래서 Promising의 2번 문장은 이미 놓은 말 중에 잡아먹는 위치인 말이 있는지 검사한다.

알고리즘 **체스의 n-Queens 문제를 푸는 백트래킹 알고리즘**

```
문제 : n×n 체스 판에 n 개의 여왕들을 서로 공격하지 못하도록 놓는 문제임.
입력 : 자연수 n
출력 : 1번 행에 놓인 Queen의 위치부터, 2번 행, ..., n 번 행에 놓인 Queen의 위치
       를 차례로 출력함. Queen의 위치를 1차원 행렬 R에 보관함. R[1]에는 1행에 놓인
       Queen의 위치, R[2]에는 2행에 놓인 Queen의 위치, ..., 즉, R[i]에는 i 번
       째 행에 놓인 Queen이 놓인 열의 위치를 보관한다.
```

```
int     R[1..n] ;  /* 전역변수임  */

void nQueens(int n) {
    int k  ;

    k:=1;   R[k] := 0;  /* k는 현재 행이고, R[k]에는 현재 열이 기록됨 */
    while (k > 0) {         /* 모든 행에 대하여  */
        R[k] := R[k] + 1;       /* 다음 열에 위치시킴  */
        while (R[k]<=n and !(Promising (k)) ) {/* 가망성이 없으면   */
                R[k] := R[k] + 1;                   /* 또 다음 열로 옮김 */
        }
        if (R[k] <= n) {    /* 가망성 있는 위치가 발견되었으면   */
                then if (k == n ) {  /* 그리고 n행의 위치라면 답이므로  */
                        then 출력(R); /* 답을 찾음. 배열 R의 내용을 출력함  */
                else { k = k+1; R[k] := 0; }  /* 다음 행으로 */
                }
        else k := k-1;    /* 가망성이 없는 위치라면 백트래킹 */
    }

bool Promising (int k)
/* k 행의 R[k] 열에 Queen이 놓여도 이미 놓인 Queen을 잡아먹지 않는다면 참, 아니면
거짓을 반환하는 함수임. k가 1씩 증가함으로 같은 행에 이미 놓인 Queen은 없음으로 이 조
건은 검사할 필요가 없음. 본 함수의 (R[i]==R[k])는 k 번째 Queen이 놓이려는 열에 이
미 놓여진 Queen이 있는지 검사하고, abs(R[i]-R[k]) == abs(i-k)는 k 번째 Queen
이 놓이려는 셀과 같은 대각선에 이미 Queen이 놓여 있는지 검사한다.
R은 전역변수로 선언되어 있음. ABS(X)는 X의 절대 값을 반환하는 함수임.  */
{
    int i;
    for (i=1; i<k ; i++) /* 이전에 위치한 모든 Queen에 대해서
        if (R[i]==R[k] || abs(R[i]-R[k]) == abs(i-k)) /* 같은 열이나, 대
                                    각선에 놓인 말이 있는지 검사    */
                return false;
    return true; /* 그런 말이 전혀 없으면 가망성이 있다는 뜻으로 참을 반환함    */
}
```

[그림 6.14] n-Queens 문제를 푸는 알고리즘

6.2.2 0-1 배낭문제

배낭문제는 탐욕적 방법에서 소개한 바와 같이 주어진 여러 가지 물건들을 배낭에 담는 방법을 찾는 문제이다. 물건들은 각각 가격과 무게라는 속성을 갖고 있으며, 배낭은 용량이라는 속성이 있다. 문제의 목적은 배낭에 담긴 물건들의 가격의 합을 극대화시키는 것이다. 제약조건은 배낭에 담긴 물건의 무게의 합이 배낭의 용량을 넘지 말아야 하는 것이다. 이때 임의의 물건에 대하여, 그 물건의 일부분만 덜어서 담으면 그 물건의 가격도 비례적으로 준다고 가정하면 부분배낭문제가 되고, 그렇지 않고 물건의 일부분을 덜어서 담는 것이 허용되지 않으면 0-1 배낭문제가 된다. 일부분을 덜어서 담을 수 있는 문제의 예라면 물건들이 쌀, 콩, 사과, 등일 수 있고, 일부분을 덜어서 담을 수 없는 경우의 예를 들면, 배낭에 담을 물건들이 도자기나 그림 혹은 조각인 경우를 들 수 있겠다.

부분배낭문제에 대한 효율적인 해는 이미 살펴본 바와 같이 존재한다. 그러나 0-1 배낭문제에 대한 효율적인 해는 아직 발견된 바가 없다. 본 절에서는 0-1 부분배낭문제의 해를 찾는 백트래킹에 대하여 알아보자.

우선 0-1 문제의 특성 한 가지를 살펴본다. 0-1 배낭문제와 부분배낭문제의 차이점은 물건들을 덜 수 있는지 아닌지이다. 0-1 배낭문제가 주어질 때, 주어진 물건들과 배낭은 그대로 두고, 단 한 가지 즉, 주어진 물건들을 덜어서 배낭에 넣는 것이 가능하다는 가정만 추가한 것을 주어진 0-1 배낭 문제의 부분배낭문제 버전이라고 하자. 그러면 0-1 배낭문제의 해로 얻는 물건 값의 합은 그 문제의 부분배낭문제 버전의 해로 얻는 물건 값의 합보다 클 수가 없다. 왜냐하면, 0-1 배낭문제의 답은 주어진 물건 각각에 대하여 0 혹은 1을 대입한 모양이다. 이에 반하여 이 문제의 부분배낭문제 버전의 답은 물건 각각에 대하여 분수를 대입한 모양이다. 그런데, 0과 1도 분수에 포함됨으로 0-1 배낭문제의 답이 이득을 최대로 한다면 부분배낭문제의 해도 그 답을 틀림없이 구하기 때문이다.

0-1 배낭문제를 푸는 백트래킹 방법이 유일 한 것이 아니다. 여기에서는 그중 한 가지 예를 보이고자 한다. 제시하는 방법은 부분배낭문제의 경우처럼, 주어진 물건들을 단위무게 당 가치의 값에 따라 내림차순으로 정렬하여 물건1, 물건2, …, 물건n이라고 인덱스를 부친다. 백트래킹 알고리즘은 물건 1부터 물건n까지 차례로 물건을 선택하는 경우와 선택하지 않은 경우 각각의 상황을 나타내는 노드를 생성하여 탐색트리를 작성한다. 각

노드에는 그 노드가 나타내는 상황에서 배낭에 담긴 물건들의 가치들의 합('노드이득'이라 하자)과 무게의 합('노드무게'라 하자) 그리고 현재 상황에서 부분배낭문제 버전으로 풀 경우의 최대이익('이득한계'라 하자)을 기록한다. 또한 전역변수 MAX에는 지금까지 생성한 노드에 기록된 노드이득 중 최대값을 기록한다. 초기 노드는 아무 물건도 선택되지 않은 상황을 나타내며, 따라서 MAX의 초기값은 물론 0이다.

0-1 배낭 문제를 푸는 백트래킹 알고리즘의 가망성 함수는 우선 노드무게가 배낭의 용량을 넘으면 가망이 없다고 한다. 다음은 노드의 이득한계가 MAX 보다 작아도 역시 가망이 없다고 한다. 노드의 '이득한계'는 그 노드가 나타내는 상황에서 부분배낭문제 버전으로 얻은 최대이득이며, 0-1 배낭문제의 최대이득은 부분배낭문제의 최대이득보다 클 수 없음으로, 또한 MAX에는 지금까지 방문한 노드에서 이미 실현이 가능함을 보인 이득이 기록되어 있음으로, 이득이득한계한계가 MAX보다 작다는 것은 그 노드의 부트리에는 답이 없음을 의미한다.

이러한 전략을 적용한 백트래킹 방법의 탐색트리를 예를 들어 살펴보자. 배낭에 넣을 수 있는 물건의 가지 수 n은 4이고, 배낭의 용량, M은 M=25라 하자. 그리고 물건들은 단위 무게 당 가치의 순으로 다음과 같이 정렬되었다고 하자.

물건 i	pi	wi	pi/wi
1	50	5	10
2	30	10	3
3	40	20	2
4	20	20	1

위에서 소개한 전략을 사용하는 백트래킹 방법의 탐색트리는 [그림 6.5]와 같다. 초기에는 아무 물건도 선택되지 않은 상태에 해당하는 노드가 뿌리 노드로 생성된다. 이 노드의 노드이득은 0, 노드무게도 0이며 이득한계는 주어진 물건의 부분배낭버전으로 얻는 이득인 100이다. 그림에는 아무것도 결정된 바가 없다는 의미로 이 노드에 (x x x x)라는 레이블을 부쳤다. MAX=0이다. 다음에는 물건 1을 선택하는 경우를 고려하여 노드이득 50, 노드무게 5, 이득한계 100인 노드를 생성하여 뿌리노드의 왼쪽 자식으로 부치고 물

건1만 선택되고 나머지는 아직 미정이라는 의미로 (1 x x x)라는 레이블을 부친다. MAX=50이 된다. 다음은 물건 2가 선택된 상태에 해당하는 노드 (80, 15, 100)을 노드 (1 x x x)의 왼쪽 자식으로 부친다. MAX=80이 되고, 그림의 노드 (1 1 x x)가 이 상황을 나타낸다. 다음은 노드 (1 1 x x)에서 물건 3을 선택하는 경우의 노드를 생성하는데 노드 무게가 35가 되며 배낭의 용량을 초과함으로 백트랙한다. 노드 (1 1 x x)에서 물건 3을 선택하지 않는 경우에 해당하는 노드 (80 15 90)을 생성하여 오른쪽 자식으로 연결한다. MAX는 아직도 80이다. 이 노드의 왼쪽 자식은 물건 4를 배낭에 담는 경우를 나타내는데 노드무게가 배낭의 용량을 초과함으로 역시 백트랙한다. 다음은 물건4를 선택하지 않는 경우에 해당하는 노드 (80 15 80)을 생성한 다음 노드 (1 x x x)로 백트랙한다.

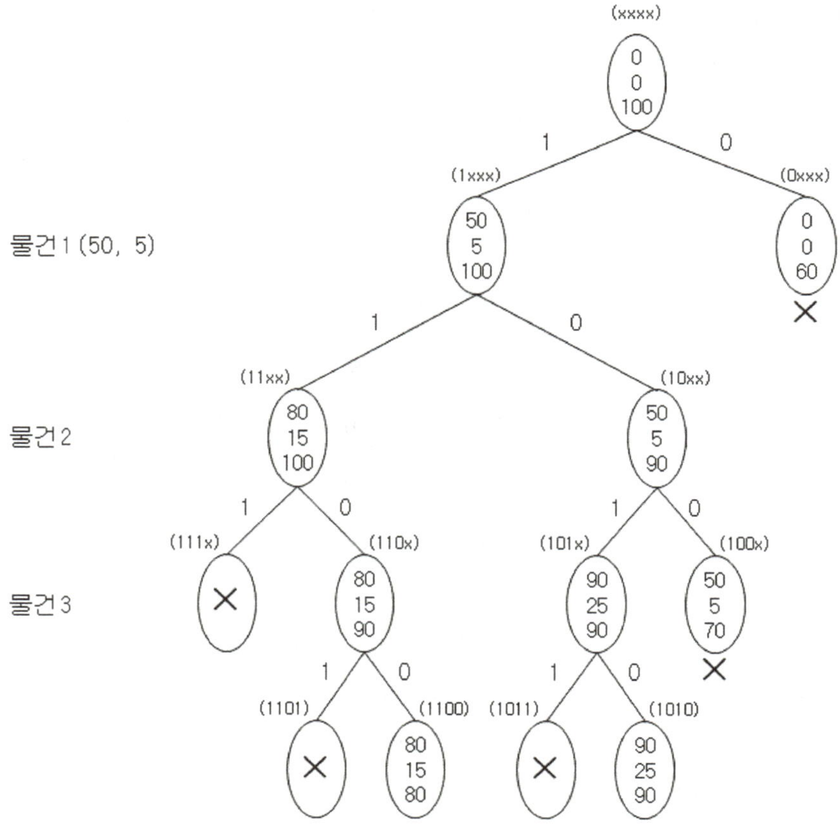

[그림 6.15] 0-1 배낭 문제를 푸는 백트래킹 알고리즘의 탐색트리

노드 (1 x x x)의 오른쪽 자식은 물건2를 배낭에 담지 않는 경우에 해당하여 노드의 레이블은 (1 0 x x)라고 하였으며, 노드이득, 노드무게, 이득한계는 각각 50, 5, 90이다. 이 노드의 왼쪽자식은 물건3을 배낭에 담는 경우를 나타내며, 노드이득, 노드무게, 이득한계를 나타내는 (90 25 90) 노드가 생성된다. 이 노드의 노드이득이 현재 MAX=80보다 큼으로 MAX=90으로 갱신한다. 이 노드의 레이블은 (1 0 1 x)라고 트리에 표시하였다. (1 0 1 x) 노드의 왼쪽자식은 무게 초과로 백트랙되고, 오른쪽 자식을 생성한 후 노드 (1 0 x x)로 백트랙한다. 노드 (1 0 x x)의 오른쪽 자식은 이득한계가 70이다. 70은 MAX보다 작음으로 이 노드도 버려지며 백트랙한다. 그러면 뿌리노드까지 백트랙하게 된다. 뿌리노드에서 오른쪽 노드를 생성하면 이득한계가 60인 노드가 생성되는데 60<MAX임으로 역시 뿌리노드로 백트랙한다. 뿌리 노드에서 더 이상 생성할 노드가 없음으로 종료한다. 현재 MAX=90임으로 얻을 수 있는 최대 가치는 90이고 레이블이 (1 0 1 0)인 노드가 최대이득 90을 나타냄으로 주어진 배낭문제의 해는 (1 0 1 0)이다. 즉 물건 1과 3만 배낭에 담고 2와 4는 담지 않는다.

6.3 분기한정법

너비운선탐색에서는 생성된 노드들을 큐에 저장했다가 저장 순서대로 먼저 저장된 노드부터 차례로 꺼내서 그 노드의 자식노드들을 생성하는 과정을 원하는 노드를 찾거나 혹은 큐가 빌 때까지 반복하였다. 이때, 큐에 저장된 노드들을 열린노드라고 한다. 분기한정법은 열린 노드들을 큐에 보관할 수도 있고 스택에 보관할 수도 있다. 단, 분기한정법은 열린 노드들 중에서 방문할 노드가 선택되면, 선택된 노드의 모든 자식 노드들이 생성된 다음에라야 다음 방문 노드를 열린 노드들 중에서 선택할 수가 있다. 또한 백트래킹처럼, 분기 한정 법도 가망성이 없는 부트리의 생성을 피하기 위하여 한정(bounding) 함수를 사용한다. 분기한정법이 탐색 공간에서 노드들을 방문하는 순서를 4-Queens 문제를 예로 살펴보자.

4-Queens 문제를 큐를 사용하는 분기한정법으로 탐색할 때 방문하는 노드들이 [그림

6.16]에 보인다. 4-Queens 문제의 탐색 공간은 [그림 6.10]에 이미 보인 바 있다. [그림 6.16]의 각 노드 안에 쓰인 번호는 [그림 6.10]의 각 노드의 번호를 그대로 표시한 것이고, 노드 밖의 번호는 분기한정법이 방문하는 순서를 표기한 것이다.

초기에는 큐에 노드 1만 있으며, 이것은 체스 판에 아무 말도 놓이지 않은 상황을 나타낸다. 분기한정법은 이 노드를 큐에서 꺼내 확장하여, 첫 번 Queen이 1행 1렬, 2렬, 3렬, 4열에 놓인 것을 각각 나타내는 노드 2, 18, 34, 50을 차례로 생성하여 큐에 첨가한다. 그러면, 큐에는 노드 2가 제일 앞에 놓여있고, 차례로, 18, 34, 50이 들어 있다.

이번에는 큐의 제일 앞에 놓인 노드 2를 큐에서 꺼내 확장한다. 노드 2를 확장하면 노드 3, 8, 13이 생성되는데, 노드 3은 백트래킹의 경우처럼 한정함수의 결과 즉시 제거되고, 나머지 8과 13만 차례로 큐에 첨부된다. 노드 3이 즉시 제거된다는 사실을 [그림 6.16]에는 노드 3 밑에 B라는 글자를 표기하여 표시하였다. 다음에는 물론 노드 18이 확장될 것이다. 이와 같은 방법으로 분기한정법이 노드들을 방문하는 것을 [그림 6.16]은 보인다.

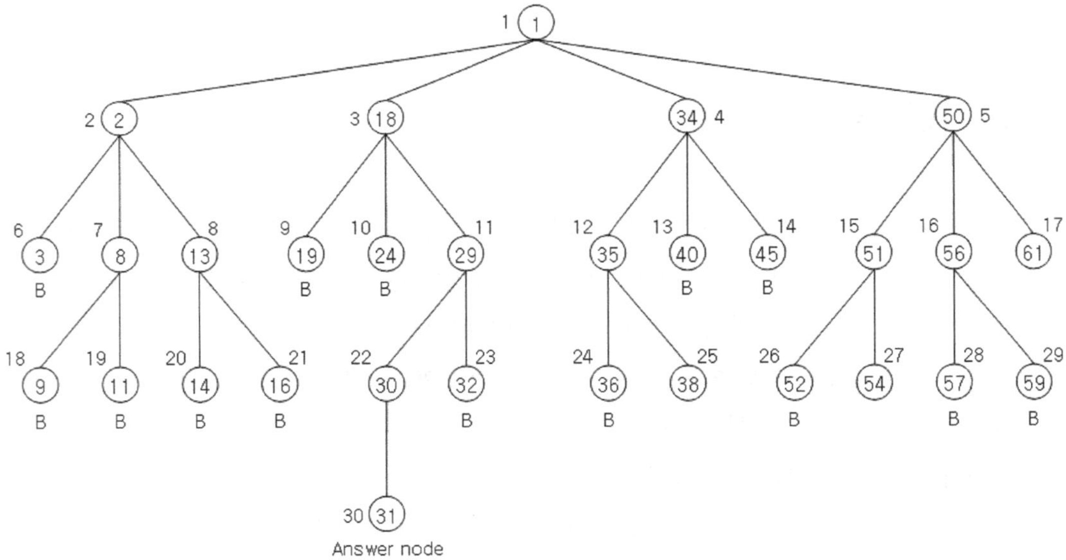

[그림 6.16] 큐를 사용하는 분기한정법이 4-Queens 문제를 풀 때 생성하는 탐색 공간

탐색에서 문제의 해에 해당하는 노드, 즉 탐색이 찾으려고 하는 노드를 목적노드라고 한다. 열린 노드 각각에 대하여 목적노드로 가는데 드는 비용을 미리 안다면 혹은 각 노드에서 목적노드를 방문할 때까지 생성하는 노드의 수를 미리 안다면 불필요한 노드의 방문을 최대로 줄이고 목적노드를 찾을 수 있다. 예를 들어, [그림 6.16]의 탐색공간에서 목적노드로 가는 거리를 미리 안다는 가정 하에서 생성되는 탐색트리가 [그림 6.17]에 보인다. 뿌리 노드인 노드 1의 자식 노드인 노드 2, 18, 34, 50을 생성하면 이들이 모두 열린 노드가 된다. 각각에 대하여 목적노드까지의 거리를 구하면, 노드 2와 50의 경우에는 자식노드 중에 목적노드가 없음으로 목적노드까지의 거리가 무한대가 된다. 노드 18과 34는 모두 목적노드까지의 거리가 3이다. 목적노드까지의 거리가 동일한 노드가 여럿일 경우에는 아무거나 선택하여 다음 단계를 진행하여도 무방하다. 예를 들어 노드 18을 선택하였다면, 노드 18을 열린노드에서 제거하고 자식노드인 19, 24, 29를 열린 노드로 추가한다. 이 시점에서 열린노드는 노드 2, 34, 50, 19, 24, 29가 된다. 이 중에서 노드 29에서 목적 노드까지의 거리는 2, 노드 34에서 목적노드까지의 거리는 3, 나머지 열린 노드의 경우에는 목적노드까지의 거리가 무한대이다. 따라서 노드 29를 선택하여 다음 탐색단계를 실행한다. 노드 29의 자식은 노드 30과 32이고, 다음 단계에서 노드 30을 선택하여 목적노드를 찾게 된다.

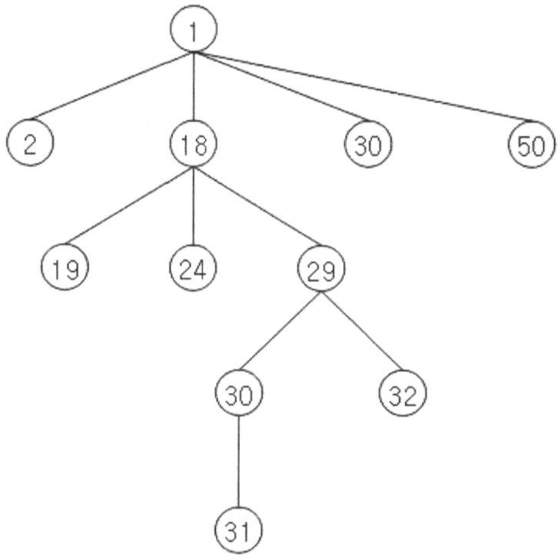

[그림 6.17] 목적노드까지의 거리를 아는 경우에 생성되는 탐색트리

이와 같이 각 노드에서 목적노드까지의 정확한 거리를 알 수 있다면 불필요한 노드를 전혀 생성하지 않고, 최소한의 노드만 생성하여 목적노드를 찾을 수가 있다. 그러나 목적노드까지의 거리를 구하는 것이 탐색 공간의 모든 노드들을 생성하여 보지 않고는 일반적으로 불가능하다. 그런데 탐색 공간의 모든 노드를 생성하여 본 후에는 탐색을 또 한다는 것이 무의미한 일이다. 즉, 목적노드까지의 정확한 거리를 이용한다는 것은 불가능한 일이다. 그래서 탐색 알고리즘은 일반적으로 어림값을 사용한다. 주어진 노드 x에서 목적노드까지의 거리의 어림값을 구하는 함수를 h'(x)라고 표기하고 목적노드까지의 정확한 거리를 구하는 함수를 h(x)로 표기한다.

주어진 노드에서 목적노드까지의 거리만 고려하는 것보다는 출발노드로부터 주어진 노드까지의 거리도 고려하는 것이 최적 해를 구하는데 탐색에 더 큰 도움을 준다. 출발노드에서 주어진 노드 x까지의 거리는 g(x)로 표기하며, 탐색과정에서 노드가 생성되면 출발노드에서 그 노드까지의 정확한 거리도 결정됨으로 열린 노드 x에 대한 g(x)는 효율적으로 계산이 가능하다고 본다.

혹자는 g(x)를 고려할 필요가 있을까 이의를 제기할 수도 있다. 그런 사람들은 목적노드로 가기 위하여 앞으로 지불할 비용이 중요하지 이미 지불한 비용이 무슨 필요가 있겠는가라는 이유를 댈 것이다. 그러나 g(x)를 무시하면 마치 깊이우선탐색처럼 새로 생성된 노드를 선호하여 탐색트리가 한쪽으로만 자라는 현상을 겪게 된다. 그 이유는 노드 B가 노드 A의 자식이라면 h'(A)>h'(B)인 경향이 있기 때문이다. 따라서 A 다음에는 B가 선택될 것이고, B 다음에는 B의 자식 노드가 선택되어 확장될 것이다. A의 부트리 중에 최적해가 있다면 다행이지만 h'(x)가 어림값이기 때문에 일반적으로 그렇지 않은 경우가 더 많다.

주어진 노드 x의 어림비용으로 c'(x) = f(g(x))+h'(x)를 사용하여, 열린노드 중 어림비용이 가장 작은 노드를 선택하여 탐색을 진행하는 전략을 채용하는 탐색 방법을 최소어림비용 탐색이라고 한다. 이 식에서 함수 f는 다음 조건을 만족하는 임의의 함수이다: "x>y이면 f(x)>=f(y)임." 함수 너비우선탐색이나 깊이우선탐색도 최소어림비용탐색이라고 할 수 있다. 왜냐하면 h'(x)=0으로 하면 최소어림비용탐색은 출발노드로부터 가까운 노드부터 차례로, 즉 깊이 순서대로 탐색을 진행하게 됨으로 너비우선탐색이 된다. B가 A의 자식노드이면 일반적으로 h'(A)>h'(B)이다. 따라서 f(g(x))=0으로 놓으면 최소어림비용탐색은 자식노드를 우선 선택하게 됨으로 깊이우선탐색이 된다.

최소어림비용탐색을 논할 때, 주어진 노드 x에 이르는 실제 비용은 c(x)로 표기한다. 즉, 노드 x가 목적노드이면 c(x)는 출발노드에서 x에 이르기 위한 실제비용이다. x가 목적노드가 아닐 때, x의 부트리에 목적노드가 없으면 c(x)는 ∞(무한대)이고 그렇지 않으면 x의 부트리에 속한 최적해에 해당하는 목적노드 y의 c(y)를 c(x)로 한다. 이제부터 c(x)를 x의 비용이라고 칭한다.

노드 x의 어림비용을 계산하는 함수 c'(x)는 x가 목적노드이거나 잎사귀노드일 때 c'(x)=c(x), 즉 x의 정확한 비용을 계산한다고 가정할 수 있다. [그림 6.18]에 보이는 Procedure 최소어림비용탐색1은 생성된 노드 중에서 자식노드들을 생성하지 않은 노드들을 열린노드라고 하여 변수 '열린노드'에 담아둔다. 열린노드는 c' 값을 기준으로 한 heap으로 구현되었다. 함수 c'이외에도 최소어림비용탐색1에는 LEAST()와 ADD(x)라는 함수

```
procedure 최소어림비용탐색1 (T)
if (T == 목적노드) {
    T를 출력;   return;
}
E := T;
열린노드 := NULL;
   loop
    E의 모든 자식노드 X에 대하여 {
        if (X==목적노드) { X에서 T까지 경로 출력;          return;  }
        call ADD(X);
        X.PARENT := E;
    }
    if (열린노드 == NULL) then {
        print("답없음");                 return;
    }
    E := LEAST();
    repeat
end of 최소어림비용탐색1
```

[그림 6.18] 최소어림비용탐색 버전 1

가 있다. LEAST()는 열린노드 중에서 c' 값이 가장 작은 노드를 찾아 열린노드에서 삭제하고 반환한다. ADD(x)라는 함수는 새로 생성된 노드 x를 열린노드에 추가하는 작업을 수행하는 함수이다. 변수 E는 확장할 노드를 값으로 갖는 변수이며, 확장한다는 것은 자식노드들을 생성하여 열린노드에 추가하는 것을 말한다. 노드 x에는 부모노드를 가리키는 포인터를 기록하는 PARENT라는 필드가 있어 목적노드를 찾았을 때 출발노드에서 목적노드에 이르는 경로를 용이하게 출력할 수 있게 해 준다.

최소어림비용탐색1은 항상 최적해를 찾는 것은 아니라는 단점이 있다. 항상 최적해를 찾는다는 단언에 대한 카운터 예로 [그림 6.19]를 살펴보자. 각 노드의 c 값과 c'값이 노드 옆에 포기되어 있다. 가상으로 노드 D와 G가 목적노드이고, 출발노드에서 D로 가는데 드는 비용은 20, G로 가는데 드는 비용은 15라고 가정하였다. 또한 노드 B와 C에서 어림한 비용은 각각 3과 5라고 하였다. 어림비용은 정확한 비용이 아니기 때문에 이와 같이 B의 어림비용이 C의 어림비용보다 작은 경우가 얼마든지 발생할 수 있다. 최소어림비용탐색1은 A를 확장하여 B와 C를 열린노드에 추가한 다음, c'(B)<c'(C)임으로 B를 선택하여 변수 E에 배정한다. 그러면 B의 자식노드인 D를 생성하고, D가 목적노드임으로, 노드 C는 확장도 해 보지 않은 채, 경로 A, B, D가 답이라고 출력하고 종료한다. 따라서 최소어림비용탐색1은 최적해를 항상 찾는다고 할 수가 없다.

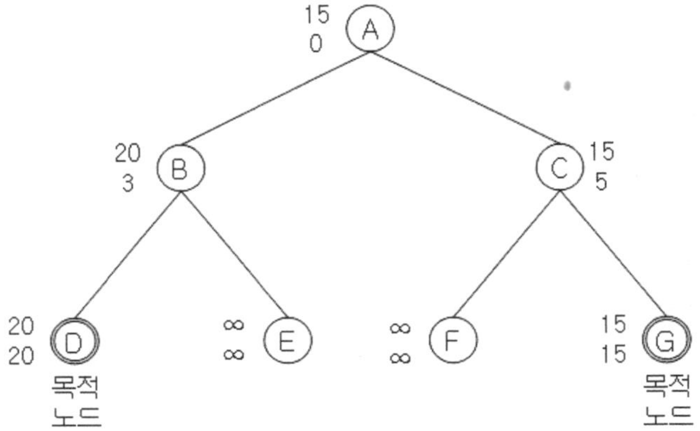

[그림 6.19] 최소어림비용탐색1이 최적해를 찾지 못하는 예

최소어림비용탐색1을 약간만 수정하면 최적해를 항상 찾는 어림비용을 이용한 알고리즘을 만들 수 있다. 최소어림비용탐색1이 노드를 생성하자마자 목적노드인지 검사하기 때문에 최적해가 아닌 해를 답으로 구하는 경우가 생김으로, 우선 목적노드인지 검사하는 작업을 자식노드가 아닌 확장노드 E에 대하여 실행하도록 바꾼다. 이 알고리즘을 최소어림비용탐색2라 하자. 최소어림비용탐색2는 [그림 6.20]에 보이는 바와 같다. 그러면, 어림비용이 실제비용보다 항상 작거나 같다는 조건을 어림비용함수가 만족하고(c'(x)<=c(x)), 목적노드의 어림비용이 실제비용이라면 최소어림비용탐색2는 항상 최적해를 찾는다.

```
procedure 최소어림비용탐색2 (T)
E := T;
열린노드 := NULL;
loop
    if (E=목적노드) { X에서 T까지 경로 출력;      return;  }
    E의 모든 자식노드 X에 대하여 {
        call ADD(X);
        X.PARENT := E;
    }
    if (열린노드 == NULL) then {
        print("답없음");              return;
    }
    E := LEAST();
    repeat
end of 최소어림비용탐색2
```

[그림 6.20] 최소어림비용탐색 버전 2

[그림 6.19]의 경우 최소어림비용탐색2는 A가 목적노드인지 검사한 다음, A의 자식노드인 B와 C를 열린노드에 추가한다. 이 상태에서는 c'(B)=3 < c'(C)=5임으로, LEAST는 B를 다음에 탐색할 노드 E로 선택한다. 반복문에서 B가 목적노드가 아님으로 B의 자식인 D와 E를 열린노드에 추가한다. 이 상태에서는 c'(C)=5 < c'(D)=20임으로 LEAST가 C

를 선택하게 되고, 다음 반복에서는 G를 선택하여 최적해인 G를 답으로 출력한다. 최소어림비용탐색2가 항상 최적해를 찾는다는 정리가 다음에 소개된다. 이미 위에서 언급한 바와 같이, 함수 c(x)는 노드 x의 실제비용을 찾는 함수이고, c'(x)는 어림비용을 반환하는 함수이다.

정리 6.1

어림비용을 계산하는 함수 c'은 임의의 노드 x에 대하여 c'(x)<=c(x)이고 x가 목적노드일 때 c'(x)==c(x)인 성질이 있다고 하자. 그러면 최소어림비용탐색2는 항상 최적해를 찾는다.

증명

E가 목적노드로 결정될 시점에 E의 어림비용은 어떠한 열린노드의 어림비용보다 작거나 같다. 왜냐하면 LEAST가 열린노드중 어림비용이 가장 작은 것을 선택하였기 때문이다. 즉, 모든 열린노드 W에 대하여, c'(E)<=c'(W)이다. c'(x)는 x가 목적노드일 때 c(x)와 같고, x가 목적노드가 아니면 c'(x)<=c(x)라고 하였음으로, 이 시점에서는 c'(E)=c(E)이고 c'(W)<=c(W)이다. 따라서, c'(E)<=c'(W)<=c(W)임으로 E는 최소비용의 목적노드이다. 즉 최적해이다.

최소어림비용탐색을 이용하여 여행경로 구하기 문제를 풀 수 있다. 여행경로 문제는 여행자가 방문할 도시들과 도시간의 여행비용으로 정의되며, 문제의 목적은 여행자가 최소의 경비로 각 도시를 정확히 한 번씩 방문하고 출발지로 되돌아오는 경로를 찾아주는 것이다. 이 문제는 얼핏 보기에는 주어진 출발지에서 각 도시로 가는 최단경로나 혹은 주어진 출발지에서 주어진 도착지를 가는 최단경로를 찾아주는 문제와 비슷한 듯하지만, 사실은 전혀 다른 문제다. 최단경로를 찾는 문제는 앞에서 소개한 바와 같이 효율적인 알고리즘이 이미 발견된 문제, 즉 풀린 문제인데 반하여, 여행경로문제는 아직 이 문제를 푸는 효율적인 알고리즘이 발견된 바가 없는 문제 중 하나다.

여행경로문제를 푸는 간단한 방법은 가능한 모든 경로를 나열하고 그 중 비용이 가장 적게 드는 경로를 택하는 것이다. 예를 들어, 방문하고자 하는 도시가 A, B, C, D, 의 넷이라 하자. 그리고 출발도시가 A라 하자. 그러면 [그림 6.21]처럼 모든 경로를 나열할 수 있다. 각 경우에 대하여 여행비용을 구하여 그 중 가장 작은 것을 답으로 선택하면 된다. 이 경우에는 검사할 경우의 수가 3!=6가지이다. 도시의 수가 5라면 4!=24가지이고, 6이라면 5!=120가지가 된다. 도시의 수가 100이라면 99! 가지의 경우를 살펴보아야 함으로 아무리 빠른 컴퓨터라도 하루 이틀 이내에는 답을 구할 수가 없다. 일반적으로 도시의 수가 n이라면 [그림 6.21]과 같이 모든 경우를 다 비교하는 방법은 (n-1)! 경우를 다 비교한다. 이와 같이 알고리즘 실행 시간이 n!이나 2의 n 승과 같은 알고리즘은 주어진 문제의 해결책이라고 할 수가 없다.

참고로 요즘 인터넷에서 출발지에서 목적지까지의 최단경로를 찾아주는 서비스를 제공하는 사이트를 다수 볼 수 있는데, 이와 같이 출발지에서 목적지까지의 최단 경로를 구하는 것은 앞에서 언급한 바와 같이 이미 풀린 문제이며. 이러한 사이트에서 경유지를 묻고, 경유지가 제공된 순서대로 경유하는 최단경로를 찾아 주기도 하는데, 이것은 출발지에서 목적지를 찾는 문제를 연속적으로 푸는 문제와 같음으로 지금 다루고자 하는 여행경로 문제와는 다르다.

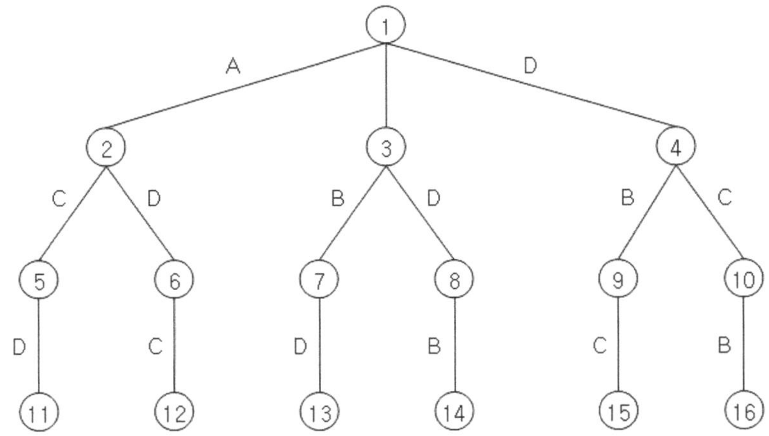

[그림 6.21] 가능한 모든 여행경로

여행 경로 문제는 방문할 도시들과 도시간의 여행비용으로 정의된다고 하였음으로 [그림 6.22]와 같은 도시간의 여행비용을 나타내는 행렬의 형태로 문제가 주어진다고 할 수 있다. [그림 6.22]와 같은 도시간의 여행비용을 나타내는 행렬을 비용행렬이라고 칭하자. 여행비용은 실제 문제의 적용 목적에 따라 도시간의 기차요금이나 버스요금일 수도 있고, 여행시간을 최소화하고 싶은 경우에는 도시간의 여행 시간일 수도 있으며, 혹은 국도의 거리일 수도 있다. [그림 6.22]의 거리행렬은 도시 A에서 B로 가는 비용은 4, C로 가는 비용은 8, D로 가는 비용은 3, E로 가는 비용은 10임을 나타낸다. 즉 비용행렬을 W라고 할 때, W의 i행에는 도시 i를 떠나가는데 드는 비용이 쓰여 있다. 행렬 W의 A열을 보면 W[B, A] 즉 B행 A열은 도시 B에서 A로 들어오는 비용이고, W[C, A]는 도시 C에서 A로 들어오는데 드는 비용이다. 즉, A 열에는 도시 A로 들어오는 비용이 적혀있다. W[A,A]는 무한대로 정의되어 있다. 그 이유는 도시 A를 출발하여 다른 도시들을 방문하고 A로 돌아오는 것이 문제임으로 A에서 A로 직접 들어오는 것을 방지하기 위하여 무한대로 한 것이다.

	A	B	C	D	E
A	∞	4	8	3	10
B	4	∞	9	6	7
C	8	9	∞	2	5
D	3	6	2	∞	11
E	10	7	5	11	∞

[그림 6.22] 가상의 다섯 개 도시의 비용 행렬

여행경로 문제를 최소어림비용탐색으로 접근하기 위하여 실제 비용보다 작은 어림비용을 구하는 방법을 생각해 보자. 여행경로 문제는 주어진 모든 도시를 한 번씩 방문하고 제자리로 돌아오는 것을 원칙으로 한다. 그러므로 여행 경로는 방문지 각각에 대하여 한 번씩은 들어가고, 한 번씩은 떠난다. 즉 도시 A에서도 한번은 떠나고, B에서도 한번은 떠나며, C, D, E 각각에서 모두 한 번씩은 떠난다. 그런데 각 도시에 대하여 떠나는 비용은 앞 문단에서 언급한 바와 같이 그 도시의 해당 행에 쓰여 있다. 따라서 최소비용 중 각 도시를 떠나는데 드는 비용은 각 행의 최소 값의 합보다 더 작을 수 없다. [그림 6.22]의 경우에는 A행의 3, B행의 4, C행의 2, D행의 2, E행의 5의 합인 16보다 작지 않다. 그래서 16이 각 도시를 떠나는데 드는 최소비용보다 작은 최소어림비용이 된다. 각

행의 최소 항은 [그림 6.23]과 같다.

	A	B	C	D	E	행의 최소항
A	∞	4	8	3	10	3
B	4	∞	9	6	7	4
C	8	9	∞	2	5	2
D	3	6	2	∞	11	2
E	10	7	5	11	∞	5
합						16

[그림 6.23] 행의 축소

여행경로는 각 도시를 한 번씩 떠나고 또한 각 도시로 한 번씩 들어온다. 떠나는데 드는 비용은 앞 문단에서 계산하였다. 최소여행비용중 각 도시로 들어오는데 드는 비용은 각 열의 최소 비용의 합보다 더 작을 수 없다. 그런데 W[i,j]는 도시 i를 떠나는데 드는 비용이기도 하지만 동시에 도시 j로 들어오는데 드는 비용이기도 하다. 즉, 각 도시로 들어오는데 드는 비용과 떠나는 비용으로 중복 계산되는 것을 방지하기 위하여, 각 열의 최소값의 합을 구하기 전에 떠나는 비용으로 계산된 값을 제해야 한다. 예를 들어, [그림 6.22]의 경우에는 각 도시를 떠나는데 드는 최소어림비용을 구한 다음 [그림 6.24]와 같이 비용행렬의 내용을 바꾼다.

	A	B	C	D	E	행의 최소항
A	∞	1	5	0	7	3
B	0	∞	5	2	3	4
C	6	7	∞	0	3	2
D	1	4	0	∞	9	2
E	5	2	0	6	∞	5
열의 최소항	0	1	0	0	3	

[그림 6.24] 열의 축소

최소비용에 대한 어림값인 최소어림비용의 각 도시에 대한 들어오는 비용을 구하기 위하여 [그림 6.24]와 같이 "W[i, j] = W[i,j] - i행의 최소 값"을 한 결과의 각 열의 최소값을 구한다. 그리고 [그림 6.25]와 같이 열의 최소항을 각 열의 엔트리에서 뺀다.

	A	B	C	D	E	행의 최소항
A	∞	0	5	0	4	3
B	0	∞	5	2	0	4
C	6	6	∞	0	0	2
D	1	3	0	∞	6	2
E	5	1	0	6	∞	5
열의 최소항	0	1	0	0	3	20

[그림 6.25] 주어진 비용행렬의 축소 행렬

최초에 주어진 비용행렬에서 최소비용의 어림수인 최소어림비용은 위와 같은 과정으로 구한 행의 최소항과 열의 최소항들의 합인 20이라고 한다. 최소항을 뺀 결과 [그림 6.25]의 각 행과 열에는 모두 0 항이 있게 된다. 이와 같이 각 행과 열에 0이 있는 행렬을 축소비용행렬이라 하고, 주어진 행렬을 축소비용행렬로 만드는 위와 같은 과정을 축소한다고 하고, 축소하기 위하여 사용된 값들의 합을 축소비용이라고 한다.

출발도시는 A로 주어졌다고 하자. 출발도시에서 다음 방문할 도시는 B, C, D, 혹은 E일 수 있다. 각각의 경우에 대하여 어림비용을 계산하여 보자. 우선 최초방문지가 B인 경우에는 [그림 6.26]과 같은 비용행렬을 만들 수 있다. [그림 6.26]의 A행은 모두 무한대로 채워졌다. 이것은 A에서 떠나는 일이 다시는 있어서는 안 되기 때문에 A를 떠나는 비용은 무한대라고 정의한 것이다. 비슷한 이유로 B도시로 다시는 들어오는 일이 없도록 하기 위하여 B열도 무한대로 채웠다. 또한 도시 B에서 도시 A로 돌아오는 일도 없게 하기 위하여 W[B,A]도 무한대로 채웠다. 그리고 [그림 6.26]의 행렬을 [그림 6.27]처럼 축소한다.

	A	B	C	D	E	행의 최소항
A	∞	∞	∞	∞	∞	
B	∞	∞	5	2	0	
C	6	∞	∞	0	0	
D	1	∞	0	∞	6	
E	5	∞	0	6	∞	
열의 최소항						

[그림 6.26] 최초방문지가 A인 경우에는 비용 행렬의 A행, B열, W[B,A]에 ∞를 넣는다.

	A	B	C	D	E	행의 최소항
A	∞	∞	∞	∞	∞	
B	∞	∞	5	2	0	
C	5	∞	∞	0	0	
D	0	∞	0	∞	6	
E	4	∞	0	6	∞	
열의 최소항	1					

[그림 6.27] 그림 6.26의 축소행렬

최초 방문 도시가 B인 경우의 최소어림비용은 최초 비용행렬에서 구한 최소어림비용과 A에서 B로 가는 비용 그리고 [그림 6.26]의 축소비용의 합, 즉 20+0+1=21이다.

위와 같은 방법으로 처음 방문지로 도시 C를 방문할 경우의 최소어림비용은 20+5+2=27이고, 축소비용 행렬은 [그림 6.28]과 같다.

	A	B	C	D	E	행의 최소항
A	∞	∞	∞	∞	∞	
B	0	∞	∞	2	0	
C	∞	6	∞	0	0	
D	0	2	∞	∞	5	1
E	4	0	∞	5	∞	1
열의 최소항						

[그림 6.28] 최초방문도시가 C인 경우의 축소 행렬

위와 같은 방법으로 최초 방문지가 도시 D인 경우의 최소어림비용은 20+3+1=21이고, 축소비용행렬은 [그림 6.29]와 같다.

	A	B	C	D	E	행의 최소항
A	∞	∞	∞	∞	∞	0
B	0	∞	5	∞	0	0
C	6	5	∞	∞	0	0
D	∞	2	0	∞	6	0
E	5	0	0	∞	∞	0
열의 최소항	0	1	0	0	0	

[그림 6.29] 최초방문도시가 D인 경우의 축소 행렬

마찬가지 방법으로 최초 방문지가 도시 E인 경우의 최소어림비용은 20+4+1=25이고, 축소비용 행렬은 [그림 6.30]과 같다.

	A	B	C	D	E	행의 최소항
A	∞	∞	∞	∞	∞	0
B	0	∞	5	2	∞	0
C	6	5	∞	0	∞	0
D	1	2	0	∞	∞	0
E	5	1	0	6	∞	0
열의 최소항	0	1	0	0	0	

[그림 6.30] 최초방문도시가 E인 경우의 축소 행렬

최초로 방문한 도시가 B인 경우(그림 6.31의 노드2)와 D(그림 6.31의 노드 4)인 경우의 두 가지가 모두 어림비용이 21로 최소어림비용이다. 이런 경우에는 두 가지 중 임의로 택한다. 첫 번 방문지로 B를 택하였다고 가정하자.

두 번째 방문지, 즉 도시 B의 다음 방문지로 C, D 혹은 E인 경우가 있다. C인 경우에는 어림비용이 21+5+4 = 30, D인 경우에는 어림비용이 21+2+4=27, E인 경우에는 21+0+0=21이 되며, 각 경우의 축소행렬은 [그림 6.31]의 노드 6, 7, 8에 각각 보인다. 이번에도 어림비용이 21인 최소어림비용의 노드가 4와 8 두 가지이다. 이번에도 임의로 노드 8을 선택하였다고 하자. 혹은 깊이가 더 깊은 것을 우선적으로 선택하는 정책을 사용했다고 할 수도 있다. 다음으로 방문할 도시는 C와 D가 있으며, 각 경우의 어림비용은 21과 32이고, [그림 6.31]의 노드 9와 노드 10이 각각의 경우를 나타낸다. 이번에도 최소어림비용의 열린 노드가 9번과 4번의 두 가지이다. 깊이가 깊은 것을 우선적으로 선택하여 노드 9에서 탐색을 계속하면 노드 11에 도달하게 된다. 노드 11은 A, B, E, C, D의 순서로 도시들을 방문하는 것을 나타낸다. 노드 11에서의 다음 방문도시는 A이며, 노드 11의 W[D,A]가 0임으로 이 순서로 방문할 경우의 여행비용은 21임을 알 수 있다.

이 시점에서 우리가 알 수 있는 것은 바로 방문순서가 A, B, E, C, D, A인 여행 경로가 모든 도시들을 한 번씩 방문하고 A도시로 되돌아오는 여행비용이 최소인 경로라는

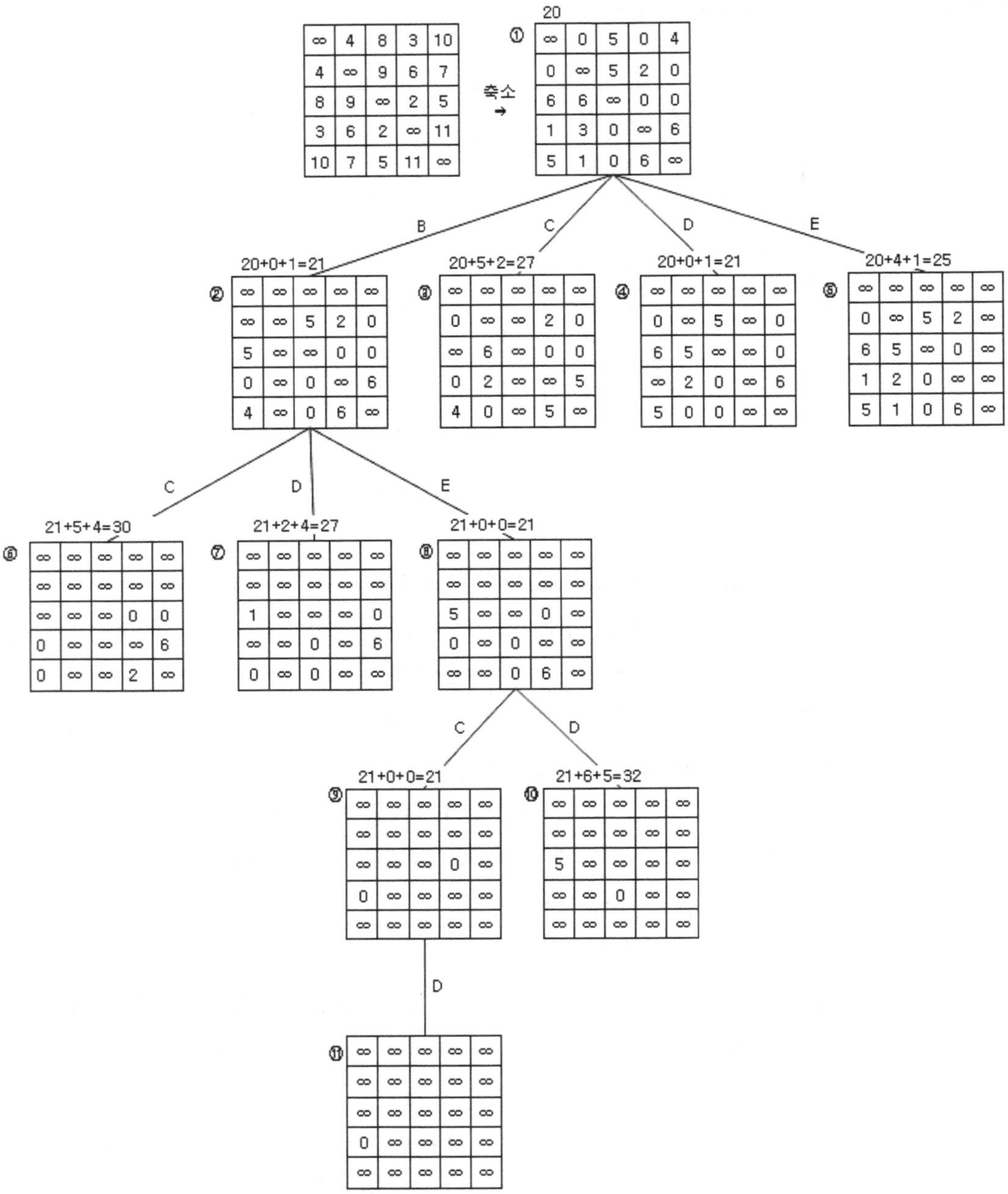

[그림 6.31] 여행경로문제의 최소어림비용탐색 공간

것이다. 왜냐하면, 현재 열린 노드에 연합된 어림비용이 모두 21 이상이며, 실제 비용은 우리가 사용한 어림비용보다 크거나 작기 때문이다.

본 문제에서는 방문 순서가 A, D, C, E, B, A인 경로도 역시 최소비용의 여행 경로로 여행비용이 21이다. 즉, 최소비용의 여행 경로가 두 개인 경우이다.

최소여행경로 문제는 앞에서 본 바와 같이 출발지와 종착지가 같다. 그러나 실제 여행에서는 출발지에서 목적지로 가는 동안 경유하고자 하는 경유지들과 돌아오는 길에 들르고자 하는 경유지들의 목록이 이미 결정된 경우가 종종 발생한다. 예를 들어 도시 A를 출발하여 도시 E로 가는데 중간에 도시 B, C, D를 경유하고자 하는 경우가 있다. 이러한 경우에는 A를 출발하여 A로 되돌아오는 일이 없음으로 A열을 무한대로 채운다. 마찬가지 이유로 도시 E를 떠나가는 일이 결코 없음으로 E행도 무한대로 채운다.

예를 들어, 앞에서와 마찬가지로 도시 A, B, C, D, E, 간의 비용행렬이 [그림 6.22]와 같이 주어졌을 때, 출발 도시 A, 종착 도시 E, 경유 도시 B, C, D라면, [그림 6.32]처럼 비용행렬에 출발도시와 목적지 도시를 표시한다.

	A	B	C	D	E
A	∞	4	8	3	10
B	∞	∞	9	6	7
C	∞	9	∞	2	5
D	∞	6	2	∞	11
E	∞	∞	∞	∞	∞

[그림 6.32] 출발 도시와 종착 도시가 표시된 비용행렬.

[그림 6.32]를 뿌리 노드로 한 최소어림비용탐색의 탐색 공간이 [그림 6.33]에 보인다. [그림 6.32]의 축소비용은 15이고, 최소비용경로는 A, B, D, C, E이며, 이때의 비용은 17로 최소임을 알 수 있다.

1. (15)

	A	B	C	D	E
A	∞	0	5	0	6
B	∞	∞	3	0	0
C	∞	6	∞	0	2
D	∞	3	0	∞	8
E	∞	∞	∞	∞	∞

15+0+0=15

2.

	A	B	C	D	E
A	∞	∞	∞	∞	∞
B	∞	∞	3	0	0
C	∞	∞	∞	0	2
D	∞	∞	0	∞	8
E	∞	∞	∞	∞	∞

15+5+3=23

3.

	A	B	C	D	E
A	∞	∞	∞	∞	∞
B	∞	∞	∞	0	0
C	∞	6	∞	0	2
D	∞	3	∞	∞	5
E	∞	∞	∞	∞	∞

15+0+5=20

4.

	A	B	C	D	E
A	∞	∞	∞	∞	∞
B	∞	∞	3	∞	0
C	∞	1	∞	∞	0
D	∞	0	0	∞	8
E	∞	∞	∞	∞	∞

15+3+2=20

5.

	A	B	C	D	E
A	∞	∞	∞	∞	∞
B	∞	∞	∞	∞	∞
C	∞	∞	∞	0	0
D	∞	∞	∞	∞	6
E	∞	∞	∞	∞	∞

15+0+2=17

6.

	A	B	C	D	E
A	∞	∞	∞	∞	∞
B	∞	∞	∞	∞	∞
C	∞	∞	∞	∞	0
D	∞	∞	0	∞	8
E	∞	∞	∞	∞	∞

17+0+0=17

7.

	A	B	C	D	E
A	∞	∞	∞	∞	∞
B	∞	∞	∞	∞	∞
C	∞	∞	∞	∞	0
D	∞	∞	∞	∞	∞
E	∞	∞	∞	∞	∞

[그림 6.33] 출발 도시와 종착 도시가 상이한 경우의 최소어림비용탐색의 탐색 공간.

위의 예를 통하여 최소어림비용탐색을 적용함으로써 탐색의 효율성을 크게 제고할 수 있음을 보았다. 최소어림비용탐색의 효율성은 사용하는 어림비용함수에 의하여 좌우된다. 여행경로를 찾는 경우에는 축소행렬을 만드는 축소비용이 어느 정도 정확하게 여행비용을 어림하는 것을 위의 예에서 보였다. 그러나 일반적으로 어림비용을 계산하는 함수를 고안하는 것은 쉬운 문제가 아니다. 여행경로를 구하는 문제는 축소비용을 어림함수로 써서 효율성을 제고하더라도 경유하는 도시의 수가 증가하면 경로를 찾는데 걸리는 시간이 매우 오래 걸리게 된다.

위에서 보인 최소어림비용탐색 방법을 적용하여 경상북도의 각 도시를 자동차로 여행하는 경우의 여행경로를 구하여주는 인터넷 사이트를 개발할 수 있다. 이 사이트는 [그림 6.34]와 같은 초기화면을 출력하여 출발지와 목적지를 설정할 수 있도록 한다. 그리고

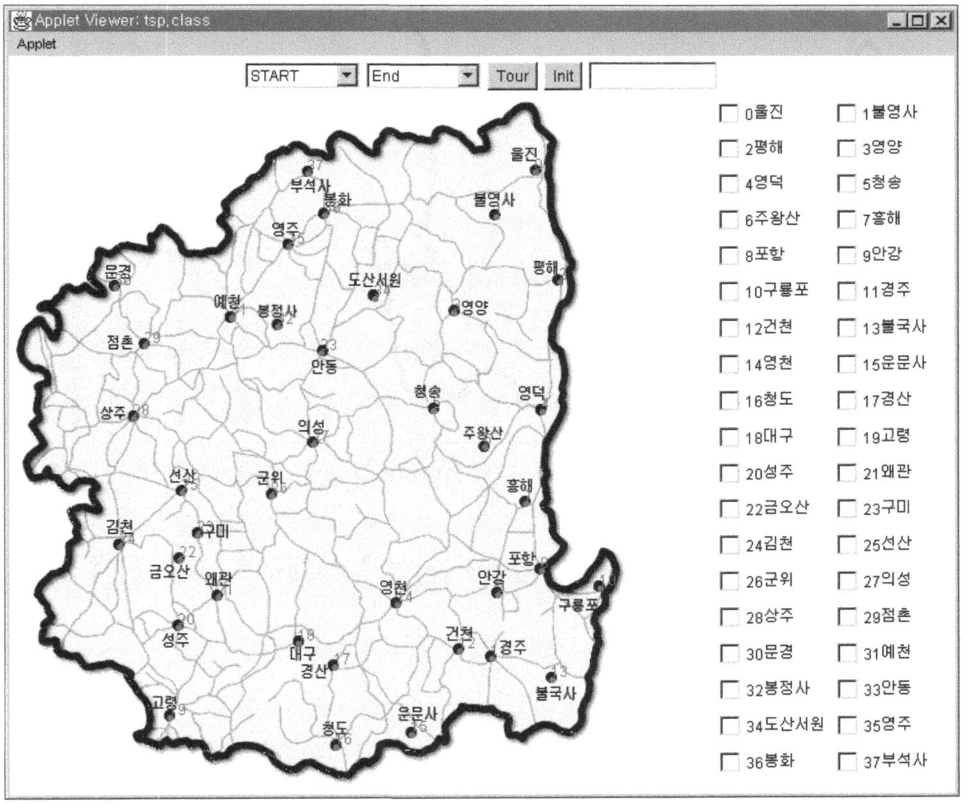

[그림 6.34] 최소비용여행경로를 찾아주는 인터넷 사이트의 초기 화면

화면 오른쪽에 보이는 도시 목록에서 경유지를 선택할 수 있도록 하여 준다. 사용자가 출발지, 목적지, 경유지들을 선택하고 Tour 버튼을 클릭하면 최소비용 여행 경로를 화면에 표시하여 준다. 이때 출발지와 목적지는 동일해도 좋고 달라도 좋다.

[그림 6.35]는 사용자가 출발지로 포항, 목적지로 대구 그리고 경유지로 울진을 비롯한 여러 도시들을 선택한 결과 화면이다.

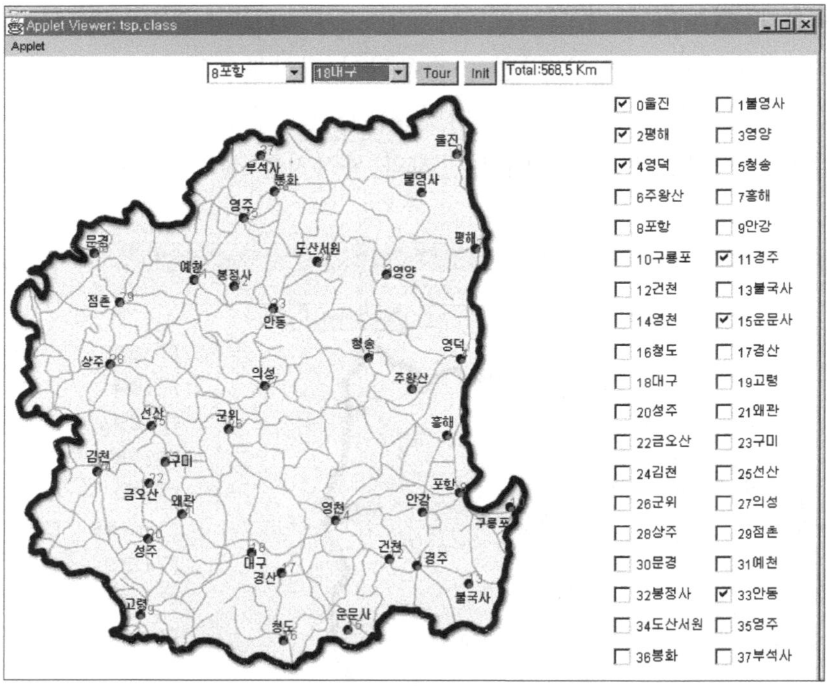

[그림 6.35] 출발지, 도착지, 경유지를 선택한 결과 화면

[그림 6.36]은 포항을 출발하여 여러 경유지를 들르고 대구로 가는 최적 여행 경로가 표시된 결과 화면이다.

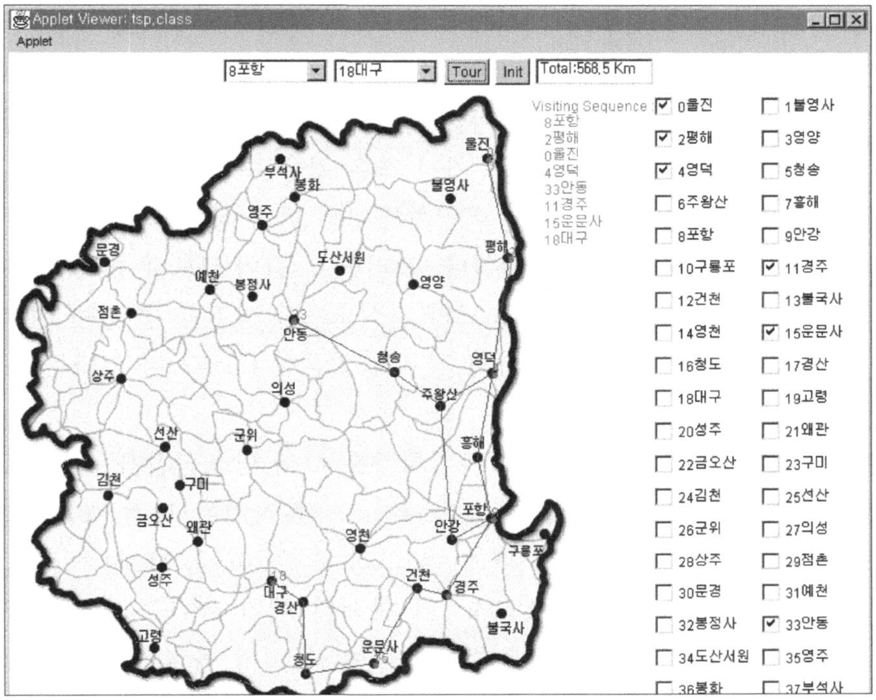

[그림 6.36] 최적 경로가 표시된 결과 화면

분기한정 방법에서 가능성이 없는 노드를 판단하기 위하여 사용하는 전략 중에 이미 달성이 가능한 것으로 알려진 기준점에 못 미치는 노드를 판별하는 방법이 있다. 예를 들어, 최적의 작업 계획을 작성하는 문제를 살펴보자. 작업 계획을 작성하는 문제는 주어진 일군의 작업들을 벌금이 최소화되도록 작업 순서를 결정하는 문제이다. 하나의 작업 i는 <pi, di, ti>로 구성되는데 pi는 작업 i가 di시각 이전에 실행 완료되지 못하면 지불해야 하는 벌금이고, di는 주어진 작업마감 시간이며, ti는 작업 i를 수행하는데 걸리는 시간이다. 예를 들어, 작업 J1 = (5, 1, 1)과 작업 J2 = (7, 2, 1)가 주어졌다고 하자. J1을 먼저하고 다음에 J2를 수행하는 작업 계획은 벌금이 0일 것이다. 왜냐하면, 작업 J1을 실행하는데 걸리는 시간이 1 단위시간임으로 J1을 완료하고 J2를 시작하는 시각이 1 단위 시각이고, 작업 J2의 실행 시간도 역시 1단위 시간임으로 J2가 완료되는 시각은 2 단위 시각이 됨으로 J1과 J2 모두 각각의 마감시간이내에 완료될 수 있기 때문이다. 그러나 J2를 먼저 실행한 다음 J1을 실행하도록 계획을 세우면 J2는 마감시간보다 일찍 완료할 수

있지만 J1은 마감시각인 1 단위시각 이내에 완료할 수 없음으로 벌금 5를 물게 된다.

이와 같이 벌금을 최소화하는 작업 계획 문제의 경우에는 탐색 과정이 진행되는 동안 각 노드에서 함수 u를 사용하여 그 상황에서 발생할 수 있는 최악의 경우의 벌금액을 계산한다. 그리고 지금까지 계산된 u 값 중 가장 작은 값을 변수 U에 기록하여 둔다. 또한 각 노드에서 어림벌금액 c'도 계산한다. 어림비용 c'은 현재 상황에서 달성할 수 있는 최선의 경우의 벌금액을 반환하도록 고안한다. 그러면 c' 값이 U보다 큰 노드는 가망성이 없는 노드가 된다. 왜냐하면 c'은 현재 노드와 자식노드가 성취할 수 있는 실제 벌금보다 작은 값인데, 이 값이 이미 알려진 최악의 경우의 벌금인 U보다 더 크다는 것은 무의미하기 때문이다.

어림함수 c'의 값이 U보다 큰 경우에 가지치기를 하여 탐색공간을 축소하는 예를 보이기 위하여, 이번에는 주어진 작업의 수 n=4이고, 각 작업이 J1 = <p1, d1, t1> = (5, 1, 1), J2 = <p2, d2, t2> = (10, 3, 2), J3 = <p3, d3, t3> = (6, 2, 1), J4 = <p4, d4, t4> = (3, 1, 1)로 주어진 경우를 고려하여 보자. 이 문제의 해의 공간은 작업의 인덱스들의 집합인 {1, 2, 3, 4}의 모든 부분집합으로 구성되며, 문제의 목적은 그 중 벌금이 가장 작은 경우를 찾는 것이 된다. 이 문제의 해 공간을 [그림 6.37]과 같은 트리로 나타낼 수 있다. 노드 12는 작업 1, 2, 3을 선택하여 마땅한 작업 순서가 없어서 가지치기를 한 경우를 나타낸다. 노드 13은 작업 1, 2, 4가 선택된 경우를, 노드 8은 작업 1, 4가 선택된 경우, 노드 9는 작업 2와 3이 선택된 경우, 등을 각각 나타낸다.

작업계획 문제의 경우에는 어림함수로 주어진 계획에서 이미 제외하기로 결정한 작업들의 벌금의 합을 반환하는 함수를 사용한다. 예를 들어, 주어진 계획이 {1, 2}라면 어림함수 c' 값은 0이다. 왜냐하면 이 계획은 아직 작업 1과 2만 고려하였을 뿐, 작업 3과 4에 대하여서는 작업계획에 포함할지 아니면 제외할지 결정한 바가 없기 때문이다. [그림 6.37]에서 이 작업계획 {1, 2}에 해당하는 노드는 노드 6이다. 즉 노드 6의 c' 값은 0이다. 주어진 작업 계획이 {2, 3}이라면 작업 1을 제외하기로 결정한 결과임으로 어림함수 값은 5가 된다. [그림 6.37]에서 이 작업계획에 해당하는 노드는 노드 9이고 노드 9의 c' 값은 5이다. 작업 계획이 {3}(노드 4)이라면 작업 1과 2가 제외된 것임으로 어림함수 값은 15가 된다.

한편, 주어진 상황에서 도달 가능성이 있는 최악의 상황의 벌금을 구하는 가장 간단한 방법으로 현재 작업계획에 들어 있지 않은 모든 작업의 벌금액의 합을 최악의 상황의 벌금으로 결정하는 방법을 들 수 있다. 예를 들어, [그림 6.37]의 노드 1의 경우 최악의 경우의 벌금액은 모든 작업을 하지 않은 경우로 모든 작업들의 벌금의 합인 24이다. 따라서 노드 1의 u값은 24로 정한다.

또 다른 예로 노드 2의 경우에는 작업 1만 작업계획에 들어 있는 경우임으로 나머지 작업들의 벌금의 합인 19를 u값으로 정한다. 즉, 노드 2의 u값은 19이다. 비슷한 이유로 노드 6의 u값은 9, 노드 3의 u값은 14, 노드 9의 u값은 8, 등이다.

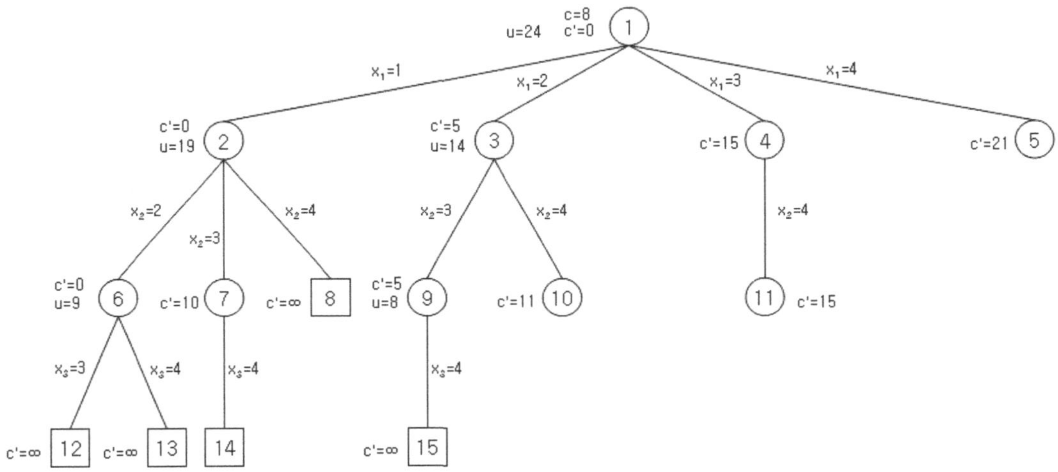

[그림 6.37] 작업 계획 문제의 해 공간

[그림 6.37]에 위에서 소개한 방법을 적용한 탐색을 수행하는 과정을 설명하면 다음과 같다. 탐색이 시작되면, 열린노드가 노드1로 초기화된다. 그리고 노드 1의 u 값이 24임으로 U를 24로 결정한다. 이제부터 열린노드에서 노드하나를 꺼내서 자식노드를 생성하고, 열린노드에 삽입하는 탐색과정을 열린노드가 빌 때까지 다음과 같이 반복한다. [그림 6.37]에서는 노드1의 자식노드로 노드2가 생성될 때, 노드2의 c'=0이 U보다 작음으로 열린노드에 노드2를 삽입하고, 노드2의 부모노드로 노드1을 포인트하게 한다. 노드 2의 u 값을 19로 계산하고, 이 값이 U=24보다 작음으로 U를 19로 갱신한다. 다음은 또 다른 자식 노드인 노드 3을 생성하여 c'=5가 U보다 작음으로 열린노드에 노드3을 삽입하고 부모노드로 노드 1을 가리키게 한 다음, 노드 3의 u = 14를 계산하여 현재 U=19보다 작

음으로 U=14로 교체한다. 그리고 또 다른 자식 노드인 노드 4를 생성하고, 노드 4의 c'=15를 계산한 다음, c'=15 < U=14임으로 열린노드에 삽입하지 않고 다음 자식노드인 노드 5를 생성한다. 노드 5도 c' 값이 U보다 작음으로 열린노드에 삽입되지 않는다. 따라서 열린노드에 노드 2와 3만 들어 있게 된다.

다음은 노드 2를 열린노드에서 꺼내서 자식노드 6, 7, 8을 생성한다. 노드 6은 c'=0 < 14임으로 열린노드에 삽입하고 노드 6의 u값을 계산하여 u=9가 U=14보다 작음으로 U=9로 교체한다. 노드 7은 c'=10 > U=9임으로 열린노드에 삽입하지 않는다. 노드 8은 c'=∞ > U=9임으로 역시 열린노드에 삽입하지 않는다. 현재 상태에서 열린노드에 들어 있는 노드는 노드3과 노드 6뿐이다.

다음은 노드 3을 열린노드에서 꺼내서 자식노드들을 생성한다. 노드 9는 c'=5 < U=9임으로 열린노드에 삽입하고 u=8을 계산한 다음, u=8 < U=9임으로 U=8로 갱신한다. 또 다른 자식노드인 노드 10은 c'=10 > U=8임으로 열린노드에 삽입하지 않고 그냥 버린다. 현재 열린노드에 있는 노드는 노드 6과 노드 9뿐이다.

다음은 노드 6을 열린노드에서 꺼내서 자식노드들을 생성한다. 이번에는 자식노드들의 c' 값이 모두 무한대임으로 열린노드에 삽입하지 않고 모두 버린다. 열린노드에 남은 노드는 노드 9뿐이다. 다음 반복에서 노드 9를 열린노드에서 꺼내 자식노드를 생성하면 c' 값이 무한대가 됨으로 열린노드에 삽입하지 않고 그냥 버린다. 따라서 열린노드가 비게 되어 반복문이 종료된다. 문제의 답은 현재 U값을 결정하였던 즉, 노드의 u 값이 8이었던 노드 9이다. 알고리즘에서 U값을 갱신할 때마다 답이라는 변수에 해당노드를 기록하도록 변형함으로써 답에 해당하는 노드를 쉽게 식별할 수 있다. 답을 출력하는 루틴은 문제의 성격에 따라 다르게 알고리즘에 변화를 주어야 한다.

연습·문제

1. 그림 6-1 (a)의 F에서 시작한 깊이우선 탐색 결과를 보이세요. 단, 여러 가지 가능한 선택이 있을 경우에는 알파벳 순서로 선택하세요.

2. 그림 6-1 (a)의 F에서 시작한 너비우선 탐색 결과를 보이세요.

3. 배낭의 용량이 30kg, 물건들의 가격과 무게가 각각 다음과 같은 0-1 배낭문제를 푸세요. 푸는 과정을 그림 6-15처럼 보이세요.

   물건1의 가격과 무게가 각각 6만원, 15kg,
   물건2의 가격과 무게가 각각 1만원, 6kg,
   물건3의 가격과 무게가 각각 5만원, 8kg,
   물건4의 가격과 무게가 각각 4만원, 10kg,
   물건5의 가격과 무게가 각각 3만원, 20kg,
   물건6의 가격과 무게가 각각 4만원, 25kg,

4. 전국을 대상으로 최적여행경로를 제공하는 웹 사이트를 구축하여 보세요.

Chapter

07

Computer Algorithm

병렬 알고리즘

7.1 PRAM 모델

지금까지 이 책에서 우리가 다루었던 알고리즘은 모두 순차적인(sequential) 알고리즘들이었다. 여기서 순차적인 알고리즘이란, 알고리즘이 컴퓨터 하드웨어에 의해 수행될 때, 알고리즘의 명령어들이 순차적으로 하나하나 처리되는 것을 말한다. 폰 노이만 형식의 순차적인 컴퓨터는 중앙처리장치(CPU : Central Processing Unit)라고 불리는 처리기와 기억장치를 갖는다. 중앙처리장치가 처리할 명령어를 하나 택하여 데이터 하나에 수행하는 컴퓨터 모형을 SISD(Single Instruction stream, Single Data stream)형 이라고 한다.

어떤 사람이 자기 뒤뜰에 담을 쌓기 위한 말뚝을 박기 위해서 땅을 7곳 파야 한다고 하자. 작업을 순차적으로 하는 방법은 한명의 인부가 말뚝 박는 땅을 하나하나 차례로 파면 된다. 즉 한 사람이 첫 번째 땅을 판 다음에 두 번째 땅을 파고, ... , 마지막으로 일곱 번 째 땅을 순차적으로 차례차례 파는 것이다. 그러나 7명의 인부를 써서 7명의 인부가 땅 파는 작업을 동시에 병렬(parallel)로 수행한다면 땅 파는 시간을 1/7로 축소하여 작업을 훨씬 빨리 끝낼 수 있다. 이 이야기에서 우리는 땅 파는 사람을 컴퓨터 처리기로, 땅 파는 작업은 컴퓨터가 처리해야 할 프로그램으로 간주할 수 있다. 여러 사람을 동시에 사용하여 어떤 작업을 병렬로 수행하면 그 일을 빨리 종료 할 수 있듯이, 우리가 컴퓨터를 사용하여 문제를 해결할 때에도 여러 개의 처리기(processor)가 컴퓨터 프로그램의 명령어들을 병렬로 수행한다면 일을 훨씬 빨리 끝낼 수 있다. 여기서 병렬(parallel)이란 말은 각 처리기가 다른 처리기들과 동시병렬로 명령어를 수행할 수 있다는 뜻이다.

하드웨어 기술은 지난 30년간 엄청난 발전을 하였으며, 하드웨어 처리기의 값도 최근 30년간 값이 대단히 하락하였다. 그러므로 이들 처리기들을 서로 연결하여 동시병렬로 문제를 처리하는 것이, 가장 빠른 순차적인 처리기 하나로 문제를 처리하는 것보다 더 경제적으로, 빠르게 작업을 끝낼 수 있다. 이와 같이 다수의 처리기들이 동시병렬로 명령어들을 수행하는 컴퓨터를 우리는 병렬 컴퓨터라고 한다. 병렬 컴퓨터가 처리하는 것이 더 바람직한 문제들에는 자연 언어처리, 음성식별, 인공지능에서의 추론, 기계 시각처리 문제, 그리고 데이터베이스에서의 질의어 처리, 일기예보, 공해감시, 단백질 분석, 화학공정문제 등 많은 경우들이 있다.

그러면 얼마만큼의 병렬성을 우리들이 얻을 수 있을까? 입력 크기 n 인 어떤 문제에 대해 한 순차적 알고리즘에서 최악의 경우 W(n) 연산들을 수행한다고 가정하자. p 개의 프로세서들을 갖는 컴퓨터에서 이 알고리즘을 병렬로 수행하는 경우에, 우리가 알고리즘의 병렬 구현에서 바랄 수 있는 최적 시간은 W(n)/p 이지만 우리는 이 최대 속도 향상을 반드시 이룩할 수는 없다. 예를 들어서 양말과 신을 신는 것이 주어진 과제이고 그 프로세서는 양 손이라 가정하자. 여러 순차 알고리즘들 중에서 다음과 같은 순서를 생각할 수 있다. 오른쪽 양말을 신고 오른쪽 구두를 신으며, 왼쪽 양말을 신고 왼쪽 구두를 신는다. 만약 우리가 두 개의 병렬 프로세서를 갖는다면, 우리는 각각의 발에 하나를 할당 할 수 있고 네 번의 동작들 대신에 두 번의 동작으로 완성된다. 그러나 우리가 4개의 프로세서를 갖는다고 하더라도 시간을 한 단위로 줄일 수는 없다. 왜냐하면 신을 신기전에 양말을 신어야 하기 때문이다. 병렬 컴퓨터를 사용할 경우 병렬성의 효율에 대한 것은 7.2절에서 논의한다.

병렬 알고리즘에 대한 설명을 하기 전에 병렬 컴퓨터의 역사에 대해서 간단히 설명하기로 한다. 이용자 입장에서 병렬 처리의 필요성을 처음으로 역설한 사람은 영국 기상학자인 Richardson이라는 사람으로, 그는 기상 현상을 나타내는 미분 방정식을 차분 방식으로 해결하는 수치 천문 예측에 흥미를 가지고 있었다. 그의 구상에 의하면 로마의 콜로시움과 같은 원형 극장에 약 6만명을 모아 두고 각 개인에게 탁상계산기와 지구상의 각 지역을 할당해 두고서, 그 지역의 기상 계산을 하게 하는데, 각 지역마다 계산의 진행 상황을 나타내는 램프를 두고 전체 계산 진행을 관리한다는 것이었다.

그후의 병렬 컴퓨터로서는 1940년대에 AT & T의 Stibitz가 설계한 Model V 시스템이 있는데 그것은 두 대의 프로세서로 구성된 것이었다. 또, 현대적인 병렬 처리 컴퓨터의 원조로는 Slotonick교수가 제안한 SOLOMON컴퓨터가 있다. SOLOMON컴퓨터는 비트 단위의 연산 능력을 가진 프로세서를 32×32(약 1024개)의 배열 상에 나열한 배열 컴퓨터(array computer)로서, 각 프로세서에는 16K 비트의 메모리가 준비되어 있다. SOLOMON컴퓨터는 모든 프로세서가 같은 명령을 실행하는 SIMD(Single Instruction stream, Multiple Data stream)형 컴퓨터이다. 그리고 실용적인 병렬 컴퓨터의 원조로는 I11iac IV를 들 수 있다. I11iac IV는 미국 일리노이 대학에서 Slotonick교수가 중심이 되어 개발한 배열 컴퓨터이다. I11iac IV는 SOLOMON의 발전형이라고도 할 수 있는 컴퓨터로서, SOLOMON과 마찬가지로 많은 프로세서를 어레이상에 나열한 SIMD형 배열 컴퓨터이다. 단, 각 프로세서는 64비트 단위로 연산할 수 있도록 확장되었으며 메모리도 더 커졌다.

그 외에도 각 프로세서가 독자적인 명령 카운터를 가지고 비동기적으로 작동할 수 있는 모형을 MIMD(Multiple Instruction stream, Multiple Data stream)형 컴퓨터라고 하며, 어떤 시각에 실행 가능한 상태에 있는 프로세서들이 같은 명령을 실행하지 않을 수도 있다. MIMD 컴퓨터는 다음과 같이 분류된다. 첫 번째는 다수의 처리기들이 공통으로 사용하는 공용버스(shared bus) 및 공동 기억장치를 갖는 경우이다. 우리는 이러한 것을 단단하게 결합된(tightly-coupled) 컴퓨터라고 한다. 두 번째 경우는 느슨하게 결합된(loosely-coupled) 컴퓨터로서, 분산 시스템에서 메시지 전달방식으로 상호 통신하는 경우이다. MIMD 컴퓨터에서 각 처리기는 고유의 프로그램을 갖으며 가지며 고유의 명령어들의 흐름에 따라서 명령어 수행이 처리기들 사이에 비동기적으로(asynchronously) 이루어지며, 각 처리기는 고유의 제어장치에서 산술 및 논리 연산을 수행한다. 그리고 각 처리기들 사이의 상호 교신은 상호연결 네트워크를 통하여 이루어진다.

이 절에서는 PRAM(Parallel Random Access Machine) 이라고 불리는 특수한 형태의 병렬 컴퓨터에 관해 공부한다. PRAM 은 실용적인 컴퓨터 모형은 아니지만, 우리는 PRAM을 실용적인 많은 컴퓨터로 쉽게 변환할 수 있으므로 병렬 알고리즘을 이해하기 위해서는 PRAM 을 배우는 것이 바람직하다. PRAM은 그림 7.1에 있는 것과 같이, p개의 처리기로 구성되며 p개의 처리기들이 공통으로 사용하는 공동 기억장치(global memory)가 있다. 각 처리기만을 위한 전용 기억장치(private memory)가 있으며 각 처리기는 제어장치를 갖는다. 프로세서 사이의 통신은 공용 기억장치인 global memory를 통해서만 행해진다.

PRAM 모델에서 하나의 동작은 세 단계 즉, 입력 단계, 계산 단계, 기억 단계로 구성되어 있는데, 입력 단계에서는 각 프로세서가 메모리 셀(memory cell) 로부터 데이터를 읽고, 계산 단계에서 각 프로세서는 주어진 문제 해결에 필요한 계산을 한다. 그리고, 기억 단계에서 각 프로세서는 메모리 셀에 계산 결과를 기억시킨다. 사실 우리가 병렬 컴퓨터를 실제로 만들 때, 그림 7.1과 같은 PRAM 모형으로 구현하는 일은 가격이 비싸며 그 방법이 쉽지 않다. 그러나 PRAM 은 폰 노이만 구조의 순차적인 컴퓨터에 의해 처리되는 일을 자연스럽게 병렬처리가 가능하도록 하게 한다. 그리고 PRAM 모형은 개념적으로 쉬우므로 병렬 알고리즘을 개발하는데 큰 도움을 줄뿐만 아니라, PRAM 을 기반으로 하여 개발된 병렬 알고리즘은 더 현실적인 병렬 컴퓨터에서 처리될 수 있는 병렬 알고리즘으로 쉽게 변환된다. PRAM 에서 두 개 이상의 처리기들이 공동의 기억장치에 동시에 입·출력 할 때, 충돌이 발생할 수 있다. 이러한 공동 기억장치의 동시 입·출력 문제 처리에 따라서, 우리는 PRAM 을 다음 4가지로 분류할 수 있다.

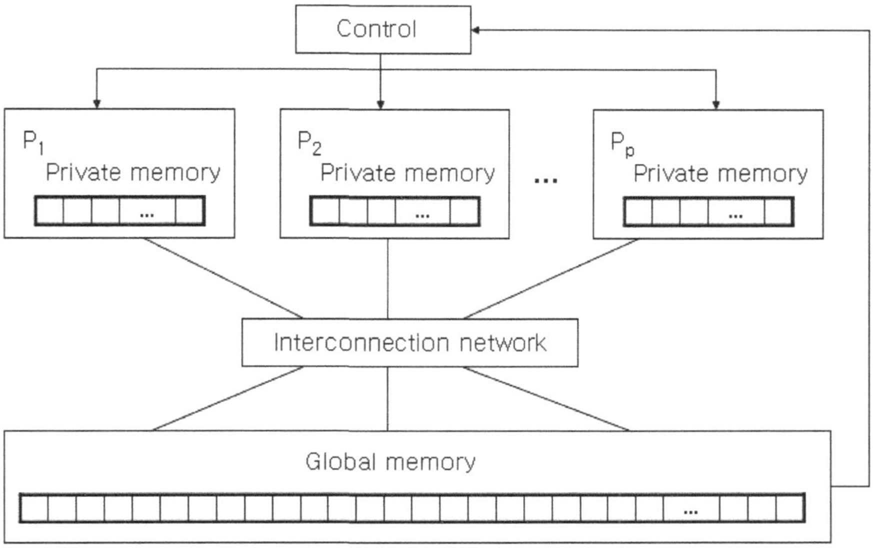

[그림 7.1] PRAM 모델

(1) EREW (Exclusive Read Exclusive Write)

주어진 시간대에 오직 한 처리기만이 공동 기억장치에 입·출력을 할 수 있으며, 이 동안에 다른 처리기들은 공동 기억장치에 접근이 불가능하다. 다시 말해서 여러개의 처리기들이 공동 기억장치를 동시에 접근할 수 없다. 이 경우 최소한의 동시성만을 허용하므로, PRAM 컴퓨터에서 가장 동시성이 약한 경우이다.

(2) ERCW (Exclusive Read Concurrent Write)

여러 개의 처리기들이 동시에 공동 기억장치에 출력하는(쓰는) 것은 가능하지만, 오직 한 처리기만이 독점적으로 읽는 것만이 가능하다.

(3) CREW (Concurrent Read Exclusive Write)

여러 개의 처리기들이 동시에 공동 기억장치를 읽는 것이 가능하지만, 오직 한 처리기만이 독점적으로 쓰는 것이 가능하다. 즉 동시에 같은 메모리 셀에 데이터를 기억시키려고 하는 프로세서들 중에서 단 하나의 프로세서만이 어느 메모리 셀에 어떤 데이터를 기억시키는 것을 허용한다.

(4) CRCW (Concurrent Read Concurrent Write)

여러 개의 처리기들이 동시에 공동 기억장치를 읽고 쓰는 것이 모두 가능하다. 여러 개의 프로세서가 동시에 같은 메모리 셀로부터 데이터를 읽을 수는 있으나, ERCW 또는 CRCW처럼 같은 메모리 셀에 데이터를 동시에 써넣으려고 할 때는 기억 충돌(write conflict)이 발생한다. 해결 방법으로는 여러 가지가 있을 수 있는데, 여러 개의 프로세서가 같은 시각에 같은 셀에 어떤 값을 써넣는 것은 허용하되 기억시키려는 값이 같을 때만 허용하는 모델이 있고, Priority-Write 모델처럼 여러 개의 프로세서가 같은 시각에 같은 메모리 셀에 어떤 값을 써넣으려고 할 때에는 우선순위에 의해 데이터 기억을 허용하는 모델도 있다. 예를 들어 가장 적은 인덱스를 가진 프로세서의 값이 기억되는 경우가 이에 해당된다고 할 수 있다.

7.2 병렬 알고리즘 분석 및 표현

병렬 알고리즘의 목적은 병렬 컴퓨터의 작동에 효과적인 알고리즘을 제시하는 것이다. 어떤 알고리즘이 병렬 컴퓨터에 적당한가의 기준은 순차적인 알고리즘과 같이 시간/공간 성능 및 프로그램의 수준 등을 포함할 뿐만 아니라 프로세서의 수, 각 프로세서의 지역 메모리 크기, 프로세서 간의 통신 방법 및 동기화 프로토콜 등을 추가로 고려해야 한다. 병렬 알고리즘의 성능을 평가하는 방법을 소개하면 다음과 같다. 이러한 평가들은 문제 해결을 하는데 필요로 하는 시간 단축의 관점에서 측정하는 것이다.

(1) 가속화율

병렬 알고리즘의 평가에 관하여 폭넓게 사용되고 있는 척도는 가속화율(speedup ratio)

이다. 이것은 "가장 좋은(best)" 단일 프로세서 알고리즘을 이용하여 문제를 푸는데 걸리는 시간(어떤 기본적인 연산의 수에 의해서 측정)과 어떤 주어진 병렬 알고리즘에 의해서 얻어진 시간의 비율로써 정의가 된다. 따라서 가속화 율은 $S_k(n)=T_1(n)/T_k(n)$ 로 기술된다. 여기서 $T_i(n)$ 은 i 개의 프로세서를 이용해서 크기 n 의 문제에 관한 "가장 좋은" 알고리즘의 최악의 경우(worst-case) 시간복잡도가 된다.

이와 같이 k 개의 프로세서로 주어진 문제를 해결할 때의 가속화율이 $S_k(n) \leq k$ 임은 명백한 사실이다. 바꾸어 말하면, $S_k(n)=k$ 인 것은 이상적인 가속화율이라고 할 수 있다. 그러나 이런 이상적인 가속화율을 얻기가 힘든 이유로는 첫째, 주어진 문제가 k 개의 서브프로그램으로 나누어서 각 프로세서가 1/k 의 시간 내에 그 문제를 해결하기가 일반적으로 불가능하기 때문이다. 그리고 둘째는 메모리 페치(fetch)와 같은 이유로 각 프로세서의 성능을 지연시킬 수가 있다. 그 외에도 계산과정에서의 충분하지 못한 동시성과 프로세서 간에 사용된 통신에 따른 지연 및 동기화에 요구되는 오버헤드 등이 존재하기 때문이다.

(2) 비용과 효율성

병렬 알고리즘을 평가하는 또 다른 기준은 한 문제를 푸는데 요구되는 프로세서들의 수이다. 분명히 프로세서들의 수가 많으면 많을수록 비용은 더욱 커지게 된다. 병렬 알고리즘의 비용은 병렬 알고리즘으로 한 문제를 해결하는데 최악의 경우 실행된 단계의 수와 관계가 있다. 즉,

$$\text{비용(Cost)} = \text{병렬 알고리즘의 최악의 경우 실행 시간} \times \text{프로세서 수}$$

이다. 문제 크기 n 에 대하여 병렬 알고리즘의 비용을 c(n)이라고 하고 프로세서 수를 k 라고 하면, $c(n)=T_k(n)\times k$이다.

병렬 알고리즘의 효율성은 다음에 정의된 EPU(Effective Processor Utilization) 에 의해서 측정된다.

$$EPU = \frac{\text{주어진 문제에 대한 가장 빠른 순차적 알고리즘의 최악의 시간}}{\text{병렬 알고리즘의 비용}}$$

$$= \frac{T_1(n)}{T_k(n) \times k}$$

여기서 $0 \leq \text{EPU} \leq 1$ 임을 알 수가 있다. 예를 들면, n 개의 프로세서를 가지고 n 개의 숫자의 합을 구하는 병렬알고리즘의 경우에서 EPU는 n/(log(n)×n)=1/log(n)이 된다.

이제 표현 방법에 대해 살펴보면, 병렬 알고리즘은 잘 정의되고 구조화된 언어로써 기술하게 되는데, 이때 병렬 알고리즘을 표현하기 위해서 다음 두 가지 문장을 첨가하여 사용한다. 이외의 내용은 일반적으로 사용하는 고급언어 형태와 같다고 보자.

1) 여러 step을 병렬로 처리할 때는 다음과 같이 기술한다.

```
Do step i to n in parallel
    step i
    step i+1
       ⋮
    step n
```

2) 여러 프로세서들이 동시에 같은 연산을 수행할 때는 다음과 같이 기술한다.

```
① for all i 1<i<=n do in parallel
    statements
    allfor
② for i=j to k do in parallel
    statements
    allfor
③ for i=r, s, …, t do in parallel
    statements
    allfor
```

이제 PRAM 모형을 사용하여 병렬 알고리즘을 어떻게 설계하는지 다음 절들에서 공부하자.

7.3 최대값 계산 문제

이 절에서는 그림 7.2(a)와 같이 데이터가 메모리 셀 M[1], M[2], ⋯, M[n] 에 기억되어 있는 상태에서 시작하여, n개의 데이터 중에서 가장 큰 데이터를 구해서 그림 7.2(b)와 같이 그 최대값을 메모리 셀 M[1] 에 기록하는 최대값 계산 문제를 살펴보기로 한다.

[그림 7.2] 최대값 계산 문제

다음 알고리즘 7.1은 최대값을 계산하는 PRAM 에서의 병렬 알고리즘이다. 이 알고리즘에서 각 프로세서가 갖고 있는 변수 big는 그때까지 비교한 데이터 중에서 가장 큰 데이터를 기억하는 변수이고, 변수 temp와 incr에 있는 값은 다음에 읽을 셀 번호를 계산하는데 이용된다. 각 프로세서는 i 에 대한 자신의 수를 사용해서 알고리즘을 수행한다.

알고리즘 7.1 **최대값 계산하는 CREW PRAM 알고리즘**

```
read M[i] into big;
incr := 1;
write -∞ into M[n+i];
for  step := 1 to ⌈ log n ⌉ do
   read M[ i + incr ] into temp;
   big := max(big, temp);
   incr := 2 × incr ;
   write big into M[i]
end
```

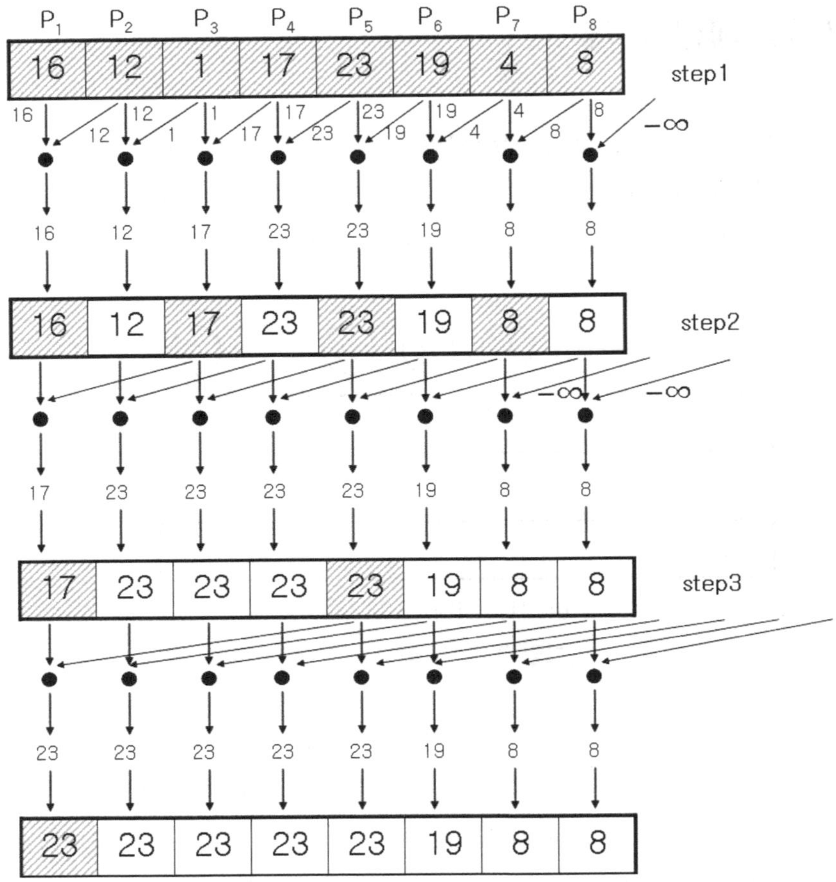

[그림 7.3] 알고리즘 7.1의 실행 예

알고리즘 7.1의 과정은 그림 7.3에서 설명되어 있다. 그림 7.3에서 사선은 데이터를 읽는 연산(read operation)을 나타내며, 만일 데이터를 읽는 것을 나타내는 사선이 P_i 와 P_j 사이에 그어져 있다면 그것은 프로세서 P_i 가 메모리 셀 M[j]에 기억되어 있는 데이터를 읽는다는 것을 의미한다. 빗금친 부분은 그 스텝까지 그 프로세서가 비교한 데이터 중에서 가장 큰 값을 나타낸다. 그림 7.3에서 첫 번째 for 문을 실행할 때 프로세서 P_1 은 M[2] 에 있는 데이터를 읽어서 M[1] 에 있는 데이터와 비교하여 큰값을 M[1] 에 기록한다. 그리고, 두 번째로 for 문을 실행할 때 M[3] 에 있는 데이터를 읽어 들여서 M[1] 에 있는 데이터와 비교하여 큰 값을 M[1] 에 기록한다. 이것을 4번 반복함으로써 M[1]에는 최대값이 기록된다. n 개의 데이터가 있는 경우, for 루프를 $\lceil \log(n) \rceil$ 번 실행한 결과,

메모리 셀 M[1] 에는 n 개의 데이터 중에서 최대값이 기억되어 있다는 것을 알 수 있으므로 이 알고리즘의 시간 복잡도는 O (log(n)) 이라는 것을 알 수 있다.

7.4 접두부 부분합 계산

n 개의 숫자가 M[0:n-1] 에 주어졌을 때, M[0], M[0]+M[1], M[0]+M[1]+M[2], ⋯, M[0]+M[1]+⋯+M[n-1] 을 계산하는 일을 접두부 부분합(prefix sum)구하기라고 한다. 리스트의 순위를 부여하는 일이나 접두부 부분합을 구하는 일은 다른 여러 가지 병렬 알고리즘의 일부분으로 자주 사용되는 유용한 연산이다. 여기서는 접두부 부분합을 구하는 CREW PRAM 알고리즘을 살펴보기로 한다. 이 알고리즘 7.2는 실제로 동일한 메모리 셀에서 동시에 자료를 읽지 않으므로 EREW PRAM 알고리즘으로도 볼 수 있다.

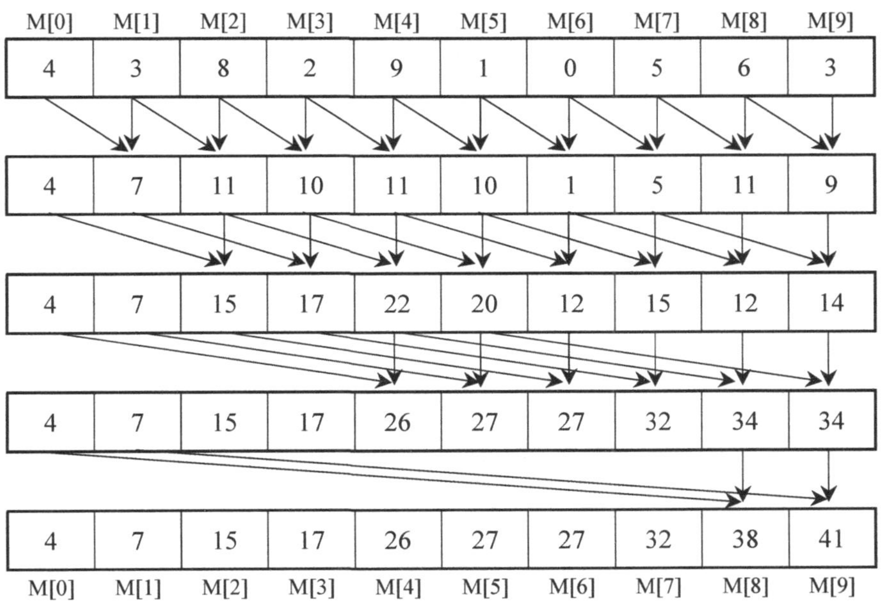

[그림 7.4] 알고리즘 7.2의 실행 예

접두부 부분합을 구하고자 하는 n 개의 숫자들은 M[0:n-1] 에 저장되어 있다. 이로부터 접두부 부분합을 구하여 i 번째 부분합인 M[0]+M[1]+⋯+M[i-1] 을 S[i-1] 에 저장하려고 한다. 알고리즘은 log(n)단계로 구성된다. 두 번째 단계에서 각 프로세서 PE(i) 는 S[i]+S[i-2], 즉 4개의 숫자의 합인 M[i]+M[i-1]+M[i-2] +M[i-3] 의 값을 계산하여 S[i] 에 넣는다. 일반적으로 k 번째 단계에서 프로세서 PE(i) 는 $S[i]+S[i-2^{k-1}]$, 즉 2^k 개의 수신 $M[i]+\cdots+M[i-2^{k-1}+1]$ 의 값을 계산하여 S[i] 에 넣는다. 이를 정확하게 표현하면, 단계 k 에서 PE(i) 가 계산하는 값은 $M[i]+M[i-1]+\cdots+M[\max((i-2^{k-1}+1),0)]$ 이다. 이러한 과정을 log(n) 회 거치면, S[i] 에는 M[i]+⋯+M[0] 의 값이 있게 된다. 이를 10개의 숫자로 구성된 배열에 적용하는 과정이 그림 7.4에 있다.

알고리즘 7.2의 for 루프가 log(n) 회 실행되므로 이 알고리즘의 실행시간은 $O(\log(n))$ 이며 접두부 부분합을 계산하는 순차 알고리즘의 실행시간은 $O(n)$ 이다.

알고리즘 7.2 **접두부 부분합 구하는 CREW PRAM 알고리즘**

```
/* 입력 : n - 배열의 크기, M[0:n-1] - 숫자의 배열
   출력 : S[0:n-1] - 접두부 부분합이 저정된 배열,
          S[i]에는 M[0]+M[1]+M[2]+⋯+M[i] 가 저장되어 있음. */
    S[i] = M[i], {PE(i), 0≤i<n};
    for (k=0; k<= ⌈ log(n) ⌉ -1; k++)
    {
        if(i-2^k≥0)  S[i] = S[i] + S[i-2^k], {PE(i), 0≤i<n};
    }
```

7.5 홀수/짝수 전송 병렬 정렬

홀수/짝수 전송 병렬 정렬 알고리즘은 정렬된 입력 리스트 $S=\{x_1, x_2, \cdots, x_n\}$ 에서의 구성 요소들과 같은 수의 프로세서들, 즉 P(n)=n 으로 된다고 가정하자. 어떤 순간에서든지 알고리즘의 실행 동안 y_i 를 모든 $1 \le i \le n$ 에 대해서, 프로세서 P_i 에 의해 유지된 입

력 리스트의 정수를 나타낸다. 초기에는 $y_i = x_i$ 이다.

첫 번째 단계에서 모든 홀수 프로세서 P_i 는 처리가 되고 P_{i+1} 에서 y_{i+1} 의 복사를 얻는다. 만약 $y_i > y_{i+1}$ 일 때, P_i, P_{i+1} 은 정수를 교환시킨다. 두 번째 단계는 이 시간에 짝수 프로세서가 처리되는 것을 제외하고, 첫 번째 단계와 동일하다. 이와 같은 두 단계는 순서적으로 되풀이해서 수행이 된다. $\lceil n/2 \rceil$ 번 반복한 후에 정수의 교환이 더 이상 없게 된다. 여기서 알고리즘이 종료될 때, 모든 $1 \le i \le n-1$ 에 대해 $y_i < y_{i+1}$ 이다.

알고리즘 7.3 **홀수/짝수 전송 병렬 정렬**

```
oddeven()
{
    for(k=1; k<=⌈n/2⌉; k++)
    {
        for i=1, 3, 5, …, 2⌈n/2⌉-1 do in parallel
            if yi > yi+1 then interchange(yi, yi+1)
        allfor
        for i=2, 4, 6, …, 2⌊(n-1)/2⌋do in parallel
            if yi > yi+1 then interchange(yi, yi+1)
        allfor
    }
}
```

예를 들어서 S={7, 6, 5, 4, 3, 2, 1} 리스트에 이 병렬 알고리즘이 적용될 때, 정렬 과정이 그림 7.5에 도식화되어 있는데 이를 정렬 도표(sort diagram)라고 부른다.

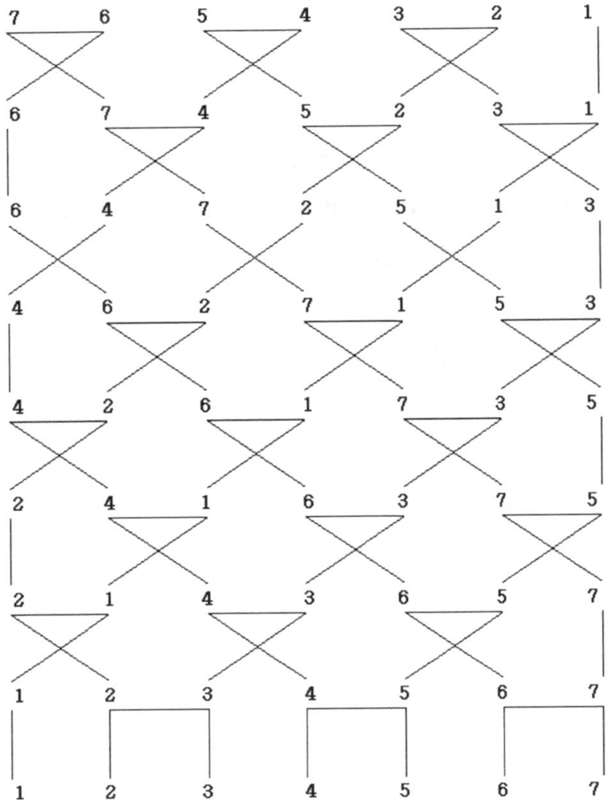

[그림 7.5] 알고리즘 7.3의 실행 예

알고리즘 7.3은 n 단계 뒤에 정렬된 리스트를 정확히 나타내고 이것은 SIMD 모델에서 성취되는 것이다. 알고리즘 7.3을 분석하면 두 개의 병렬 for 문 각각은 한 번 비교와 두 번의 전송을 수행함으로써 상수 시간이 요구된다. 이와 같은 두 단계가 포함된 순환이 $\lceil n/2 \rceil$ 시간 실행되기 때문에 알고리즘 7.3의 병렬 처리 시간은 t(n)= $O(n)$ 이다.

7.6 합병/분리 정렬

각 프로세서가 한 개의 정수보다는 부분 리스트를 유지시키는 경우로 알고리즘 7.3을 일반화시키는 것이 가능하며, 비교-교환 연산은 합병/분리(merge/ split) 연산으로 대체가 가능하다. n 이 전체 데이터의 개수이고 사용 가능한 프로세서가 1에서 p 로 나열된 p 개의 프로세서가 있을 때, $p<n$ 이며 각 프로세서는 길이 n/p 의 부분 리스트를 유지시키게 되고 프로세서 P_i 에 의해 유지되는 부분 리스트를 S_i 로써 정의한다. 먼저, 프로세서는 순차적 정렬 알고리즘을 이용해서 관련된 부분 리스트를 국지적으로 정렬한다. 그다음 병렬 알고리즘을 생각해 보자.

병렬 알고리즘의 첫 번째 단계에서는 각각 홀수 프로세서들이 두 개의 부분 리스트 S_i, S_{i+1} 을 합병해서 정렬된 부분 리스트 결과로 되는 첫 번째 반을 유지시킨다. 반면에 두 번째 반을 이웃한 P_{i+1} 에 할당하게 된다. 두 번째 단계에서는 이때 짝수 프로세서가 처리되는 것을 제외하고 첫 번째 것과 동일하다. 이와 같은 두 단계를 번갈아 가면서 되풀이 한다. p/2 번 반복된 뒤에 결국 리스트 $S=S_1, S_2, \cdots, S_p$ 가 정렬된다.

알고리즘 7.4 **합병/분리 정렬**

```
mergesplit()
{
   for i=1, 2, …, p do in parallel
      프로세서 pi는 순차 알고리즘을 이용하여 Si 를 정렬 ;
   allfor

for(k=1; k<=⌈p/2⌉; k++)
{
   for i=1, 3, …, 2⌊p/2⌋-1 do in parallel
      정렬된 Si 와 Si+1 는 Si' 로 합병 ;
      Si 는 Si' 의 첫 번째 n/p 구성 요소 ;
      Si+1 은 Si' 의 두 번째 n/p 구성 요소;
   allfor
   for i=2, 4, …, 2⌊p-1/2⌋ do in parallel
```

```
    정렬된 Si 와 Si+1 는 Si' 로 합병 ;
    Si 는 Si' 의 첫 번째 n/p 구성 요소 ;
    Si+1 은 Si' 의 두 번째 n/p 구성 요소;
    allfor
    }
}
```

예를 들어 알고리즘 7.4를 p=4인 리스트 S={12, 9, 10, 11, 7, 4, 3, 6, 2, 1, 8, 5}에 적용이 된 내용이 그림 7.6에 도식화되어 있다.

알고리즘 7.4를 분석하면, 홀수 부분 병렬 처리와 짝수 부분 병렬 처리는 각각 $O(n/p)$ 시간이 걸린다. 여기에 포함된 순환은 ⌈p/2⌉ 시간에 실행되므로 전체 시간은 다음과 같다.

$$t(n)= O(n/p)\ \log\ (n/p)\ + O(n)\ =\ O((n\ \log\ (n/p))\ +\ O(n)$$

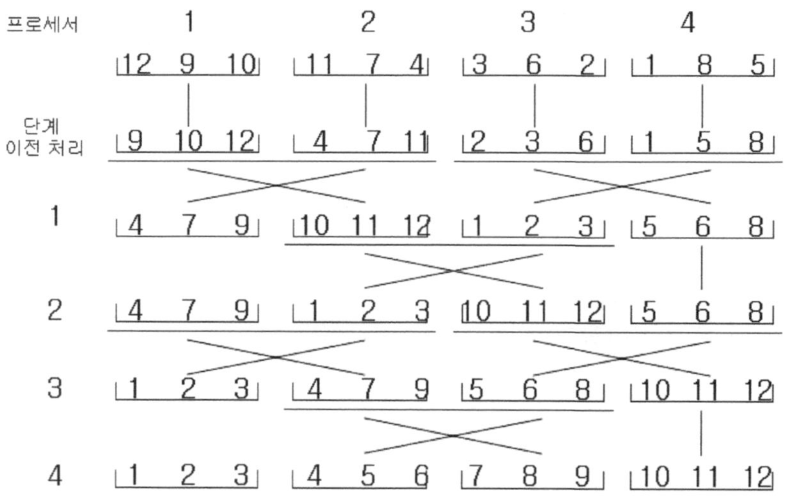

[그림 7.6] 알고리즘 7.4의 실행 예

7.7 병렬 퀵 정렬

리스트 S={x_1, x_2, …, x_n} 으로 된 요소들을 정렬시키기 위한 병렬 퀵 알고리즘을 고려해 보자. 우선 순차 알고리즘 Quicksort 를 보면 다음과 같으며, 분할된 두 개의 부분 리스트 S_1 과 S_2 의 각각이 원래 전체 리스트 S 와 같은 구조를 지니고 있기 때문에 다음의 단계 ③과 ④는 동시에 실행시킬 수 있다.

```
   Quicksort (int S[])
   {
①  if (|S|<3) then S는 적어도 한 번의 비교에 의해 정렬되므로 복귀한다 ;
       else m 값, 즉 S의 구성요소 중 ⌈|S|/2⌉ 번째 가장 작은 요소를 찾는다 ;
②  partition(S, m) ;
       /* S를 두 개의 부분, 즉 m보다 작은 부분(S1)과 m보다 큰 부분 (S2)을 생성하
          고, m을 S의 ⌈|S|/2⌉ 번째 위치에 놓는다. */
③  Quicksort(S1) ;
④  Quicksort(S2) ;
   }
```

이 절에서는 퀵 정렬의 다중 프로세서에 대한 비동기식 구현을 기술한다. 정렬될 n 개의 서로 다른 요소들의 리스트 S가 주어진 경우, parallel_quicksort 는 S의 중간값 m 을 찾음으로써 시작된다. 요소 m은 정렬된 리스트의 위치 ⌈n/2⌉ 에 놓여진다. S는 두 개의 부분 리스트 S_1과 S_2, 즉 m보다 작은 것과 큰 것으로 분할이 된다. 정렬된 부분 리스트의 크기가 3보다 적을 때는 적어도 한 번의 비교로써 직접 정렬된다. 알고리즘의 직관적인 기술을 제공하기 위해서 n은 2의 거듭제곱이라고 가정하자.

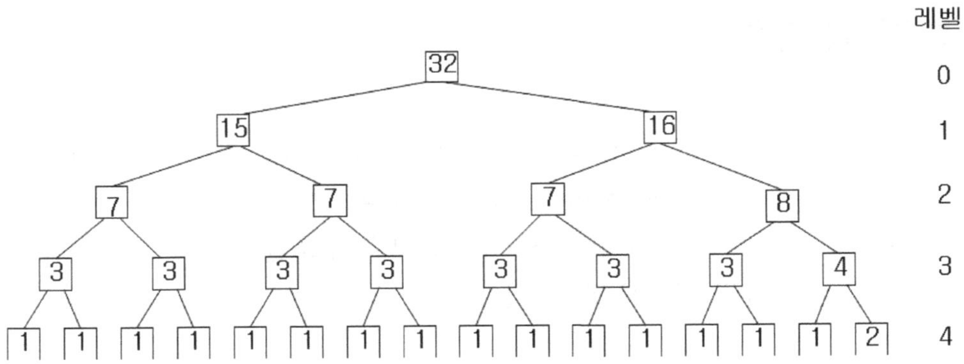

[그림 7.7] 비동기 퀵 정렬을 위한 이진 트리

그림 7.7에 있는 이진 트리(n=32)의 각 노드는 알고리즘의 실행 동안에 생성된 부분 리스트와 관련이 된다. 각 노드 내부에 있는 수는 부분 리스트의 길이를 나타낸다. 이와 같이 첫 번째 단계(즉, 트리의 레벨)에서 길이 32인 초기 리스트의 16번째로 작은 요소가 발견된다. 그리고 각각 15개와 16개의 부분 리스트로 분할이 된다. 이러한 두 개 부분 리스트는 루트의 두 자식들로서 두 번째 단계에서 똑같이 생성이 된다.

부분 리스트의 길이가 2이하일 때, 분할 과정이 종료된다. 그러한 트리는 n/2개의 단말 노드를 지니므로 전체 노드는 $\sum_{i=0}^{k} 2^i = n-1$이고, 이때 k=log(n/2)이 된다.

비동기적 알고리즘에 의해서 생성된 전체 프로세서의 수는 n-1이다. 일반적으로 (반드시 n이 2의 거듭제곱일 때), 프로세스 전체의 수는 $2^{\log n}-1$을 초과하지 않는다. 여기서 log(n)은 다음 큰 정수로 반올림이 된다.

X가, 정렬될 서로 다른 정수의 리스트가 처음에 포함되어 공유 메모리에서 길이가 n인 배열이라 하자. 즉, X(i) = $x_i(1 \le i \le n)$ 이다. 알고리즘 7.5에서 Q_i 는 부분 배열 X 를 나타낸다. (q_i, s_i) 쌍은 Q_i 의 첫 번째 요소의 공유 메모리에서 번지와 Q_i 의 길이를 나타내는데 이용이 된다. 그런 쌍이 기껏해야 $2^{\log n}-1$ 이므로 길이 $2^{\log n}-1$ 의 배열 R 로써 공유메모리에서 정렬이 된다. 알고리즘 7.5는 parallel_quicksort 의 비동기식 알고리즘이다.

알고리즘 7.5 **비동기 병렬 퀵 정렬**

```
AsynQuicksort()
{
    Q1=X ;
    R[1]=(q1, n) ;
    프로세서 1을 생성한다 ;
    프로세서 i ;
    {
        R[i] 로부터 (qi, si) 를 읽는다 ;
        if si<=2 then Qi 는 직접 정렬한다.
            else
            {
            중위수 m 을 찾는다 ;
            m 을 X 의 마지막 위치에 놓는다 ;
            Qi 는 부분 리스트 Q2i 와 Q2i+1 를 만들어 낸다 ;
            R[2i]=(q2i, s2i) ;
            R[2i+1]=(q2i+1, s2i+1) ;
            프로세서 2i와 2i+1을 생성한다 ;
            }
    }
}
```

어떤 스케줄링 정책이 알고리즘 7.5에서 사용 가능한 프로세서에 대기중인 프로세스를 할당시키는데 이용될 수 있다. 다음 세 가지 가정을 이용하여 나머지 내용을 보기로 하자.

1) 프로세서 P_1 은 알고리즘 7.5의 첫 번째에서 세 번째 명령어를 수행하는 태스크에 할당한다.
2) 프로세서 P_i 는 프로세스 1을 실행한다.
3) 만약 프로세서 P_k 가 Q_{2i}를 생성하면, 그때 P_k 는 프로세스 2i를 실행하는데 항상 주어진 우선 순위가 있다(즉, Q_{2i} 를 더 이상 분할시킴). 프로세스 2i의 종료에 대해서, 만약 Q_{2i+1} 이 여전히 대기되면 그때 그것을 프로세서 P_k에 할당된다.

n=32를 정렬되는 요소가 32개 있고 p는 사용 가능한 프로세서라고 가정하자. 그림 7.8

과 그림 7.9는 p=4와 p=8일 때, 알고리즘 7.5의 과정을 각각 나타내는 이진 트리이다.

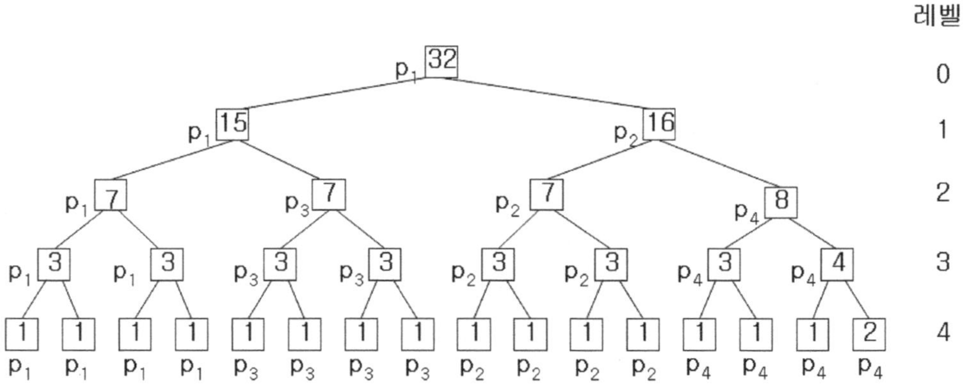

[그림 7.8] p=4인 경우의 정렬

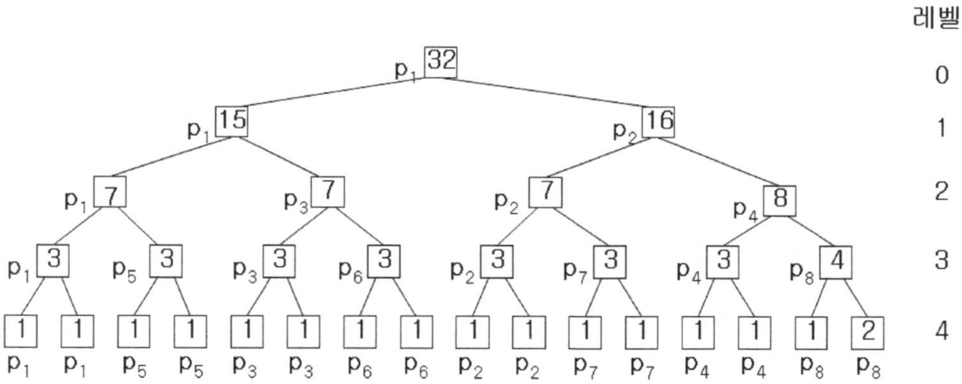

[그림 7.9] p=8인 경우의 정렬

알고리즘 7.5의 분석을 위해서 다음 가정을 기본으로 한다

1) 각 프로세서는 $O(r)$ 단계로 길이 r 인 리스트의 k 번째 제일 작은 용도로 프로시저 select 를 처리할 수 있고 접근된다. 부분 리스트 Q_i를 Q_{2i}와 Q_{2i+1}로 분할된다. 즉, $O(S_i)$시간이 걸린다.
2) 같은 크기의 두 개 부분 리스트는 분할될 때 같은 시간의 양이 걸린다.
3) 프로세스들은 스케줄 했을 때 시간의 어김이 없다.

4) 정렬될 요소의 수 n 과 프로세서의 수 p 는 둘 다 2의 거듭제곱이다.

따라서 알고리즘 7.5의 처리 시간은 $t(n)=O(n(2(1-(1/p))+(\log(n)-\log(p))/p))$ 이 되고 이에 대한 증명은 생략한다. 위에서 주어진 분석은 입출력 동안에 경과된 시간의 양을 고려하지 않는다. 한 프로세서의 입력 리스트를 읽고, $O(n)$ 시간에 출력하므로, t(n) 에 대한 것은 본질적으로 변경되지 않는다. P(n)=P 이므로 $c(n) = t(n)*p=O(np+n \log(n))$ 이다. 이것은 $p \leq \log(n)$ 일 때 최적이다.

연습·문제

1. CRCW PRAM은 여러 프로세서가 동시에 동일한 메모리 셀에 자료를 쓰는 것을 허용하며 이때 두는 제약에 따라 여러 종류로 나뉜다. 그 중의 세 종류는, (1) 쓰려는 값이 모두 같은 값일 때만 그 값이 쓰여진다. (2) 쓰려는 값 중에서 임의의 값이 쓰여진다. (3) 자료를 쓰려고 하는 프로세서 중에서 가장 작은 인덱스를 갖는 프로세서의 값이 쓰여진다. 이 세 모델 중에서 어느 것이 가장 강력하고, 어느 것이 가장 약한 모델인가?

2. 병렬 알고리즘의 시간 효율성이 0 과 1 사이의 실수인 이유는 무엇인가?

3. 어떤 병렬 알고리즘이 십만 개의 숫자로 구성된 배열을 정렬하는 데에 16개의 프로세서를 사용하여 0.5초 걸렸다고 하자. 십만 개의 숫자를 순차적으로 정렬하는 데 가장 빠르다고 알려진 정렬 알고리즘이 6.5초 걸린다고 가정하고 위의 병렬 정렬 알고리즘의 가속화율과 효율성을 계산하시오.

4. 두 개의 $n \times n$ 정방행렬을 곱하려고 한다.
   (1) n^2 개의 처리기를 가지는 PRAM에서, 병렬 알고리즘을 세우고 그 알고리즘의 시간복잡도를 분석하시오.

   (2) n^3 개의 처리기를 가지는 PRAM에서, 병렬 알고리즘을 세우고 그 알고리즘의 시간복잡도를 분석하시오.

5. 5.2절에서 배운 외판원 문제에 대한 PRAM 알고리즘을 세우고, 알고리즘 5.3과의 능률성을 비교하시오.

Chapter

08

Computer Algorithm

NP-Hard와 NP-Complete

세상에는 무수히 많은 문제들이 있다. 이 문제들은 '컴퓨터로 풀 수 있는 문제'와 '컴퓨터로 풀 수 없는 문제'로 분류할 수 있다. '컴퓨터로 풀 수 있는 문제'들은 또 다시 '다항식 시간 복답도의 알고리즘이 알려진 문제'들과 그렇지 않은 문제들로 분류될 수 있다. '다항식 시간 복잡도의 알고리즘이 알려진 문제'들의 집합을 P로 표시하는데, P에 속하는 문제들을 푸는 알고리즘들의 시간 복잡도는 일반적으로 낮은 차수의 다항식으로 표현된다. 예를 들어, 이진탐색 알고리즘은 시간 복잡도가 O(log n)이고, 정렬되지 않은 배열에서 탐색하는 알고리즘은 시간복잡도가 O(n), 정렬 알고리즘은 O(n log n), 두 정방행렬의 곱을 구하는 일반적인 알고리즘은 $O(n^3)$, 분할 및 정복 알고리즘은 $O(n^{2.81})$으로 다항식의 지수가 작은 수이다.

다항식 시간복잡도의 알고리즘이 알려지지 않은 '컴퓨터로 풀 수 있는 문제'들을 푸는 알고리즘의 시간복잡도는 입력의 크기 n을 지수로 갖는 수식으로 표현된다. 예를 들어 외판원 문제를 푸는 알고리즘은 시간복잡도가 $O(n^2 2^n)$이고 0-1 배낭문제의 알고리즘은 $O(2^{n/2})$인 알고리즘이 널리 알려졌다. 지금까지 무수히 많은 사람들이 이러한 문제들에 대한 효율적인 알고리즘을 찾으려고 무한히 노력하였지만 이러한 문제들에 대한 다항식 시간복잡도의 알고리즘은 아직도 발견된 바가 없다. 지수 시간복잡도의 알고리즘은 입력이 커지면 처리 시간이 급격히 증가하여 입력이 별로 크지 않더라도 답을 구하는데 며칠 혹은 몇 년 혹은 수백 년이나 걸리게 되므로 주어진 문제가 '다항식 시간 복답도의 알고리즘이 알려진 문제'인지 아닌지를 판단하는 일과 '다항식 시간 복답도의 알고리즘이 알려지지 않은 문제'를 푸는 효율적인 알고리즘을 찾으려고 노력하는 일은 모두 매우 중요한 일이다.

'다항식 시간 복답도의 알고리즘이 알려지지 않은 문제'를 푸는 효율적인 알고리즘을 찾는 가운데 이러한 문제들 간에 모종의 관련이 있는 문제들의 그룹이 있음이 밝혀졌다. NP-complete와 NP-hard가 그 그룹들이다. '다항식 시간 복답도의 알고리즘이 알려지지 않은 문제'들 가운데 어떤 문제들로 구성된 그룹은 이 그룹에 속한 다른 모든 문제들이 다항식 시간 알고리즘으로 풀린다는 것과 자신이 다항식 시간 알고리즘으로 풀린다는 것이 동치인 성질이 있다. 즉, 이 그룹에 속한 문제들 중 어느 한 문제만 다항식 시간 복잡도의 알고리즘으로 풀면 이 그룹에 속한 모든 문제들이 다항식 시간 복잡도의 알고리즘으로 풀린다는 것이다. 이러한 문제들의 그룹을 바로 NP-complete라고 한다. NP-hard는 이 문제가 다항식 시간 복잡도의 알고리즘으로 풀리면 모든 NP- complete 문제들이 다항식 시간 복잡도의 알고리즘으로 풀린다는 것이 알려진 문제들의 집합이다. NP-complete와 NP-hard 간에 어떤 차이가 있는지 모호할 것이다. NP- complete는 이 문제가 풀리면 다른 모든 문제도 풀릴 뿐 아니라 다른 모든 문제가 풀리면 이 문제도 풀리는 문제들의 집합인데 NP-hard는 이 문제가 풀리면 모든 NP- complete문제가 풀린다고만 했을 뿐 NP-complete문제들이 풀리면 이 문제도 풀린다는 조건이 없다는 사실을 주목하면 NP-complete와 NP-hard의 차이를 알 수 있을 것이다. 그러면 모든 NP-complete 문제는 NP-hard이기도 함도 알 수 있을 것이고, NP-hard 중에는 NP-complete에 속하지 않는 문제도 있을 것이라는 것도 알 수 있을 것이다.

NP-complete와 NP-hard의 성질을 만족하는 부류를 정의하는 방법이 여러 가지 있는데, 가장 널리 알려진 방법은 Nondeterministic algorithm(비결정 알고리즘)을 이용하는 방법이다. 비결정 알고리즘은 우리가 실용적으로 사용하는 컴퓨터 알고리즘이 deterministic (결정적), 즉 각 명령문의 실행 결과가 유일하다는 사실에 반대되는 개념으로 쓰이는 용어로 비결정 알고리즘에는 실행 결과가 유일하지 않은 명령어가 사용된다. 비결정 알고리즘에 대해서는 2절에서 다루고, 1절에서는 풀 수 없는 문제가 과연 있는지 알아본다.

8.1 풀 수 없는 문제

컴퓨터가 하는 일은 입력 데이터를 출력 정보로 변환하는 것이다. 데이터의 표현이 일련의 비트 열이라고 한다면 컴퓨터가 하는 일은 입력이라고 불리는 일련의 비트 열을 출력이라고 불리는 일련의 비트 열로 변환하는 것이라고 할 수 있다. 입력을 출력과 연관지어주는 것을 함수라고 한다. 통상적으로 사용되는 함수는 이름을 가지고 있다. 예를 들어, 더하기, 곱하기, 1 증가, 1 감소, 등은 함수의 예이다.

두 기계의 계산 능력을 비교할 때, 각 기계가 수행할 수 있는 함수들의 종류를 비교함으로써 우열을 판단할 수 있다. 예를 들어, A라는 기계가 B라는 기계보다 더 많은 함수를 수행할 수 있다면 A라는 기계가 B라는 기계보다 계산 능력이 우월하다고 판단할 수 있다.

어떤 정보는 주어진 데이터로부터 그 정보를 추출하는 조작 과정이 너무 복잡하여 알고리즘으로 표현이 불가능한 경우도 있다. 이러한 정보를 결정하는 함수를 계산불가능이라고 한다. 이에 반하여, 알고리즘으로 표현 가능한 함수들은 계산가능이라고 한다. 계산불가능한 함수는 알고리즘으로 표현될 수 없기 때문에 이러한 함수들은 현대 컴퓨터로 풀 수 있는 문제의 영역 밖이다. 즉, 풀 수 없는 문제이다.

Alan Turing은 모든 계산 가능한 함수들을 표현하기 위하여 튜링 기계를 발명하였다. 그리고 튜링은 튜링계산가능이 곧 계산가능이라고 생각했다. 즉, 튜링 기계의 능력은 알고리즘을 수행하는 어떠한 기계의 능력보다 열등하지 않다고 생각했다. 이러한 생각을 증명하기 위하여 튜링을 비롯하여 많은 사람들이 연구 결과를 발표하였고, 처치(Chuch)도 그 중 한 사람이다. 그래서, "튜링계산가능이 곧 계산가능이다"라는 명제를 처치-튜링 명제라고 하며, 오늘날 모든 사람들이 이 명제가 참일 것이라고 받아들이고 있다. 따라서, 어떤 계산시스템이 모든 튜링 계산 가능한 함수들을 계산할 수 있다면 이 계산시스템은 일반적 시스템이라고 한다.

튜링 기계로 풀 수 없는 문제가 있다. 처치-튜링 명제에 비추어 볼 때, 이 문제는 현대 컴퓨터를 비롯한 모든 알고리즘을 수행하여 문제를 푸는 기계로는 풀 수 없다고 믿는다. 계산 불가능한 문제를 소개하기 위하여 괴델 수(Godel Numbering)와 스스로-종료(Self-terminating)라는 개념을 먼저 소개한다. 괴델 수는 알고리즘에 유일한 수를 대응시킨다. 괴델 수를 산출하는 방법을 개념적으로 설명하면, 알고리즘을 구성하는 모든 문자들을 ASCII 코드로 변환하고, 이렇게 얻은 비트 열을 하나의 이진수로 간주하여 십진수로 변환한다. 주어진 알고리즘에 대하여, 이렇게 얻은 수를 괴델 수로 할 수 있다.

다음으로 소개할 개념은 스스로-종료이다. 다음과 같은 알고리즘을 고려하여 보자.

```
While (X) do;
   Inc X;
Repeat
End;
```

X의 초기값을 0으로 하고 이 알고리즘을 수행하면 이 알고리즘은 즉시 종료한다. 그러나, 임의의 양수로 X를 초기화하고 이 알고리즘을 수행하면 이 알고리즘은 while문을 무한히 반복하고 영원히 종료하지 않을 것이다.

알고리즘의 여러 변수 중 첫 번째 변수의 초기값을 그 알고리즘의 괴델 수로 초기화하고, 다른 변수들은 0으로 초기화 한 다음, 그 알고리즘을 수행하였을 때, 그 알고리즘이 언젠가 종료하면 그 알고리즘을 스스로-종료한다고 하고 그렇지 않으면 스스로-종료하지 않는다고 한다. 예를 들어, 위의 알고리즘은 스스로-종료하지 않는다. 왜냐 하면, 이 알고리즘의 괴델 수는 양수임에 틀림없고, 첫 번째 변수는 X이기 때문이다.

위에 소개한 스스로-종료의 정의를 다른 말로 표현 한다면 자기 자신을 입력으로 하여 알고리즘을 수행할 때 언젠가 종료하는 알고리즘을 스스로-종료한다고 한다. 많은 경우에 자기 자신을 참조하는 명제는 파라독스에 빠진다. 예를, 들어 다음 문장은 파라독스다.

이 문장은 거짓이다.

이 문장이 거짓이면 이 명제는 참인데 거짓이라고 단언한 것이 되고, 이 문장이 참이라면 참을 거짓이라고 한 것이 된다. 비슷한 이유로 다음 질문에 대한 답도 구하기 어렵다.

모든 집합의 집합은 자신을 포함하는가?

자기 자신을 포함한다면 모든 집합의 집합에 자기 자신이 포함되어 있지 않으므로 자기 자신을 포함하는 새로운 집합을 만들게 됨으로 자기 자신을 포함하는 과정을 영원히 반복하게 된다. 반면에 자기 자신을 포함하지 않으면 이 집합이 빠져 있으므로 모든 집합의 집합이 될 수가 없다.

계산 불가능한 문제에 정지문제가 있다. 정지문제는 주어진 알고리즘의 괴델 수를 입력으로 받아 괴델 수로 표현된 알고리즘이 스스로-종료이면 1, 아니면 0을 출력하는 문제이다. 더 정확히 말한다면, 스스로-종료하는 알고리즘의 괴델 수는 1로, 스스로-종료하지 않는 알고리즘은 0으로 대응시키는 함수를 만드는 것이 정지문제이다.

정지문제는 계산불가능한 문제이다. 이에 대한 증명은 다음과 같다.

증명

정지문제가 계산 가능하다고 가정하고, 정지문제를 해결하는 알고리즘을 P1이라고 하며, P1의 출력 변수를 X라 하자. P1은 주어진 알고리즘의 괴델 수를 입력으로 받아, 이 알고리즘이 스스로-정지면 X에 1을, 아니면 X에 0을 배정하고 종료한다. P1 알고리즘의 끝에 다음 문장을 부가하여 새로운 알고리즘 P2를 만들어 보자.

```
   P1
While (X) do;
End;
```

P2도 역시 스스로-종료이든지 아니면 스스로-종료가 아니다. P2가 스스로-종료라고 하자. P2의 입력으로 P2의 괴델 수를 배정하면, P2의 P1 부분이 X=1을 하고, P2는 다음 문장을 수행하게 된다.

```
while (X) do;
```

X=1이므로, 이 문장은 영원히 수행된다. 즉, P2는 종료하지 않는다. P2가 스스로-종료라고 가정하면 P2가 무한히 수행되는 모순에 빠지는 것을 알 수 있다.

이번에는, P2가 스스로-종료하지 않는다고 가정하자. P2의 입력으로 P2의 괴델 수를 배정하면, 이번에는 P2의 P1 부분이 X에 0을 배정하고, P2는 다음 문장을 수행하게 된다.

```
while (X) do;
```

X=0이므로 이 문장은 곧 종료하고, 따라서 P2도 종료한다. P2가 스스로-종료하지 않는다고 가정하였는데 스스로-종료하는 모순에 빠진다. 정지문제가 계산 가능이라고 가정하면 이와 같이 필연적으로 모순에 빠지게 됨으로 정지문제는 계산불가능이다.

8.2 비결정 알고리즘

NP-hard와 NP-complete의 NP는 nondeterministic(비결정) polynomial(다항식)을 의미한다. Nondeterministic polynomial은 시간복잡도가 다항식인 nondeterministic 알고리즘이 존재하는 문제들의 집합을 의미한다. Nondeterministic 알고리즘은 지금까지 우리가 사용하던 알고리즘 언어에 다음과 같은 명령어들이 첨가된 언어로 작성된 알고리즘이다.

(a) choice(S) --- 집합 S의 원소 중 하나를 무작위적으로 선택.
(b) failure --- 실패로 종료
(c) success --- 성공으로 종료.

X ← choice(1:n)라는 배정문은 X=1, X=2, … X=n을 비결정적으로 수행하되, success 문을 참으로 만드는 경우가 있다면 반드시 그것을 한다. 예를 들어, X=2가 success를 만

족한다면 여러 가지 배정 중 X=2를 한다는 말이다. 물론, 현대의 컴퓨터는 어떠한 컴퓨터라도 이렇게 하는 능력이 없다. 비결정 알고리즘은 따라서 현대 컴퓨터로 실행할 수 있는 알고리즘이 아니다. 비결정 알고리즘이 컴퓨터로 실행될 수 없는 알고리즘이라면 현대 컴퓨터로 실행할 수 있는 우리에게 익숙한 알고리즘은 결정알고리즘이라고 칭할 수 있다.

X ← choice(1:n)라는 배정문의 결과를 결정알고리즘의 경우로 해석한다면 X=1, X=2, … X=n 각각을 모두 수행한 것과 같은 결과를 낳는다고 보면 된다. 즉, 알고리즘의 choice문 이후의 부분을 수행할 때 X=1인 경우, X=2인 경우, …, X=n인 경우 각각을 모두 수행한다고 본다. 그리고, 이들 중 하나라도 success로 종료하면 알고리즘은 성공으로 종료한다. 즉, Nondeterministic 알고리즘이 실패로 종료하는 경우는 성공으로 종료될 수 있는 경우가 전혀 없는 경우뿐이다.

Nondeterministic 알고리즘의 예로 예 8.1을 살펴보자. Choice 문장은 j에 1부터 n사이의 정수를 모두 하나씩 배정하여 주며, 이들 각각에 대하여 알고리즘의 choice문 다음 부분이 수행된다. 즉, A[1]=x면 print('1')하고 success로 종료하고 아니면 print('0')을 하고 failure로 종료하는 과정, A[2]=x면 print('2')하고 success로 종료하고 아니면 print('0')을 하고 failure로 종료하는 과정, …, A[n]=x면 print(n)하고 success로 종료하고 아니면 print('0')을 하고 failure로 종료하는 과정들이 모두 수행된다고 본다. 이것은 예 8.1의 비결정 알고리즘을 결정 알고리즘 식으로 설명한 것이고, 비결정 알고리즘의 정의에 의하면 A[j]=x인 j가 있기만 하면 choice(1..n)이 j에 그 값을 알아서 배정하여 알고리즘이 success로 종료하도록 하고, failure로 이르는 값을 j에 배정하는 일은 아예 하지를 않는다. 참고로 일반적인 프로그래밍 언어에서 stop문은 알고리즘 자체를 종료하는데 반하여 return문은 return문을 수행한 프로세스를 종료하고 이 프로세스를 호출한 함수로 되돌아가서 수행을 계속한다는 점을 고려하면, success문은 알고리즘을 종료한다는 면에서 stop문과 비슷하다.

예제 8.1

배열 A[1..n]에 x라는 원소가 존재하면 그 원소의 인덱스를 출력하고, 존재하지 않으면 0을 출력하는 nondeterministic 알고리즘은 다음과 같다.

```
j ← choice(1:n) ;
If A[j] = x then print(j); success endif ;
print('0'); failure ;
```

Nondeterministic 알고리즘의 예를 한 가지 더 들어보기로 한다. 예 8.2는 배열 A의 내용을 오름차순으로 정렬하여 배열 B에 나열하는 정렬알고리즘이다. 이 알고리즘에서는 i가 1일 때 choice문(4번 문장)이 한번, 2일 때 한번, ..., n일 때 한번, 총 n번 수행된다. 6번 문장에서 i가 1일 때에는 원소 A[1]을 배열 B에 복사하는데, B에서의 위치는 choice 문에 의하여 1부터 n까지 모두 시도되게 된다. 따라서, 다음 두 문장을 수행하면 n^2이 아닌 n^n가지의 경우가 발생하는 것을 알 수 있다.

```
for i ← 1 to n do
   j ← choice(1:n)
```

본 알고리즘에서는 문장 5에서 B[j]에 이미 A의 원소가 들어와 있는 경우는 실패로 중단하기 때문에 7번 문장까지 실행할 때 생기는 가능한 B의 경우는 배열 A의 모든 원소들의 순열이다. A의 순열 중에는 우리가 찾는 A의 정렬도 당연히 포함된다. 8-9 문장은 정렬이 아닌 경우에 실행을 중지하는 역할을 수행한다. 따라서 11번 문장은 B가 정렬되어 있는 경우에만 실행된다.

좀 더 구체적인 예로 A가 다음과 같이 세 개의 (n=3) 원소로 구성된 경우에 예 8.2의 실행 과정을 결정알고리즘 식으로 해석하여 보자: A=[4 2 3]. 2번 문장에서 B를 0으로 초기화하고, 3번 문장을 실행하면 i=1이 된다. 4번 문장을 실행하면 j=1, j=2, j=3인 경우 모두가 병렬로 실행되는 것과 같은 결과를 낳는다. 그래서 6번 문장을 실행하면 배열 B의 내용은 다음과 같이 세 가지 경우가 발생하게 된다.

B =	4	0	0

B =	0	4	0

B =	0	0	4

다음 문장인 7번 문장을 실행하면 3번문으로 반복되어 i=2가 되고 n=3보다 작음으로 4번 문장을 실행하게 된다. 그러면 j=1, j=2, j=3인 경우 모두가 또 다시 병렬로 실행되는데 위에서 생성된 세 가지 경우 각각에 대하여 실행됨으로 6번 문장을 실행하면 다음과 같은 9 가지 결과를 낳는다.

B = | 4 | 0 | 0 |에 대하여

j=1인 경우 B[j] != 0이므로 failure

j=2인 경우에는 B = | 4 | 2 | 0 |,

j=3인 경우에는 B = | 4 | 0 | 2 |.

B = | 0 | 4 | 0 |에 대하여

j=1인 경우에는 B = | 2 | 4 | 0 |,

j=2인 경우에는 B[2] != 0이므로 failure,

j=3인 경우에는 B = | 0 | 4 | 2 |.

B = | 0 | 0 | 4 |에 대하여

j=1인 경우에는 B = | 2 | 0 | 4 |,

j=2인 경우에는 B = | 0 | 2 | 4 |,

j=3인 경우에는 B[3] != 0이므로 failure.

이상 9가지 경우 중 세 경우는 failure로 stop하고 나머지 6 가지 경우만 계속된다.
다시 3번문을 실행하면 i=3이 되고, 이는 n 즉 3보다 크지 않음으로 4번 문장을 실행하여 j=1, j=2, j=3인 경우 각각을 위에서 생성된 6 가지 경우 각각에 대하여 또 다시 병렬로 실행한다. 그러면 다음과 같이 6*3 = 18가지 경우가 생성된다.

B = | 4 | 2 | 0 |에 대하여

j=1이면 B[j] != 0이므로 failure,

j=2이면 B[j] != 0이므로 failure,

j=3이면 B = | 4 | 2 | 3 |

B = | 4 | 0 | 2 |에 대하여

j=1이면 B[j] != 0이므로 failure,

j=2이면 B = | 4 | 3 | 2 |.

j=3이면 B[j] != 0이므로 failure.

B = | 2 | 4 | 0 | 에 대하여

j=1이면 B[j] != 0이므로 failure,

j=2이면 B[j] != 0이므로 failure,

j=3이면 B = | 2 | 4 | 3 |.

B = | 0 | 4 | 2 |에 대하여

j=1이면 B = | 3 | 4 | 2 |,

j=2이면 B[j] != 0이므로 failure,

j=3이면 B[j] != 0이므로 failure.

B = | 2 | 0 | 4 |에 대하여

j=1이면 B[j] != 0이므로 failure,

j=2이면 B = | 2 | 3 | 4 |,

j=3이면 B[j] != 0이므로 failure.

B = | 0 | 2 | 4 |에 대하여

j=1이면 B = | 3 | 2 | 4 |,

j=2이면 B[j] != 0이므로 failure,

j=3이면 B[j] != 0이므로 failure.

결국 8번과 9번 문장은 다음과 같은 6 가지 경우에 대하여 적용된다.

B =	4	2	3
B =	4	3	2
B =	2	4	3
B =	3	4	2
B =	2	3	4
B =	3	2	4

그러면 6가지 중 5가지는 모두 failure에 이르게 되고 B = | 2 | 3 | 4 |만 print된 다음 success로 종료한다.

이상은 비결정 알고리즘의 실행 결과를 결정 알고리즘 식으로 해석하여 이해에 도움을 주었다. 그러나 비결정 알고리즘의 정의에 의하면 비결정 알고리즘이 여러 가지 경우를 병렬로 실행하는 것이 아니라 success에 이르는 경우만 정확히 예측하여 찾아준다. 즉, 예 8.2의 경우에는 i=1일 때 4번 문장의 choice가 3을 찾아주고, i=2일 때에는 1을 찾아주며, i=3일 때에는 2를 찾아준다. 이와 같이 choice가 success에 이르는 정확한 판단을 해 준다는 것이 현존하는 컴퓨터의 기능과 너무 거리가 있어 비결정 알고리즘을 이해하는데 어려움이 있다.

위에서 본 바와 같이 choice, failure, success문은 매우 위력이 대단한 명령문이다. 그럼에도 불구하고, 비결정 알고리즘의 시간복잡도를 계산할 때, choice, failure, success문들을 각각 하나의 명령으로 카운트한다. 예를 들어, 예 8.2의 정렬알고리즘의 시간복잡도는 3번의 반복문 블럭이 n번 실행되고 8번 문장이 n-1번 실행되어 O(n)이다. 비결정 알고리즘은 success에 이르는 선택을 하여줌으로, success에 이르는 것이 불가능한 비결정 알고리즘의 시간복잡도는 O(1)이다.

예제 8.2

```
nsort(int A[], int n) {
1       int A[n], B[n], n, i, j;
2       B ← 0
```

```
    for i ← 1 to n do
       j ← choice(1:n)
       if B[j] != 0 then failure endif
       B[j] ← A[i]
    repeat
    for i ← 1 to n-1 do
      if B[i] > B[i+1] then failure endif
    repeat
    print(B)
    success
}
```

위에서 살펴 본 정렬하는 비결정 알고리즘은 success에 이르는 choice 선택에 여러 가지가 가능할 경우에 시간복잡도 계산에 문제가 있다. 예를 들어, A=[1, 1, 1]이라면 정렬 결과는 B=[1 1 1]로 동일 하지만 사실은 위의 예에서 살펴보았던 6 가지 경우가 모두 success에 이르게 된다. 그러나 NP-hard와 NP-complete 문제에서는 이러한 걱정을 할 필요가 없다. 왜냐하면, 여기에서는 '예' 혹은 '아니오'라는 답만 구하는 nondeterministic polynomial decision 문제만 다루기 때문이다. Decision 문제만 다룬다면 일견 다루는 문제가 매우 제한적인 듯 보이지만, decision 문제가 다항식 시간에 풀리면 최적화 버전의 문제도 다항식 시간에 풀리기 때문에 decision 문제만 다루어도 일반성을 별로 잃지 않는다. 예를 들어, 예 8.3은 최대 clique를 찾는 문제를 판단문제로 변환한 예이다. 크기가 k인 clique가 존재하는지 판단하는 decision 문제가 다항식 문제라면 이것을 이용하여 예 8.3과 같이 가장 큰 clique를 찾는 알고리즘도 다항식 시간 내에 풀린다. 단, 전자의 시간복잡도가 n^k이라면 후자의 시간복잡도는 n^{k+1}이 된다.

예제 8.3

주어진 그래프 G의 최대 완전 부그래프를 clique(당파)라 한다. 예를 들어 [그림 8.1]에 보이는 그래프를 고려하여 보자. {A}, {B}, {A,B}, {D,E}, ... 등 많은 부그래프를 찾을 수 있다. 그 중 완전부그래프는 정점들이 모두 간선으로 연결되어 있는 것이다. 예를 들어 정점 {A,B,C}와 간선 {(A B), (B C)}로 구성된 부그래프는 정점 A와 C가 간선으로 연결되어 있지 않음으로 완전부그래프는 아니다. 참고로 연결그래프는 모든 정점이 연결되어 있는 그래프로 정점 {A,B,C}와 간선 {(A B), (B C)}로 구성된 부그래프는 연결그래프임에 틀림없다. 그러나 완전그래프는 아니다. 완전그래프의 모든 정점들은 간선으로 직접 연결되어 있어야 하는데 반하여 연결그래프의 모든 정점들은 연결만 되어 있으면 (경로가 존재하면) 된다. 당파는 완전그래프인 부그래프임으로 {A}도 당파이고 {A,B}도 당파다. 그런데 이들을 포함하는 집합 {A,B,D}도 당파다. 그러나 {A,B,D}에 어떤 정점을 하나 더 가미하면 더 이상 당파가 아님을 알 수 있다. 즉, {A, B, D, C}도 {A, B, D, E}도 당파가 아니다. 이와 같이 다른 정점이 가미되면 당파가 되지 않는 당파를 극대당파라고 한다. 당파의 크기는 당파를 구성하는 정점의 수이다. 최대 당파는 주어진 그래프의 당파 중 크기가 가장 큰 당파이다. [그림 8.1]의 경우에는 {B,C,D,E}가 최대당파로 크기는 4이다.

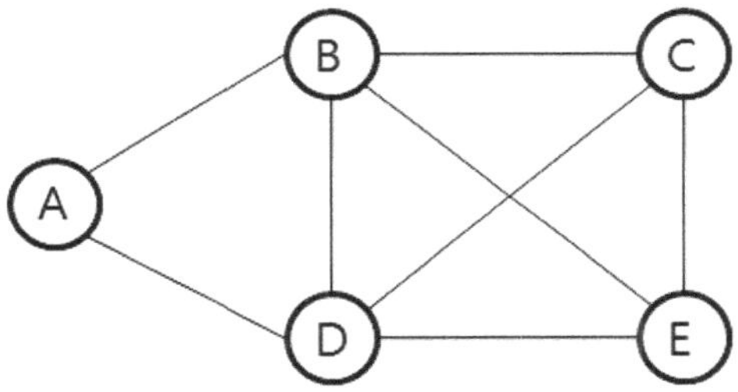

[그림 8.1] 임의의 그래프.
{A}, {A,B} {A,B,D}, {B,C,D,E} 등이 당파이고, 최대당파는 {B,C,D,E}임.

최대 당파 문제는 그래프 G의 당파 중 크기가 가장 큰 것의 크기를 찾는 것이다. 한편, 당파 관련 decision 문제는 그래프 G에 크기가 k인 당파가 존재하는 지 판단하는 것이다. 가장 큰 당파를 찾는 최적화 문제도 decision 문제로 변환할 수 있다. 즉, 그래프 G의 정점의 수가 n이라면 n부터 시작하여 크기가 n인 당파가 있는지 판단하고, 존재하지 않는다면 n-1에 대하여 크기가 n-1인 당파가 존재하는지 판단한다. 이러한 방식으로 차례로 판단(decision)알고리즘을 적용하여 존재한다는 판단이 나오면 그때의 크기가 최대 당파의 크기가 된다. 이 방법을 쓰면 판단알고리즘을 최대 n번 실행하면 최대 당파의 크기를 구할 수 있다. 판단 알고리즘으로 최대 당파를 찾는 과정의 효율성을 제고하려면 이진탐색 방법을 쓰면 된다. 즉, 정점의 수가 n이면 크기가 n인 당파가 존재하는지 판단하여 보고, 판단 결과가 '아니오'이면 크기가 n/2인 당파가 존재하는지 판단한다. 이에 대한 답이 'yes'이면 크기가 3n/4인 당파가 있는지 판단하고 반대로 답이 'no'이면 크기가 1n/4인 당파가 있는지 판단한다. 이러한 방법으로 최대당파의 크기를 찾으면 판단 알고리즘을 log n번 실행하면 된다.

0-1 배낭문제의 판단 버전은 0-1 배낭문제와 이득 R이 함께 주어져서, 이득의 총량이 R 이상인 0-1 배낭문제의 해가 존재하는지 판단하는 문제이다. 이 문제는 NP 문제이다. 0-1 배낭문제의 판단 버전을 D0-1KP(Decision 0-1 Knapsack Problem)이라고 하면, 이 문제의 nondeterministic 알고리즘은 예 8.4와 같다.

예제 8.4

D0-1KP는 0-1배낭 문제의 판단 버전에 대한 nondeterministic 다항식 알고리즘이다. P와 W는 모두 크기가 n(물건의 가지 수)인 정수 배열로 각각 물건의 가격과 무게를 차례로 저장한다. M은 배낭의 용량이고 R은 이득의 총량이 이것을 넘는지 판단하라는 기준이고, X는 각 물건에 대하여 선택되는지 안 되는지를 기록하는 해 배열이다. 문장 2부터 4는 해 벡터 X[i]에 0과 1을 배정한다. 단, $1 \le i \le n$이다. 이때 X의 원소가 취하는 값의 경우의 수는 2^n가지이다. 문장 5는 2^n가지 해 각각에 대하여 배낭의 용량을 초과하지 않고 이득이 R 이상인지 검사하여 그렇다면 success(성공) 명령을 수행하여 실행을 종료하고, 그렇지 않으면 failure(실패) 명령을 수행하고 종료한다. 앞에서도 언급한 바와 같이 nondeterministic 알고리즘의 choice는 성공하는 사례가 존재하면 이것을 반드시 선택하여 주고, 따라서 success 문장이 반드시 실행되게 된다.

```
D0-1KP(P, W, n, M, R, X) {
1        integer P[n], W[n], R, X[n], n, M, i
2        for i ← 1 to n do
3          X[i] ← choice(0, 1)
4        repeat
5        if  Σ(1≤i≤n) (W[i]*X[i]) ≤ M and Σ(1≤i≤n) (P[i]*X[i]) ≥ R then success
                                                  else failure
```

```
        endif
        }
```

Clique 문제의 판단 버전도 NP 문제이다. 예 8.5는 이 문제의 nondeterministic 알고리즘인 DClique(Decision Clique)를 보인다.

예제 8.5

DClique는 판단 버전 당파 문제의 nondeterministic 알고리즘으로 크기가 k인 당파가 존재하는지 판단한다. 문장 1부터 6은 k 개의 정점으로 구성될 수 있는 모든 집합을 생성하여 각각을 S라 하고, 문장 8과 9는 S가 완전그래프인지 판단한다. 이 알고리즘은 복잡도가 다항식인 nondeterministic 알고리즘이다. 2번 문장이 k번 실행되고, 8, 9번의 for 문장은 S의 원소의 수가 k임으로 k 개의 원소로 생성할 수 있는 순서쌍의 경우의 수, 즉 $\frac{k(k-1)}{2}$번 실행된다.

```
          DClique(G, n, k) {
1            S ← Φ //S를 공집합으로 초기화함
2            for i ← 1 to k do
3               t ← choice (1:n)
4               if t∈S then failure endif
5               S←S∪t   //t를 S에 첨가함
6            repeat
7            // 이 시점에는 S에 k개의 정점이 들어 있음
8            for S의 원소로 생성할 수 있는 모든 순서쌍 (i, j), 단 i
             ≠j에 대하여 do
9                if (i,j)가 G의 간선이 아니면 failure endif
10           repeat
11           success
      }
```

복잡도가 다항식인 Nondeterministic 알고리즘의 마지막 예로 satisfiability 문제를 푸는 알고리즘을 소개한다. Satisfiability 문제는 이 문제의 복잡도가 (deterministic) 다항식이라면 복잡도가 다항식인 모든 nondeterministic 알고리즘에 대하여 복잡도가 다항식인 deterministic 알고리즘을 생성할 수 있다는 Cook의 정리로 유명한 문제이다. Satisfiability 문제의 정의는 다음과 같다. $x_1, x_2, ...,$ 가 부울 변수이고, $\overline{x_i}$ 는 x_i 의 부정이라고 하자. 변수나 변수의 부정을 총칭할 때 리터럴이라는 용어를 사용한다. Propositional calculus의 식은 리터럴과 and 연산자 그리고 or 연산자로 구성된다. 이러한 식의 예로 $(x_1 \wedge x_2) \vee (x_3 \wedge \overline{x_4})$ 과 $(x_3 \vee \overline{x_4}) \wedge (x_1 \vee \overline{x_2})$ 을 들 수 있다. $\wedge$은 and를 의미하는 기호이고, $\vee$는 or를 의미하는 기호이다. $(x_1 \wedge x_2) \vee (x_3 \wedge \overline{x_4})$ 과 같이 괄호로 묶인 식에는 and 연산자만 사용되고, 괄호들은 or 연산자들로만 연결되어 있을 때, 이러한 형식의 식을 disjunctive normal form (DNF)이라 한다. 한편, $(x_3 \vee \overline{x_4}) \wedge (x_1 \vee \overline{x_2})$ 처럼 괄호 안에는 or 연산자만 사용되고, 괄호들은 and 연산자들로만 연결되어 있을 때 이러한 형식의 식을 conjunctive normal form (CNF)이라고 한다. 이러한 식에서 괄호로 묶인 부분을 절(clause)이라고 한다. CNF-satisfiability 문제는 CNF 식이 주어졌을 때, 이 식을 참으로 만들도록 변수에 진리 값을 배정하는 것이 가능한지 판단하는 문제이다.

예를 들어 주어진 식이 $(x_1 \vee x_2)(x_1 \vee \overline{x_2})(\overline{x_1} \vee x_2)$이면 $(x_1 \vee x_2)$, $(x_1 \vee \overline{x_2})$, $(\overline{x_1} \vee x_2)$이 절이다. x_1과 x_2에 각각 0(false)과 0(false)을 배정하면 첫 절이 0이 되어 주어진 식은 거짓이 된다. 각각 0과 1을 배정하면 두 번째 절이 0이 되고, 각각 1과 0을 배정하면 세 번째 절이 0이 된다. 각각 1과 1을 배정하면 세 절이 모두 1이 되어 주어진 식은 참이 된다. 따라서 주어진 식은 참이 되도록 진리값을 배정하는 것이 가능하다. 간단히 satisfiable하다고 하기도 한다. 이와 같이 변수에 진리값을 배정하는 모든 경우를 일일이 살펴보아 CNF-satisfiability문제를 풀 수 있다. 그러나 이 방법은 변수의 수가 n이라 할 때 2^n 가지의 진리 값을 배정하는 경우의 수가 있음으로 지수 시간 복잡도임을 알 수 있다. CNF-satisfiability문제를 푸는 다항식 시간 복잡도의 알고리즘은 아직 발견된 바가 없다.

그러면 CNF-satisfiability 문제를 푸는 nondeterministic 알고리즘은 시간복잡도가 어떻게 될까? 예 8.6에 보이는 바와 같이 CNF-satisfiability 문제를 푸는 시간 복잡도가 다항식인 nondeterministic 알고리즘이 존재한다.

예제 8.6

CNF-satisfiability 문제를 푸는 시간 복잡도가 다항식인 nondeterministic 알고리즘, CNF-S를 소개한다. 문장 2부터 4는 각 변수에 진리 값을 nondeterministic하게 배정하고, 문장 5는 각 배정이 주어진 CNF 식을 참으로 만족하는지 판단한다.

```
CNF-S(E, n) {
1           boolean x(n)
2           for i ← 1 to n do
3              xi←choice(true,false)
4           repeat
5           if E(x1,...,xn)이 참이면 success else failure
6           endif
}
```

8.3 NP-complete와 NP-hard

NP-complete와 NP-hard의 정의를 소개하기 위하여 필요한 용어가 하나 더 남았다. 그것은 다음과 같이 정의되는 reducibility(축소)라는 용어이다.

정의 8.1

L_1과 L_2가 문제들이라고 하자. L_1이 L_2로 축소(reduce)되기 위한 필요-충분 조건은 L_2를 푸는 알고리즘을 사용하여 L_1을 푸는 다항식 시간 복잡도의 알고리즘이 존재하는 것이다. 즉 문제 L_1의 임의의 사례가 주어지면 이를 L_2 문제의 사례로 변환하는 다항식

시간 복잡도의 알고리즘이 존재한다는 것이다. L_1이 L_2로 축소된다는 것을 기호로 $L_1 \propto L_2$로 표기한다.

예를 들어 2진수 뺄셈문제를 덧셈문제로 변환하여 풀 수 있고, 변환과정이 다항식 시간에 처리될 수 있다면 뺄셈문제는 덧셈문제로 축소된다고 한다. 뺄셈문제가 덧셈문제로 축소됨을 보이려면, 임의의 뺄셈문제가 주어지면 (주어진 문제를 뺄셈문제의 한 사례라고 함) 이것을 덧셈문제로 변환하는 알고리즘을 제공해야 한다. 임의의 뺄셈문제는 빼지는 수(피감수라 함)와 빼는 수(감수)로 정의되며, 덧셈으로 변환하는 과정은 감수의 2의 보수를 구하는 것이다. 피감수에 감수의 2의 보수를 더하면 뺄셈의 답을 구할 수 있다. 그리고 2의 보수를 구하는 과정은 다항식 시간에 수행될 수 있음으로 뺄셈문제는 덧셈문제로 축소된다고 할 수 있다. 문제 L_1이 문제 L_2로 축소된다면 문제 L_2가 풀리면 문제 L_1도 풀린다. 따라서 문제 L_1이 문제 L_2보다 더 쉬운 문제라고 볼 수 있겠다.

이러한 축소 과정을 그림으로 표현하면 [그림 8.2]와 같다. 그림에서 사각형은 함수를 나타내고 화살표는 데이터를 나타낸다. 문제 L_1의 임의의 사례 I가 주어지면 변환 알고리즘으로 L_2문제의 사례인 I'을 만든다. 그러면 I'에 L_2문제를 푸는 알고리즘을 적용하여 I'에 대한 답을 구할 수 있다. 다음은 I'의 답을 변형하여 I의 답을 구한다.

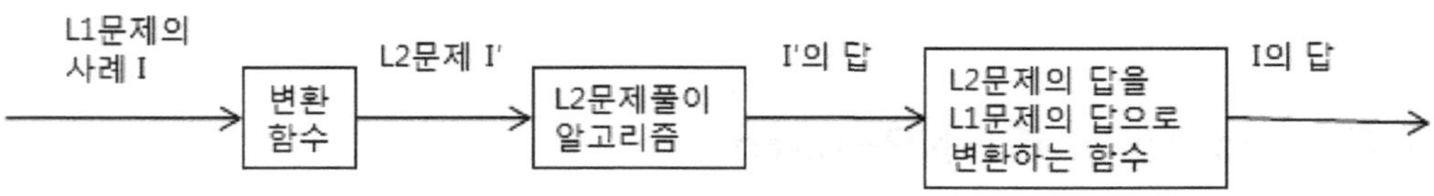

[그림 8.2] 문제 L_1을 문제 L_2로 축소하는 과정. L_2 문제를 푸는 알고리즘의 시간 복잡도가 다항식이고 변환 알고리즘의 시간복잡도도 다항식이라면 전체 처리 시간은 다항식 + 다항식으로 다항식이 된다.

[그림 8.2]에 의하면, $L_1 \propto L_2$이고 L_2를 푸는 다항식 알고리즘이 존재하면 L_1을 푸는 다항식 알고리즘도 존재한다. 즉, $L_1 \propto L_2$임으로 정의 8.1에 의하여 L_1 문제 사례를 L_2 문제로 변환하는 다항식 시간 복잡도의 알고리즘이 존재한다. 이 알고리즘을 이용하여 주어진 문제를 L_2 문제의 사례로 변환하고 L_2 문제를 푸는 다항식 알고리즘을 적용하여 이 문제를 풀어 주어진 L_1 문제 사례의 답을 구한다. 그러면 변환하는 시간도 다항식 시

간이고, L_2 문제를 푸는 시간도 다항식 시간임으로 전체 처리 과정의 시간 복잡도는 다항식 더하기 다항식임으로 다항식이 된다.

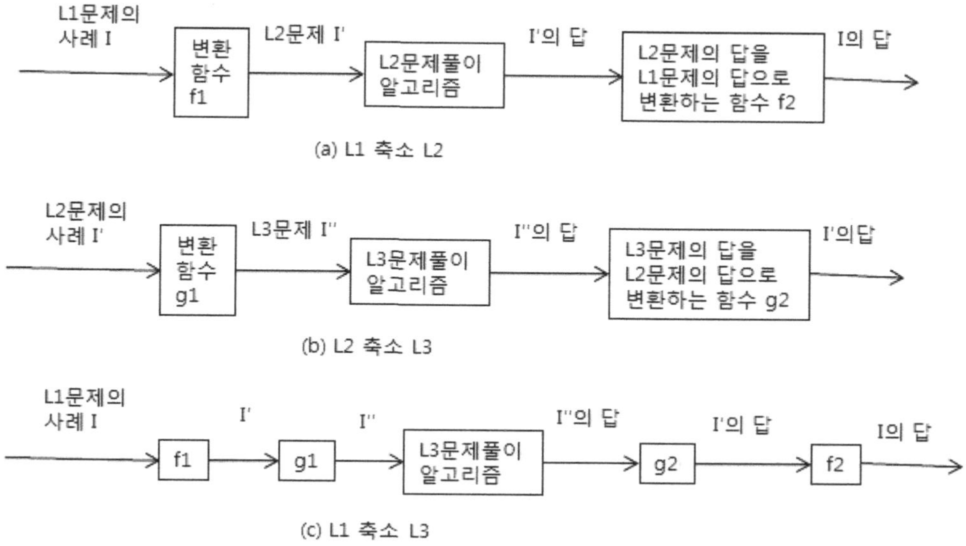

[그림 8.3] L1축소L2이고 L2축소L3이면 L1축소L3임.

축소의 정의에 의하여 축소 관계는 전이관계임을 알 수 있다. 즉, $L_1 \propto L_2$이고 $L_2 \propto L_3$이면 $L_1 \propto L_3$이다. 왜냐하면 $L_1 \propto L_2$라고 하였음으로 문제 L_1의 사례 I를 문제 L_2의 사례 I'으로 변환하는 다항식 시간 복잡도의 알고리즘이 존재한다. 또한 $L_2 \propto L_3$라고 하였음으로 문제 L_2의 사례 I'을 문제 L_3의 사례 I''으로 변환하는 알고리즘도 존재한다. 또한 $L_1 \propto L_2$이고 $L_2 \propto L_3$이면 L_2를 수행하는 알고리즘과 L_3를 수행하는 알고리즘도 존재한다는 것을 의미한다. 따라서 I를 I'으로 그리고 I'을 I''으로 변환한 다음 L_3를 푸는 알고리즘을 수행하여 I의 답을 구할 수 있으며 이 변환 과정을 수행하는데 걸리는 시간은 I를 I'으로 변환하는 시간인 다항식 더하기 I'을 I''으로 변환하는 시간인 다항식으로 다항식이 된다. 따라서 $L_1 \propto L_3$이다.

[그림 8.3]은 위에서 설명한 $L_1 \propto L_2$이고 $L_2 \propto L_3$이면 $L_1 \propto L_3$임을 설명한다. [그림 8.3](a)는 $L_1 \propto L_2$이면 문제 L_1의 임의의 사례 I를 문제 L_2의 사례 I'으로 변환하는 실행

시간이 다항식인 함수 f1이 존재하고 I'을 푸는 알고리즘과, I'의 답을 I의 답으로 변환하는 다항식 시간복잡도의 함수 f2가 존재한다. 일반적인 문제의 축소에서는 함수 f2가 복잡한 함수일 수도 있지만 판단문제의 축소의 경우에는 함수 f2가 '예'와 '아니오'를 '예'와 '아니오'로 매핑하는 함수임으로 매우 간단한 함수가 된다. 비슷한 방법으로 [그림 8.3](b)는 $L_2 \propto L_3$이면 문제 L_2의 사례 I'을 문제 L_3의 사례 I''으로 변환하는 다항식 시간복잡도의 함수 g1이 존재하고 문제 I''을 푸는 알고리즘과, I''의 답을 I'의 답으로 변환하는 다항식 시간복잡도의 함수 g2가 존재한다. 그러면 문제 L_1의 임의의 사례 I가 주어지면 [그림 8.3](c)에 보이는 바와 같이 함수 f1을 적용하여 I'으로 변환하고, I'에 g1을 적용하여 I''으로 변환한 다음 문제 L_3를 푸는 알고리즘으로 I''의 답을 구한 다음, I''의 답에 함수 g2를 적용하여 I'의 답을 구하고, 여기에 함수 f2를 적용함으로써 I의 답을 구할 수 있다. 따라서 문제 L_1의 임의의 사례 I를 문제 L_3의 사례로 변환하는 알고리즘으로 f1과 g1의 접합이 있고 문제 L_3의 답을 문제 L_1의 답으로 변환하는 함수로 g2와 f2의 접합이 있음을 알 수 있다. 나아가서 f1, g1, g2, f2는 모두 다항식 시간복잡도라고 하였음으로 $L_1 \propto L_3$임을 알 수 있다.

정의 8.2

복잡도가 다항식인 Deterministic 알고리즘으로 풀 수 있는 판단 문제들의 집합을 P라 하고, 복잡도가 다항식인 nondeterministic 알고리즘으로 풀 수 있는 판단 문제들의 집합을 NP라 한다.

Deterministic 알고리즘은 nondeterministic 알고리즘의 특수한 형태이기 때문에 P⊆NP임은 분명한 사실이다. 그러나, P=NP인지, P≠NP인지는 아직 아무도 그 답을 찾지 못한 풀리지 않은 문제이다.

NP에 속한 모든 문제에 대하여 이 문제를 푸는 deterministic algorithm이 존재할까? 많은 사람들은 그렇지 않을 것이라고 생각한다. 왜냐하면 지금까지 수많은 사람들이 그러한 polynomial deterministic 알고리즘을 발견하려고 온갖 노력을 다 하였지만 아직 발견하지 못하였기 때문이다. 그럼에도 불구하고, P≠NP임을 증명한 사람도 아직 없다. 이 문제의 답을 구하기 위한 노력의 하나로 Cook은 다음과 같은 정리를 증명하였다. 이 정리에 대한 증명은 너무 어렵기 때문에 생략한다.

Cook의 정리: Satisfiability가 P에 속할 필요-충분 조건은 P=NP인 것이다.

Cook의 정리를 다른 말로 표현하면 Satisfiability 문제를 푸는 다항식 알고리즘이 있으면 이 알고리즘을 이용하여 NP 알고리즘을 다항식 시간 내에 실행할 수 있다는 것이다. NP의 N이 nondeterministic을 의미하고, nondeterministic 알고리즘은 choice, failure, success문을 사용한다는 사실을 상기하면 satisfiability 문제를 푸는 알고리즘으로 choice, failure, success문을 실행 할 수 있음을 Cook이 보였음을 알 수 있다.

P, NP, Cook의 정리, 축소 등의 개념을 이해하였으면, 이제 NP-complete와 NP- hard를 정의할 수 있는 위치에 도달하였다.

정의 8.3

문제 L이 NP-hard가 될 필요-충분 조건은 satisfiability가 L로 축소되는 것이다 (satisfiability $\propto$ L). 문제 L이 NP-complete가 될 필요-충분 조건은 L이 NP-hard이고 L $\in$NP인 것이다.

NP-hard의 예로 정지문제를 들 수 있다. 정지문제가 NP-hard임을 다음과 같이 증명한다. 정지문제는 풀 수 없는 문제이므로 정지문제를 푸는 nondeterministic 알고리즘도 존재하지 않고, 따라서 NP에 속하지도 않는다. 이제 Satisfiability가 정지문제로 축소됨을 보이기만 하면 정지문제가 NP-hard임을 보인 것이 된다. Satisfiability 문제에 주어진 식에 사용되는 n 개의 변수에 각각 true와 false를 대입하여 2^n가지 경우 각각에 대하여 주어진 식을 평가함으로써 satisfiability 문제를 해결하는 알고리즘을 만들 수 있다. 이 알고리즘을 변형하여 주어진 식이 참이 될 수 있으면 종료하고 참으로 평가되는 것이 불가능하면 무한 루프를 돌도록 만든 것을 알고리즘 A라고 하자. 알고리즘 A의 첫 번 변수에 평가하고자 하는 식을 입력으로 배정하고, 정지문제를 푸는 알고리즘에 A를 입력하면, 정지문제가 정지한다고 판단하면 주어진 식이 satisfiable한 것이고 정지하지 않는다고 하면 satisfiable하지 않은 것이 됨으로 정지문제를 푸는 알고리즘이 존재한다면 satisfiability 문제가 해결된다. 즉, satisfiability $\propto$ 정지문제이다. 그러므로 정지문제는 NP-hard이며 NP에 속하지 않는다.

예를 들어, $(v1 \vee v2)(\overline{v1} \vee v2)$라는 문제(satisfiability 문제의 사례)가 주어지면 다음과 같은 알고리즘을 작성하여 정지문제를 푸는 알고리즘의 입력으로 보낸다. 그러면 정지문제가 이 알고리즘은 정지한다고 판정할 것이다. 그러면 주어진 satisfiability 문제는 satisfiable하다 혹은 '예'라고 판정한다.

```
X=0;
for (v1:=0; v1<=1; v1++)
    for (v2:=0; v2<=1; v2++) {
        if (v1 == 0) then {
            if (v2 == 0) then { if ((0∨0)(1∨0)) then {X=1;}}
            else { if ((0∨1)(1∨1)) then {X=1;} } }
        else { if (v2 == 0) then { if ((1∨0)(0∨0)) then {X=1;} }
            else { if ((1∨1)(0∨1)) then {X:=1;} } }
    }
while (!X) do ;
```

NP-complete 문제의 예로 당파(clique) 판단문제를 들 수 있다. 당파 판단 문제가 NP-complete임을 증명하기 위하여 당파판단 문제가 NP임을 보이고 satisfiability 문제가 당파 문제로 축소됨을 보여야 한다. 전자는 이미 예 8.5에서 참임을 보였으므로, 후자 즉 satisfiability 문제가 당파 문제로 축소됨을 보이기만하면 된다.

satisfiability문제는 CNF(Conjuntive Normal Form)이 문제로 주어지는데 반하여 당파 문제는 일종의 그래프문제이다. 따라서 satisfiability 문제를 당파문제로 축소하려면 CNF를 그래프로 변환해야 한다. 변환하는 방법은 다음과 같다. 각 절의 각 리터럴을 하나의 정점으로 변환하고, 각 정점을 다른 모든 정점과 간선으로 연결한다. 단, 같은 절에 속한 리터럴을 나타내는 정점끼리는 간선 연결을 하지 않는다. 또한 리터럴이 서로 보수 관계에 있으면 역시 연결하지 않는다. 예를 들어 주어진 CNF가 $F=(v1 \vee v2)(\overline{v1} \vee v2)(v1 \vee \overline{v2})$라면 상응하는 그래프는 [그림 8.4]와 같다. [그림 8.4]에서 정점 <v1, 1>과 <v2, 1>은 각각 첫 번 절의 리터럴 v1, v2와 상응한다.

주어진 CNF가 k개의 절로 구성되어 있다면, 이와 같은 방법으로 얻은 그래프에 크기가 k인 당파가 있는지 판단하는 k-당파 decision 문제를 풀어 답이 '예'이면 주어진

satisfiability 문제의 답을 '예'로 하고, k-당파 decision 문제의 답이 '아니오'이면 주어진 satisfiability 문제의 답도 '아니오'로 한다. 이 예에서는 주어진 CNF가 3개의 절로 구성되어 있음으로 [그림 8.4]에 크기가 3인 당파가 존재하면 주어진 문제의 답이 '예'이고 아니면 '아니오'이다. 그런데 [그림 8.4]의 크기가 3인 당파에 {<v1,1> <v2,2> <v1,3>}과 {<v2,1> <v2,2> <v1,3>}이 있다. 당파 {<v1,1> <v2,2> <v1,3>}의 <v1,1>은 v1에 참을 배정하면 주어진 CNF의 첫 번 절이 참이 된다는 것을 나타내며, <v2,2>는 v2에 참을 배정하면 주어진 CNF의 두 번째 절이 참이 된다는 것을 나타내고, <v1,3>은 v1에 참을 배정하면 주어진 CNF의 세 번째 절이 참이 된다는 것을 나타낸다. 나아가서, 이러한 진리값 배정은 서로 배치되는 일이 결코 없다. 예를 들어 <v1,1>이 선택되면 <$\overline{v1}$, 2>나 <$\overline{v1}$, 3>가 이 당파에 함께 속할 수가 결코 없다는 것이다. 그 이유는 각 정점을 간선으로 연결할 때 같은 변수에 대한 긍정인 리터럴과 부정인 리터럴은 서로 연결하지 않았기 때문이다.

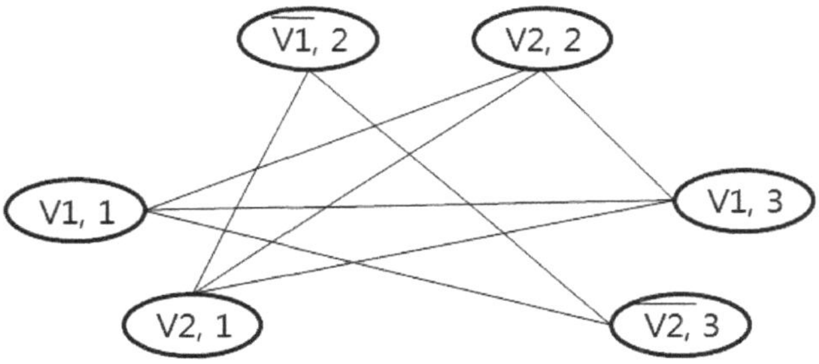

[그림 8.4] Satisfiability 문제 사례 $(v1 \vee v2)(\overline{v1} \vee v2)(v1 \vee \overline{v2})$을 당파문제로 변환한 예

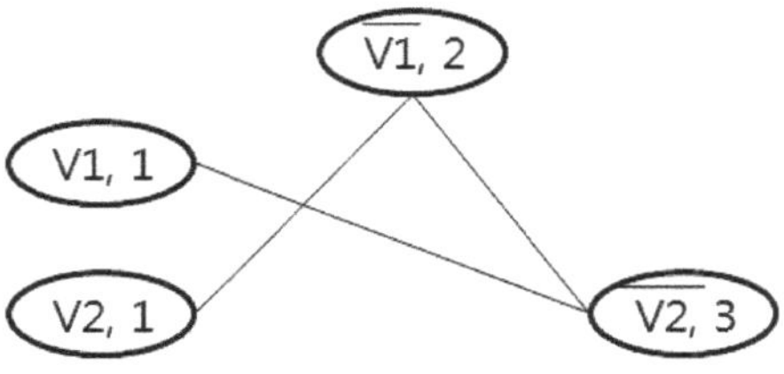

[그림 8.5] Satisfiability 문제 사례 F=$(v1 \vee v2)(\overline{v1})(\overline{v2})$을 당파문제로 변환한 예

또 다른 예로 주어진 CNF가 F=$(v1 \vee v2)(\overline{v1})(\overline{v2})$인 경우를 살펴보자. 이 식에 상응하는 그래프는 [그림 8.5]와 같다. 그림 8.5에서 정점 <$v1$, 1>과 <$v2$, 1>은 각각 첫 번 절

의 리터럴 $v1$, $v2$와 상응하고, <$\overline{v1}$,2>는 두 번째 절의 $\overline{v1}$에 그리고 <$\overline{v2}$,3>은 세 번째 절의 $\overline{v2}$에 상응한다. 이 그래프에 대한 3-당파 판단문제를 풀면 답이 '아니오'이다. 따라서 주어진 CNF의 satisfiability 문제에 대한 답도 '아니오'가 됨을 알 수 있다.

이와 같은 방법이 Satisfiability 문제를 당파문제로 축소함을 보이기 위하여 k-당파가 존재하면 주어진 CNF를 만족하는 진리값 배정이 가능하다는 것과, k-당파가 존재하지 않으면 주어진 CNF를 만족하는 진리값 배정이 불가능하다는 것을 보여야 한다. 우선 전자를 살펴본다. k-당파가 존재하면 k-당파를 구성하는 정점들이 반드시 주어진 CNF의 k 개의 절들에 각각 하나씩 대응한다. 왜냐하면 그래프를 그릴 때 같은 절에 속하는 리터럴에 대응하는 정점들은 간선으로 연결하지 않았기 때문이다. 나아가서 k-당파를 구성하는 정점들에 대응되는 리터럴들은 서로 대치되지 않는다. 즉, 어떤 변수 x에 대하여 긍정인 x에 대응하는 정점이 k-당파의 원소이면 x의 부정인 $\overline{x}$에 대응하는 정점은 k-당파의 원소가 될 수가 없다. 왜냐하면 그래프를 그릴 때 그러한 정점은 간선으로 연결하지 않는다고 하였기 때문이다. 따라서 k-당파가 존재하면, k-당파를 구성하는 정점들의 리터럴이 긍정이면 그 변수에 '참'을 부정이면 그 변수에 '거짓'을 배정함으로써 주어진 CNF를 만족시킬 수 있다.

다음은 k-당파가 존재하지 않으면 주어진 CNF를 만족하는 진리값 배정이 불가능하다는 것을 보여야 한다. 이 명제의 대우는 '주어진 CNF를 만족하는 진리값 배정이 가능하면 k-당파가 존재한다.'임으로 이 대우를 증명하고자 한다. 주어진 CNF의 변수를 v1, v2, ..., vn이라고 하자. 주어진 CNF를 만족하는 진리값 배정은 CNF의 모든 절들을 참으로 만들도록 v1, v2, ..., vn에 진리값을 배정한다. v1, v2, ..., vn에 배정된 진리값 중 주어진 CNF의 첫 번 절을 참으로 만들어주는 변수가 vi라 하자. vi의 진리값은 vi='T(참)' 혹은 'F(거짓)'이다. vi='T'라면 그래프에 <vi, 1>이라는 정점이 있기 마련이고, vi=F라면 <$\overline{vi}$,1>이라는 정점이 있기 마련이다. 비슷한 방법으로 두 번째 절을 참으로 만들어주는 어떤 변수에 대한 진리값 배정, 세 번째 절을 참으로 만들어주는 진리값 배정 등에 대응하는 정점을 찾으면 이들의 번호는 2, 3, ... 이고, 진리값 배정에 대치되는 경우가 없음으로 이들은 모두 간선으로 연결되어 있으며 따라서 k-당파를 구성하게 된다.

Satisfiability가 decision 버전의 당파문제로 축소된다는 것을 보였음으로 decision 버전의 당파문제는 NP-Hard임을 증명한 것이 된다. 그런데 decision 버전의 당파문제가 NP

임을 DClique 알고리즘을 통하여 알 수 있음으로 당파문제는 NP-complete가 됨을 알 수 있다.

그래프 $G=(V,E)$가 주어질 때, 정점의 집합 $S \subseteq V$가 Node cover(vertex cover라고도 함)가 될 필요충분조건은 E의 모든 간선의 양 끝점 중 하나가 S의 원소인 것이다. ("E의 모든 간선의 양 끝점 중 하나가 S의 원소인 것이다"를 다른 말로 표현하면 "E의 모든 간선이 S에 incident한다"이다.) Node cover S의 크기는 S를 구성하는 정점의 수이며 |S|로 표기한다.

예를 들어 [그림 8.6]의 경우 모든 간선이 정점 B나 D에 incident함으로 정점들의 집합 {B, D}는 node cover이다. 또한 모든 간선이 정점 A, C 혹은 E에 incident함으로 정점들의 집합 {A, C, E}도 역시 node cover다.

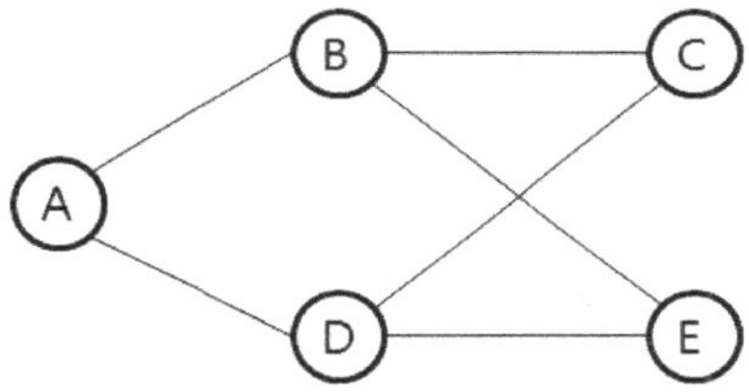

[그림 8.6] {B, D}와 {A, C, E}는 모두 node cover이고, 전자의 크기는 2이고 후자의 크기는 3이다.

Node cover decision 문제는 그래프 G와 정수 k로 정의되며, 크기가 k인 node cover가 있는지 판정하는 문제이다.

Decision 버전의 당파문제를 D-당파문제라고 표기하고, decision 버전의 node cover 문제는 D-Node cover라고 표기한다.

D-당파문제를 D-Node cover 문제로 축소하는 방법을 알아보자. D-당파문제는 그래프 $G=(V,E)$와 정수 k로 정의된다. 주어진 그래프 G에 대하여 $G'=(V,\overline{E})$을 G의 모든 정점을 간선으로 잇는 완전그래프에서 E의 원소를 제거하여 얻은 그래프로 정의하자. 예를 들어 주어진 그래프가 [그림 8.6]이라면 G'은 [그림 8.7]과 같다. [그림 8.6]의 정점의 집합과 [그림 8.7]의 정점의 집합은 동일하며, [그림 8.6]의 간선과 [그림 8.7]의 간선은 서로 배타적이며 (두 그래프의 간선의 집합들의 교집합이 공집합임), 이 두 그래프를 통합하면 완전그래프가 됨을 알 수 있다. 그러면 $G=(V,E)$가 크기 k인 최대 당파를 가질

필요충분조건은 그래프 $G' = (V, \overline{E})$의 최소 node cover의 크기가 n-k인 것이다. 다시 말하면, $G' = (V, \overline{E})$에 n-k보다 작은 node cover가 없다는 것이다. 예를 들어 [그림 8.6]의 최대당파의 크기는 2이다. 이 사실은 [그림 8.7]에 크기 5-2=3 즉 3 보다 작은 node cover가 없음을 의미한다. 사실 [그림 8.7]의 최소 node cover는 {A,B,C}, {A,D,E} 등 크기가 3보다 더 작은 node cover는 존재하지 않음을 알 수 있다.

K가 $G = (V, E)$의 당파라면 K의 정점들을 양 끝점으로 하는 간선이 $G' = (V, \overline{E})$에는 없다 (왜냐하면 $G' = (V, \overline{E})$을 만들 때 E를 모두 버렸기 때문에). 따라서 V-K는 반드시 $G' = (V, \overline{E})$의 node cover가 된다. 비슷한 이유로 S가 $G' = (V, \overline{E})$의 node cover이면 V-S는 G의 당파이다.

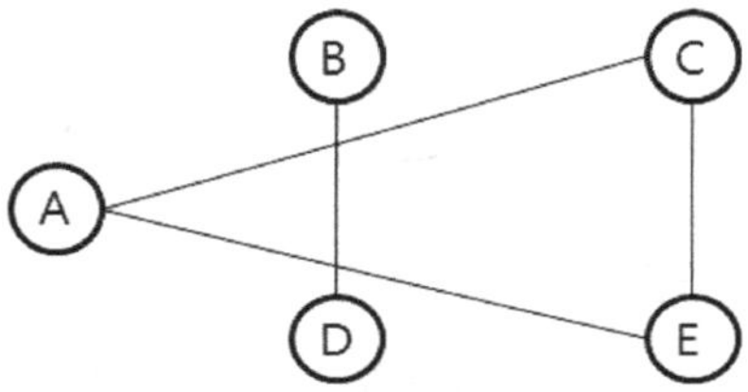

[그림 8.7] 그림 8.6에 대한 G'

Satisfiability 문제는 당파문제로 축소되고, 당파문제는 node cover로 축소됨으로 Satisfiability문제는 node cover로 축소됨을 알 수 있다. 따라서 node cover도 NP- hard이다. 나아가서 D-당파문제를 푸는 비결정알고리즘으로부터 D-node cover 문제를 푸는 다항식 시간복잡도의 비결정알고리즘도 쉽게 작성할 수 있다. 따라서 D-node cover문제도 NP-complete이다.

채색문제는 원래 주어진 지도의 각 영역을 서로 뚜렷이 차이가 나도록 색깔을 칠하는 문제이다. 즉 주어진 지도가 세계지도라면 이웃하는 나라가 서로 다른 색깔이 되도록 각 나라의 영토를 칠하는 문제이고, 주어진 지도가 행정구역 지도라면 각 행정구역을 이웃하는 행정구역이 서로 다른 색이 되도록 칠하는 것이다. 사용할 수 있는 색깔의 가지가 무한히 많다면 이 문제는 쉽게 풀린다. 그러나 가장 적은 수의 색깔을 사용하라는 제약조건이 주어지면 문제가 어려워진다. 지도 채색 문제는 이웃하는 영역이 서로 다른 색깔이 되도록 주어진 지도의 각 영역에 색을 칠하려면 최소한 몇 가지의 색이 필요한지 밝히는 문제이다. 예를 들어, [그림 8.8]과 같은 지도가 주어지면 A에 빨간색, B에 노랑색, C에 파랑색, D는 B와 이웃하지 않음으로 D에 노랑색, E는 A, B, C, D 모두와 경계를 공유함으로 새로운 색(예를 들면 보라색)을 칠한다. 그러면 4 가지 색으로 이웃한 영역의 색이 같지 않게 칠할 수 있다.

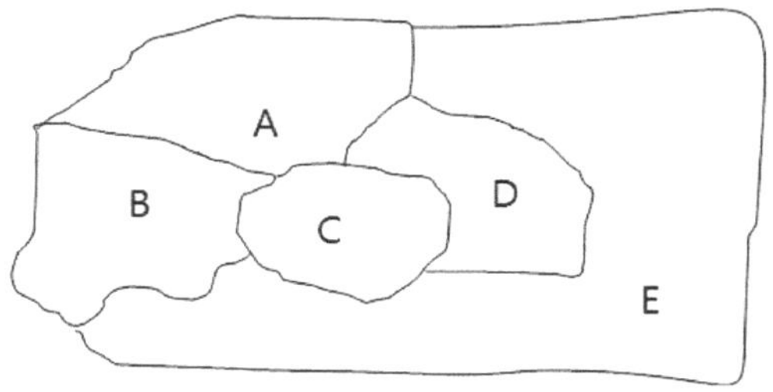

[그림 8.8] 지도채색 문제를 위한 임의의 지도. A에 빨간색, B에 노랑색, C에 파랑색, D에 노랑색, E에 보라색을 각각 칠하면 4 가지 색으로 이웃한 영역의 색이 같지 않게 칠할 수 있다.

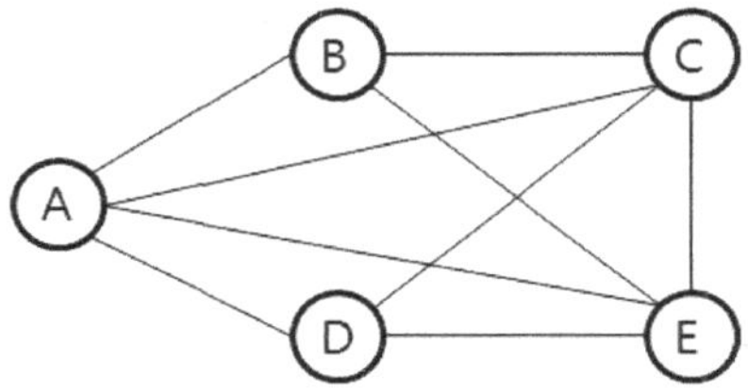

[그림 8.9] 그림 8.8의 지도의 이웃하는 영역을 나타내는 그래프

주어진 그래프 $G=(V,E)$에 대한 그래프 채색문제는 모든 이웃하는 정점들의 색깔이 다르도록 각 정점에 색깔을 배정하는 문제이다. 최소 채색문제는 주어진 그래프의 모든 이웃하는 정점들에 다른 색깔을 배정하는데 필요한 최소 가지 수를 결정하는 문제이다. 지도채색 문제를 그래프채색문제로 변환할 수 있다. 예를 들어 [그림 8.8]은 [그림 8.9]로 변환된다. 지도의 영역은 그래프의 정점으로 나타나고, 이웃하는 영역은 간선으로 나타난다. 예를 들어, [그림 8.8]의 영역 A는 영역 B, C, D, E와 이웃임으로 [그림 8.9]에 (A,B), (A,C), (A,D), (A,E)라는 간선을 넣는다. 마찬가지 방법으로 각 영역에 대하여 이웃하는 영역을 [그림 8.9]에 간선으로 표현함으로써 [그림 8.9]를 완성한다. 그러면 [그림 8.8]의 지도채색문제와 [그림 8.9]의 그래프채색문제는 동일한 문제가 된다.

[그림 8.9]의 정점 A, B, C, D, E에 각각 빨강, 주황, 노랑, 초록, 파랑을 배정하면 그래

프 채색 문제를 해결할 수 있다. 이때 사용한 색깔의 가지 수는 다섯 가지이다. A에 빨간색, B에 노랑색, C에 파랑색, D에 노랑색, E에 보라색을 배정하여도 그래프 채색문제의 해가 된다. 이때 사용되는 색깔의 가지 수는 넷이다. 그러나 세 가지 색깔만으로는 채색이 불가능함으로 이 그래프에 대한 최소채색문제의 해는 4임을 알 수 있다.

그래프 채색 문제의 decision 버전을 D-채색문제라고 표기하자. 그러면 D-채색문제는 그래프 $G=(V,E)$와 정점 k로 정의되며, k 가지의 색깔만으로 그래프 G를 채색할 수 있는지 결정하는 문제이다.

Satisfiability 문제는 CNF이 주어지면 이 CNF을 만족하는 진리값 배정이 가능한지 판정하는 문제이다. 모든 부울식은 CNF으로 변환할 수 있음으로 satisfiability 문제는 임의의 부울식에 대하여 이 식을 참으로 만들도록 각 변수에 진리값을 배정하는 것이 가능한지 판단하는 것과 동일하다.

각 절은 최대 세 개까지의 리터럴만 가질 수 있다는 제약조건이 가미된 satisfiability 문제를 3-satisfiability 문제라고 한다. 일반적인 Satisfiability 문제는 3-satisfiability 문제로 축소될 수 있다. Satisfiability 문제를 3-satisfiability 문제로 축소하려면 주어진 CNF에서 리터럴이 4 개 이상인 모든 절에서 4번째 이후의 모든 리터럴을 제거하여 주어진 문제를 변형하되, 변형된 문제의 답이 원래 문제의 답과 동일하도록 해야 한다.

이렇게 변환하는 방법은 다음과 같다. 주어진 satisfiability 문제를 정의하는 CNF에서 리터럴의 수가 4 이상인 절들을 모두 리터럴이 3인 여러 개의 절로 바꾸는데 그 방법은 다음과 같다. 리터럴의 수가 4 이상인 절을 $(v_1 \vee v_2 \vee \ldots \vee v_k)$라고 하자. 여기에서 v_i는 리터럴이고 i는 1부터 k사이의 정수이며 k는 3보다 크다. 그러면 이 절을 다음과 같이 여러 개($k-3$ 개)의 절들로 교체한다. 여기에서 x_i는 새로 도입되는 임의의 변수이다.

$$(v_1 \vee v_2 \vee x_1)(\overline{x_1} \vee v_3 \vee x_2)(\overline{x_2} \vee v_4 \vee x_3)\ldots(\overline{x_{k-3}} \vee v_{k-1} \vee v_k)$$

리터럴의 수가 3보다 큰 절들을 모두 이와 같은 방법으로 여러 절들로 대체하면 원래의 CNF는 리터럴의 수가 3 이하인 절들로 바뀌게 되고, 따라서 원래의 satisfiability 문제는 3-satisfiability 문제로 변환된다. 이렇게 얻은 3-satisfiability 문제가 원래 주어진 satisfiability 문제와 논리적으로 동등함을 보이면 satisfiability가 3-satisfiability 문제로 축소된 것이다. 이들이 동등함을 보이는 것은 "$(v_1 \vee v_2 \vee \ldots \vee v_k)$이 만족 가능하다"는 것과

"$(v_1 \vee v_2 \vee x_1)(\overline{x_1} \vee v_3 \vee x_2)(\overline{x_2} \vee v_4 \vee x_3)\dots(\overline{x_{k-3}} \vee v_{k-1} \vee v_k)$이 만족 가능하다"는 것이 논리적으로 동등임을 보이면 된다. "$(v_1 \vee v_2 \vee \dots \vee v_k)$이 만족 가능하다"는 것은 이 절이 참이 되도록 각 변수에 진리 값을 배정하는 것이 가능하다는 말임을 상기하기 바란다.

이들이 논리적으로 동등임을 보이기 위하여 우선 "$(v_1 \vee v_2 \vee \dots \vee v_k)$이 만족 가능하다"면 "$(v_1 \vee v_2 \vee x_1)(\overline{x_1} \vee v_3 \vee x_2)(\overline{x_2} \vee v_4 \vee x_3)\dots(\overline{x_{k-3}} \vee v_{k-1} \vee v_k)$도 만족 가능함"을 보이자. $(v_1 \vee v_2 \vee \dots \vee v_k)$을 참이 되도록 진리 값을 배정하는 것은 $v_1,\dots,v_k$ 중 최소한 하나의 리터럴에 참을 배정한다. 참이 배정된 리터럴을 i번째 리터럴 즉 v_i라 하자. 그러면 $x_1,\dots,x_{i-2}$까지의 리터럴들에게는 참을 부여하고 나머지 $x_{i-1},\dots,x_{k-3}$에는 거짓을 부여함으로써 $(v_1 \vee v_2 \vee x_1)(\overline{x_1} \vee v_3 \vee x_2)(\overline{x_2} \vee v_4 \vee x_3)\dots(\overline{x_{k-3}} \vee v_{k-1} \vee v_k)$도 참으로 만들 수가 있다. 예를 들어 v_i가 v_4라면 $x_1,\dots,x_{4-2}$ 즉 x_1과 x_2에 참을 배정하고, $x_3,\dots,x_{k-3}$까지는 거짓을 배정하면 $(v_1 \vee v_2 \vee x_1)(\overline{x_1} \vee v_3 \vee x_2)(\overline{x_2} \vee v_4 \vee x_3)\dots(\overline{x_{k-3}} \vee v_{k-1} \vee v_k)$의 첫 번 절은 x_1이 참임으로 참, 두 번째 절은 x_2가 참임으로 참, 세 번째 절은 v_4가 참임으로 참, 네 번째 절 즉 $(\overline{x_3} \vee v_5 \vee x_4)$은 x_3가 거짓임으로 참, 이와 같은 이유로 나머지 절들이 모두 참이 됨으로 $(v_1 \vee v_2 \vee x_1)(\overline{x_1} \vee v_3 \vee x_2)(\overline{x_2} \vee v_4 \vee x_3)\dots(\overline{x_{k-3}} \vee v_{k-1} \vee v_k)$이 참이 된다. 정리하면 $(v_1 \vee v_2 \vee \dots \vee v_k)$이 만족 가능하면 $(v_1 \vee v_2 \vee x_1)(\overline{x_1} \vee v_3 \vee x_2)(\overline{x_2} \vee v_4 \vee x_3)\dots(\overline{x_{k-3}} \vee v_{k-1} \vee v_k)$도 만족 가능하다. 이유는 $(v_1 \vee v_2 \vee \dots \vee v_k)$이 참이면 $v_1,\dots,v_k$ 중 하나인 v_i가 참인데 그러면 $x_1,\dots,x_{i-2}$에 참을, 나머지 $x_{i-1},\dots,x_{k-3}$에는 거짓을 부여함으로써 $(v_1 \vee v_2 \vee x_1)(\overline{x_1} \vee v_3 \vee x_2)(\overline{x_2} \vee v_4 \vee x_3)\dots(\overline{x_{k-3}} \vee v_{k-1} \vee v_k)$을 참으로 만들 수 있기 때문이다.

다음은 "$(v_1 \vee v_2 \vee x_1)(\overline{x_1} \vee v_3 \vee x_2)(\overline{x_2} \vee v_4 \vee x_3)\dots(\overline{x_{k-3}} \vee v_{k-1} \vee v_k)$이 만족 가능하다"면 "$(v_1 \vee v_2 \vee \dots \vee v_k)$도 만족 가능하다"는 것을 보여야 한다. $(v_1 \vee v_2 \vee x_1)(\overline{x_1} \vee v_3 \vee x_2)(\overline{x_2} \vee v_4 \vee x_3)\dots(\overline{x_{k-3}} \vee v_{k-1} \vee v_k)$을 참으로 만드는 진리값 배정이 있다고 하자. 그러면 이 배정은 $v_1,\dots,v_k$ 중 최소한 하나에게 참을 배정한다. 왜냐하면, 그렇지 않으면 (즉 $v_1,\dots,v_k$들이 모두 거짓이면), $(v_1 \vee v_2 \vee x_1)(\overline{x_1} \vee v_3 \vee x_2)(\overline{x_2} \vee v_4 \vee x_3)\dots(\overline{x_{k-3}} \vee v_{k-1} \vee v_k)$을 참으로 만들려면, $(v_1 \vee v_2 \vee x_1)$도 참이고 $(\overline{x_1} \vee v_3 \vee x_2)$도 참이며 모든 절들이 참이어

야 함으로 x_1이 참이어야 하고, x_1이 참이면 두 번째 절을 참으로 만들기 위하여 x_2도 참이어야 한다. 이와 같이 끝에서 두 번째 절까지 따라가면 x_{k-3}이 참이어야 한다. 그런데 x_{k-3}이 참이면 마지막 절이 거짓이 된다. 따라서 리터럴 $v_1,\ldots,v_k$가 모두 거짓이면 $(v_1 \vee v_2 \vee x_1)(\overline{x_1} \vee v_3 \vee x_2)(\overline{x_2} \vee v_4 \vee x_3)\ldots(\overline{x_{k-3}} \vee v_{k-1} \vee v_k)$을 참으로 만드는 것이 불가능함으로 $(v_1 \vee v_2 \vee x_1)(\overline{x_1} \vee v_3 \vee x_2)(\overline{x_2} \vee v_4 \vee x_3)\ldots(\overline{x_{k-3}} \vee v_{k-1} \vee v_k)$을 참으로 만드는 진리값 배정은 $v_1,\ldots,v_k$ 중 하나 이상에 반드시 참을 배정한다. 그런데 $v_1,\ldots,v_k$ 중 하나만 참이면 $(v_1 \vee v_2 \vee \ldots \vee v_k)$는 참이다. 따라서 "$(v_1 \vee v_2 \vee x_1)(\overline{x_1} \vee v_3 \vee x_2)(\overline{x_2} \vee v_4 \vee x_3)\ldots$ $(\overline{x_{k-3}} \vee v_{k-1} \vee v_k)$이 만족 가능하다"면 "$(v_1 \vee v_2 \vee \ldots \vee v_k)$도 만족 가능하다".

문제 L이 NP-hard가 될 필요-충분 조건은 satisfiability가 L로 축소되는 것이고 (satisfiability $\propto$ L), 문제 L이 NP-complete가 될 필요-충분 조건은 L이 NP-hard이고 L$\in$NP인 것이라고 정의되었다. 그런데 위에서 satisfiability 문제가 당파문제로 축소되고, 당파문제는 node cover 문제로 축소됨을 보았다. 또한 'A 축소 B'이고 'B 축소 C'이면 'A 축소 C'임도 보았다. 따라서 당파문제가 L로 축소됨을 보이기만 하여도 L이 NP-hard임을 보인 것이 된다. 아니면 Node cover가 L로 축소됨을 보이기만 하여도 L이 NP-hard임을 보인 것이 된다. 나아가서 임의의 NP-complete인 문제 하나만 L로 축소되면 L은 NP-hard이다. 이미 NP-complete로 알려진 문제에는 다음과 같은 decision 문제들이 있다.

(1) Node Cover

입력 : 차수가 3 이하인 방향이 없는 그래프 G와 정수 k.
판단 : 그래프 G에 크기가 k인 node cover가 존재하는가?

(2) 평면 node cover

입력 : 차수가 6 이하인 방향이 없는 평면 그래프 G와 정수 k.
판단 : 그래프 G에 크기가 k인 node cover가 존재하는가?

(3) 채색가능성 문제

입력 : 차수가 4 이하인 방향이 없는 평면 그래프 G.

판단 : 그래프 G는 3-채색이 가능한가(3가지 색깔로 채색이 가능한가)?

(4) 방향이 없는 그래프의 해밀토니안 회로

입력 : 차수가 3 이하인 방향이 없는 그래프 G.

판단 : 그래프 G에는 해밀토니안 회로가 존재하는가?

(5) 방향이 없는 평면 그래프의 해밀토니안 회로

입력 : 방향이 없는 평면그래프 G.

판단 : 그래프 G에는 해밀토니안 회로가 존재하는가?

(6) 평면 유향그래프의 해밀토니안 경로

입력 : 입력 차수가 3 이하이고 출력 차수가 4 이하인 유향 평면 그래프 G.

판단 : 그래프 G에는 해밀토니안 유향 경로가 존재하는가?

(7) 일진수로 표현된 작업 흐름문제

입력 : 작업 수행 시간이 일진수로 표현된 작업들과 정수 T.

판단 : 처리장치가 두 개이고 우선권이 불허되는 정책으로 평균 작업 완수 시간이 T를 넘지 않는 작업 스케줄이 가능한가?

(8) 최대 컷

입력 : 그래프 $G=(V,E)$와 정수 k.

판단 : 그래프 G에 크기가 k인 컷이 있는가? (컷은 삭제되면 주어진 그래프를 비연결 그래프로 만드는 간선들의 집합이다. 컷도 집합임으로 컷의 크기는 컷을 구성하는 원소들의 수이다.)

(9) 2-만족 가능 문제

입력 : 각 절의 리터럴의 수가 2를 넘지 않는 CNF와 정수 k.
판단 : 주어진 CNF의 k 개의 절들이 만족 가능한가?

(10) 이분그래프를 만들기 위한 간선 삭제

입력 : 방향이 없는 그래프 G와 정수 k.
판단 : k 개의 간선을 삭제하여 그래프 G가 이분그래프가 되도록 할 수 있는가?

(11) 이분그래프를 만들기 위한 정점 삭제

입력 : 방향이 없는 그래프 G와 정수 k.
판단 : k 개의 정점을 삭제하여 그래프 G가 이분그래프가 되도록 할 수 있는가?

(12) 균등 분할 컷

입력 : 방향이 없는 그래프 $G=(V,E)$, 두 개의 정점 s와 t, 그리고 양의정수 w.
판단 : 그래프 G의 정점들을 다음 조건을 만족하는 두 개의 집합으로 분할할 수 있는가? 한쪽에는 s가 다른 한쪽에는 t가 속하고, 양쪽에 속한 정점의 수가 동일하며, 두 집합간의 간선의 수는 w이하임.

주어진 그래프의 경로는 일련의 간선으로 연결된 정점들이다. 예를 들어 [그림 8.9]에서 A, B, C, D, E, C는 경로이다. 그러나 A, B, D, C는 (B, D)가 간선이 아님으로 경로가 아니다. 회로는 출발점과 종점이 동일한 경로이다. 회로 중 주어진 그래프의 모든 정점을 정확히 한 번씩 방문하는 회로를 해밀토니안 회로라고 한다. 출발점과 종점은 동일하다고 하였음으로 이 점만은 두 번 방문한다. [그림 8.9]의 경우에는 A, B, C, D, E, A도 해밀토니안 회로이고 A, B, C, E, D, A도 해밀토니안 회로이다. 이와 같이 해밀토니안 회로가 존재하는 그래프도 있지만 해밀토니안 회로가 존재하지 않는 그래프도 있다. 주어진 그래프에 해밀토니안 회로가 존재하는지 판단하는 문제가 해밀토니안 문제이다.

가중치 그래프는 간선에 가중치가 연합되어 있는 그래프이다. 가중치 그래프에서 경로의 가중치는 경로를 구성하는 모든 간선들의 가중치의 합이다. 회로는 출발점과 종점이 동일한 경로이고, 외판원 회로는 모든 정점을 정확히 한 번씩 방문하고 출발점으로 되돌아오는 회로이다. 외판원문제는 가중치 그래프와 출발점이 주어질 때 최소가중치 외판원 회로를 찾는 문제이다.

이미 알려진 NP-Complete 문제들에서 보는 바와 같이 해밀토니안 문제도 NP-Complete문제이다. 외판원문제의 판단버전은 그래프 G와 정수 k가 주어질 때 가중치가 k 이하인 해밀토니안 회로가 존재하는지 판단하는 문제라고 하자. 해밀토니안 문제는 외판원문제로 축소될 수 있다. 해밀토니안 문제에 주어진 그래프 G=(V, E)는 가중치 그래프가 아닌데 반하여 외판원문제에 주어진 그래프는 가중치그래프이다. 따라서 해밀토니안 문제를 외판원문제로 축소하려면 주어진 그래프 G를 가중치가 있는 완전그래프로 변환해야 한다. 변환 방법은 다음과 같다.

1) 주어진 그래프 G=(V,E)의 각 간선에 가중치 1을 부여한다.
2) 그래프 G에 간선을 추가하여 완전그래프로 만들고 추가한 간선의 가중치로 1보다 큰 수, 예를 들면 2를 준다.

이렇게 작성한 그래프를 G'이라고 하자. 주어진 그래프 G를 가중치 완전그래프로 변환한 결과가 [그림 8.10]에 보인다.

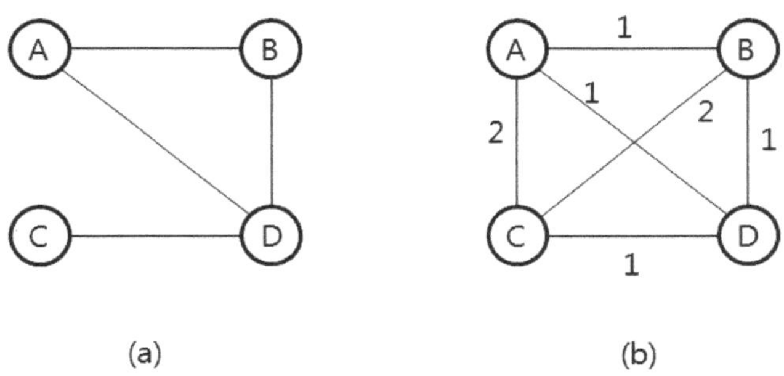

[그림 8.10] (a)는 해밀토니안 회로 문제에 주어진 그래프이고 (b)는 이것을 외판원문제로 변환하기 위하여 완전그래프로 변환한 후 (a)에 있던 간선은 가중치 1, 추가된 간선에는 가중치 2를 배정하였음

그래프 G=(V,E)가 해밀토니안 회로를 가질 필요충분조건은 그래프 G'에 가중치가 |V|인 외판원회로가 존재하는 것이다. 여기에서 |V|는 그래프 G의 정점의 수를 나타낸다.

해밀토니안 회로나 외판원 회로나 모든 정점을 정확히 한 번씩 방문하고 출발점으로 되돌아온다. 그래프 G를 G'로 변환할 때 추가하는 간선은 가중치를 1보다 큰 수로 하였다. 원래 그래프 G에 해밀토니안 회로가 존재한다면 G'의 외판원회로는 바로 그 해밀토니안 회로가 된다. 왜냐하면 추가된 간선을 따라가면 가중치가 더 커지기 때문이다. 필요조건을 증명하기 위하여 G'에 가중치가 |V|인 외판원회로가 존재한다고 하자. 그러면 이 회로는 그래프 G에 원래 있던 간선만으로 구성된다, 그렇지 않으면 G'의 가중치가 |V|보다 커지기 때문이다. 따라서 이 외판원 회로가 바로 원래 그래프 G의 해밀토니안 회로이다.

[그림 8.10]의 (a)에는 해밀토니안 회로가 존재하지 않는다. 그래프의 정점의 수는 4인데, 그래프 (b)의 외판원 회로는 추가된 간선을 따라가지 않을 수가 없음으로 가중치가 4인 외판원회로는 존재하지 않음을 알 수 있다.

다른 예로 [그림 8.11]에는 해밀토니안 회로가 존재하는 경우를 살펴본다. [그림 8.11](a)의 해밀토니안 회로가 (b)의 가중치가 |V|=4인 외판원 회로가 된다.

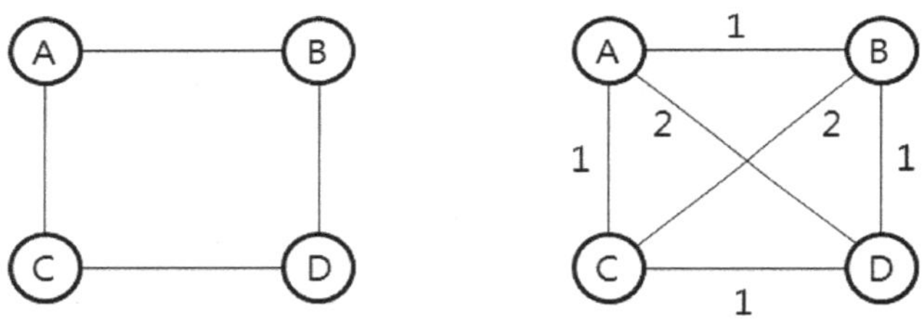

(a) G (b) G′

[그림 8.11] 해밀토니안 회로가 존재하는 그래프의 경우에는 G'에 가중치가 |V|(정점의 수)인 외판원 회로가 존재한다.

8.4 근사해

NP-Complete 문제들은 수많은 사람들이 이 문제들을 푸는 다항식 알고리즘(효율적인 알고리즘)을 찾으려고 무한한 노력을 하였지만 아직 다항식 알고리즘을 발견하지 못한 문제들이고, NP-hard는 NP-complete 이상으로 어려운 문제들임을 알아보았다. 그러나 일상 문제 중 많은 문제가 이러한 문제부류에 속하기 때문에 이러한 문제를 다루지 않을 수가 없다. 이러한 문제를 다루는 방법 중 한 가지는 탐색방법으로 앞 장에서 다룬 바 있다. 다른 한 가지 방법 중에 근사해 방법이 있다. 근사해는 정답은 아니지만 정답에 가까운 해를 말한다. 본 절에서는 근사해를 소개한다.

외판원문제는 가중치가 최소인 외판원회로를 찾는 문제이다. 이와 같이 최소비용이나 최대이득을 구하는 문제를 최적화문제라 한다. 주어진 외판원 문제의 정답을 k라 하자. NP-Complete 문제인 해밀토니안 문제가 외판원 문제로 축소됨을 보았음으로 주어진 외판원 문제의 최적해가 k임을 알지 못할 수도 있다. 그러나 최적해 k보다 얼마 이상 더 크지 않은 근사해를 찾는 알고리즘을 고안할 수는 있다.

주어진 그래프가 삼각부등식의 성질을 만족할 경우, 최소신장트리를 이용하여 외판원 문제의 근사해를 찾는 방법이 있다. 이 방법은 주어진 그래프의 최소신장 트리를 찾고, 임의의 정점을 출발하여 이 신장트리의 각 간선을 두 번씩 지나 출발점으로 되돌아오는 경로를 만든다. 그리고 이 경로에서 두 번째 방문하는 정점을 지나치는 방법으로 외판원 회로를 만든다. 그러면 이 외판원 회로의 가중치는 최소신장트리의 각 간선을 두 번씩 지나는 회로의 가중치보다 크지 않게 된다. 그런데 최소신장트리의 가중치는 최소 외판원 회로의 가중치보다 크지 않기 때문에, 이 방법으로 얻은 외판원회로의 가중치는 최적해의 두 배보다 크지 않다.

예를 들어, [그림 8.12]의 (a)는 주어진 그래프, (b)는 주어진 그래프의 최소신장트리, (c)는 최소신장트리의 모든 간선을 두 번씩 지나가는 회로, (d)는 이 회로에서 두 번 방문하는 정점을 그냥 지나침으로써 얻은 외판원회로를 각각 보인다.

삼각부등식이란 직접 가는 경로의 가중치가 돌아가는 가중치의 경로의 가중치보다 크지 않다는 성질이다. 예를 들어 [그림 8.12] (a)의 그래프를 보면 간선 (A,B), (B,D), (A,D)의 가중치는 각각 1, 1, 2이다. 간선 (A,D)의 가중치는 (A,B)의 가중치와 (B,D)의 가중치의 합보다 크지 않다. 마찬가지 방법으로 간선 (C,D)의 가중치는 (A,C)의 가중치와 (A,D)의 가중치의 합보다 크지 않고, (B,C)의 가중치와 (B,D)의 가중치의 합보다 크지 않으며, (C,A), (A,B), (B,D)의 가중치들의 합보다도 크지 않다.

그래프의 최소신장트리는 신장트리 중 가중치가 가장 작은 것이다. 주어진 그래프의 신장트리는 그래프의 모든 정점을 포함하는 트리인 부분이다. 그림 (a)의 최소신장트리는 그림 (b)에 보인다.

그림 (c)는 그림 (b)의 모든 간선을 두 번씩 지나가는 회로의 예이다. 이러한 회로는 아무 정점에서 시작하여 아무 방향으로 가더라도 작성이 가능하다. 예를 들어, 정점 B에서 시작하여 D로 가더라도 B, A, C, A, B의 순으로 되돌아올 수 있고, 정점 B에서 A,C,A,B,D,B의 순으로 되돌아올 수도 있다. [그림 8.12](c)는 A에서 출발하여 C,A,B, D,B,A의 순으로 되돌아오는 회로를 임의로 잡았다. 다음은 그림 (c)의 회로에서 두 번 방문하는 정점을 건너뛰어 외판원 회로를 작성한다. 즉, A, C, A, B, D, B, A에서 세 번째 나오는 A가 A를 두 번째 방문함으로 삭제하고 여섯 번째 나오는 B도 역시 B를 두 번째 방문함으로 삭제하여 A, C, B, D, A라는 외판원회로를 그림 (d)처럼 작성할 수 있다.

그림 (c)에서 정점 C를 시작정점으로 잡았다면, 얻어지는 회로는 C,A,B,D,B,A,C이고, 여기에서 두 번째 방문하는 정점을 삭제하면 C,A,B,D,C라는 외판원회로를 얻게된다. 이 예에서 보는 바와 같이 이 방법은 최적해를 구한다는 보장이 없으나, 이렇게 구한 해가 최적해의 2 배보다 크지는 않다는 것을 알 수 있다.

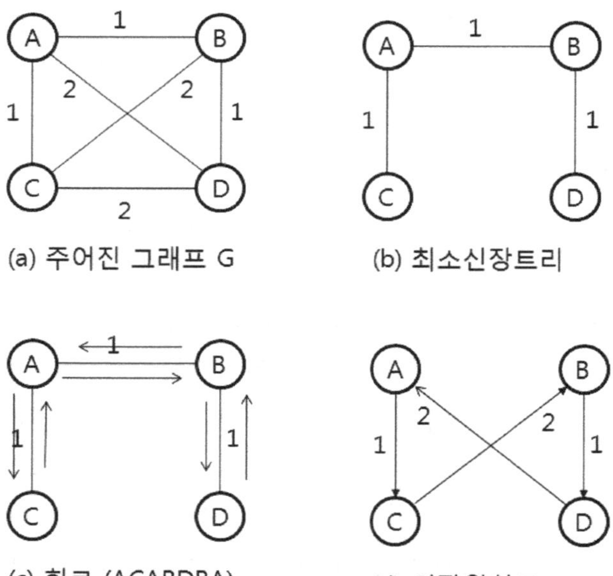

(a) 주어진 그래프 G
(b) 최소신장트리
(c) 회로 (ACABDBA)
(d) 외판원회로

[그림 8.12] 외판원문제의 근사해 찾기 예. (a)는 주어진 그래프(완전그래프임), (b)는 최소신장트리, (c)는 임의의 정점 A에서 시작하여 간선을 두 번 지나감으로써 작성한 회로, (d) 정점을 두 번 방문하는 경우에 그냥 지나침으로써 얻은 외판원회로

Node cover는 주어진 무향그래프 G=(V,E)의 모든 간선을 접촉하는 정점의 부분집합을 일컫는다. 즉, 모든 간선에 대하여 양 끝점 중 적어도 하나는 node cover의 원소가 되도록 node cover를 구성해야 한다. 예를 들어 [그림 8.13]의 검은 정점들의 집합은 node cover이다. Node cover 문제에서는 정점 수가 가장 작은 node cover를 찾는데, 이러한 Node cover 문제는 NP-hard문제이다.

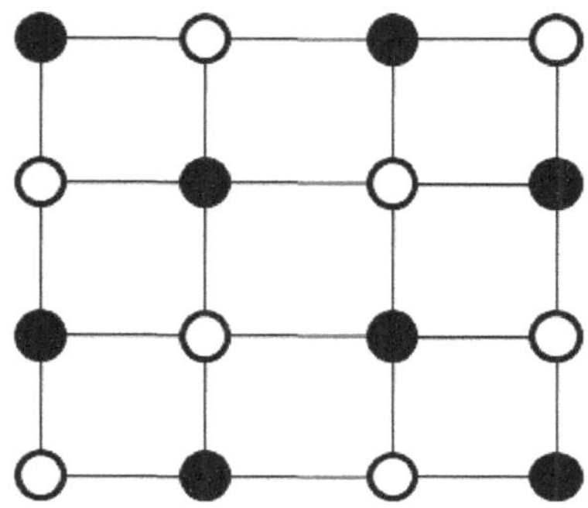

[그림 8.13] 이 그래프의 모든 간선은 검은 정점을 끝점으로 갖기 때문에 검은 정점들의 집합은 node cover임.

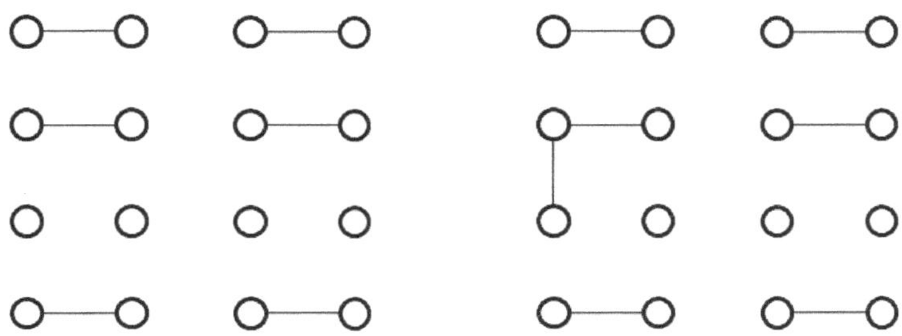

(a) Matching의 예　　(b) Matching이 아닌 예

[그림 8.14] Matching의 예, 짝이 없는 정점이 허용됨(a). (b)는 matching이 아님.

Node cover 문제를 matching 문제로 축소할 수 있다. Matching이란 정점의 짝을 의미하는데 어떤 정점이든 짝의 수가 하나보다 많으면 안 된다. 예를 들어 [그림 8.14](a)는 짝이 없는 정점이 있기는 하지만 정당한 matching인데 반하여, (b)는 간선 두 개의 끝점으로 사용된 정점이 있어서 matching이 아님.

[그림 8.14](a)도 정당한 matching이지만 간선을 추가하여 짝이 없는 정점들의 짝을 지어줄 여지가 아직도 남아 있다. 이에 반하여 [그림 8.15]에는 간선을 더 이상 추가할 수 없다. 왜냐하면 간선을 하나만 더 추가하여도 삼각관계가 생겨나기 때문이다. 즉, 짝이 둘이 되는 정점이 생기게 된다. 이와 같이 간선을 추가하면 matching의 성질을 잃게 되는 matching을 극대 matching이라고 한다.

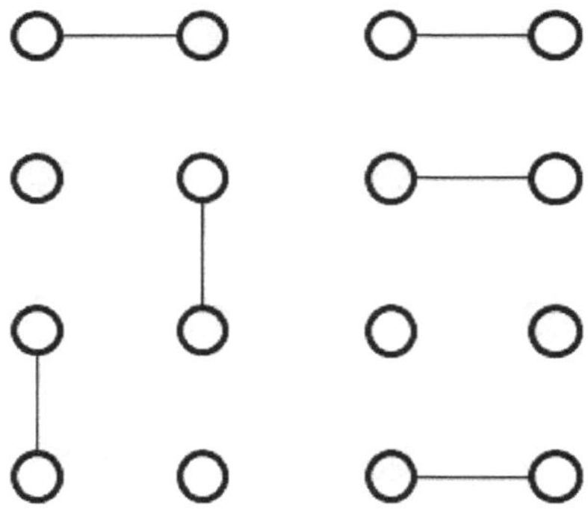

[그림 8.15] 극대 matching의 예.

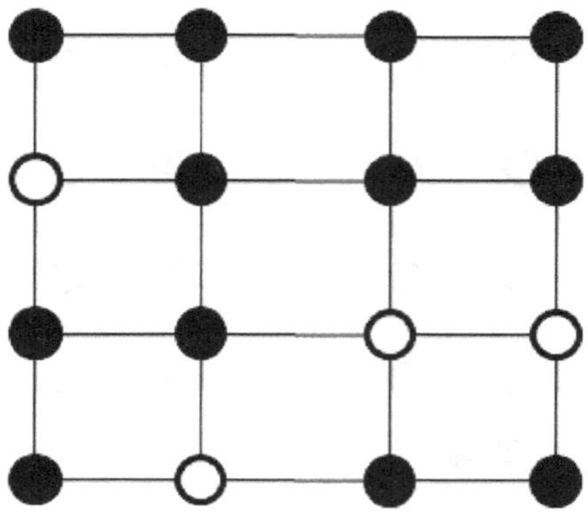

[그림 8.16] 그림 8.15로부터 얻은 Node cover

극대 matching은 찾기가 쉽다. 그저 삼각관계만 피하면서 새로운 간선을 추가하면 된다. 극대 matching에 간선을 추가하면 짝이 둘 이상인 정점이 생긴다는 것은 모든 간선이 극대 matching에서 짝이 있는 정점들을 끝점으로 갖는다는 것임으로, 극대 matching에서 짝이 있는 정점들의 집합은 node cover이다. 즉, [그림 8.15]의 극대 matching으로부터 [그림 8.16]이 node cover임을 알 수 있다.

Matching을 구성하는 각 간선의 양 끝점 중 하나는 반드시 node cover에 속해야 한다. 그런데 극대 matching에서 짝이 있는 정점들의 집합은 양 끝점을 모두 포함함으로 이렇게 찾은 node cover의 정점의 수는 최적 node cover의 정점의 수의 2배를 넘지 않는다.

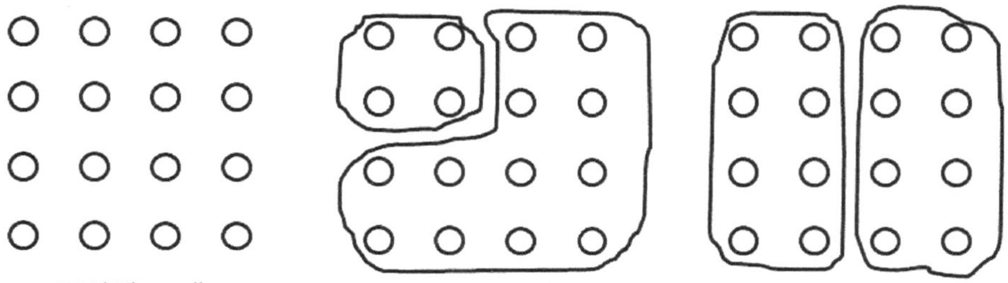

[그림 8.17] 군집의 예. (c)의 경우의 직경이 (b)의 경우보다 작다.

NP-hard 문제 중에 군집화라는 문제가 있다. 이 문제는 주어진 원소들을 가까운 것들끼리 집단으로 묶어주는 것이다. k-군집화 문제는 k개의 집단으로 묶는다. 예를 들어 [그림 8.17]의 (a)와 같은 그래프가 주어지고 2-군집으로 분할하라는 문제가 주어지면 (b)나 (c)와 같이 분할할 수 있다. 군집의 직경은 분할의 직경 중 가장 큰 직경으로 정의된다. 예를 들어, 그림 (b)의 직경은 큰 분할에서 가장 거리가 먼 두 정점간의 거리이다. 따라서 (b)보다는 (c)의 분할 방법이 더 작은 직경의 결과를 낳는다.

k-군집화 문제의 근사해를 구하는 쉬운 방법이 있다. 이 방법은 k 분할 각각의 중심점을 구한 뒤, 주어진 그래프의 정점들을 이 중심점에 배정하는 전략을 쓴다. k 분할 각각의 중심점을 구하는 방법은 다음과 같다. 우선 임의의 한 점을 선택하여 한 분할의 중심점으로 삼는다. 다음은 이미 구한 중심점에서 가장 먼 정점을 찾아서 다음 분할의 중심점으로 정하는 과정을 k-1회 반복한다. 예를 들어, [그림 8.18](a)와 같은 그래프에서 4-군집을 찾는 문제가 주어지면 임의의 한 정점을 선택한다. 정점 1이 선택되었다고 가정하자. 다음은 정점1에서 가장 먼 정점2를 선택하고, 그 다음은 정점 1과 2에서 가장 먼 정점 3이나 4를 선택한다(그림에서는 정점 3이라고 가정). 그 다음은 이미 선택된 세 정점에서 가장 먼 정점 4를 선택한다. 이들이 4개의 분할의 중심점 역할을 한다.

다음은 각 정점에 대한 가장 가까운 중심점을 찾아, 그 중심점과 같은 분할에 할당함으로써 k 개의 분할을 작성한다. [그림 8.18]의 경우에는 그림 (b)와 같은 분할 결과를 낳는다.

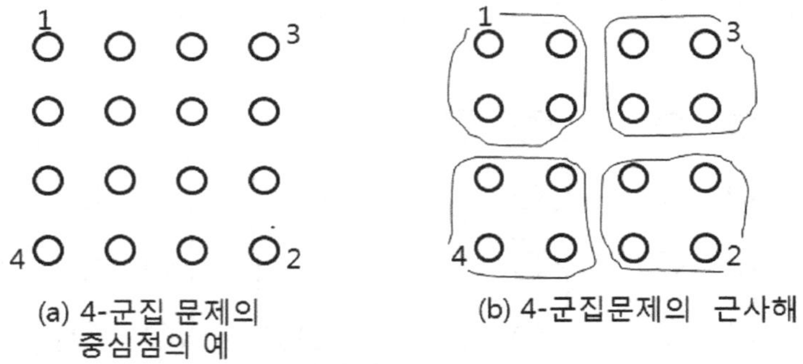

[그림 8.18] 4-군집문제의 근사해 구하기.

연습·문제

1. 주어진 그래프의 독립집합은 서로 독립적인 정점들, 즉 간선으로 직접 연결되지 않은 정점들의 집합이다. 독립집합 문제는 그래프 G와 정수 k가 주어지면 그래프 G에서 크기가 k인 독립집합을 구하는 문제이다. Satisfiability 문제는 독립집합문제로 축소됨을 보이세요.

2. 독립집합 문제는 node cover 문제로 축소됨을 보이세요.

3. 독립집합 문제는 당파문제로 축소됨을 보이세요.

4. 정지문제의 정의를 기술하고, 정지문제는 풀 수 없는 문제임을 증명하세요.

5. 내림차순으로 정렬하는 비결정알고리즘을 작성하세요.

6. 당파문제의 정의를 기술하고 그림 8.9의 최대당파를 찾으세요.

7. NP-complete의 정의를 기술하세요.

8. NP-hard의 정의를 기술하세요.

9. 곱셈을 덧셈으로 축소하세요.

10. cook의 정리를 기술하세요.

찾 아 보 기

ㅂ

ㅅ

ㅇ

컴퓨터 알고리즘

인　　쇄 : 2012년 3월 1일
발　　행 : 2012년 3월 5일
역　　자 : 김선경 · 김진상 · 임재걸 · 임태수
발 행 처 : 도서출판 한산
서울시 서대문구 수색로6길 43번지 105-602호
TEL : (02)304-3504　FAX : (02)304-3505
발 행 인 : 김 기 영
등록번호 : 제 10-1745 호
I S B N : 978-89-89215-74-5　93560

정가. 23,000원